보이지 않는 고릴라

**THE
INVISIBLE
GORILLA**

THE INVISIBLE GORILLA
by Christopher Chabris and Daniel Simons

Copyright ⓒ2010 by Christopher F. Chabris and Daniel J. Simons
All rights reserved.
This Korean edition was published by Gimm-Young Publishers Inc.
in 2011 by arrangement with Christopher Chabris and Daniel Simons
c/o Levine Greenberg Literary Agency, Inc. through KCC
(Korea Copyright Center Inc.), Seoul.

보이지 않는 고릴라
THE INVISIBLE GORILLA

크리스토퍼 차브리스·대니얼 사이먼스

김명철 옮김

김영사

보이지 않는 고릴라

지은이 크리스토퍼 차브리스·대니얼 사이먼스
옮긴이 김명철

1판 1쇄 발행 2011. 3. 4.
1판 22쇄 발행 2025. 3. 10.

발행처 김영사
발행인 박강휘

등록번호 제406-2003-036호
등록일자 1979. 5. 17.

경기도 파주시 문발로 197(문발동) 우편번호 10881
마케팅부 031)955-3100, 편집부 031)955-3200, 팩스 031)955-3111

이 책의 한국어판 저작권은 (주)한국저작권센터(KCC)를 통한 저작권자와의 독점계약으로 김영사에 있습니다.
저작권법에 의해 한국 내에서 보호를 받는 저작물이므로 무단전재와 복제를 금합니다.

값은 뒤표지에 있습니다.
ISBN 978-89-349-4720-2 03320

홈페이지 www.gimmyoung.com   블로그 blog.naver.com/gybook
인스타그램 instagram.com/gimmyoung   이메일 bestbook@gimmyoung.com

좋은 독자가 좋은 책을 만듭니다.
김영사는 독자 여러분의 의견에 항상 귀 기울이고 있습니다.

● 서문 ●

일상의 착각만큼 무서운 것은 없다

세상에는 아주 단단한 것이 세 가지 있다.
강철, 다이아몬드, 그리고 자신에 대한 인식이다.

– 벤저민 프랭클린

약 12년 전, 우리(크리스와 댄)는 우리가 가르치는 하버드대학 심리학 과정 학생들을 대상으로 간단한 실험을 한 적이 있다. 놀랍게도 그 실험은 심리학 분야에서 가장 유명한 실험이 되었다. 교과서에 실려 심리학을 가르치는 입문과정에서 전 세계적으로 사용되었다. 〈뉴스위크〉와 〈뉴요커〉 같은 유명 잡지에도 실렸고 'NBC 데이트라인' 같은 텔레비전 프로그램에도 소개되었다. 샌프란시스코 과학관을 비롯한 여러 박물관에도 전시되었다. 그 실험이 이와 같은 커다란 인기를 얻은 이유는 사람들이 세상을 어떻게 바라보고 있는지, 그리고 무엇을 못 보고 있는지를 재미있는 방법으로 밝혀냈기 때문이다.

이 책에서 우리는 그 실험을 소개하려 한다. 몇 년 동안 곱씹어 생각하면서, 인간의 생각이 작동하는 방식을 더욱 광범위하게 알려주는 실험이라는 사실을 깨달았다. 우리는 누구나 자신 앞에 있는 것을 볼 수 있고, 과거에 있었던 주요 사건들을 정확히 기억할 수 있으며, 지식의 한계를 잘 이해하고, 인과관계를 파악할 수 있다고 믿는다. 그러나 이런 직관적인 믿음은 틀릴 때가 많고, 우리의 인지능력이 명백한 한계를 갖고 있다는 사실을 감추기도 한다.

흔히 책을 살 때 겉표지의 광고 문안을 100퍼센트 믿고 선택하면 안 된다고들 한다. '한 푼 아끼는 게 한 푼 버는 거'라는 속담은 흔히 우리가 가진 돈을 지키기보다 새로 돈을 버는 일에 더 몰두하기 때문에 생겨났다. 이러한 경구들은 직관적인 판단이 불러오는 실수를 피하도록 돕는 조언이다. 마찬가지로 세상에서 가장 단단한 것을 언급한 벤저민 프랭클린의 조언은, 자신에 대해 잘 알고 있다는 직관적인 믿음에 의문을 던지라는 충고다. 사람은 자신의 생각이 어떻게 작동하는지, 그리고 자신이 왜 그런 식으로 행동하는지 잘 알고 있다고 여긴다. 하지만 놀랍게도 그런 믿음에는 근거가 없다.

이 책 《보이지 않는 고릴라》는 우리 삶에 중대한 영향을 미치고, 일상에서 우리가 흔히 일으키는 6개의 착각을 다룬다. 주의력 착각, 기억력 착각, 자신감 착각, 지식 착각, 원인 착각, 잠재력 착각이 그것이다. 우리 마음에 대한 이런 왜곡된 신념은 단순한 잘못을 넘어 우리를 위험에 빠뜨릴 수 있다. 이 책은 이러한 착각이 언제, 왜 우리에게 영향을 주고 삶에 어떤 결과를 가져오는지, 그리고 어떻게 하면 그 영향을 극복하거나 최소화할 수 있는지 알아볼 것이다.

우리가 사용한 '착각'이란 단어의 개념은 모리츠 에셔 M.C. Escher(현실에선 존재할 수 없는 상호 모순된 개념을 표현한 착시예술 판화가-옮긴이)의 유명한 그림 속에 등장하는 '끝없이 이어지는 계단'에 비유해 생각할 수 있다. 그림을 전체적으로 보면 뭔가 이상하다는 사실을 알 수 있지만, 계단 하나하나를 뜯어보면 잘못된 점을 찾지 못한다. 일상 속의 착각도

이처럼 끊임없이 반복된다. 우리의 신념과 직관에 결함이 있다는 걸 알면서도 좀처럼 생각을 고쳐먹지 못한다. 그야말로 매일 우리의 행동에 영향을 미치기 때문에 이를 일상의 착각이라고 부르기로 한다. 우리는 운전 중에 휴대전화로 통화할 때마다 여전히 도로에 충분한 주의를 기울이고 있다고 생각하지만 이는 착각이다. 자신의 과거에 대해 잘못 기억하는 사람을 보면 우리는 그가 거짓말을 하고 있다고 생각하지만, 이역시 착각이다. 새로운 프로젝트를 시작한 사람을 팀의 리더를 뽑으면서 그 프로젝트가 언제 완료될지 확신할 수 있다고 생각하는 것 역시 착각이다. 사실상 인간의 행동 중에 일상의 착각이 영향을 미치지 않는 분야는 하나도 없다.

 심리학 실험을 설계하고 수행하는 것이 직업인 교수로서, 나는 마음의 본질에 대해 연구하면 할수록 이런 착각이 우리 생활에 주는 영향을 더욱더 많이 발견하게 된다. 마음을 찍는 X레이 사진과도 같은 모습을 그려보게 된다. 이 책을 읽고 나면 당신의 생각과 행동을 지배하는 장치들, 그리고 커튼 뒤에 숨어 있는 조종자의 모습을 감지할 수 있게 될 것이다. 일상의 착각에 대해 알고 나면, 세상이 다르게 보이고 세상사에 대한 더욱 뚜렷한 직관과 생각을 갖게 된다. 착각이 당신뿐만 아니라 주변 모든 사람의 생각과 행동에 얼마나 큰 영향을 미치고 있는지 알 수 있다. 또한 저널리스트, 기업가, 광고업자, 정치인들이 사람들을 설득하거나 혼란스럽게 만들기 위해 의도적으로 혹은 우연히 이런 착각을 이용한다는 사실도 알게 될 것이다. 일상의 착각을 이해하게 되면 직관의 한계를 알고 삶의 방식을 재정비하게 되며, 우리의 생각과 마음을 다시금 돌아보게 된다. 어쩌면 이러한 깨달음을 통해 재미를 느끼고 인생에서 성공을 이루는 방법을 발견할지도 모른다. 하지만 궁극적으로는 자신과 세상에 대한 인식을 왜곡하고 있는 장막을 걷어내고, 어쩌면 처음으로 진실과 대면하게 될 것이다.

차례

서문 일상의 착각만큼 무서운 것은 없다 5

01. 주의력 착각 "제가 봤다고 생각합니다!" 13

우리 가운데 있는 고릴라 19 | 콘리가 보지 못한 고릴라 23 | 핵 잠수함과 어선의 충돌 28 | 왜 자동차 운전자들은 오토바이를 못 볼까? 32 | 첨단장치는 조종사에게 얼마나 도움이 될까? 39 | "전화하지 마세요. 제발!" 44 | 누구를 위해 벨은 연주하나 50 | 예외상황을 잘 알아채는 사람 56 | 의사들이 어이없는 실수를 하는 이유 60 | 주의력 착각을 막으려면 어떻게 해야 할까? 64 | 우리 주변에 넘쳐나는 주의력 착각의 사례 67

02. 기억력 착각 선수의 목을 조른 감독 73

기억을 어떻게 기억하는가 76 | 충돌하는 기억 82 | "방금 전 자동차 앞 유리에 총 쏘지 않았나?" 86 | 바뀐 것을 찾아내는 전문가들 93 | 지금 당신은 누구와 이야기하고 있는가 95 | 남의 기억을 자기 것으로 만드는 사람들 99 | 생사를 결정하는 문제에 대한 망각 104 | 9월 11일, 당신은 어디에 있었나? 106 | 사실이라고 하기에는 너무 근사한 기억 115 | 기억을 항상 신뢰할 수 있을까? 119

03. 자신감 착각 똑똑한 체스 선수와 멍청한 범죄자의 공통점 125

모두 자신이 과소평가 받는다고 생각하는 곳 128 | 실력이 부족한데도 깨닫지 못하는 133 | 자신감의 위기 142 | 능력 있는 사람이 반드시 리더가 되는 건 아니다 146 | 자신감의 특성 150 | 다윗은 왜 골리앗에게 덤볐나 154 | 자신감을 너무 믿지 말라 156 | 그녀의 자신감과 그의 유죄판결 163

04. 지식 착각 기상캐스터와 펀드매니저의 차이점 173

성가신 아이처럼 굴어서 좋은 점 179 | 최상의 계획이란 무엇인가 184 | 당신이 안다고 생각할 때마다 예상치 못한 일이 일어난다면? 190 | 지식 착각이 불러온 심각한 위기 194 | 많은 것이 나쁠 때도 있다 199 | 익숙함이 주는 힘 203 | 엉뚱한 전문용어가 착각을 부른다 205 | 일기예보가 점점 정확해지는 이유 210 | 왜 지식 착각은 계속될까? 215

05. 원인 착각 성급하게 결론짓기 219

하나님은 어느 곳에나 존재하신다 224 | 원인과 증상 229 | 믿음이 '이유'가 되지 않게 하라 232 | 그래서 무슨 일이 있었나? 239 | "네 돌을 사고 싶구나" 244 | 백신 가설 251 | 테레사 수녀, 쿠엔틴 타란티노, 제니 맥카시가 다 아는 것 255

06. 잠재력 착각 빨리 똑똑해지는 방법 267

모차르트 마법으로 영재 만들기 269 | 언론이 만들어낸 파급효과 274 | 은밀한 거짓말 284 | 잠재의식에 얽힌 사이비 과학 288 | 두뇌도 트레이닝이 되나요? 294 | 잠자는 잠재력을 깨우는 비법 300 | 비디오게임으로 인지능력 향상하기 304 | 두뇌운동보다는 걷기운동이 뇌를 살린다 316

결론 직관력에 대한 환상 319

첫인상이 잘못되었다 331 | 잼 선택하기와 강도 식별하기 336 | 기술이 해결책이 될 수 있을까? 340 | 보이지 않는 고릴라를 찾아라 343

감사의 글 346
주 351

01
주의력 착각

"제가 봤다고 생각합니다!"

1995년 1월 25일 흐리고 추운 새벽 2시경, 흑인 네 명이 보스턴의 그로브 홀 지역에 있는 패스트푸드 가게에서 총격사건을 벌인 후 도주했다.[1] 그들이 렉서스를 몰고 도주하는 광경을 본 경찰은 "경찰관이 희생되었다"는 잘못된 무전을 보냈고, 인근구역에 있던 경찰들은 그 무전을 받고서 16킬로미터에 걸친 광란의 추격전에 속속 합류했다. 상황이 아수라장이 된 지 15분에서 20분쯤 지났을 때, 경찰차 한 대가 도로에서 벗어나며 주차되어 있던 밴을 들이받았다. 도주하던 렉서스도 결국 미끄러져 막다른 골목에서 멈췄다. 용의자들은 차를 버리고 뿔뿔이 흩어져 달아났다.

검은 가죽 재킷을 입고 있던 24살의 용의자 로버트 '스머트' 브라운 3세는 조수석 뒷자리에서 빠져나와 막다른 골목의 철조망 울타리를 향해 전력으로 달렸다. 맨 처음으로 추격해온 경찰 표시가 없는 차가 렉서스 왼쪽에 멈춰 섰다. 록스버리Roxbury 지역 출신으로 범죄 조직 전담반에서 표창을 받기도 한 마이클 콕스가 차에서 나와 브라운을 쫓아갔다. 용의자와 마찬가지로 흑인인 콕스 경관은 그날 밤 청바지와 검은 후드티에 파카를 입은 사복 차림이었다.[2]

콕스는 스머트 브라운을 바로 뒤쫓아 울타리에 도착했다. 브라운이 꼭대기를 타고 넘어가려던 순간, 재킷이 철망에 걸렸다. 콕스가 브라운에게 팔을 뻗어 그를 다시 끌어내리려고 했지만 브라운은 운 좋게도 건너편으로 떨어졌다. 계속 뒤쫓던 콕스가 울타리를 막 기어오르려던 순간, 뒤쪽에서 경찰봉인지 손전등인지 모를 둔탁한 물체가 날아들어 그의 머리를 후려치는 바람에 땅바닥에 쓰러지고 말았다. 뒤쫓던 한 경찰이 콕스를 용의자로 오인했고, 뒤이어 다른 경찰관들도 합세해 콕스의 머리와 몸을 마구 발로 차며 두들겨 팼다. 그러다 잠시 후 누군가 소리쳤다. "그만, 멈춰! 이 사람은 경찰이라고, 경찰!" 그 순간, 경찰들은 얼굴은 상처투성이에, 뇌진탕을 입고, 신장까지 손상되어 의식을 잃고 쓰러져 있는 콕스를 그대로 둔 채 달아나버렸다.[3]

한편 더 많은 경찰들이 속속 가세하면서 용의자 추격이 계속되었다. 현장에 먼저 도착한 사람은 4년 전 고등학교를 졸업하고 곧바로 경찰이 된 건장하고 탄탄한 체격의 케니 콘리였다. 용의자들의 차량에서 약 10미터 떨어진 곳에 순찰차를 세운 콘리는 용의자 스머트 브라운이 울타리를 올라가 건너편으로 떨어진 뒤 도망가는 것을 보았다. 그는 울타리를 넘어 약 1.5킬로미터 정도 브라운을 추격한 뒤 마침내 리버 스트리트$_{River\ street}$의 한 주차장에서 브라운에게 총구를 들이대고 수갑을 채우는 데 성공했다. 콘리는 콕스 경관에게 가해진 폭행과는 아무 상관이 없었지만, 콕스 경관이 울타리에서 붙잡히던 바로 그때 브라운을 추격하기 시작했고 폭행이 일어나던 현장 바로 옆에서 울타리를 타넘었다.

다른 용의자들도 붙잡혀 그 사건은 일단락된 듯했지만 콕스 경관에 대한 폭행은 미결로 남아 있었다. 이후 2년 동안 경찰 내사과와 대배심은 그 막다른 골목에서 벌어졌던 일의 진실을 밝히려 했다. 콕스 경관을 구타한 경찰들은 누구인가? 그들은 왜 콕스를 구타했는가? 그저 동료 흑인 경찰을 흑인 용의자 중 한 사람으로 착각해서였을까? 만일 그렇다면 왜 의료진의 도움을 요청하지 않고 도망쳤을까? 조사에 별다른 진전이 없자, 1997년 보스턴 지방 검사는 사건을 연방수사국에 넘겼다.

콕스는 그날 밤 자신을 공격했던 경찰관 세 명을 지목했지만 이들은 한결같이 구타 사건에 대해 모른다고 주장했다. 초기 경찰 보고서에는 콕스 경관이 얼음이 남은 길에서 미끄러지는 바람에 순찰 차량의 뒤편에 부딪혔고, 그로 인해 부상을 입었다고 작성되어 있다. 현장에 있던 60명에 달하는 경관 가운데 많은 이들이 콕스에게 있었던 일을 분명 알고 있었겠지만, 그들 중 어느 누구도 폭행을 인정하지 않았다. 일례로 스머트 브라운을 체포한 케니 콘리는 진실만을 말하겠다고 선서하고서 이렇게 말했다.

질문 그러니까 당신은 용의자가 울타리를 넘는 것을 본 지 몇 초 후에 본인도 울타리를 넘었다고 진술하시는 겁니까?

대답 네.

질문 그렇다면 당시에 용의자를 쫓고 있던 사복 차림의 흑인 경찰을 보지 못했습니까?

대답 네, 못 봤습니다.

질문 진술하신 대로라면, 실제로 용의자를 추격하는 사복 차림의 흑인 경관은 없었다는 겁니까?

대답 용의자를 쫓는 흑인 사복 경찰은 보지 못했습니다.

질문 만약 사복 차림의 흑인 경관이 용의자를 추적하고 있었다면 그 장면을 보셨겠죠?

대답 봤겠죠.

질문 그리고 그 경관이 철조망 꼭대기에 있던 용의자를 붙잡고, 용의자에게 달려들었다면, 역시 그 장면도 봤겠죠?

대답 봤을 겁니다.

콕스 경관이 브라운을 울타리에서 끌어내리려 했다면 그 장면을 봤을 거란 얘기냐고 직접적으로 묻자 그는 이렇게 답했다. "봤을 거라고 생각합니다." 그는 자발적으로 정보를 제공하지 말고 예나 아니오 정도로만 간결하게 대답하라는 변호사의 충고에 따라 꺼리듯 증언했다. 콘리는 콕스 다음으로 용의자 추격에 나선 사람이었기 때문에 어떤 일이 있었는지 가장 잘 알 수 있는 위치였다. 하지만 그가 콕스 경관을 목격한 사실을 계속 부인하자, 폭행에 관계된 경찰관들을 기소하려는 연방 검찰의 시도는 완전히 좌절되었고 결국 아무도 기소되지 않았다.

결국 그 사건과 관련돼 기소된 사람은 케니 콘리뿐이었다. 그는 1997년 위증죄와 재판 방해죄로 기소되었다. 진실만 말하겠다고 선서하고서도 바로 눈앞에서 벌어진 일을 보지 못했다는 이상한 주장을 하고 있으니 '허위 증언'이라고 검찰은 확신했다. 검찰은 구타와 관련해 어떠한 사실도 보고서에 기재하지 않았던 경관들과 마찬가지로 콘리 역시 동료 경찰들을 배신하지 않기 위해 그런 거짓 증언을 했다고 주장했다. 실제로 콘리가 기소되고 얼마 안 있어 보스턴의 유명한 사건기자 딕 러Dick Lehr는 "콕스 사건은 침묵으로 일관하는 보스턴 경찰의 폐쇄적 태도를 보여주며⋯ 경찰관들은 강한 내부 결속을 통해 거짓 속내가 있는 자신들을 보호하려 한다"는 기사를 작성했다.[4]

콘리 경관은 자신이 한 말 때문에 곤란에 처해져서 재판에 회부되었다. 스머트 브라운은 자신을 체포한 경찰이 콘리라고 증언했다. 철조망을 뛰어넘고 나서 뒤를 돌아보니 구타 현장 옆에 키 큰 백인 경관이 서 있더라는 말도 했다. 다른 경찰관도 콘리가 그 자리에 있었다고 증언했다. 배심원들은 콘리가 폭행 현장을 목격하지 못했거나 심지어 콕스 경관을 보지 못한 채 브라운을 추격할 수 있었다고는 믿을 수 없었다. 재판이 끝난 후 한 배심원은 이렇게 말했다. "상황이 아주 혼란스러웠다는 점을 감안해도, 아무것도 못 봤다는 그 경관의 말을 믿기는 힘들었다." 배심원 버지스 니콜스는 아버지와 삼촌이 전직 경찰이었다는 다른 배심원에게서 들은 말을 전하며, 경찰들은 숙련된 전문가로 "모든 것을 주시하도록" 교육 받는다고 말했다.[5]

콕스 경관을 보지 못했다는 콘리 경관의 증언을 자신들의 생각으로는 도저히 받아들일 수 없었던 배심원들은 유죄 평결을 내렸다. 위증죄와 사법 방해죄가 인정되면서 34개월의 실형이 선고됐다.[6] 2000년에 대법원이 상고를 기각하면서 콘리는 해임되고 말았다. 변호사들이 콘리를 감옥에서 꺼내려고 재심을 준비하는 동안 콘리는 목수라는 새 직업을 가졌다.[7]

콕스 폭행사건, 그리고 침묵으로 일관하는 경찰의 폐쇄적 태도에 관한 기사를 썼던 딕은 2001년 여름이 되어서야 콘리를 직접 만날 수 있었다. 인터뷰 후 딕은 콘리가 브라운을 추격하던 과정에서 보고 경험했던 일들을 어쩌면 있는 그대로 말하고 있는지도 모른다는 생각을 했다. 딕이 하버드에 있는 대니얼 사이먼스의 실험실로 콘리를 데려온 것은 그때였다.

우리 가운데 있는
고릴라

10여 년 전, 차브리스(크리스)가 하버드대 심리학과 대학원에 재학하던 때 사이먼스(댄)가 조교수로 부임해 오며 둘은 만났다. 크리스의 연구실과 댄의 실험실은 복도를 사이에 두고 있었고, 얼마 지나지 않아 두 사람은 인간이 눈에 보이는 세상을 어떻게 인지하고, 기억하고, 생각하는가 하는 문제가 공통 관심사라는 사실을 알게 되었다. 콘리 사건이 한창 진행 중일 때, 댄은 크리스를 수업조교로 삼아 학부생에게 연구 방법론을 가르치고 있었다. 수업 활동으로 학생들은 몇 가지 실험에 도움을 제공했고 그 중 하나는 매우 유명해졌다. 1970년대 선구적인 인지 심리학자인 울릭 나이서 Ulric Neisser가 행한 시각적 주의력과 인식에 대한 일련의 기발한 연구를 바탕으로 한 실험이었다. 나이서 교수는 댄이 코넬 대학원 졸업반이던 해에 동 대학으로 옮겨왔고, 댄은 그때 나이서 교수와 나눴던 수많은 대화에서 영감을 받아, 나이서 교수의 획기적인 초기 연구를 바탕으로 자신의 연구를 발전시켜 나갔다.

우리는 잠시 비어 있던 심리학과 건물의 한 층을 무대로 삼고 학생들을 연기자로 삼았다. 학생들은 두 팀으로 나뉘어져 이리저리 움직이며 농구공을 패스했고, 우리는 이 장면을 찍어 짧은 동영상을 만들었다. 한 팀은 흰 셔츠를, 다른 한 팀은 검은 셔츠를 입었다. 댄이 카메라를 맡고 감독 역할을 했으며, 크리스는 배우들의 움직임을 조정하고 찍어야 할 장면들을 연출했다. 그리고는 찍은 동영상을 디지털 방식으로 편집해 여러 개의 비디오테이프에 옮겨 담았고, 학생들이 캠퍼스 곳곳을

누비며 실험을 진행해주었다.[8]

학생들은 실험 참가자들에게 검은 셔츠 팀의 패스는 무시하고, 흰 셔츠 팀의 패스 횟수만 말없이 세어달라고 부탁했다. 동영상의 재생 시간은 1분이 채 되지 않는다. 실험에 참가해 보고 싶다면 잠시 책을 덮고 이 책의 홈페이지 www.theinvisiblegorilla.com를 방문하면 된다. 이 홈페이지에는 짧게 편집한 농구공 패스 동영상뿐 아니라 앞으로 논의할 실험의 상당수가 링크되어 있다. 동영상을 주의해서 보고, 공중으로 넘긴 패스와 바운드 패스 횟수를 모두 세면 된다.

학생들은 동영상이 끝나자마자 실험 참가자들에게 패스의 횟수가 몇 번인지 물었다. 편집되지 않은 동영상의 경우, 정확한 패스 횟수는 서른네 번이다. 어쩌면 서른다섯 번일 수도 있다. 솔직히 말하면 횟수는 중요하지 않다. 패스 숫자 세기는 실험 참가자들이 화면상의 움직임에 주의를 집중하도록 내준 과제일 뿐이기 때문이다. 우리는 패스 횟수를 세는 능력에 관심이 없다. 실제 우리의 관심은 다른 데 있었다.

동영상 중간에 고릴라 의상을 입은 여학생이 약 9초에 걸쳐 무대 중앙으로 걸어와 선수들 가운데에 멈춰 서서 카메라를 향해 가슴을 치고 나서 걸어 나갔다. 실험대상자에게 패스에 대해서 질문한 후에 우리는 더 중요한 다음 질문을 했다.

질문 패스 횟수를 셀 때 뭔가 이상한 걸 느끼셨나요?
대답 아뇨.
질문 선수들 말고 뭔가 눈에 띄는 게 없었나요?

대답 음, 엘리베이터가 있었고, 벽에 'S'자가 그려져 있었어요. 그 'S'자가 뭘 뜻하는지는 모르겠어요.

질문 선수들 말고 눈에 띄는 누군가는 없었나요?

대답 없었어요.

질문 고릴라 보셨나요?

대답 네? 뭐라고요?

놀랍게도 연구에 참가한 실험대상자 중 약 절반이 고릴라를 의식하지 못했다! 그때부터 여러 가지 조건에서 다양한 실험대상자를 대상으로, 여러 나라에서 여러 번 반복해서 실험이 진행되었지만 결과는 늘 같았다. 약 50퍼센트는 고릴라를 보지 못했다. 고릴라가 바로 카메라 앞까지 걸어와 그들을 향해 얼굴을 돌리고 가슴을 친 다음 멀어져 가는 것을 사람들이 왜 못 보는 걸까? 고릴라가 보이지 않도록 한 것이 무엇일까? 이러한 인식의 오류는 기대하지 못한 사물에 대한 주의력 부족의 결과이며 과학적으로는 '무주의 맹시inattentional blindness'라 부른다. 이 용어는 시각 체계의 손상으로 인한 맹시와 구분하기 위한 것으로, 이 실험에서 사람들이 고릴라를 보지 못한 이유가 눈에 어떤 문제가 있기 때문은 아니라는 의미다. 사람들은 눈에 보이는 세상의 특정 부분의 모습이나 움직임에 주의를 집중하고 있을 때 예상치 못한 사물이 나타나면 이를 알아차리지 못하는 경향이 있다. 그 사물이 두드러지는데다 중요성을 띠고 있고 시선을 두고 있는 바로 그 자리에 나타날 때조차 그렇다.[9] 다시 말해 실험대상자들은 패스 횟수를 세는 데 너무 집중한 나머지 바로 눈앞에 있는 고릴라에는 '눈이 먼' 것이다.

그렇지만 우리가 이 책을 쓰게 된 것은 무주의 맹시라는 일반적 개념 때문도 아니고, 고릴라 연구라는 특정 주제 때문도 아니다. 사람들이 '맹시' 현상을 보인다는 사실 그 자체도 중요하지만 자신들이 놓쳤다는 사실을 깨달았을 때 사람들이 보이는 놀라움이 훨씬 더 인상 깊었다. 그들은 패스 횟수를 세지 않으면서 비디오를 다시 볼 때는 당연히 고릴라를 발견했고 큰 충격을 받았다. "내가 왜 저걸 못 봤지?!" "헉! 말도 안돼!"라는 말이 여기저기서 흘러나왔다. 'NBC 데이트라인' 프로듀서들이 방송 제작을 위해 다시 실시한 실험에 참가한 어떤 사람은 "실험할 때는 진짜로 고릴라가 안 나왔다고요"라고 말했다. 다른 실험 대상자들은 자신들이 안 보는 사이에 테이프를 교체했다며 제작진을 비난하기도 했다.

'고릴라 실험'은 강력하면서도 광범위하게 스며 있는 주의력 착각 illusion of attention의 영향력을 다른 어떤 연구보다 극적으로 보여준다. 실제로 사람들이 경험하는 시각적 세계는 자기 생각만큼 넓지 않다. 그러한 착각은 아무리 주의를 기울여도 한계가 있다는 사실을 충분히 깨닫는다면 사라질 것이다. 이 책을 쓰는 동안 우리는 여론조사 기관 서베이 유에스에이Survey USA를 통해 미국 성인을 대표하는 표본 집단을 대상으로 인간의 정신작용에 대한 설문 조사를 했다. 75퍼센트 이상의 사람들이 심지어 다른 뭔가에 집중하고 있을 때조차 예상외의 사건을 알아차릴 수 있다고 생각했다.[10] 이 조사의 다른 결과들에 대해서는 이 책 전반에 걸쳐 이야기할 것이다.

우리가 세상의 특정 부분에 주의를 집중한다면 이를 더욱 더 생생하게 경험할 수 있다는 말은 틀린 말이 아니다. 그렇지만 바로 이러한 선명한 경험 때문에 주변의 세세한 정보들도 빠짐없이 받아들이고 있다는 잘못된 믿음을 갖게 된다. 우리는 세상의 특정 부분을 아주 선명하게 보고 있다고 생각하지만, 사실은 당장 관심을 쏟는 부분을 제외한 나머지 세상은 전혀 인지하지 못한다. 생생한 시각적 경험 때문에 독특한 심리적 맹시 현상을 인식하지 못하는 것이다. 시각적으로 두드러지는 대상이나 특이한 대상이 나타나면 관심을 갖게 될 거라는 예상과는 달리, 실제로는 이를 전혀 알아채지 못하는 일이 벌어지고는 한다.[11]

1999년 우리의 실험이 〈퍼셉션Perception〉지에 '우리 가운데 있는 고릴라'[11]라는 제목으로 발표된 이후, 이 실험은 심리학 전반에 걸쳐 가장 폭넓게 입증되고 논의되는 연구 중 하나가 되었다. 이 연구는 2004년 심리학 부문 이그노벨상('처음에는 웃기지만 이내 생각을 하게 만드는 연구' 부문)을 수상했고, 텔레비전 드라마 CSI에서는 등장인물들 간의 대화로 소개되기도 했다.[13] 연구를 발표한 당사자인 우리에게 농구하는 사람들과 고릴라가 나오는 동영상을 본 적이 있냐고 묻는 사람도 수없이 많았다.

콘리가 보지 못한 고릴라

딕이 케니 콘리를 댄의 연구소에 데리고 온 이유는 우리의 고릴라 실험에 대해 들었기 때문이다. 그는 콘리가 그 실험에 어떻게 반응할지 알고 싶어 했다. 콘리 경관은 감정을 밖으로 잘 드러내지 않는 편인데다 말수도 적어서 그날 대화는 거의 딕이 주도했다. 댄은 그들을 실험실 안에 위치한 창이 없는 작은 방으로 데려가서, 흰 셔츠 팀의 패스 횟수를 세어달라고 요청하며 고릴라 비디오를 보여주었다. 비디오를 본 사람들 가운데 고릴라를 알아본 사람도 절반가량은 되었기 때문에 콘리가 고릴라의 예상치 못한 출현을 알아차릴지 못할지는 예상할 수 없었다. 게다가 콘리가 고릴라를 알아보느냐 그렇지 못하느냐의 여부로 6년 전 그가 콕스 경관이 구타당하는 장면을 보았는지 아닌지(이 문제는 중요하기 때문에 다시 살펴볼 기회가 곧 있을 것이다)가 밝혀지는 것도 아니었다. 하지만 우리는 그 실험에 대해 듣고 난 후 콘리가 어떤 반응을 보일지 궁금했다.

콘리 경관은 패스 횟수를 정확히 셌고 고릴라도 보았다. 고릴라를 본 다른 사람들과 마찬가지로, 콘리도 고릴라를 못 보는 사람이 있다는 사실에 매우 의아해했다. 다른 곳에 관심을 쏟다 보면 예상치 못한 일이 벌어져도 알아차리지 못할 수 있다고 설명해주었을 때조차도 그는 눈앞에 뻔히 보이는 대상을 못 보는 사람들이 있다는 사실을 쉽게 받아들이지 못했다.

주의력 착각은 워낙 깊고 넓게 배어 있다. 콘리 경관 사건에 관여했던 사람들도 인간의 생각이 작동하는 방식에 대한 왜곡된 개념, 구체적으로 말하면 우리 주변에서 실제로 주의를 집중할 수 있는 부분은 얼마 되지 않는데도 그보다 훨씬 많은 것들에 주의를 집중할 수 있을 거라는, 그러므로 당연히 변화를 알아차리고 기억할 수 있다는 잘못된 믿음으로 사건을 판단하고 있었다.

콘리 자신도 실제 자신이 지나간 곳 옆에서 콕스 경관이 잔인하게 구타당하고 있었다면 그 장면을 당연히 보았을 거라고 증언했다. 변호사들은 유죄 판결에 대한 항소심에서 콘리 경관이 구타 현장 옆을 달려간 적이 없고, 그러므로 그가 거기 있었다는 증언은 틀렸으며, 구타 사건에 대한 다른 경관들의 진술 역시 거짓임을 증명하려 했다. 이러한 논지는, 콘리에게 구타 장면을 볼 기회가 없었다면 그가 하는 말들이 진실일 수밖에 없다는 가정에 근거하고 있다. 하지만 사실은 그 막다른 골목에서 콘리가 고릴라 실험과 유사한 현실에 처했던 거라면 어떨까? 구타가 발생하던 곳에 시선을 두고 있었는데도 실제로는 그 모습을 보지 못한 채 그 곁을 지나쳐 갔을 수도 있다.

철조망 울타리를 넘어 달아나는 브라운을 보며 콘리 경관은 속을 태웠다. 자신이 '터널 시야tunnel vision'라고 표현했듯이 오직 용의자에만 집중해 그를 추격했다. 콘리를 기소한 검사는 그런 생각을 비웃으며, 콘리가 구타 장면을 보지 못한 건 터널 시야 때문이 아니라 '사건 장면에서 콕스를 고의적으로 잘라낸' 영상편집 때문이라고 말했다.[14]

그렇지만 우리 실험 참가자들이 패스 횟수 세기에 집중했던 것처럼, 만일 콘리가 브라운에게만 온전히 몰두하고 있었다면 폭행 현장에 있으면서도 못 보고 지나쳤을 가능성은 충분하다. 만일 그랬다면 콘리 경관의 증언 중에서 잘못된 부분은 콕스를 '당연히 봤을' 거라고 생각한다는 자신의 말뿐이다. 이 사건에서 가장 눈에 띄는 부분은 콘리 자신의 증언이 그가 구타 현장 근처에 있었음을 알려주는 주요 증거 자료라는 점과, 바로 그 증거 자료에 인간의 생각이 작동하는 방식에 대한 오해가 더해지고, 침묵으로 일관하는 다른 경관들의 폐쇄적 태도가 보태져 검찰이 위증죄와 사법 방해죄로 콘리를 기소하는 상황에 이르게 되었다는 사실이다. 검찰이나 유죄 평결을 내린 배심원단은 그도 다른 경관들처럼 동료들을 보호하려 한다고 생각했다.

2005년 7월, 콘리에 대한 유죄 판결은 상고 재판에서 결국 뒤집혀 파기되었다. 그렇지만 콘리가 승소한 이유는 검사나 배심원이 그가 진실을 말한다고 믿게 되어서가 아니었다. 정부측 증인 중 한 명의 신뢰성에 의혹을 던지는 FBI의 메모를 검찰측이 피고측 변호인에게 공개하지 않았기 때문에 그가 공정한 재판을 받지 못했다고 판결했기 때문이었다.[15] 그리고 2005년 9월, 정부에서 그에 대한 재심을 청구하지 않기로 결정하면서 콘리를 둘러싼 법적 문제는 마침내 끝났다. 2006년 5월 19일, 콘리는 자신의 인생을 뒤바꾼 우드러프웨이 사건이 발생한 지 11년이 흐른 뒤에야 복직되었지만, 서른일곱 나이에 신입 경찰들이 받는 경찰학교 훈련을 다시 받아야 했다.[16] 그는 경찰을 떠나 있던 기간에 받지 못한 급여에 해당하는 647,000달러를 돌려받았고[17] 2007년에는 경위로 승진했다.[18]

콘리의 경우처럼 일상적인 착각이 어떻게 우리 생활에 커다란 영향을 주게 되는지를 보여주는 사례와 일화를 책 전반에 걸쳐 많이 소개할 것이다. 하지만 두 가지 중요한 주의 사항이 있다. 첫째, 로버트 퍼식이 저술한 대로, "과학적 방법론을 사용하는 진짜 목적은 대자연에 관해 실제로는 우리가 모르면서도 알고 있다고 착각하는 일이 분명히 있기 때문"이다.[19] 그렇지만 과학에도 한계가 있다. 은하가 어떻게 형성되는지, DNA는 어떠한 과정을 거쳐 단백질에 새겨지는지, 인간은 세상을 어떤 식으로 지각하고 기억하는지에 관한 일반적인 설명은 해주지만, 하나의 사건, 개별 사례에 대한 설명은 거의 제공하지 못한다. 본질적으로 특정 사건이 일상의 착각이라는 오로지 특정한 정신적 실수 때문에 발생했음을 증명하기란 어렵다. 콘리가 구타 장면을 보지 못했던 것이 무주의 맹시 때문이라고 확신할 수 없는데다, 보지 못했다는 그의 말이 정말인지조차도 확신할 수는 없다. 그 장면을 목격하고도 일관되게 거짓말을 했을 수도 있다. 콘리가 처해 있던 상황과 동일한 조건(한밤, 철조망을 기어오르는 자를 쫓는 상황, 살해 용의자를 추격하는 위험, 낯선 주위 환경, 누군가를 폭행하는 일당)에서 주의력에 대한 연구를 진행해보지 않고서는 그가 현장을 실제로 못 보고 지나쳤을 가능성을 가늠할 수 없다.

그렇지만 콘리를 비난하고 유죄 판결을 내렸던 사람들의 직관에 대해서는 부정확하다고 말할 수 있을 것이다. 한 가지 분명한 사실은 경찰 수사관, 검찰, 배심원단, 그리고 어느 정도는 콘리 자신까지도 주의력 착각의 영향을 받고 있었다는 것이다. 바로 그 착각 때문에 1월의 그날 밤, 보스턴에서 자신이 있었던 곳과 보지 못했던 것들에 대해 콘리가 했던 말들이 진실일 수도 있다는 가능성(우리가 보기에는 충분히 가능한 일이다)을 전혀 고려하지 않았던 것이다.

두 번째로 명심해야 할 사항은 다음과 같다. 우리가 이야기와 일화를 이용해 우리의 주장을 전하는 이유는 줄거리가 있는 이야기가 사람들의 관심을 끌기에도 좋고, 기억하기에도 편하고, 이해하기도 쉽기 때문이다. 하지만 사람들은 어떤 사건이 발생한 진짜 이유를 밝혀줄 결정적인 증거가 없더라도, 그 이유에 대한 이야기가 납득할 만하고 회고적인 이야기라면 믿으려는 경향을 보인다. 바로 이러한 이유 때문에 우리는 책의 뒤편에 주석을 달아 자료의 출처를 밝히고, 추가적인 정보를 제공하며, 우수한 과학적 연구를 통해 모든 사례를 뒷받침하려 한다.

우리는 일상의 착각이 인간의 사고와 판단과 행동에 어떻게 영향을 미치는지 보여줌으로써 그 착각들이 우리의 삶에 지대한 영향을 끼친다는 사실을 확신시키고자 한다. 우리의 주장과 주장의 근거를 검토하고 나면 당신도 우리의 주장을 받아들이게 될 것이며, 자신의 마음과 행동에 대해 지금까지와는 아주 다르게 생각하게 될 것이다. 그렇게 달라진 생각에 맞춰 행동하길 바란다. 우리 마음이 작동하는 방식이 기존에 생각하던 것과 다를 가능성을 열어두고 비판적으로 읽어주면 좋겠다.

핵 잠수함과 어선의 충돌

조지 부시의 임기 중 처음으로 발생했던 중요한 국제적 사건을 기억하는가? 사건은 대통령이 취임한 지 한 달도 채 되지 않았던 무렵인 2001년 2월 9일에 발생했다.[20] 오후 1시 40분쯤 하와이 근해에 있던 미해군 핵 잠수함 그린빌함의 함장 스코트 워들 중령은 잠수함을 빠르게 잠수시키는 긴급기동 훈련인 '긴급 잠항'을 지시했다. 중령은 이어 '메인 부력탱크 긴급부상'을 지시했다. 메인 부력탱크에 든 물을 고압의 공기로 밀어내어 최대한 빠른 속도로 잠수함을 수면 위로 올리는 작전이다. 영화 〈붉은 10월〉에도 나오는 이런 군사 작전에서는 잠수함의 선수가 수면 위로 크게 튀어 오른다. 그런데 그린빌함이 수면으로 급상승하던 순간, 엄청난 굉음이 울리며 함정 전체가 흔들렸다. "맙소사!" 위들 중령은 말했다. "도대체 위에 뭐가 있나?"

아주 빠른 속도로 수면으로 상승하던 그 잠수함 바로 위에 일본 선박 에히메마루(愛媛丸)가 있었던 것이다. 북극 지역에서 유빙을 뚫고 올라갈 수 있도록 특별히 제작된 그린빌함의 수직타는 선박을 두 동강 내고 말았다. 연료가 새면서 배에 물이 차올랐고, 불과 몇 분 만에 어선은 기울어졌다. 무거운 선미 쪽이 먼저 가라앉자 배에 있던 사람들은 뱃머리 쪽으로 앞 다퉈 달려갔다. 많은 사람들이 구명보트에 올라 구조되었지만 선원 세 명과 승객 여섯 명이 죽었다. 반면 그린빌함은 경미한 손상만 입었을 뿐 아무도 다치지 않았다.

뭐가 잘못이었을까? 최첨단 음파 탐지기를 갖추고 베테랑 승무원이 조정하는 현대식 잠수함이 어째서 그렇게 가까이 있는, 거의 60미터에 달하는 큰 선박을 발견하지 못한 걸까? 이 사고를 설명하기 위해 미국 교통안전위원회가 작성한 59페이지짜리 보고서에는 대원들이 정해진 절차를 따르지 못하게 된 모든 경위, 민간인 방문단에 협조하던 과정에서 일어난 정신을 산만하게 했던 상황, 그 과정에서 저지른 모든 실수, 그리고 에히메마루호의 실제 위치를 제대로 추적할 수 없게 만든 의사소통의 문제 등을 빠짐없이 기록되어 있다. 보고서에는 술이나 마약, 정신질환, 피로, 대원들의 행동에 영향을 줄 만한 갈등이 있었다는 내용이나 증거 자료는 없다. 그런데도 이 보고서가 보여주는 흥미로운 사실은, 갑판에 있던 장교와 위들 중령이 잠망경을 들여다보았으면서도 일본 선박을 보지 못했던 이유가 무엇이냐는 것이 중대한 문제인데도 그 답을 찾으려는 시도조차 하지 않았다는 것이다.

긴급 잠항 및 부상 작전은 근해에 다른 배가 없다는 것을 중령이 확인할 수 있도록 잠수함을 잠망경 심도에서 확인한 후 실행된다. 당연히 잠망경에는 에히메마루호가 보였어야 했다. 실제로 워들 중령도 잠망경으로 그쪽을 바라보았지만 선박의 존재를 알아채지 못했다. 왜일까? 'NBC 데이트라인'의 특파원 스톤 필립스는 이렇게 보도했다. "워들 중령이 잠망경으로 좀더 오래 관찰했거나 잠망경을 더 높이 올려 관찰했더라면 일본선박을 볼 수 있었을지도 모른다. 워들 중령은 자신이 본 방향이 정확했다는 데에는 의심의 여지가 없다고 말한다"고 보도했다. 교통안전위원회도 보고서를 통해 잠망경으로 관찰한 시간이 짧았음을 강조했다. 중령이 근처에 있던 배를 못 보는, 충격적인 과실을 범한 이유를 달리 찾으려는 노력은 전혀 없었다.

그러나 우리가 진행한 고릴라 실험의 결과는 미해군 그린빌함의 중령이 그 모든 경험과 지식에도 불구하고, 실제로 다른 배가 있던 방향을 똑바로 바라보면서도 그 배를 못 봤을 수 있다고 말해준다. 문제의 실마리는 그가 그쪽으로 바라보면서 무엇을 보게 될 거라 예상했느냐에 있다. 중령은 나중에 이렇게 말했다. "배를 찾고 있지도 않았고, 배가 있을 거라 생각하지도 않았다."[21]

잠수함이 다른 배를 뚫고 수면으로 부상하는 일은 좀처럼 일어나지 않으니 배로 여행하게 되더라도 그런 일을 걱정할 필요는 없다. 그러나 이처럼 "바라보긴 했지만 못 봐서" 발생하는 사고는 육지에서 매우 자주 발생한다. 주차장이나 골목길에서 나오려다 바로 조금 전까지 보이지 않았던 차가 갑자기 나타나 급정거를 해야 했던 아찔한 경험이 있는가? 사고 후 운전자들은 대부분 이렇게 주장한다. "나는 분명히 저쪽을 봤는데도, 회전하려 하자 차가 난데없이 나타났어요. 정말 못 봤다고요."[22] 이런 상황들이 특히 곤혹스러운 이유는 이러한 일들이 주의와 지각의 과정에서 발생하는 정신작용에 대한 우리의 직관에 배치되기 때문이다. 우리는 눈앞에 무엇이 있으면 이를 분명히 본다고 생각하지만 사실 우리가 그 순간 인지하는 것은 눈에 보이는 세상의 일부일 뿐이다. 바라봤지만 못 볼 수 있다는 발상은 정신작용에 대한 우리의 상식과 완전히 어긋나며, 바로 이런 오해 때문에 경솔한 판단이나 지나친 과신을 낳을 수 있다.

"바라보긴 했지만 못 봤다"는 문구에서처럼 이 장에서 쓰이는 "바라보다"는 표현은 추상적이거나 모호하거나 수사적인 무엇을 의미하진 않는다. 말 그대로, 무언가에 시선을 둔다는 뜻이다. 우리가 계속 주장하는 내용은, 어딘가에 시선을 둔다고 해서 그것을 의식하며 본다고는 장담할 수 없다는 것이다. 의심 많은 사람은 아마 고릴라 실험의 참가자나 용의자를 추격하던 경찰관, 잠수함을 부상시킨 함장이 실제로는 예기치 못한 사물이나 사건에 시선을 두지 않았으리라 생각할 수도 있다. 하지만 패스 횟수를 세거나 용의자를 추격하거나 부근의 배를 탐지하는 것 같은 임무를 수행하는 사람들은 예상치 못한 사물이 등장했던 바로 그곳을 바라보지 않을 수 없었다. 적어도 실험실 상황에서는 어느 순간 스크린 위에 정확히 시선을 고정시키는 지점, 즉 시선을 향하고 있는 곳을 측정할 방법이 있다. '시선 추적기'라는 장치를 사용하는 이

기술은 실험대상자가 얼마의 시간 동안, 일례로 고릴라 비디오는 보는 동안 어디에 얼마나 시선을 두고 있는지 계속 추적할 수 있다. 스포츠 과학자인 하이델베르그 대학의 대니얼 매머트Daniel Memmert는 자신의 시선 추적기를 사용하여 우리의 고릴라 실험을 했다. 그 결과, 고릴라를 의식하지 못했던 실험대상자들도 고릴라를 보았던 사람들과 같은 시간인 평균 1초 동안 고릴라에게 시선을 고정했다는 사실을 발견했다.[23]

왜 자동차 운전자들은 오토바이를 못 볼까?

2006년 2월, 스물세 살의 벤 로슬리스버거Ben Roethlisberger는 프로 미식축구 선수가 된 지 두 시즌 만에 미식축구리그NFL 역사상 가장 어린 나이로 슈퍼볼에서 우승을 거둔 쿼터백이 되었다. 오프시즌인 같은 해 6월 12일, 벤은 2005년형 검정색 스즈키 오토바이를 타고 피츠버그 시내 2번가를 달려 시내를 벗어나고 있었다.[24] 10번 거리와 만나는 교차로에 다다랐을 때쯤 마사 플레시먼Marta Fleishman이 운전하던 크라이슬러가 2번가 반대 방향에서 접근했다. 마사가 벤의 오토바이를 가로막으며 10번 거리로 비보호 좌회전을 할 당시 둘 다 녹색 신호를 받고 있었다. 목격자에 따르면, 벤은 오토바이에서 튕겨나가 자동차 앞 유리에 부딪힌 다음 보닛 위를 트렁크를 지나 도로에 떨어졌다. 셀 수 없이 많은 작은 상처 외에도 턱과 코뼈가 부러졌고 이가 여러 개 빠졌으며, 뒤통수도 많이 찢어졌다. 일곱 시간의 대수술이 진행되었다. 그가 헬멧을 쓰지 않고 있었다는 점을 고려한다면 생존이 거의 기적이었다. 마사는

9년 전에 뗀 속도위반 딱지가 전부일 만큼, 거의 완벽한 무사고 운전자였다. 벤은 운전 중 헬멧 미착용과 무면허 운전으로 법정에 소환되었다. 마사도 우선차선에 양보하지 않았다는 이유로 소환되어 벌금을 물었다. 다행히 벤은 완전히 회복되어 시즌이 시작하는 9월에는 주전 쿼터백으로 다시 뛸 수 있었다.

안타깝게도 이와 같은 사고는 매우 자주 일어난다. 오토바이 사고의 절반 이상이 다른 차량과의 충돌로 일어난다. 사고의 65퍼센트는 벤처럼 차가 오토바이의 우선 통행권을 무시한 채 오토바이 앞에서 좌회전(차가 왼쪽으로 주행하는 나라에서는 우회전)하다 발생한다.[25] 어떤 경우에는 마주 오는 차를 가로질러서 좁은 길로 꺾어 들기도 하고, 어떤 경우에는 좁은 길을 가로질러 큰 길로 꺾어 들기도 한다. 이런 전형적인 사고에서 자동차 운전자는 이렇게 변명하고는 한다. "좌측 깜빡이를 넣어 신호를 보내고 나서 좀 기다렸다가 안전하게 출발했어요. 그때 제 차에 무언가 부딪히더라고요! 살펴보니 사람과 오토바이가 길에 쓰러져있더군요. 저는 맹세코 그 사람을 못 봤습니다!" 반면 이런 사고에서 오토바이 운전자는 이렇게 말한다. "이 차가 갑자기 제 앞으로 밀고 나왔습니다! 운전자는 분명히 저를 보고 있었다고요!" 이때 일부 오토바이 운전자는 자동차 운전자가 오토바이를 보고서도 방향을 꺾어 의도적으로 자신의 진로를 막았다고 주장한다.

자동차 운전자들은 왜 오토바이를 보면서도 그 앞에서 방향을 꺾을까? 적어도 몇 가지 경우에서는 주의력 착각 때문이라고 할 수 있다. 사람들은 오토바이 운전자를 예상하지 않기 때문에 오토바이 운전자를 못 본다. 차량들 사이를 헤치고 힘겹게 좌회전하려는 상태라면 앞을 가로막는 차량은 대부분 자동차이지 오토바이(또는 자전거, 말, 인력거)는 아니라고 여기기 때문이다. 오토바이는 다소 예상 밖이다. 고릴라 실험 참여자들처럼 운전자들은 어떤 일이 예상치 못하게 발생할 경우, 아무리 그것이 중요한 일이라 해도 종종 알아채지 못한다. 그런데도 운전자들은 정확한 방향만 바라본다면 예상치 못한 사건이나 대상도 알아챌 수 있다고 짐작한다. 이는 매우 위험한 생각이다.

이런 상황을 어떻게 해결할 수 있을까? 오토바이 안전 수칙에는 많은 해결책이 나와 있지만 대부분은 효과가 없을 것이다. '오토바이 조심'이라고 적힌 표지판을 세우면 운전자들이 오토바이가 나타날 수 있다고 생각하게 될 테고, 따라서 표지판을 지나친 지 얼마 안 되어 나타나는 오토바이는 더 잘 알아볼 수 있을 것이다. 그러나 그 후 몇 분 동안 오토바이가 보이지 않는다면 운전자의 눈은 많이 보는 자동차에 다시 익숙해지고 시각적 예상은 다시 가장 흔히 보는 자동차를 기대하는 쪽으로 돌아간다. 오토바이를 주의하라는 광고 캠페인은 주의력 메커니즘이 의도와 생각의 영향을 받기 쉽다고 가정하고 있지만, 우리의 시각적 예상은 의식의 통제에서 완전히 벗어나 있다. 이후 다시 논의하겠지만 우리의 뇌는 일정한 패턴을 자동적으로 감지하도록 만들어졌다. 그리고 운전할 때 우리가 경험하는 패턴은 차량의 수가 더 많고 오토바이는 적다는 특징이 있다. 바꾸어 말하면, 광고 캠페인 자체도 주의력 착각에 당한 것이다.

어느 날 아침, 우리가 당신에게 "고릴라에 주목하시오"라고 경고했다고 하자. 그러고 나서 일주일이 지나 당신이 우리의 고릴라 실험에 참가했다. 우리가 한 경고가 효과가 있을까? 아마 그렇지 않을 것이다. 경고한 시간과 실험이 행해진 시간 사이에 고릴라를 보지 못하는 일상의 경험으로 인해 당신의 기대는 다시 예전 수준으로 돌아오기 때문이다. 이런 경고는 비디오를 보여주기 바로 직전에만 유용하다.

일상적으로 오토바이를 보고, 오토바이가 나타나리라 기대하는 사람들만 쉽게 오토바이를 알아챌 수 있다. 실제로 오토바이와 자동차 사이에서 발생한 교통사고 62건을 면밀히 분석한 결과, 자동차 운전자 중에서 오토바이를 몬 경험이 있는 사람은 아무도 없었다.[26] 아마 오토바이를 타봤다면 오토바이에 대한 무주의 맹시의 영향을 덜 받을 것이다. 달리 표현하자면, 자기 스스로 예상치 못한 대상이 되는 경험을 한다면 그와 유사한 예상치 못한 일을 좀더 잘 알아차릴 수 있게 된다.

오토바이 운전자의 안전을 높이기 위해 가죽 재킷과 진한 색의 바지, 부츠 같은 특유의 옷차림을 하지 말고 밝은 색 옷을 입도록 권하기도 한다. 이러한 직관적 사고는 옳은 방법처럼 보인다. 상하의가 붙은 노란색 옷을 입은 오토바이 운전자가 시각적으로 더 잘 보이고, 따라서 알아보기도 더 쉽다는 건 당연한 이야기 아닌가. 그러나 지금까지 살펴본 대로, 바라보는 것과 보는 것은 다르다. 고릴라 쪽, 혹은 오토바이 쪽을 정확히 바라보아도 고릴라도, 오토바이도 못 볼 수 있다. 만약 고릴라나 오토바이가 물리적으로 지각할 수 없는 대상이라면 바라보면서도 못 보는 것은 자연스러운 사실이 될 테고, 완벽하게 변장한 고릴라를 화면에서 보지 못한대도 전혀 놀라운 일이 아니다. 무주의 맹시를 보여주는 자료들을 유의미한 사실, 직관에 반하는 사실이라 말할 수 있는 이유는, 고릴라는 어딘가에 있다는 것만 알면 너무도 분명하게 눈에 보이는 존재이기 때문이다. 바라보는 행위는 보는 행위를 위한 필요조건이다. 바라보지 않고서는 볼 수 없다. 그러나 바라보는 행위는 보는 행위의 충분조건은 아니다. 무언가를 바라본다고 해서 그 존재를 알아차린다고 장담할 수는 없다. 튀는 옷을 입고 밝은 색으로 칠한 오토바이를 탄 운전자는 눈에 잘 보일 것이고, 덕분에 오토바이 운전자를 찾으려던 사람들은 그 운전자를 훨씬 쉽게 알아챌 수 있다. 그렇다고 해도, 밝은 옷을 입은 오토바이 운전자를 모든 사람이 다 알아보는 것은 아니다.

 나도 이런 점을 잘 알아채지 못했다. 고릴라 실험을 처음 설계할 때는 고릴라를 눈에 잘 띄게 하면 더 많은 사람들이 고릴라를 감지할 거라고, 특히 밝은 빨간색의 고릴라라면 당연히 알아볼 것이라고 생각했다. 빨간 색상의 고릴라 복장은 흔치 않아서, 나는 동료 스티브 모스트(당시 댄의 실험실 연구원이었고, 현재 델라웨어대학 교수로 재직 중)와 브라이언 스컬(당시 심리학과 박사 과정을 마친 선임연구원이었고, 현재 예일대학 교수로 재직 중)과 함께 고릴라 비디오의 컴퓨터 버전을 만들어냈다. 농구공을 패스하던 사람들은 글자로, 고릴라는 갑자기 화면을 가로지르는 빨간 십자가로 대체했다.[27] 실험 참가자는 검은 글자들은 무시하고 하얀 글자들이 화면의 측면에 닿는 횟수를 세도록 했다.

 그 결과는 이 실험을 수없이 많이 실행한 우리 둘마저도 놀랄 정도였다! 십자가는 하나뿐이었고, 유일하게 색깔이 있었다. 게다가 다른 글자들과 달리 화면을 곧게 가로질렀는데도 실험 참가자의 30퍼센트가 그 선명한 빨간색의 십자가를 보지 못했던 것이다! 우리는 고릴라 복장이 어두운 색상인데다, 선수들의 옷 색과도 비슷해서 두드러지지 않았기 때문에 사람들이 고릴라를 잘 알아채지 못했다고 생각했다. 독특한 대상은 두드러져 보이는 것이 당연하다는 우리의 믿음은 무주의 맹시 현상을 무시한 발상에 지나지 않았던 것이다. 이 빨간 고릴라 실험은 예상치 못한 대상이 나타났을 때, 독특함이 반드시 그 대상을 알아보게 해주지는 않음을 말해준다.

빛이 반사되는 옷을 입은 오토바이 운전자는 눈에 더 잘 띄지만, 이 역시 우리의 예상을 벗어나진 않는다. 오토바이 운전자는 위 실험의 십자가와도 같다. 사람들이 오토바이를 못 보는 이유는 다른 교통수단들에 비해 작아서도 아니고 덜 독특해서도 아니다. 그 이유는 오토바이가 너무 다른 대상이기 때문이다. 오토바이 운전자를 더 독특하게 보이도록 만드는 것은 다른 운전자들이 오토바이 운전자를 잘 알아보게 하기 위해 두루 쓸 만한 방법은 아니다. 역설적이게도, 오토바이를 눈에 더 잘 띄게 하는 효과를 보려면 오토바이를 자동차와 비슷하게 만들면 된다. 예를 들어 자동차의 헤드라이트와 비슷하게 보이도록 두 개의 헤드라이트를 최대한 멀리 떨어뜨려 오토바이에 장착하면 오토바이를 감지할 가능성이 높아진다.

그렇지만 무주의 맹시를 없애는 입증된 방법이 하나 있다. 예상치 못한 대상이나 사건을 조금이라도 예상할 수 있는 대상이나 사건으로 만들면 된다. 자전거 운전자나 보행자가 자동차에 치이는 사고는 자동차 운전자가 자전거나 보행자를 보지 못해 발생한다는 점에서 오토바이 사고와 많이 비슷하다. 캘리포니아 공공안전 고문 피터 제이콥슨은 유럽과 캘리포니아의 여러 도시들을 대상으로 보행자나 자전거 관련 자동차 사고 발생률을 조사했다.[28] 2000년도에 각 도시에서 백만 킬로미터당 자전거를 타거나 걸어서 여행하던 사람들의 부상자 수와 사망자 수에 관한 자료를 수집했다. 분명 일정한 패턴이 있었고 결과는 놀라웠다. 자전거와 도보로 여행하는 사람들이 가장 많은 도시에서는 자전거 타기와 걷기가 가장 안전했으나 반대로 가장 적은 도시에서는 가장 위험했다.

왜 자전거를 타거나 걷는 사람이 많은 곳에서는 자동차 운전자가 보행자나 자전거 운전자를 칠 가능성이 낮을까? 운전자가 보행자와 자전거를 자주 보기 때문이다. 이렇게 생각해보자. 운전자가 차 주변으로 길을 건너는 사람들을 자주 보는 런던 도로를 건너는 게 안전할까, 아니면 운전자가 경고도 없이 자기 차 앞으로 불쑥 튀어나오는 사람들을 거의 보지 못하는 로스앤젤리스 교외의 넓은 대로가 더 안전할까? 제이콥슨이 수집한 데이터에 따르면 보행자가 두 배 많은 마을로 이주한다면 걷는 동안 차에 치일 확률을 3분의 1가량 줄일 수 있다.

예상의 힘을 가장 잘 보여주는 연구[29] 중 하나는 '빨간 고릴라 실험'을 진행했던 스티브 모스트와 코네티컷 올린 신경정신병학 연구센터Olin Neuropsychiatry Research Center에 근무하는 그의 동료 로버트 아스투르의 모의 운전 장치 실험이다. 실험 참가자들은 교차로에 도착하기 직전마다 가야 할 방향을 알려주는 파란 화살표를 찾아야 했고, 노란 화살표는 무시했다. 참가자들이 교차로 중 한 곳으로 진입하려는 찰나, 오토바이

한 대가 갑작스레 주행 방향 바로 앞쪽으로 달려와 급정거했다. 주의해서 봐야 했던 방향 지시 화살표와 똑같이 파란색인 오토바이는 같은 색상인 파란색이었을 때는 거의 모든 운전자가 오토바이를 인지했다. 그러나 무시해야 했던 화살표와 같은 색인 노란색 오토바이가 끼어들자 운전자 중 36퍼센트가 오토바이를 들이받았고, 게다가 그들 중 두 명은 브레이크를 채 밟지도 못했다. 대상의 시각적 독특함보다는 당신이 내리는 순간순간의 예상에 따라 무엇을 보고 또 무엇을 못 볼지가 결정되는 것이다.

물론 자동차와 오토바이 간의 충돌사고가 전부 자동차 운전자만의 잘못으로 일어나는 건 아니다. 미식축구 선수 벤의 사고에서 자동차 운전자와 오토바이 운전자는 모두 녹색 신호를 받았지만 벤은 직진했고, 그에게 우선 통행권이 있었다. 그 자리에 있었던 목격자는 자동차 운전자였던 마사의 말을 그대로 옮겼다. "오토바이가 다가오는 걸 보고 있었지만, 오토바이 운전자는 저를 쳐다보지 않았습니다."[30] 마사의 차가 바로 앞에 있었는데도 벤은 정말 그 차를 못 봤을 수 있다. 그가 만약 마사의 차를 알아봤다면 사고를 피할 수 있었을 것이다.

첨단장치는 조종사에게 얼마나 도움이 될까?

나사NASA 연구원 리처드 헤인즈는 UFO 목격담을 기록하던 연구원으로 일반인에게 널리 알려져 있다. 그러나 리처드는 동료 에디스 피셔, 토니 프라이스와 함께 비행 시뮬레이터를 이용한 비행기 조종 및 정보 디스플레이 기술에 관해 선도적인 연구를 하기도 했다.[31] 이 실험은 시선을 두면서도 못 보는 행위를 가장 극적으로 보여주는 실험이기 때문에 매우 중요하다. 실험은 당시 가장 흔한 민간 항공기였던 보잉727을 조종하는 여객기 조종사들을 대상으로 진행되었다. 민간 여객기의 조종사가 되려면 군에서 수년간 비행 경험을 쌓아야 했다. 대부분 손꼽을 만큼 경험이 풍부하고 전문적인 조종사들이지만, 비행 때마다 수백 명 승객의 목숨을 책임져야 하는 대형 여객기는 그 중에서도 최고의 조종사들에게만 주어지는 기회다. 이 실험은 보잉727기를 1,000시간 이상 조종한 일등 조종사 혹은 일급 기장을 대상으로 했다.

실험 중에 조종사들은 전방표시장치head-up display(비행기 캐노피에 각종 계측 정보를 투명하게 쏘아 주는 장치-옮긴이) 사용 훈련을 받았다. 당시에는 새로운 기술이었던 이 장치는 여느 조종실처럼 전면유리 아래쪽이나 주변에 계기를 놓는 대신, 조종사의 전방인 전면유리 위에 놓인 화면에 고도, 위치, 속도, 연료 등 모의 보잉727을 조종하고 착륙시키는 데 필요한 주요 정보를 많이 보여준다. 여러 회에 걸쳐 실험하는 동안, 조종사들은 다양한 기상 조건 아래서 모의 착륙을 수없이 반복했다. 조종실에는 전방표시장치가 있을 때도 있고 없을 때도 있었다. 리처드는 조종사들이 시뮬레이터로 비행 연습을 하는 동안, 그들이 착륙을 시도하다가 뜻밖의 상황을 겪도록 설정했다. 구름층을 헤치고 나와 활주로가 보이면 조종사는 비행을 중단할지 말지 결정하기 위해 장비와 기상 상태를 점검하며 앞서 시도한 것처럼 착륙을 준비한다. 하지만 이때, 조종사 중 일부는 지상에 있던 대형 여객기가 방향을 틀어 자신들이 보고 있던 착륙예정 활주로 쪽으로 나오는 모습을 보지 못했다.

비행기가 진입해선 안 되는 활주로로 진입하는 '활주로 침입'은 비행기 사고의 여러 원인들 중에서도 가장 흔한 편이다. 활주로 침입의 절반 이상은 조종사가 다른 비행기의 진로로 천천히 이동하는 실수 때문에 일어난다. 그린빌호처럼 잠수함이 다른 배의 바로 밑에서 들이받는 일이 매우 이례적인 사고이듯, 활주로 침입도 충돌로 이어지는 경우는 매우 적다. 2007년 미국연방항공청은 미국 공항에서 총 370건의 활주로 침입이 발생했다고 기록했다. 그중 충돌 사고로 이어질 가능성이 높았던 사고는 24건뿐이었고, 그 가운데 민간 항공기 관련 사고는 8건에 불과했다. 미국에서는 2004년부터 2007년까지 4년 간 총 1,353건의 활주로 침입이 발생했고 이중 112건이 심각한 상황이었다고 분류됐지만, 결국 충돌사고로 이어진 것은 단 한 건에 불과했다. 그러나 항공 역사상 가장 끔찍했던 사고를 초래한 원인도 다름아닌 활주로 침입이었다. 1977년 카나리아 제도의 한 공항에서 활주로에 착륙하던 네덜란드 항공 4805호는 같은 활주로에서 반대 방향으로 들어오던 팬 아메리카 항공 1736호와 정면으로 부딪혔다. 보잉747기 두 대가 충돌한 이 사건으로 583명이 사망했다.

활주로 침입이 다른 항공 사고 원인과 비교해서는 흔한 편이지만 실제로 충돌로 이어지는 경우는 그 원인이 무엇이든 극히 드물게 발생한다. 2007년 2,500만 건 이상의 비행에서 활주로 침입이 발생한 건수는 8건에 불과했으니, 3000년 동안 매일 한 차례씩 민간 여객기를 왕복해서 탄다고 가정해야 심각한 활주로 침입 사고를 당할 가능성이 있다는 계산이 나온다. 활주로 침입은 상대적으로 흔한 사고지만, 여기서 핵심은 어디까지나 '상대적'이다. 활주로 침입은 여전히 아주 드문 일이며 따라서 예상 밖의 일이다.[32]

리처드의 모의비행실험에서 나타난 놀라운 점은, '전방표시장치'로 혹은 직관으로라도 조종사들은 비행기가 나타날 수 있는 장소에 주의를 기울였어야 했지만 그렇지 못했다는 사실이다. 기계를 보기 위해 활주로에서 시선을 돌릴 필요는 전혀 없었다. 그러나 그 중 전방표시장치를 이용하던 두 명의 조종사는 실험자가 실험을 중단하지 않았다면 활주로에 있던 비행기를 그대로 들이받았을 것이다. 구름에서 벗어나자 곧 지상의 비행기가 또렷하게 보였고, 조종사들이 안전을 위해 착륙을 중단시키기까지 약 7초 이상이 걸렸다. 전방표시장치를 사용했던 조종사들은 전보다 느린 반응을 보였고, 진입을 중단하고 주위를 돌면서 다시 착륙을 시도하는 운항이 '접근실패'도 늦게 수행했다. 허용 시간 내에 착륙을 중단하지 못했던 두 명은 모의비행평가에서 양호나 우수 등급을 받은 조종사들이었다.

모의 비행이 끝난 후, 리처드는 그들에게 무엇을 보았냐고 물었고 두 사람 모두 아무것도 못 봤다고 대답했다. 실험 후에 리처드는 그들의 진행 방향에 비행기가 자리하고 있는 착륙 영상을 보여주었고, 두 사람은 자신들이 너무도 뚜렷한 물체를 보지 못했다는 사실에 놀라움과 근심을 나타냈다. 그 중 한 사람은 이렇게 말했다. "이렇게 직접 눈으로 확인하지 않았다면, 뭔가를 놓쳤다는 말을 못 믿었을 겁니다. 정말로 활주로에서 아무것도 못 봤거든요."[33] 활주로에 있던 비행기는 조종사들이 그 자리에 있으리라 예측하지 않았기 때문에 못 본 그들의 '보이지 않는 고릴라'였다.

이제 '시선을 두는 행위'와 '보는 행위'가 같지 않다는 사실을 충분히 이해했기 때문에, 전방표시장치를 이용하면 예상치 못한 일을 더 잘 감지할 수 있을 거라는 직관적인 생각은 틀렸음을 알 수 있다. 물론 전방표시장치는 여러 면에서 도움이 된다. 이 장치를 이용하면 각종 장비의 관련 정보들을 빠르게 확인할 수 있기 때문에 정보 검색에 소요되는 시간을 줄일 수 있다. 전방표시장치 없이 비행하는 것보다 잘 설계된 전방표시장치를 이용해 비행하는 편이 더욱 좋을 수 있다. 전면유리로 보이는 실제 활주로의 끝 지점에 활주로의 그래픽 표시가 겹쳐지도록 설계된 '컨포메이셔널 디스플레이conformational display'를 이용하면 조종사는 훨씬 정확히 비행할 수 있을 것이다.[34] 하지만 전방표시장치가 비행기 착륙 같은 노력을 요하는 업무 수행에 도움이 된다 해도, 전혀 예상하지 않았던 대상을 인식하는 데는 도움이 되지 않는다. 오히려 주변에서 일어나는 중요한 일들을 알아차리는 능력에는 방해가 될 수도 있다.

시야에 들어오는 모습이 익숙해지면 바로 앞에 있는 것도 잘 볼 수 없게 된다는데, 어떻게 그런 일이 가능한 걸까? 해답은 주의력의 작용에 대한 우리의 잘못된 믿음에서 나오는 듯이 보인다. 활주로의 비행기가 조종사의 시야 바로 앞에 있었지만, 조종사들은 착륙업무에 집중하느라 활주로에 다른 무엇이 존재할 가능성을 생각하지 못했다. 활주로로 들어오는 비행기 같은 장애물이 있지 않은지 알아보기 위해 살펴보지 않는 한, 예상치 못한 대상을 발견할 가능성은 거의 없다. 그래서 항공교통관제소가 이런 일이 발생하지 않도록 교통을 통제한다. 활주로를 살피지 못한 것이 비행 중 유일한 잘못이라면 전면표시장치를 보는 것은 다른 장비들을 보기 위해 시선을 돌렸다가 다시 전면유리를 보는 것과 다르지 않다. 전면유리 위의 정보에만 집중하거나, 전면유리 주변 장비에만 집중하느라 결국 활주로를 살피지 않은 시간은 두 경우가 같다. 그러나 리처드의 연구에서 보듯이, 조종사들이 전방표시장치를 사용하면 예상치 못한 대상을 알아차리는 데 시간이 더 걸린다. 이는 주의력의 한계(사실, 정보가 전면유리 위로 표시되느냐 그 주변으로 표시되느냐는 주의력 한계에 별다른 영향을 미치지 못한다)와도 관련이 있지만, 주의력에 관한 우리 자신의 믿음과 더 밀접한 관련이 있다.

**"전화하지 마세요.
제발!"**

당신은 퇴근 후 차를 몰고 집으로 돌아가는 중이다. 운전하면서 회사에서 끝내지 못한 업무와 집에 가서 할 일을 생각하고 있다. 반대편 차선을 가로질러 좌회전하려던 순간, 어린아이가 공을 줍기 위해 당신이 진입하려던 도로로 갑자기 뛰어들었다! 당신은 소년의 존재를 알아차렸을까? 한참 생각에 빠져 있던 중이니 알아차리지 못했을 것이다. 만약 골똘히 생각에 잠겨 있지 않고 휴대전화로 통화하던 중이었다면 어땠을까? 소년의 급작스러운 등장을 알아차렸을까? 사람들은 대부분 도로에 시선을 두고 손으로 운전대를 잡고 있는 한, 어떤 사태가 벌어지더라도 그 사태를 볼 수 있고, 그에 적절히 대응할 수 있다고 자신한다. 그러나 다양한 연구 결과가 운전 중 휴대전화 통화의 위험성을 말해준다. 실험과 연구를 통해 운전 중 휴대전화로 인한 운전 장애는 음주 운전과 맞먹는 수준으로 드러났다.[35] 휴대전화로 통화하면서 운전하는 사람은 정지신호에 더 느리게 반응하고, 위험 상황을 피하기 위한 동작을 취하는 데 시간이 더 걸리며, 주변 상황에 전반적으로 둔감해진다. 대부분의 경우 음주운전도, 휴대전화로 통화하며 하는 운전도 모두 사고로 이어지지는 않는다. 운전이라는 행위가 거의 예측 가능한데다, 대부분의 운전자가 법규에 따라 운전하고, 제대로 운전하지 않는 운전자가 있어도 다른 운전자들이 조심해서 그 차를 피하려 하기 때문이기도 하다. 하지만 그러한 운전 장애는 예상치 못했던 사건에 긴급히 대처해야 하는 경우 큰 사고를 부를 수 있다. 브레이크를 밟는 시점의 미세한 차이로 길을 가는 아이 바로 앞에서 멈추게 될 수도 있고, 아이를 칠 수도 있다.

거의 모든 사람이 운전 중 통화가 위험하다는 사실을 알고는 있다. 방심한 채로 정지신호를 무시하고 지나치거나 무의식적으로 차선을 바꾸고, 시속 80킬로미터 구간에서 40킬로미터로 운전하는 사람들을 우리는 숱하게 봐왔다. 칼럼니스트 엘런 굿맨은 이렇게 썼다. "자신은 운전 중에 통화하면서도 다른 사람이 그러면, 저 멍청한 사람에게서 휴대전화를 뺏어버려야 한다고 생각하는 사람들이 있다."[36]

통화하면서 안전하게 운전할 수 없다는 인식이 확산되자 운전 중 휴대전화 사용을 규제하려는 움직임이 일어났다. 뉴욕 주는 이 법안을 최초로 통과시켰다. 뉴욕에서는 통화하려고 운전대에서 손을 떼는 행위가 가장 위험하다며 운전 중 손으로 휴대전화를 들고 사용하는 것을 법으로 금지했다. 실제로 뉴욕은 운전 중 휴대전화 통화로 딱지를 떼여도, 나중에 핸즈프리 헤드셋을 구입하고 영수증을 제출하면 교통위반 딱지를 철회하도록 법을 만들었다. 통신회사 측은 당연히 뉴욕 주의 법안을 지지하면서 핸즈프리 헤드셋의 안전성과 이점을 반복적으로 홍보하고 있다. 에이티엔티 와이어리스AT&T Wireless는 전단지를 통해 "핸즈프리를 이용하면 운전 중에도 두 손으로 운전대를 잡을 수 있습니다"라고 말한다. 노키아도 비슷한 홍보 책자에 가급적 핸즈프리를 사용하라는 내용을 '안전을 위한 10가지 권장사항' 중 두 번째로 올려놓았다. 내가 실시한 조사에서 미국인의 77퍼센트는 "운전 중 휴대전화를 손으로 들고 통화하기보다 핸즈프리로 통화하는 것이 더 안전하다"는 말에 동의했다. 이런 믿음과 주장들, 운전에 관한 대부분의 법규는 도로를 바라보고 있는 한 예상치 못한 사태가 발생해도 알아차릴 수 있을 거란 생각을 전제하지만, 그 생각이야말로 주의력에 대한 착각이다. 고릴라 실험을 통해 알게 된 사실들을 떠올리면, 내가 무슨 말을 하려는지 짐작할 수 있을 것이다.

문제는 손이나 눈에 있지 않다. 운전대를 한 손으로 잡고도 운전을 잘 할 수 있고 전화를 쥐고서도 도로로 시선을 향할 수 있다. 사실 전화기를 손에 쥐는 행동이나 운전대를 조종하는 행동에는 인지능력이 거의 필요하지 않다. 자동차를 움직이는 과정은 대부분 자동적, 무의식적으로 이루어진다. 좌회전할 때 혹은 전화기를 귀에 대고 있어야 할 때 팔을 어떻게 움직여야 할지 따로 생각할 필요가 없다. 문제는 운전 행위에 따르는 한계가 아니라 주의력 자원과 인지가 갖는 한계다. 사실 정신을 산만하게 한다는 점에서 손에 드는 전화기나 핸즈프리 전화기는 거의 차이가 없다. 같은 방식, 같은 정도로 정신을 산만하게 한다.[37] 아주 능숙하고 별로 힘을 들이지 않는 것 같아도 운전과 통화는 둘 다 한정된 용량의 주의력 자원을 소모하는 행위다. 그리고 운전과 통화라는 다중작업을 하게 되면, 비록 전화로 무슨 말을 듣든, 그리고 어떤 생각을 하던 간에 운전이나 통화를 따로 할 때보다 더 많은 주의력 자원이 요구된다.

고릴라 실험을 다시 한 번 진행하면서 나는 실험 참가자의 과제인 패스 횟수 세기의 난이도를 높여 주의력의 한계를 실험했다. 흰 셔츠를 입은 사람들의 패스를 모두 세는 것이 아니라 여전히 흰 셔츠를 입은 사람들에 집중하되 공중에서 넘기는 패스와 바닥에 튕겨서 넘기는 패스, 두 종류로 나누어 세라고 한 것이다. 내 예상대로 갑자기 등장한 고릴라를 못 본 사람의 수는 20퍼센트 증가했다.[38] 횟수 세기 과제의 난이도가 높아질수록 실험 참가자들은 더 많은 주의를 기울여야 했고, 그 결과 고릴라를 보는 데 사용할 수 있는 정신적 자원은 줄어들었다. 주의력의 용량은 한정되어 있기 때문에 많이 사용하면 그만큼 예상치 못한 일을 알아차리게 될 가능성은 줄어든다. 전화기를 손으로 드는 게 문제가 아니라 한정된 인지 자원을 소비하는 게 진짜 문제다. 무엇보다 중요한 사실은 믿기 어렵다는 반응을 보인 실험 참가자들에게서 볼 수 있다. 대부분의 사람들은 이런 인지의 한계를 전혀 인지하지 못하고 있는 것이다. 거듭되는 실험에서도 손에 드는 전화기보다 핸즈프리가 더 낫다는 사실을 하나도 발견할 수 없었다. 운전 중에는 핸즈프리를 사용하는 것이 안전하다는 사람들의 믿음이 더 확고해진 것은 손에 드는 전화기의 사용을 금지하는 법률이 낳은 모순적 결과인지도 모른다.

"고릴라 실험과 운전 중 통화하는 상황은 다르다. 그러니 단순 비교는 옳지 않다"는 주장도 나올 수 있다. 더 까다로워진 패스 세는 실험은 운전 중 통화보다 더 많은 주의력을 요할지도 모른다는 것이다. 그런 가능성을 쉽게 설명할 수 있는 방법이 있다. 직접 실험해보는 것이다! 휴대전화 통화가 부주의에 미치는 영향을 직접적으로 살펴보기 위해 브라이언 스콜과 그의 예일대 제자들은 앞서 소개한 '빨간 고릴라' 컴퓨터 실험을 재변형시켜, 원래대로 과제를 수행한 팀과 휴대전화로 통화하면서 동시에 과제도 수행한 팀을 비교했다.[39] 변형된 실험에서 원래 과제만 수행한 참가자들의 30퍼센트가 갑자기 출현한 대상을 보지 못했다. 그러나 통화하면서 과제를 수행한 실험 참가자들 중 그 대상을 못 본 사람은 90퍼센트였다! 단순한 통화가 예상치 못한 사물을 못 보게 가능성을 세 배나 높인 것이다!

이와 같은 놀라운 결과는, 휴대전화 통화가 시각을 통한 지각과 인지에 심각한 방해가 된다는 사실을 알려준다. 이러한 장애는 주의력의 한계 때문이지 통화라는 행위의 본질 때문은 아니다. 두 가지 일 모두 별로 힘을 들이지 않아도 되는 것 같지만, 실상은 주의력을 요하는 일이다. 흥미롭게도 휴대전화 통화는 참가자들의 과제(패스 횟수 세기) 수행 능력은 손상시키지 않고 그저 예상치 못한 물체를 볼 가능성만 감소시켰다. 이 결과는 사람들이 휴대전화는 운전에 전혀 영향이 없다는 잘못된 생각을 품게 만든 이유를 설명해준다. 사람들은 통화하면서도 운전 시 주요 과제(도로 위를 다니기)를 여전히 잘 해낼 수 있기 때문에 방심하고, 자신이 운전을 잘한다고 생각하게 된다. 문제는 흔치 않게 발생하는 예상치 못한, 어쩌면 대참변을 일으킬 수도 있는 사건을 알아차리지 못할 가능성이 훨씬 커지는데도 일상적 경험에서는 이런 경고를 들을 수 없다는 점이다.

운전 중 통화의 위험성에 관해 나와 대화했던 수많은 사람들처럼, 당신도 왜 운전 중 전화통화가 흔히 용인되는 차내 동승자와의 대화보다 위험한지 의아할 것이다. 고맙게도 내 주장에 깊이 동의한 사람이라면, 전화든 동승자와의 대화든 운전 중에 떠드는 건 일절 금지해야 한다고 생각할지도 모른다. 그러나 놀랍게도 차를 함께 탄 사람과 대화하는 것은 통화만큼 지장을 주지는 않는다. 실제로 많은 자료들을 보면 동승자와의 대화는 운전 능력에 거의 혹은 전혀 영향을 끼치지 않음을 알 수 있다.[40]

동승자와의 대화가 괜찮은 이유는 몇 가지 더 있다. 첫째, 통화 상대보다 바로 옆에 있는 사람의 말을 듣고 이해하기가 더 쉽기 때문에 대화하는 데 그다지 많은 노력을 기울일 필요가 없다. 둘째, 옆에 앉은 사람은 도로 상황을 볼 수 있기 때문에 예상치 못한 무언가를 알아차리면 운전자에게 알려줄 수 있지만, 통화 상대는 그렇게 해주지 못한다. 통화와 동승객과의 대화가 차이를 보이는 이유 중에서 가장 흥미로운 부분은 대화의 사회적 요구라는 특성과 관련 있다. 동승객은 당신의 상황을 인지하고 있다. 따라서 운전 중 위험한 상황이 발생해 대화가 끊기면 곧 그 이유를 알 수 있다. 운전이라는 상황이 동승객의 사회적 상호작용에 대한 기대치를 조정하기 때문에 당신이 계속 이야기를 해야 하는 사회적 요구도 없다. 그러나 통화 상대는 당신이 갑자기 말을 멈췄다가 시작할 거라고 예상할 만한 근거가 없기 때문에 당신은 운전하기 쉽지 않은 상황에서도 대화를 이어가야 하는 사회적 요구를 느끼게 된다. 이러한 세 가지 이유를 종합해보면 운전 중 통화가 정신을 산만하게 하는 다른 상황들보다 훨씬 위험한 이유를 이해할 수 있다.

누구를 위해 벨은 연주하나

앞의 사례들을 통해 우리가 어떻게 바로 앞에 있는 사물을 못 보는지 알 수 있었다. 잠수함 함장은 어선을 감지하지 못했고, 자동차 운전자는 오토바이 운전자를 못 봤다. 기장은 활주로에 있는 다른 비행기를 못 봤고, 보스턴 경찰은 동료 경찰의 구타 장면을 전혀 알지 못했다. 그러나 이런 실패나 주의력 착각이 시각이라는 감각에만 국한되는 것은 아니다. 주의를 기울이지 않으면 **무주의 난청**inattentional deafness을 경험할 수도 있다.[41]

2008년 '특집기사 부문 퓰리처상'은 바이올린의 거장 조슈아 벨Joshua Bell의 도움을 받아 수행한 사회적 실험을 〈워싱턴포스트〉에 표제기사로 실은 진 웨인가튼Gene Weingarten이 수상했다.[42] 조슈아는 4살 때 자신이 들은 곡들을 고무줄을 퉁겨 연주해 부모와 심리학자들을 감동시켰다. 여러 명의 음악 선생님에게 배운 그는 17살에 카네기홀에서 연주하는 수준으로 성장했다. 조슈아는 클래식을 자신만의 방법으로 재해석했고, 훌륭한 공연으로 수많은 상을 받았으며, 어린이 TV프로그램 '세서미 스트리트Sesame Street'에 출연하기도 했다. 그의 홈페이지는 이렇게 적혀 있다. "조슈아 벨은 당대 어느 바이올리니스트들도 따라올 수 없을 만큼 대중의 높은 관심을 받았다."

어느 금요일 출근 시간, 조슈아는 300만 달러가 넘는 자신의 스트라디바리우스 바이올린을 들고 워싱턴 D. C.에 있는 랑팡플라자 지하철역으로 향했다. 출입구와 에스컬레이터 사이에 자리 잡은 그는 바이올린 보관함을 앞에 놓아두고 그 안에 자기 돈 몇 푼을 넣어 놓았다. 조슈아가 43분간 어려운 클래식 음악들을 연주하는 동안 1,000여명이 넘는 사람들이 지나갔지만, 길을 멈추고 그의 음악을 감상한 사람은 일곱 명에 불과했다. 그를 알아보고 기부한 일부 사람들의 돈 20달러를 빼면 그날 그가 번 돈은 고작 32달러 17센트였다.

진은 기사에서 아름다움과 예술에 대한 현대사회의 감상력 부족을 한탄했다. 그 기사를 읽으면 조슈아를 그냥 지나치는 사람들을 보면서 진이 느꼈을 아픔과 실망을 짐작할 수 있다.

"이 모든 장면은 몰래 카메라로 촬영되었다. 여러분은 당시 촬영 장면을 한번이든 열다섯 번이든 볼 수 있고, 아주 편리하게 감상할 수도 있다. 재생 속도를 빠르게 해서 보면 화질이 나쁜 1차 세계대전 시대의 뉴스 영화 같기도 하다. 사람들은 테이크아웃 커피를 손에 들고, 휴대전화를 귀에 대고, 자신의 배를 찰싹찰싹 때리는 사원증을 목에 걸고

우스꽝스러운 종종걸음으로 조슈아의 곁을 지나간다. 무관심과 타성, 우중충한 잿빛 현대사회의 혼잡함에 맞춰 추는 암울한 '죽음의 무도'처럼 보인다."

〈워싱턴포스트〉의 기자들은 다른 결과를 예상했던 듯하다. 진이 쓴 글에는 조슈아의 공연으로 지하철역이 아수라장이 될지 모른다는 동료들의 걱정이 잘 드러나 있다.

"워싱턴처럼 지적 수준이 높은 사람들이 많은 지역에서는 조슈아를 알아보는 사람들이 분명히 많으리라 생각했다. '그렇게 되면 어쩌지?'라는 걱정 어린 시나리오가 넘쳐났다. '사람들이 모여들고, 그 이유가 궁금해 더 많은 사람들이 모여들면 어떡하지? 군중 사이로 말이 퍼질 테고 사람들은 마구 사진을 찍어댈 거야. 훨씬 많은 사람이 모이고 보행자의 흐름이 막히면 사람들은 울화통을 터뜨릴 텐데. 경찰이 출동하고 최루탄, 고무총 총알 등이 난무할지도 몰라' 등등."

거리 공연 후 진은 유명한 국립교향악단 지휘자, 레너드 슬래트킨 Leonard Slatkin에게, 전문 연주가가 지하철에서 거리 악사로 공연을 한다면 어떨지 물어보았다. 레너드는 많은 무리가 모일 거라고 확신했다. "적어도 75명, 100명은 모여 서서 음악을 듣겠지요." 그러나 실제 공연 동안 그곳에서 멈췄던 사람은 레너드가 예상한 수의 10분의 1도 되지 않았고, 물론 경찰이 동원되는 일도 없었다.

진, 기자들, 레너드 그리고 퓰리처상 위원들도 주의력 착각에 빠졌던 것이다. 심지어 조슈아 자신도 공연 동영상을 보고 놀랐다. "나를 투명 인간으로 여기는 사람들, 내 연주에 전혀 관심이 없는 사람들이 너무 많아서 깜짝 놀랐어요. 그게… 요즘 제가 꽤 유명세를 타고 있거든요. 그런데도 이렇다니 놀랐죠!"[43]

지금까지 보이지 않는 고릴라, 무시된 어선, 눈에 띄지 않는 오토바이에 대한 내용들을 읽었으니, 위대한 음악가 조슈아 벨을 사람들이 못 알아보는 이유도 짐작이 갈 것이다. 지하철역에서 바이올린계의 거장을 보리라 기대하지도 않았고, 귀를 기울이지도 않았기 때문이다. 그저 직장으로 바삐 향할 뿐이었다. 그 구역에서 구두를 수선하는 에드나 소우저Edna Souza는 거리의 악사를 성가신 존재로 여겼지만, 그때 상황의 이유를 가장 정확히 이해하고 있는 인터뷰이interviewee였다. "음악 소리를 들을 겨를도 없이 그 곁을 빠른 걸음으로 지나쳐가는데 무엇에 감동하고 무엇을 알아봅니까? 사람들은 앞만 바라보고 에스컬레이터를 걸어 올라가죠. 자기 일만 신경 쓴다고요."

진이 설정한 상황에서 출근 중인 사람들은 회사에 빨리 가야 한다는 생각에 빠져 다른 어떤 것에도 신경 쓸 수 없는 상태였다. 그저 그런 거리의 악사들과 조슈아 벨을 구분할 수 있을 만큼 연주에 관심을 기울이기는커녕, 조슈아라는 사람의 존재 자체도 모른다. 바로 이것이 핵심이다. 누구도 조슈아의 수준 높은 음악에 귀 기울이지 못한 이유는 진이 선택한 시간과 장소였다. 진은 우려를 표명했다. "만약 우리가 지상 최고의 음악가 중 한 사람이 연주하는 가장 아름다운 곡들을 듣기 위해 잠시 멈출 시간조차 없다면, 현대인들이 삶의 물결에 휩쓸려 그런 소중함을 느낄 수 없게 귀가 멀고 눈이 먼다면, 그때는 또 무엇을 놓치게 되는가?" 분명 많은 것들을 놓치게 되겠지만, 이 거리 공연은 현대인의 삶에 아름다운 것들을 감상할 기회가 부족함을 보여주는 증거가 아니다. 이치에 맞게 설명하자면, 출근할 때처럼 하나의 일에 주의를 집중하고 있는 사람은 예상치 못한 무언가가 나타나도, 설령 그것이 출근길에서 연주하는 뛰어난 바이올리니스트라 할지라도, 그 존재를 몰라볼 수 있음을 보여주는 것이다.

  워싱턴 시민들이 훌륭한 연주를 알아보고 가던 길을 기꺼이 멈추는지 알아보고 싶다면, 먼저 보통의 거리 악사들이 어느 정도 청중을 모을 수 있는 시간과 장소를 선정해야 한다. 그런 다음 요일을 바꿔가며 거리 악사와 조슈아 벨을 무작위로 번갈아 그 장소에서 공연하게 한 다음, 둘 중 누가 돈을 더 많이 모으는지 봐야 한다. 사람들이 훌륭한 음악을 구별하는 귀가 없다는 것을 증명하려면, 우선 훌륭한 음악을 듣는 사람들이 적어도 몇몇은 있는 상태에서 훌륭한 음악을 들은 사람들이 보답하는 정도가 평범한 음악에 하는 보답과 별반 다르지 않음을 보여주어야 한다. 조슈아를 시끄러운 공사 현장 옆에 세워두었다면 진이 퓰리처상을 탔을 리 없다. 그런 방식으로 연구한다면 "사람들이 예술을 알아보지 못해서 그런다"고 생각하는 사람은 한 명도 없을 것이다. 조슈아를 출근 시간 지하철역 에스컬레이터에 세워둔 것도 비슷한 결과를 초래했지만 그 이유는 달랐다. 사람들에게 벨의 연주가 들렸을 수도 있지만 출근 때문에 주의가 분산되었고, 결국 '무주의 난청'을 겪게 된

것이다.

조슈아에게 불리하게 작용한 요인들은 또 있다. 그는 보통 사람들에게 익숙한 음악이 아닌, 상대적으로 덜 유명한 클래식을 연주했다. 같은 클래식이더라도 '사계' 같이 유명한 곡을 연주했다면 더 좋은 결과가 나왔을 수 있다. 조슈아보다 훨씬 재능이 부족한 연주자라도 유명하고 익숙한 곡을 연주했다면 그보다 더 많은 돈을 벌었을지 모른다.

보스턴에 살 때 나는 이탈리안 요리를 먹기 위해 종종 시내에서 노스엔드North End까지 걸어가곤 했다. 그 당시 내가 대여섯 번 정도 스쳐 지났던 아코디언 연주자는 고속도로가 지나는 보도 끝에 자리 잡고 있었다. 식당에 들어갈 때까지 어느 정도 시간 여유가 있는 사람들을 끌기에는 최적의 장소였다. 부동산과 마찬가지로 거리 예술가에게는 장소가 생명이다. 그는 자신의 악기와 예술에 대한 애정을 보이며 열정적으로 연주했다. 내가 들은 아코디언 연주자의 연주곡은 딱 하나, 영화 〈대부The Godfather〉의 주제곡이었다. 그는 내가 식당으로 갈 때나 집으로 돌아갈 때나, 언제나 지나칠 때마다 늘 이 곡을 연주했다. 어쩌면 그는 나를 알아보고 내가 가까이 오면 마치 점쟁이처럼 어떤 농담이나 경고를 던지듯(나는 아직도 피투성이 말 머리가 발치에서 뒹구는 꿈에 놀라서 일어난다) 대부의 주제가를 연주했을 수도 있다. 아니면 그저 사람들을 끌 수 있는 유명한 곡이라서 연주했을 수도 있다. 어쨌든 그의 수입은 아마도 꽤 괜찮았을 것이다. 조슈아도 토요일 오후에 연주했다면 더 많은 청중을 끌었으리라. 또한 출구 쪽 에스컬레이터에서 긴 곡을 연주하지 않고 지하철 승강장에서 짧은 곡을 연주했다면 지하철을 기다리는 청중을 훨씬 많이 모을 수 있었을 것이다. 게다가 300년 된 훌륭한 바이올린으로 대부의 주제가를 연주했다면 그 결과가 과연 어땠겠는가?

예외상황을
잘 알아채는 사람

어느 날 나는 세미나 수업에서 제자들에게 고릴라 실험 비디오를 보여주었다. 일주일 후, 한 학생이 자기 가족들에게도 고릴라 동영상을 보여주었는데 부모님은 고릴라를 못 봤지만 언니는 봤다고 했다. 그 학생의 언니는 고릴라를 발견한 자신을 자랑스러워하며 자신이 똑똑해서 발견한 것이라고 주장했다. 댄은 매일 모르는 사람들로부터 "나는 고릴라를 못 봤는데 아이들은 어떻게 볼 수 있습니까?" "여자애들은 고릴라를 잘 찾아내는데 왜 남자애들은 못 보죠?" 등의 질문을 이메일로 받는다. 한 헤지펀드 매니저도 우리의 실험에 대해 알고 나서는 자신의 사무실 사람들을 대상으로 그 실험을 했다고 한다. 그녀는 나의 지인을 통해 고릴라를 본 사람과 못 본 사람의 차이가 무엇인지 물었다.

고릴라 동영상을 본 수많은 사람들은 이 실험을 지능검사나 적성검사라고 생각한다. 그런 생각이 미치는 영향은 상당히 크다. 사람들은 개인의 성향이나 지능에 따라 고릴라를 보거나 못 보는 것이라고 여긴다. 내가 고릴라 실험을 선보이기 위해 'NBC 데이트라인' 제작진과 함께 작업할 때, 담당 PD는 '세심함을 요구하는 직업을 가진 사람이 고릴라를 잘 발견할 것'이라는 가설을 세웠다. 그는 실험 참가자들에게 직업이 뭔지 물어보았다. 제작진은 직장에서 어떻게 일을 수행하는지에 따라 '보는 사람'과 '못 보는 사람'으로 갈린다고 생각했다. 개인차에 따른 문제라고 본 것이다. 고릴라 실험과 또 다른 실험에서 계속 예외상황을 알아차리는 사람들이 나왔다면, 나는 그들이 어떻게 무주의 맹시의 영향을 받지 않는지 밝혀낸 후 '못 보는 사람'을 '보는 사람'이 되도록 훈련시킬 수 있었을 것이다.

고릴라 실험이 개인의 성격 유형을 알아내는 데 중요한 역할을 한다는 생각은 흥미롭지만, 집중력이나 여타 능력에서 오는 개인차가 무주의 맹시에 영향을 준다는 증거는 찾아보기 어렵다. 이론상 사람들이 발휘할 수 있는 주의력은 제각기 다르며 더 많은 주의력을 발휘할 수 있는 사람들(아마 아이큐가 높은 사람들)은 아마 중요한 일에 주의력을 발휘한 후 '남아도는 주의력'을 예외상황 감지에 사용한다고 생각할 수 있다. 하지만 고릴라 실험의 결과는 이러한 가능성을 정면으로 반박했다.

제일 처음 실시한 실험 대상자들은 우수한 하버드 대학생들이었지만, 결과는 중하위권 대학생들과 일반인을 대상으로 한 실험결과와 다르지 않았다. 모든 실험에서 실험대상의 약 절반은 고릴라를 보았고 나머지는 못 봤다. 노키아가 실시한 온라인 설문조사에 따르면 여성이 남성보다 멀티태스킹에 강하다는 답변이 남녀 60퍼센트를 차지했다. 이 결과에 동의한다면 고릴라 역시 여성이 더 잘 알아챌 거라고 생각하기 쉽다. 그러나 아쉽게도 이런 통념을 뒷받침해줄 만한 실험 증거는 거의 없으며, 남성이 여성보다 고릴라를 못 알아본다는 증거도 없다. 실제로 '여러 가지를 동시에 잘하는 사람은 없다'는 것이 멀티태스킹 연구에서 내린 주요 결론이다. 한 번에 한 가지 일을 잘하는 편이 훨씬 효율적

이지 않은가.⁴⁴

사람마다 집중력과 주의력의 차이가 있다는 생각은 일리가 있다. 그러나 그 능력은 지능이나 교육수준과는 관계없다. 물론 주의력과 예외상황 감지 능력이 관련이 있다면 패스 횟수를 잘 세는 사람이 고릴라도 더 잘 알아볼 수 있다. 그런 사람은 패스 횟수를 세는 일에 주의력을 조금만 사용하면 되니까 다른 부분에 훨씬 많은 주의력을 집중할 수 있을 것이다.

최근에 나는 제자인 대학원생 멜린다 젠슨과 이 가설을 확인하기 위해 실험을 했다. 먼저 '빨간 고릴라' 실험에서 사용했던 것과 비슷한 컴퓨터 기반의 추적 과제를 사람들이 얼마나 잘하는지 측정하고, 과제를 잘해낸 사람들이 예상외의 물체를 더 잘 감지하는지 지켜보았다. 결과는 그렇지 않았다. 예외상황 감지 능력은 분명 주의력과는 상관없다. 이러한 결론에 부합해서 나는 고릴라 비디오를 보는 동안 아이들 눈의 움직임을 관찰한 대니얼 매머트와 함께, 예상외의 물체를 발견하느냐 못하느냐는 주의력을 측정하는 방법이 될 수 없다는 사실을 밝혀냈다. 이런 결과들은 중요하고도 실질적인 의미를 갖고 있다. 주의력을 높이는 훈련은 예외상황을 감지하는 데 전혀 도움이 안 되며, 정말 예외상황이라면 집중력이 좋든 나쁘든 알아차리기 어렵다.

항상 '보는 사람'은 없고 항상 '못 보는 사람'도 없다. 다양한 환경과 상황에서 늘 예상 밖의 일을 알아차리는 사람도 없고 늘 못 알아보는 사람도 없다. 하지만 예상 밖의 사물을 알아차릴 가능성을 예측할 수 있는 방법이 하나 있다. 단순한 개인의 특성이나 사건의 성격만으로는 알 수 없지만, 그 둘의 조합을 통해서는 가능하다. 랑팡플라자 역에서는 천 명이 넘는 사람들 중 딱 일곱 명만 조슈아 벨의 연주를 듣기 위해 멈춰 섰다. 한 명은 3주전에 조슈아 벨의 콘서트에 갔던 사람이었다. 나머지 여섯 명 중 두 명은 음악가였다. 음악에 조예가 깊었기에 지하철역의 소음 속에서도 조슈아의 실력과 그가 연주하는 곡을 감지할 수 있었다. 그 둘 중 역 근처 식당에서 일하는 조지 틴들리George Tindley는 진에게 이렇게 말했다. "아주 잠깐 들어도 그가 엄청난 실력자라는 것을 알 수 있었지요. 분명 전문가의 솜씨였어요." 또 한 명 음악가 존 피카렐로John Picarello도 말했다. "엄청나게 뛰어난 바이올리니스트였어요. 그처럼 재능 있는 연주자가 있다는 걸 처음 알았어요. 표현력도 좋고 기술도 뛰어났죠. 바이올린도 크고 깊은 소리를 내는 게 상당히 좋은 듯 했어요."

실험이 이런 관찰 결과를 뒷받침한다. 경험이 풍부한 농구선수는 초보선수보다 패스 횟수를 세면서도 고릴라를 더 잘 발견한다. 반대로 핸드볼 선수들은 주의력을 많이 요하는 팀 스포츠의 전문가인데도 농구선수들에 비해 농구-패스 비디오에서 고릴라를 잘 발견하지 못한다.[45] 전문지식은 예외상황을 감지하는 데 도움이 되지만, 그 일이 전문지식과 관련이 있을 때에 한해서다. 전문가라도 자신의 지식을 활용할 수 없는 분야에서는 중요한 일 한 가지에만 집중하기도 벅찬 초심자와 다르지 않다. 또한 전문가 역시 사람들이 자신만큼 잘 알아차릴 거라는 착각에서 자유롭지 못하다. 진 웨인가튼은 조슈아의 연주를 들은 존 피카렐로에 대해 이렇게 말했다. "당시 실험 비디오를 보면 피카렐로는 당황한 모습으로 계속 주변을 살피고 있어요. 그의 표정은 이렇게 말하는 듯했습니다. '정말, 다른 사람들은 알아차리지 못하는군요. 누군가 연주하고 있다는 사실 자체를 모르는 것 같았어요. 전 그게 너무나 당황스럽습니다.'"

의사들이 어이없는 실수를 하는 이유

전문가도 자신의 분야에서조차 무주의 맹시나 주의력 착각을 겪는다. 방사선 전문의는 종양 등의 이상징후를 발견하고 진단하기 위해 엑스레이, CT스캔, MRI 같은 여러 사진을 판독하는 의학 전문가다. 방사선 전문의는 매일 통제된 상황에서 눈으로 사진을 검토한다. 미국 방사선 전문의는 의과대학에서 4년간 공부한 뒤 바로 의과대학부속병원에서 최장 5년간 레지던트로 근무해야 한다. 특정 신체 부위 전공자는 1~2년 더 실무교육을 받는다. 학부를 졸업하고도 총 10년 넘게 훈련받으며 매일 수십 개의 필름을 검사하는 실무과정을 거쳐야 한다. 이렇게 오랜 훈련과정을 거친 방사선 전문의도 의료영상을 '검토'하는 동안 세세한 문제는 잘 못 보는 경우가 허다하다.

프랭크 즈웨머Frank Zwemer와 그의 로체스터 의과대학 동료가 말해준 최근 사건을 살펴보자.[46] 심각한 질 출혈 증세를 보는 40대 여성이 구급차로 응급실에 실려왔다. 의사들은 말초혈관에 정맥관을 삽입하려 했으나 실패하고, 대신 카테테르(체내에 삽입하여 소변 등을 뽑아내는 도관-옮긴이)를 이용해 사타구니에 있는 정맥 중 가장 큰 대퇴정맥에 중심정맥관을 삽입했다. 정맥관을 올바르게 삽입하려면 유도철사도 함께 삽입해야 하며, 정맥관이 제자리를 잡으면 유도철사를 제거해야 한다.

정맥관은 성공적으로 자리 잡았지만 의사는 유도철사를 제거해야 한다는 사실을 잊어버리고 말았다.[47] 뒤늦게 혈액손실을 보충하려고 환자에게 수혈을 실시했으나 이미 폐에 부종이나 체액이 형성되는 폐수종 증상이 나타나 환자는 호흡곤란을 겪었다. 호흡관을 삽입하고 나서 진단 내용을 확인하고, 호흡관이 제자리에 있는지 알아보기 위해 흉부 엑스레이 촬영을 했다. 응급실 의사와 담당 방사선 전문의는 폐수종 진단에는 동의했지만 둘 다 유도철사를 발견하지 못했다. 환자는 바로 옆 집중치료 병동으로 옮겨져 치료받은 후 상태가 호전되어 다시 일반 병동으로 옮겨왔다. 그러나 일반 병동에서 폐에 혈액이 응고되는 폐색전 증상을 나타나 또다시 호흡곤란이 시작되었다. 그 동안 환자는 엑스레이를 두 차례나 더 찍고 초음파 심장 진단에 CT스캔까지 받았다. 환자가 병원에 입원한 지 보름 후, 폐색전을 치료하던 의사는 유도철사를 발견하고 즉시 제거했다. 그후 환자는 완전히 회복되었다. 유도철사는 혈액응고를 촉진시키지 않는 항혈전성 재료로 만들기 때문에 환자의 폐색전은 유도철사 때문이 아니라는 결론이 났다.

이후에 살펴본 관련 사진 중 엑스레이 사진 세 장과 CT촬영 사진에 유도철사가 뚜렷하게 찍혀 있었다. 그러나 여러 명 중에서 유도철사를 발견한 의사는 없었다. 의사들이 유도철사라는 이상징후를 못 발견했다는 사실은 무주의 맹시의 위험성을 다시금 경고한다. 방사선 전문의와 다른 내과 의사들은 흉곽 사진을 주의 깊게 살펴보았지만 유도철사가 있으리라고 예상하지 못했기 때문에 그것을 알아채지 못했다.

　방사선 전문의는 매우 어려운 직업이다. 그들은 엄청난 양의 사진을 검토하면서 뼈골절상, 종양 같은 하나의 구체적인 병만 본다. 사진 속 모든 부분에 집중할 수는 없기 때문에 고릴라 실험에서 참가자들이 패스 횟수에만 집중한 것처럼, 방사선 전문의도 사진에서 중요한 부분에만 집중한다. 그러다보니 주의력의 한계 때문에 유도철사처럼, 전혀 예상하지 못한 부분은 잘 알아차리지 못한다. 하지만 사람들은 예외상황이든 뭐든 상관없이, 방사선 전문의라면 사진에 나타나는 이상징후를 알아차려야 한다고 생각하며 그로 인해 발생하는 실수는 의사의 부주의 때문이라고 밀어붙인다. 방사선 전문의들은 작은 종양이나 다른 이상징후들을 발견하지 못해 자주 고소당한다.[48] 이런 소송은 종종 주의력 착각 때문에 일어난다. 사람들은 방사선 전문의가 사진에서 이상한 점을 당연히 발견할 거라고 생각하지만 우리와 마찬가지로 그들도 실제로 사진에서 찾으려 하는 것만 잘 보는 경향이 있다. 방사선 전문의에게 흉부 엑스레이에 찍힌 유도철사를 찾아보라고 하면 당연히 찾아낼 것이다. 그러나 폐수종 증세가 있다고 말한다면 유도철사를 발견하지 못할 것이다. 반대로 유도철사를 찾고 있을 때는 폐수종을 못 보고 지나칠 수도 있다. 처음 사진을 검토할 때 안 보였던 뜻밖의 종양들이 나중에 살펴보면 뚜렷하게 보이기도 한다.

　불행히도 사람들은 종종 '예상되는 상황에서 알아차리기 쉬운 것'과 '예상치 못한 상황에서 반드시 알아차려야 하는 것'을 혼동한다. 더욱이 병원에서 흔히 방사선 사진을 검토하는 일련과정 역시 주의력 착각의 영향을 받는다. 의사 스스로 다른 무엇을 찾고 있더라도 사진에서 예상치 못한 문제를 발견할 수 있다고 생각하는 것이다. 따라서 무주의 맹시의 영향을 줄이려면 같은 사진을 예외상황에도 초점을 맞추어서 의도적으로 재검토해야 한다. 우리 연구의 참가자들은 예외상황이 나타나리란 사실을 알게 되자 모두 다 고릴라를 발견했다. 예외상황 자체가 집중의 대상이 된 것이다. 그러나 예외상황에 주의를 기울이는 것은 완전한 해결책이 아니다. 우리의 주의력은 제한되어 있고, 예외상황에 주의를 기울이다보면 정작 중요한 일에서는 주의력을 발휘하지 못할 수 있기 때문이다. 방사선 전문의에게 엑스레이에서 보일 것으로 예상되는 문제("선생님, 곧바로 진료를 시작할 수 있도록 이 환자에게 폐수종 증상이 있는지 봐주세요")를 살펴볼 때 쓸 시간과 주의력을 예상치 못한 문제("선생님, 우리가 환자 몸속에 뭔가 남겨 두진 않았는지 봐주세요")가 있는지 살펴보는 데 써달라고 부탁하는 것은 말도 안 되는 일이다. 환자 상태와 그에게 잠정적으로 내려진 진단내용을 모르는 다른 방사선 전문의가 사진을 보며 처음 검토할 때는 못 봤던 다른 문제가 있는지 살펴보는 것이 더욱 효율적인 방법이다.

  의학 전문분야에서 10년 이상 훈련을 거친 숙련된 전문가라도 자기 분야에서 일어나는 예외상황과 문제를 발견하지 못할 수 있다. 방사선 사진에서 이상한 부분을 찾는 일은 당연히 전문의가 비전문가보다 능숙하지만, 그들 역시 다른 이들처럼 주의력에 한계가 있다. 그들의 전문성은 엄청난 집중력에 있는 것이 아니라, 사진 속에서 중요한 특성을 감지하는 경험과 훈련으로 형성된 좀더 정확한 예측력에 있다. 경험은 흔하지 않은 이상징후보다는 보편적인 문제 해결에 도움이 되며, 경험에 의지하는 편이 현명할 때가 대부분이다.

**주의력 착각을 막으려면
어떻게 해야 할까?**

주의력 착각이 곳곳에 배어 있다면 인류는 어떻게 살아남아 이런 사실을 연구하고 있을까? 어째서 우리 조상은 예기치 않은 포식자들에게 모두 잡아먹히지 않은 것일까? 무주의 맹시와 그에 따른 주의력 착각은 현대 사회의 산물이라고 볼 수 있다. 우리 조상들도 무언가를 인식하는 데 현재의 우리와 비슷한 한계를 지녔음에 틀림없지만 세상이 단순했던 만큼 인식해야 하는 대상 역시 적었을 것이다. 즉각 주의를 기울여야 하는 물체나 상황도 지금보다 드물었을 것이다. 기술이 발달함에 따라 우리는 새로운 기기들에 엄청난 주의를 더 많이, 더 자주, 더 빨리 기울여야만 한다. 시각과 주의력을 담당하는 우리 신경계는 자동차 속도가 아니라 보행자 속도에 맞춰져 있다. 걸을 때는 예상외의 물체를 발견하기까지 지체되는 몇 초가 크게 문제되지 않지만 운전할 때는 다르다. 예상외의 상황을 알아차리는데 1초의 10분의 1이라도 지체하면 당신 혹은 다른 사람이 죽을 수도 있다. 알아차리기가 지체되는 현상은 가장 빠른 속도에서 일어나기 때문에 무주의 효과는 빠른 속도에서 증폭된다.

어떤 장치나 행위로 인한 무주의 효과는 훨씬 더 증폭되어 우리의 주의력을 빼앗는다. 그런 장치나 행위는 과거에는 드물었지만 아이패드,

스마트폰, GPS 등을 사용하는 오늘날에는 매우 흔하다. 다행히도 대부분의 경우 예외상황은 발생하지 않기 때문에 아직까지는 사고가 드문 편이지만, 그렇게 잘 일어나지 않는 예외상황 자체가 바로 문제가 된다. 사람들은 운전과 통화를 동시에 할 수 있다고 자신한다. 그러지 못한다는 '증거'를 아직까지 접한 적이 없기 때문이다. 사고율에 대한 새로운 기사나 교통안전협회의 최근 보고서는 그 '증거'가 될 수 없다. 운전 중에 멍하니 있다가 무언가를 칠 뻔한 친구의 경험도 증거는 아니다. 내가 말하는 증거는 충돌이나 일촉즉발의 위기상황처럼 명백히 개인의 부주의로 일어난 일, 타인의 실수로 돌릴 수 없는 개인적인 경험(우리는 자신의 주의력을 과대평가하는 것만큼이나 자기합리화에 능하다)이다. 우리는 자신의 주의력이 분산되었음을 나타내는 미세한 증거를 결코 인지하지 못한다. 실수하는 운전자들은 대개 이를 알아차리지 못해 결국 주의력이 분산되고 만다.

　문제는 우리의 주의력이 부족할 때 이를 알려줄 증거가 부족하다는 것이다. 이것이 바로 주의력을 착각하는 근본원인이다. 우리는 미리 알았을 때만 예외상황을 인식할 뿐 미처 알아채지 못한 것은 인식할 수 없다. 세상을 제대로 인지하려면 미리 알아챌 수 있는 증거가 필요하다. 이를 위해서는 우리가 얼마나 많은 것을 놓치고 사는지 깨닫게 해주는 경험, 즉 가슴을 두드리는 고릴라를 못 본 것처럼 타인에게 핑계를 전가할 수 없는 (그리고 변명해봤자 소용없는)경험을 필요로 한다.

　주의력 메커니즘을 이해하기 어렵다면 어떻게 해야 무주의 맹시를 극복하고 고릴라를 발견할 수 있을까? 쉬운 일은 아니다. 사실 무주의 맹시를 없애려면 집중하고 있는 일에 신경을 꺼야 한다. 고릴라 영상을 볼 때 패스 횟수를 세지 말아야 하고 우리의 관심을 끄는 다른 일들도 신경 쓰지 말아야 한다. 아무 기대나 목적 없이 화면을 응시해야 한다. 그러나 이는 불가능하다. 기대와 목적의식은 인식의 가장 기본이기 때문에 쉽게 제거할 수 없다. 이전의 경험을 바탕으로 기대가 생겨나고 이를 바탕으로 우리는 인식한다. 경험과 기대는 우리가 보는 것을 이해하게 해준다. 경험과 기대가 없다면 우리 눈에 보이는 세계는 윌리엄 제임스('의식의 흐름'이라는 용어를 처음 사용한 미국 심리학자-옮긴이)의 말처럼 '흐리멍덩하고 웅웅거리는 혼란'으로 정신없는 빛의 집합체에 불과하다.[49]

주의력 사용은 제로섬게임과 같다. 무엇 하나에 주의를 기울이면 다른 것에는 당연히 주의를 덜하게 되기 때문이다. 유감스럽지만 무주의 맹시는 주의력과 인식이 정상적으로 작동하면서 발생할 수밖에 없는 산물이다. 무주의 맹시가 시각 주의력에 내재된 한계라면 이를 줄일 수도, 없앨 수도 없다. 본질적으로 무주의 맹시를 없앤다는 것은 사람에게 팔을 아주 빠르게 움직여 날아보라고 요구하는 것과 같다. 인간은 날 수 없듯이 우리의 정신 구조 역시 주변의 모든 것을 인식할 수는 없게 만들어져 있다.

제한된 주의력을 잘 배분하려면 광범위한 주의력의 원리를 알아야 한다. 일상에서 무주의 맹시는 문제가 되지 않는다. 사실 무주의 맹시는 주의력이 작용한 결과로서 정신을 집중하는 우리의 예외적인(예외적으로 유용한) 능력에 대한 대가이다. 집중할 때 우리는 주변의 다른 것에 주의를 분산하고 싶어 하지 않으며, 집중력은 우리가 주의를 분산시키지 않고 제한된 자원을 더 효율적으로 사용하도록 돕는다. 대부분의 운전자는 통행 규칙을 잘 지키고, 대부분의 의사는 환자의 몸에 유도철사를 남기지 않고, 대다수의 잠수함은 어선을 치받지 않고, 대다수의 경찰은 용의자를 잔인하게 때리지 않으며, 대부분의 음악 거장들은 지하철역에서 연주하지 않는다. 고릴라가 농구 경기장을 한가로이 거니는 일도 일어나지 않는다. 뜻밖의 상황을 예상하지 못하는 데는 이유가 있다. 잘 일어나지 않기 때문이다. 더 중요한 사실은, 예외상황을 놓쳐서 생기는 결과가 대부분 별로 심각하지 않다는 것이다.

우리 주변에 넘쳐나는
주의력 착각의 사례

주의력 착각은 사소한 일에서부터 생명에 위협이 될 수도 있는 일에 이르기까지 매일 매순간 우리에게 영향을 미친다. 교통사고, 항공기 조종석의 계기 배열, 운전 중 통화, 의학 진단, 심지어 지하철역 연주에 이르기까지 다양한 분야에서 주의력 착각의 영향을 받는다. 고릴라 실험이 널리 알려지면서 다양한 분야와 영역에서 인지 실패 현상을 설명하는 데 이 실험이 인용되었다. 주의력 착각은 '시각' 뿐 아니라 인간의 모든 감각에 적용되며 우리 주변에서 온갖 다양한 형태로 나타난다. 고릴라 실험은 사람들이 주의력 착각을 깨닫고 이에 대처할 수 있도록 해주기에 가치가 있다. 주의력 착각의 영향은 광범위하기 때문에 고릴라 실험은 여러 분야에서 다양한 대상에 비유될 수 있다. 그 중 몇 가지를

예로 들어보면 이렇다.⁵⁰

- 한 교통 교육관은 바로 눈앞에서 안전을 위협하는 행위가 발생해도 사람들이 미처 발견하지 못할 수 있음을 알려주려고 고릴라 실험을 예로 들었다.
- 한 하버드대 교수는 똑똑하고 공정한 사람조차 직장 내 차별적 관행들을 알아차리지 못한다는 것을 설명하려고 고릴라 실험을 예로 들었다.
- 한 테러방지 전문가는 202명의 목숨을 앗아간 발리 폭탄테러의 배후인 제마 이슬라미야 단체가 자국에 머문 사실을 호주 정보국이 어떻게 모르고 지나칠 수 있었는지 설명하기 위해 고릴라 실험을 예로 들었다.
- 한 체중감량 사이트에서는 다이어트를 망칠 수 있는 무심코 먹게 되는 간식을 눈에 보이지 않는 고릴라에 비유했다.
- 초자연주의자 딘 라딘Dean Radin은 과학자들이 '실재'하는 초능력과 초감각적인 현상을 이해하지 못하는 것을 고릴라 실험 참가자들이 겪은 무주의 맹시에 비유했다.
- 한 고등학교 교장은 교사와 직원들이 종종 아이들의 '왕따'를 감지하지 못하고 지나치는 걸 설명하고자 무주의 맹시를 예로 들었다.
- 한 주교는 설교할 때 사람들이 얼마나 쉽게 주변에 있는 하나님의 존재를 간과하는지 설명하려고 고릴라 실험을 예로 들었다.

● 영국의 한 광고캠페인은 실험 영상에 등장하는 고릴라를 '문워킹' 하는 곰으로 바꾼 텔레비전 및 인터넷 광고를 통해 운전자에게 자전거 타는 사람을 주의하도록 장려했다.

시각이라는 지각영역에서 무언가를 알아차리는 데는 우리가 지금까지 논의해온 것보다 훨씬 더 제약이 더 많다. 한 번에 여러 개를 보거나, 비슷해 보이는 물체를 구별하거나, 똑같은 일을 오랫동안 계속하면서 방심하지 않기란 힘들다. 이러한 한계를 간과하면 안전과 보안에 큰 문제가 생길 수 있다. 사람들은 공항 수화물 탐지원이 짐 더미에서 위험한 무기를 찾아낼 수 있으리라 기대하지만, 자체 안전검증 차원에서 정부가 숨겨 놓은 밀수품을 놓쳐버리는 사례가 흔하다. 훈련 과정은 크게 다르겠지만, 탐지원의 업무는 방사선 전문의의 직무와 매우 비슷하다. 짧은 시간 내에 화면을 계속 살피면서 모든 것을 알아채기란, 불가능하진 않더라도 매우 어려운 일이다. 더욱이 탐색해야 할 대상이 흔치 않은 것이라면 더욱 힘들어진다.[51]

마찬가지로 우리는 수영장에서 익사할 위험에 빠진 사람을 구조요원들이 알아볼 것으로 기대하지만, 이러한 기대 역시 주의력 착각이 빚어낸 과한 믿음이다. 넓은 수영장을 샅샅이 살펴 예기치 않은 익사 사고를 발견하는 일은 구조요원의 임무지만, 이는 사실 불가능에 가깝다.[52] 잠수하거나, 수영장 바닥에 눕거나, 마구 물장난을 치는 등, 겉으로는 물에 빠진 듯하지만 그렇지 않은 사람들 때문에 일은 더욱 어려워진다. 규칙적으로 휴식을 취하고 수시로 관측 지점을 바꾸고, 여러 가지 조치를 취해 경계를 늦추지 않으려 하지만, 명백한 한계가 있다. 경계한다고 해서 무주의 맹시를 방지할 수는 없다. 구조요원들은 그저 모든 것을 다 볼 수 없을 뿐이지만, 사람들은 주의력 착각 때문에 구조요원들이 모든 상황을 다 볼 수 있으리라 믿는다.

주의력 착각을 인지하고 있어야만 꼭 봐야 할 것을 놓치지 않을 수 있다. 인명구조처럼 자동탐색 같은 혁신적 기술의 도움을 받기도 한다. 그렇지만 자신의 한계를 인지하지 못하면, 기술의 도입은 오히려 독이 될 수 있다. 전방표시장치가 있으면 길 찾는 능력과 도로주시 능력은 향상될지 몰라도 예외상황 감지 능력은 저하될 수 있다. 차에 장착된 GPS 내비게이션은 길 찾는 데는 도움이 되지만 무조건 신뢰하다가는 어디로 가는지도 모른 채 위험운전을 할 수도 있다.[53] 독일의 한 운전자는 '공사중 도로 폐쇄'라는 표지판과 방어벽이 여러 차례 나타났는데도 무시하고 내비게이션만 믿다가 결국 벤츠를 모래 더미에 처박고 말았다. 2008년 뉴욕에서는 운전자가 GPS 지시만 듣고 가다가 기차가 진입 중인 선로로 들어간 일이 두 번이나 발생했다(다행히 다친 사람은 없었다). 영국의 한 운전자는 자기도 모르게 뉴캐슬과 칼라일 사이의 철도 구간 선로로 진입해 결국 열차와 충돌하기도 했다.

영국에서는 트럭 운전자가 GPS의 안내를 따르다가 너무 비좁은 길로 들어서는 사고가 자주 발생한다. 트럭이 시골길 골목에 완전히 틀어박혀 꼼짝도 못하고 차문도 열리지 않는 상황에 빠진 적도 있다. 트럭 운전자는 트랙터가 트럭을 빼줄 때까지 차안에서 꼬박 사흘을 보내야 했다.

사람들은 내비게이션 시스템이 차량의 크기를 알지도 못하고 고려하지도 않는다는 점, 그리고 그런 사실을 전혀 생각조차 하지 않는다. 이것이 큰 문제를 야기할 수 있다. GPS를 맹신해서 발생한 사건 중 가장 자주 언급되는 사례는 러킹턴Luckington이라는 영국 동네에서 발생한 사고다. 2006년 4월, 불어난 강물 때문에 에이번 강 입구 쪽이 범람하자 통행을 금지하고 길 양쪽에 경고 표지판을 세웠다. 그러나 그 길이 폐쇄된 2주 내내 매일 한두 대의 차량이 경고 표시를 지나쳐 강으로 돌진했다. 운전자들이 내비게이션 화면에만 너무 집중하는 바람에 정말 그들 앞에 무엇이 있는지 못 봤기 때문이다.

기술은 인간 능력의 한계를 극복하는 데 도움을 주지만, 기술에도 한계가 있다는 사실을 인지할 때만 그럴 수 있다. 기술의 한계를 정확히 이해하지 못하면 그 도움이 오히려 독이 된다. 주의력의 한계를 극복하려고 이용하는 보조 장치에도 주의력 착각을 일으킬 수 있기 때문이다. 다음 장에서는 "우리가 무언가에 관심을 쏟아 그것을 알아차렸다면 이를 계속 기억할 수 있을까?" 하는 문제를 살펴볼 것이다. 대부분의 사람들은 그럴 수 있다고 생각하지만 나는 이 역시 착각, 즉 기억력 착각이라고 말하고 싶다.

02
기억력 착각

선수의
목을 조른
감독

2008년 대학농구 감독직을 은퇴하기 전까지, 바비 나이트Bobby Knight는 대학농구 1군 소속의 어떤 감독도 이루지 못한 통산 900승이 넘는 훌륭한 성적을 거두었다. '올해의 감독상'을 네 번이나 받았고, 훗날 전 세계적인 스타가 된 마이클 조단, 패트릭 유잉Patrick Ewing 등이 활약한 1984년 올림픽 대표팀을 맡아 금메달을 땄다. 인디애나 대학 농구팀 후시어스Hoosiers 감독으로 활약할 때는 전미 대학선수권대회에서 3번이나 우승을 거머쥐었다. 그는 팀을 깨끗하게 운영하는 것으로 유명했다. 다른 일류 팀들이 선수선발 규칙을 어겨 잡음이 빈발했던 것과 대조적으로 그가 이끄는 팀은 그런 적이 없었다. 그의 선수들 대부분은 학사과정을 끝까지 마쳤다. 과거에 지도했던 많은 선수들로부터 높은 평가를 받는 혁신적인 감독이었다. 이처럼 비할 데 없이 뛰어난 성적을 거둔 나이트였지만 2000년 9월, 인디애나 대학에서 해고되었다. 학부 학생 하나가 그에게 "어이, 나이트! 잘 지내?"라고 큰 소리로 무례하게 빈정거리자 그의 팔을 움켜쥐고 훈계한 사건 때문이었다.

무례한 학생에게 훈계했다고 해서 해임되었다? 감독일 때 나이트는 불같은 성격, 남을 전혀 의식하지 않는 행동과 언론과 타인을 무시하는 태도로 악명 높았다. 심판과 기자들에게 거칠게 항의할 때가 잦았고, 농구 경기장 안으로 의자를 집어던진 적도 있었다. 급기야 '새터데이 나이트 라이브 쇼Saturday Night Live Show'에서 그를 패러디하기도 했다. 고등학교 체스 코치로 분장한 코미디언 짐 베루쉬Jim Belushi가 상대편 말을 쓰러뜨리며 자기 팀 선수에게 고함을 지르는 장면이었다. "서둘러! 어서! 비숍을 움직이라고!" 이런 수많은 다른 사건들에 비추어 볼 때 "팔을 움켜쥐고 훈계한" 것은 정말 사소한 일이었다. 그러나 이 사건이 나이트의 해고 사유가 된 이유는, 그해 초에 발생한 사건으로 인해 대학 측이 더는 그의 무분별한 행동을 묵과하지 않겠다는 방침을 정했기 때문이었다.

2000년 3월, CNN과 〈스포츠 일러스트레이티드 Sports Illustrated〉에는 정상급 신인선수들 몇 명이 인디애나 대학 농구팀을 떠난 사연이 실렸다. 나이트가 지도했던 선수였던 닐 리드 Neil Reed의 인터뷰가 주된 내용이었다. 촉망받는 루키였던 닐은 인디애나 고교 시절 한 게임당 평균 10득점을 기록했던 고등부 전국 최우수 선수였다. 1997년 연습 도중, 나이트는 리드에게 패스할 때 왜 동료의 이름을 안 부르냐고 지적했고, 리드는 분명히 외쳤다며 대들었다. 리드의 말에 따르면 나이트는 그에게 폭행을 가했다고 한다.

"그때 감독님이 내게 달려들었어요. 순식간에 코앞까지 다가와서는 한 손으로 내 목을 붙잡았어요. 두 손으로 나를 공격했는데 한손으로는 내 목을 우악스럽게 움켜쥐었죠. 사람들이 코트 안으로 뛰어들어 마치 교실에서 싸우는 학생들을 말리듯 우리를 떼어 놓았어요. …… 감독님이 목을 조르고 있었기 때문에 약 5초 동안은 숨도 제대로 쉴 수 없었어요. 나는 감독님의 팔목을 움켜쥐고는 뒷걸음질 쳤죠. 그러자 코치들이 감독님을 끌어냈어요."

이 사건이 전국적으로 보도되자 큰 파문이 일었고, 인디애나 대학 측에서는 감독들을 철저히 단속하게 되었다. 나이트의 격한 성격에 대한 소문은 리드의 발언을 통해 생생하게 확인되었고 평판은 더욱 나빠졌다. 하지만 〈스포츠 일러스트레이티드〉의 보도 직후, 사건 현장에 있었던 사람들의 말은 달랐다. 나이트와 함께 일하던 코치 댄 데이키치는 "내가 나이트 감독을 끌어냈다는 닐의 주장은 완전히 거짓"이라고 말했다. 당시 같은 팀이었던 다른 선수도 강력히 부정했다. "감독님이 목을 졸랐다는 닐의 주장은 정말 어이없습니다." 연습 때 여러 번 참관했던 부학장 크리스토퍼 심슨은 "닐 리드가 주장한 내용은 의문투성이"라고 말했다. 당시 트레이너로 있던 팀 갈Tim Garl도 "목 조르는 일은 일어나지도 않았습니다! 의심스러우면 거짓말 탐지기로 절 검사해봐요"라고 딱 잘라 말했다. 당사자인 바비 나이트는 이렇게 말했다. "아마 닐의 목 뒷덜미를 잡은 것 같소. 그를 잡아 돌려세우려고 했었는데……. 내가 만약 목을 졸랐다면 닐은 병원에 실려 갔을 거요." 사건에 관련된 이들은 저마다 당시의 상황을 정확히 기억한다고 믿고 있었지만, 이들의 기억은 서로 일치하지 않았다.[1]

기억을 어떻게 기억하는가

실제 기억이 작동되는 방식이 아닌, **기억력 착각** illusion of memory에 대해 알아보자. 우리는 기억이 작동하는 방식에 대해 얼마나 정확하게 알고 있을까? 우선 간단한 기억력 테스트를 해보자. 다음 단어들을 순서대로 읽어보라. **침대, 휴식, 깨어 있는, 피곤한, 꿈, 잠이 깨다, 잠깐 눈을 붙이다, 담요, 꾸벅꾸벅 졸다, 수면, 코를 골다, 낮잠, 평화, 하품, 졸리**

다. 이에 관해서는 뒤에서 다시 이야기하겠다.

대부분의 사람은 15자리가 넘는 숫자를 기억하지 못하며, 그 사실을 잘 알기 때문에 기억할 엄두조차 내지 않는다. 우리는 가끔 차 열쇠 혹은 차를 어디에 두었는지 잊어버리고, 친구의 이름을 기억하지 못하며, 퇴근길에 세탁소에서 옷을 찾아오는 일을 깜박한다. 사실 이런 실수는 상당히 비일비재하다. 일상의 건망증에 대한 직관적 믿음은 정확한 편이다. 그러나 기억의 지속성에 대한 직관과 본질은 매우 다르다.

2009년에 전국의 1,500명을 대상으로 한 설문조사에서 나는 사람들이 기억의 작동을 어떻게 이해하고 있는지 알아보기 위해 몇 가지 질문을 했다. 응답자 중 거의 절반(47%)은 "일단 어떤 사건을 경험하여 기억하게 되면 그 기억은 변하지 않는다"는 말에 동의한다고 답했다. 더 많은 응답자(63%)는 "인간의 기억은 비디오카메라처럼 보고 들은 사건들을 기록하기 때문에 이후에도 재생해볼 수 있고 검색할 수도 있다"고 믿었다. 이 두 가지 응답에 동의하는 사람들은 우리가 경험하는 모든 것은 비록 기억나지 않더라도 불변의 형태로 뇌에 영원히 저장된다고 믿는 듯하다. 기억이 어딘가에 저장되어 있다는 믿음을 이론적으로 부정하기는 어렵지만, 전문가들은 뇌가 일상의 세세한 내용을 모두 간직할 에너지와 공간을 제공할 수 없다고 말한다. 특히 그 저장된 정보가 한 번도 사용되지 않는다면 더욱 그렇다.[2]

'주의력 착각'이란 어떤 대상이 중요하고 특이하다면 우리의 주의를 끌 것이라 생각하지만 실제로는 그렇지 않음을 지칭하듯이, '기억력 착각'은 우리가 기억했다고 생각하는 내용과 실제 사이에 존재하는 근본적인 차이를 뜻한다. 사람들은 왜 단기기억의 한계는 쉽게 이해하면서 장기기억의 속성은 이해하지 못할까? 이 장에서 나는 기억이 어떻게 우리를 오도하는지, 기억의 작용에 대한 우리의 맹신이 얼마나 허황된지 다루려 한다. 주의력 착각은 우리가 알아차렸다고 생각한 것과 실제 알아차린 것이 다를 때 발생하며, 기억력 착각은 우리가 기억한다고 생각하는 내용과 실제로 기억하는 내용이 서로 다를 때 나타난다.

이제 앞에서 읽었던 단어들을 모두 떠올려보라. 최선을 다해 가능한 한 많은 단어를 기억해보라. 그리고 책을 읽어 내려가기 전에 종이에 그 단어들을 적어보라.

몇 분 전에 읽었던 단어를 기억해내기란 매우 단순한 일이다. 그러나 이렇게 단순한 작업으로도 기억이 체계적으로 왜곡된다는 사실을 알 수 있다. 적어놓은 단어들을 살펴보라. 어떤가? 15개 단어를 모두 기억해낸 사람은 극히 드물 것이다. 교실에서 학생들을 대상으로 이 실험을 하면 대부분 처음 몇 단어와 마지막 몇 단어를 기억한다.[3] 반면 목록 중간에 있는 단어는 절반도 기억하지 못하고, 평균 7~8개 정도만 정확히 기억한다. 잠시 단어 기억하기를 멈춰보라. 15단어 모두 매우 일상적이고 친숙하다. 이 단어들을 읽을 때 특별히 스트레스를 받지 않았고(그랬기를 바란다), 기억해내는 데 시간제한도 없었다. 그러나 1950년대에 만들어진 컴퓨터도 15개 단어를 기억장치에 완벽히 저장할 수 있는 반면, 훌륭한 인지능력에도 불구하고 인간은 단 몇 분전에 읽은 단어들을 정확하게 기억하지 못한다.

4살 이하의 아이에게 여러 개의 단어들을 주고 몇 분 동안 외우라고 하면, 이를 기억하기위해 특별한 노력이 필요하다는 사실을 깨닫지 못한다. 그러나 성인들은 짧은 시간 동안 기억을 유지하는 데 한계가 있음을 잘 안다. 급하게 전화번호를 외울 때, 성인들은 속으로 혹은 소리 내어 몇 번이고 반복해서 외운다. 어떤 숫자의 자릿수가 '한계 숫자' 인 7보다 길면 대부분의 사람들은 이를 단기기억으로 담아두기 어려워한다.[4] 자동차 번호판을 약 7개의 단어와 숫자로 만들고 전화번호도 역사적으로 단 7개 숫자로 조합한 이유도 그것이다. 전화번호 앞부분 세 자리 중 첫 두 자리는 해당 지역을 의미하는 두 개의 문자로 시작되었다. 내가 자란 뉴욕 아몬크Armonk에서는 아직도 오래된 상점의 간판이나 광고판에 273이라는 숫자 대신에 AR-3으로 전화번호를 적어 놓고 있다. 7자리 이상을 기억하려면 노트 패드, 보이스 레코더 같은 기억보조장치가 필요하다.

  기억력 착각을 설명하기 위해 15개 단어를 외우는 실험을 했지만, 기억력 착각이란 우리가 기억할 수 있는 한계를 착각한다는 뜻이 아니다. 대체로 사람들은 기억력의 한계를 잘 알고 있다. 기억력 착각은 자신이 한 일을 **어떻게** 기억하는지가 강조되어 발생하는 착각이다. 당신이 기억해낸 단어들을 살펴보라. "잠자다"라는 단어가 있는가? 이 책을 읽은 독자들 가운데 약 40퍼센트는 "잠자다"가 있었다고 기억한다. 당신이 그 중 한 명이라면, 기억해낸 다른 단어들만큼이나 "잠자다"를 봤다고 확신할 것이다. 그러나 실제로 "잠자다"는 없었다. 당신이 지어 낸 단어다.

  기억은 실제 사실과 그것을 느끼는 감정에 좌우된다. 당신이 읽은 단어들은 바로 이런 형태의 거짓기억증후군을 유발하기 위해 고안한 장치다. 목록에 있던 모든 단어는 "잠자다sleep"라는 단어와 밀접한 관련이 있다. 목록을 읽을 때 당신의 마음은 단어들 사이의 관계를 자동으로 유추하면서 무언가를 느끼게 되었다. 읽는 모든 단어가 "잠자다"와 연관되었음을 알게 되었지만, 정작 그 단어는 목록에 없다는 사실에는 특별한 주의를 기울이지 않았다. 그리고 기억해낼 때는 단어들의 연관성에 관한 지식과 당신이 실제로 본 단어들에 대한 특정 기억에 근거하여 최선의 목록을 재구성했던 것이다.

무엇을 인지할 때 사람은 모든 정보를 상세하고 완전하게 조합하기보다는 본 것(들은 것, 냄새 등)으로부터 어떤 의미를 추출하려 한다. 인간이 입수되는 모든 자극을 똑같이 충직하게 간직하도록 뇌를 진화시켜 왔다면 보유 에너지와 자원을 터무니없이 낭비하게 되는 결과가 초래되었을 것이다. 마찬가지로 기억은 우리의 인지내용을 모두 저장하는 대신, 보고 들었던 사실을 가지고 이미 알고 있는 내용과 연관성을 만든다. 이런 연관 작업은 우리가 본 것에서 중요한 사실을 포착하고 세세한 내용을 기억하는 데 도움이 된다. 기억을 더 잘 저장하고 꺼낼 수 있도록 '회상의 실마리retrieval cues'를 제공하는 작업이기 때문이다. 회상의 실마리는 유용하지만 기억의 정확성을 실제보다 부풀려서 느끼도록 만들기 때문에 우리를 잘못된 방향으로 인도하기도 한다.

사람은 원본의 기억과 연관 작업 및 지식에 기초해 재구성된 기억을 쉽게 구분하지 못한다. 앞에서 한 단어 기억 테스트는 1950년대 심리학자인 제임스 디즈James Deese가 처음 고안하고 헨리 로디거Henry Roediger와

캐서린 맥더모트Kathleen McDermott가 1990년대에 집중적으로 연구한 실험으로써, 이런 원리를 간단하게 잘 입증하는 방법이다.⁵ 그러나 기억의 왜곡 및 착각은 임의의 단어들을 외우는 것 이상으로 여러 상황에서 빈번하게 발생한다.

고릴라 실험에서 알 수 있듯, 사람들은 종종 자신이 보고 싶은 것만 보고 기억하고 싶은 것만 기억한다. 목격한 장면을 이해하고, 그에 맞추어 기억을 각색하거나 무엇을 기억할지 취사선택하기도 한다. 심리학자 윌리엄 브루어William Brewer와 제임스 트레이언스James Treyens는 이 사실을 극적으로 설명하기 위해 단순하고도 기발한 실험을 진행했다.⁶ 대학원 학생사무실에 온 피실험자에게 이전 피실험자의 실험이 끝났는지 확인하고 올 때까지 잠시 기다려달라고 했다. 약 30초 후, 실험자가 돌아와 피실험자를 다른 방으로 데려간 뒤 기다리면서 본 물건들을 모두 적어보라는 예상치 못한 작업을 시켰다. 피실험자 대부분은 대기실을 책상과 의자, 선반 등이 있는 거의 전형적인 대학원 학생 사무실의 모습으로 회상했다. 그 중 30퍼센트는 책을 봤다고 기억했고, 10퍼센트는 파일 캐비닛을 봤다고 기억했다. 하지만 이 사무실은 전형적인 곳이 아니었고 책이나 파일 캐비닛도 없었다.

사람들이 '잠'과 관련 있는 단어 목록을 기억해낼 때 마치 "잠자다"라는 단어를 실제로 봤다고 오해하듯, 피실험자들은 실제로 그 방에 있던 물건들과 연구실이라면 마땅히 있어야 할 물건들을 기초로 그 방안의 내용물을 재구성한 것이다. 당신이 어떤 사무실 사진을 보고 있다고 가정하자. 지극히 보통의 사진이라도 누가 그 사진에 무엇이 빠졌는지 지적해주면 그 사진이 갑자기 이상하게 보이기 시작할 것이다. 기억 속에 저장된 사실은 현실에 대한 정확한 복제가 아니라 재창조물이다. 우리는 기억을 DVD처럼 되감아볼 수 없다. 따라서 기억을 회상할 때마다 기억해야 할 부분에 대한 기대와 실제로 기억하고 있는 모든 세부사항이 합쳐진다.

충돌하는 기억

닐 리드는 연습 도중 나이트 감독이 자신의 목을 졸랐다고 회상했다. 또한 댄 코치가 나이트를 끌어냈다고 기억했지만, 데이키치는 그런 적이 없다고 주장했다. 둘 중 한 명은 사건을 왜곡해서 기억하고 있는데, 그게 누구일까? 이처럼 분쟁과 관련된 기억일 때는 누가 옳고 그른지 구별하기가 매우 어렵다. 특히 이 사례가 흥미로운 이유는 닐과 댄, 그리고 다른 관계자들의 혐의와 기억 등이 화제가 된 한참 후에 당시 훈련장면을 담은 비디오테이프가 발견되었기 때문이다. 영상에서 나이트는 닐에게 다가가 한 손으로 잠깐 멱살을 잡았다가 뒤로 밀쳤다. 다른 코치와 선수들은 하던 일을 멈추고 이 상황을 지켜보았다. 닐을 구하려고 다가간 사람은 아무도 없었다. 코치가 이 둘을 떼어놓지도 않았다.

닐은 나이트가 자신의 목을 움켜쥐었다는 찰나의 사실은 정확히 기억했지만, 시간이 지나면서 기억은 그의 의식 속에서 정교하게 꾸며지고 왜곡되었다. 실제 일어난 사건이 아니라 일어날 만한 사건에 맞추어서 기억이 형성된 것이다. 그리고 닐에게 있어 거짓 기억은 진짜 기억만큼이나 생생했다. CNN과 〈스포츠 일러스트레이티드〉의 후속 보도를 통해 비디오를 본 후 닐은 이렇게 말했다.

"전 어떤 일이 있었는지 잘 알고 있고 〔이 테이프가〕 그것을 증명합니다. 이런 일을 겪은 스무 살짜리 아이에게 여러분이, 그러니까……비난을 할 수는 없다고 생각해요. 무슨 말이냐면……전 거짓말하는 게 아니에요. 말한 대로 전 당시 상황을 기억했고, 〔코치인〕 펠링은 약 2미터 정도 떨어져 있었어요. 사람들이 말리려고 감독님과 내 사이로 온 것이 기억나요.[7]

나이트는 전혀 기억하지 못하는 사건을 닐은 내용을 윤색해가며 기억하는 이유는 무엇일까? 테이프가 공개되기 전, 나이트는 HBO의 프랭크 드포드 기자에게 닐의 목을 조른 기억이 없다며 이렇게 말했다. "다른 애들에게는 하지 않았던 행동을 유독 누군가에게만 한 적은 절대 없습니다"[8] 나이트에게 그런 행동은 평상시와 다를 바 없는 평범한 감독의 업무일 뿐이었다. 이 사건에 대한 그의 기억은 선수들을 훈련시킬 때 빈번히 발생하는 일이었다. 즉 어떤 위치에서 어떤 동작을 해야 되는지 보여주기 위해 감독이 선수들을 직접 붙들고 이리저리 움직이는 행동이 필요하다는 평소의 믿음과 기대에 맞춰 왜곡되었다. 나이트에게 신체 접촉은 일상적인 지도 방식이었다. 그랬기에 이 사건을 훈련 때마다 발생하는 일반적인 상황에 맞추어 왜곡하면서 실제보다 덜 중요하게 기억한 것이다.

반면 닐에게는 이 사건이 훨씬 더 큰 의미를 지녔다. 그의 말처럼 '스무 살짜리 아이'였던 닐은 훈련하다가 목을 잡혀본 일이 없었을 것이다. 그에게는 충격적이고 예외적인 상황이었기에 "감독이 내 목을 졸랐다"고 기억 속에 저장되었다. 결국 정신적 충격이 될 만큼 중대하게 생각한 사건이었다. 닐은 이 사건을 심각한 감정으로 기억하게 되었고, 그 결과 나이트와는 반대로 왜곡되면서 사소한 사건이 아니라 정신적 외상을 입을 정도로 충격적인 사건으로 각색되고 말았다. 나이트에게 이 사건은 암기 테스트에 있었던 단어들과 다르지 않았지만, 닐에게는 큰 의미가 있는 사건이었기 때문에 세세한 기억들도 자연히 그에 맞춰 채워졌다.

닐 리드와 바비 나이트 사건에 관계된 사람들은 당시 상황을 매우 다르게 기억하고 있지만, 2000년 관련 내용을 언론에 말할 때는 이미 몇 년이 흐른 뒤였다. 시간이 지나면서 기억은 점차 흐려지고 변할 수 있으며 기억하는 사람의 동기와 목적에 따라 영향을 받을 수도 있다. 그런데 만약 두 사람이 정확히 똑같은 사건을 목격하였고, 그 목격한 사건을 진술할 때까지 지체된 시간이 911응급전화 교환원을 기다리는 잠시 동안에 지나지 않는다면 어떨까?[9]

버지니아 대학생 시절부터 사귀어 온 젊은 부부 레슬리와 타이스는 2002년 어느 여름 밤, 시내에서 저녁을 먹고 귀가하던 중이었다. 차를 몰고 14번가 북쪽을 달리다가 로드아일랜드가 교차로에서 교통 신호에 걸려 정지했다.[10] 최근 이곳 홀 푸드 슈퍼마켓 인근에서 소형 아파트를 장만하려면 30만 달러 이상이 들지만, 당시에는 1960년대 일어난 방화와 인종폭동 사건의 영향에서 벗어나지 못하고 있었다. 교육정책에 관해 글을 쓰던 타이스가 운전했고, 예일대학에서 막 법학학위를 딴 아내 레슬리는 조수석에 앉아 있었다. 레슬리는 오른쪽으로 한 남자가 자신들과 같은 방향으로 자전거를 타고 인도를 따라 내려오는 모습을 보았다. 그때 난데없이 다른 남자가 나타나더니 자전거를 탄 사람에게 다가가서는 그를 끌어내리고 연거푸 칼로 찔러댔다. 레슬리는 희생자의 비명을 들었다. 그녀는 휴대전화를 들고 911을 눌렀지만 "911 비상서비스 센터입니다. 모든 직원이 통화 중이오니 잠시만 기다려주십시오"라는 안내 음성만 흘러나왔다.

 911 교환원이 전화를 받기까지 1분도 채 걸리지 않았지만, 폭행범은 사라졌고 신호등은 녹색으로 바뀌었다. 14번가를 따라 차를 타고 내려오는 동안 레슬리는 자신이 목격한 사실을 이야기했다. 피해자는 20~30대 정도의 남자로 자전거를 타고 있었고 가해자는 청바지를 입고 있었다고 말했다. 레슬리의 통화를 옆에서 듣고 있던 타이스가 끼어들면서 가해자는 운동복 차림이었다고 말했다. 두 사람은 가해자의 셔츠와 키에 대해서도 의견이 달랐고, 심지어는 흑인인지 히스패닉인지도 의견이 엇갈렸다. 둘은 가해자의 나이(20대)와 범행무기(칼)에 대해서만 서로 동의할 뿐 교환원에게 사건 현장을 정확하게 설명해줄 수 없다는 사실을 곧 깨닫게 되었다.

 동일한 사건을 타인과 동일한 위치에서 목격하고 곧이어 이것을 다른 목격자와 함께 있는 상황에서 기억해내는 상황은 매우 드물다. 보통 어떤 사건을 목격하게 되면 우리는 그 사건에 대한 기억을 저장한다. 나중에 그 사건을 기억해낼 때, 저장한 기억을 되살려서 그 내용을 전달하려고 최선을 다한다. 그 기억은 매우 생생하기 때문에 결코 그 정확성을 의심하지 않는다. 만약 레슬리가 911 교환원에게 알리는 내용을 타이스가 듣고 정정(혹은 최소한의 이의제기)하지 않았다면, 두 사람이 갖고 있는 극명한 기억의 차이는 발견되지 못했을 것이다. 두 사람 모두 그 차이가 너무나 커서 놀라고 말했다. 훗날 타이스는 불안한 경험을 한 직후의 "목격자 진술이 얼마나 믿을 수 없는 것인지" 깨달았다고 회상했다. 이 사건에 대해서는 잠시 후 다시 알아보자.

"방금 전 자동차 앞 유리에 총 쏘지 않았나?"

영화 〈귀여운 여인〉에는 줄리아 로버츠가 리차드 기어와 호텔방에서 아침을 먹는 유명한 장면이 나온다. 그녀는 크루아상을 집어 들었는데 이어지는 화면에서는 팬케이크를 베어 문다. 영화 〈톱니바퀴의 칼날〉에서는 똑같은 법정 장면에서 변호사 역을 맡은 글렌 클로즈의 옷이 세 차례나 바뀐다. 〈대부〉에서는 소니의 차가 톨게이트 장면에서는 총알이 벌집처럼 박혀 구멍이 뚫려 있었는데 몇 초 뒤 다른 장면에서는 자동차 앞 유리가 기적적으로 말끔해져 있다. 이런 실수는 매우 흔하다. 아마 당신도 여러 번 보았을 것이다.

연속성의 오류로 알려진 이런 실수는 영화에서 자주 나타난다. 영화 제작방식 때문이다. 순서대로 처음부터 끝까지 영화를 촬영하는 일은 거의 없다. 배우 스케줄, 촬영장소 이용 여부, 여러 상황에 맞춰 촬영 스태프를 고용하는 비용, 기상조건, 그리고 다른 많은 요인들에 따라

촬영순서가 정해지며 이후 조각조각 따로 찍어 편집하고 붙인다. 각 장면은 여러 각도에서 촬영된 뒤 마지막에 편집실에서 순서에 맞게 이어 완성한다.

촬영현장에서 각 장면의 모든 내용을 하나의 샷에서 다음 샷으로 확실히 연결시키는 책임자가 있다.[11] 바로 스크립터이다. 스크립터는 사람들이 입었던 옷, 서 있던 위치, 어느 발을 먼저 내딛었는지, 손을 허리에 놓았는지 주머니 속에 넣었는지, 여배우가 크루아상을 먹고 있었는지 팬케이크를 먹고 있었는지, 자동차 앞 유리가 멀쩡했는지 총알구멍 투성이였는지 등의 세부사항을 전부 기억해야 한다. 스크립터가 실수했다고 해서 다시 그 장면으로 돌아가 재촬영하기란 거의 불가능하다. 해당 장면의 다른 부분이 더 중요하다고 판단하면 편집자는 결국 이런 오류를 무시하고 장면을 쓰기로 결정한다. 따라서 일부 실수는 대부분 어쩔 수 없이 최종본에 그대로 삽입되고 만다. 로마시대를 배경으로 한 드라마 〈스파르타쿠스〉에서 손목시계를 찬 노예 몇 명을 간혹 보는 것도 그런 이유 때문이다.

여러 책과 웹사이트에서는 호기심 많은 사람들과 열성팬들을 위해 이런 오류를 찾아 목록을 만드는 데 열을 올리고 있다.[12] 한 사이트에서는 영화 〈대부〉에 나오는 무려 42개의 연속성의 오류(여기에 수십 개의 다른 실수도 추가)를 찾아 열거해 놓았다. 이런 목록이 흥미를 끄는 이유는 영화 한 편에 수천만 달러를 투자하는 할리우드에서 누구나 알아챌 수 있는 명백한 실수를 한다는 역설 때문이다. 연속성을 추적하는 탐정놀이에 빠진 이들은 자신이 명백하게 알아차릴 수 있는 영화 속 오류를 영화 제작자들은 엉성하게도 알지 못한다는 사실에 우월감을 느낀다. 실제로 당신이 어떤 영화에서 오류를 발견한다면 그 순간 그것은 갑자기 더욱 또렷하게 보인다.

　몇 년 전 'NBC 데이트라인'에서 아카데미 수상작이며 편집이 훌륭하다는 평을 받았던 〈셰익스피어 인 러브〉나 〈라이언 일병 구하기〉 같은 영화 속에 등장하는 '옥의 티'를 다룬 적이 있었다. 조쉬 맨키비츠 Josh Mankiewicz 기자는 〈라이언 일병 구하기〉의 한 장면 속 여덟 명의 병사가 멀리서 들판을 가로질러 건너가는 모습에서 오류를 찾아냈다. 그 장면 나오기 바로 몇 분전에 병사 한명이 죽었기 때문에 일곱 명만 남아야 한다며 말이다. 그는 믿을 수 없다는 목소리로 말했다. "이건 가장 실력 있고 주의 깊은 영화 제작자인 스티븐 스필버그가 만든 영화에요! 실제로 영화관에서 상영되기 전에 수차례 이 영화를 봤을 텐데 그가 이런 점을 알아채지 못했을까요?" 맨키비츠는 "영화 제작자들이 정말로 주의 깊게 수많은 장면을 촬영하지만 관객들은 분명히 알아차릴 수 있는 명백한 무엇인가를 여전히 놓치게 되는 이유는 무엇인가?"라는 질문을 던졌다. 이 질문은 기억력 착각의 작동 상황을 거의 완벽하게 보여주는 사례라고 할 수 있다. 맨키비츠와 담당 PD는 일어난 사건의 모든 내용을 사람들이 정확하게 기억하며 그 기억과 일치하지 않는 내용은 자동으로 알아차릴 수 있다고 가정했던 것이다.[13]

　나와 밴더빌트 대학의 현직 교수 대니얼 레빈은 코넬대 대학원 시절, 사람들이 영화 속의 오류를 실제로 얼마나 잘 찾아내는지 실험을 통해 알아보기로 했다.[14] 이 프로젝트는 '두 명의 댄'이 지금까지 계속 많은

결실을 맺고 있는 공동 연구의 시작점이다. 첫 공동 작업물로 친구 사이인 사비나와 안드레아가 친구 제롬을 위한 깜짝 파티에 대해 서로 대화하는 내용의 짤막한 영화를 만들었다. 안드레아가 장면에 등장할 때 사비나는 탁자 옆에 앉아 있었다. 둘이서 파티에 대해 이야기하는 동안 카메라는 가끔 한 명의 얼굴을 클로즈업 하거나 두 명을 한 화면에 잡기도 했고, 둘 사이를 오갔다. 1분 쯤 지난 뒤 대화가 끝났고 화면은 점점 흐려지다가 어두워졌다.

당신이 피실험자라고 상상해보자. 실험실에 들어갔더니 짧은 영상을 한 편 보여주고 그에 대한 질문에 상세히 답하라는 말을 듣는다. 집중해야 한다는 주문이 있은 뒤 영상이 시작된다. 영화가 끝나자마자 "장면이 바뀌는 사이에 물건의 위치나 인물의 자세, 의상이 갑자기 바뀌는 등 이상한 차이를 느꼈습니까?"라는 질문이 적힌 종이를 받는다. 당신이 대부분의 피실험자와 같다면 우리가 고의로 만든 9가지 편집 오류 중 무엇도 발견하지 못한 채, 아무 것도 알아차리지 못했다고 답할 것이다![15]

그 '오류'들은 일반적인 다른 영화 속 실수같이, 탁자 위에 놓인 접시 색이 바뀐다거나, 스카프가 사라졌다가 다시 나타난다든지 하는 것들이었다. 모두가 데이트라인 방송에서 조시 맨키비츠 기자가 얕잡아 보았던 영화 속 오류보다 훨씬 더 명백하게 드러나 보이는 것들이었다. 하지만 피실험자들은 바뀐 부분을 찾는 데 주의를 기울여가며 다시 한 번 동영상을 본 뒤에도 평균 두 개 정도의 오류만 알아챌 뿐이었다. 이처럼 앞뒤 장면 사이에 명백히 보이는 변화를 포착하지 못하는 놀라운 현상을 **변화 맹시**Change blindness라고 한다. 현재 상황과 이전 상황 사이에 존재하는 변화를 "보지 못하는" 것을 말한다.[16] 앞에서 논의했던 **무주의 맹시**inattentional blindness와 관련 있지만 동일한 현상은 아니다. 무주의 맹시 현상은 목격할 것이라 기대하지 않던 어떤 대상의 등장을 알아채지 못했을 때 일어난다. 우리가 포착하지 못한 대상은 마치 고릴라처럼 우리 바로 앞에 내내 있으면서 충분히 알아볼 수 있게 뚜렷하다. 변화 맹시로 인해 줄리아 로버츠가 크루아상을 먹고 있던 장면을 기억하지 못하면 팬케이크를 먹고 있는 현재 장면에서 변화를 전혀 포착할 수 없다. 변화 맹시는 현재 모습과 이전 모습 사이의 변화를 비교하여 포착하지 못할 때 발생한다. 물론 현실 세계에서는 어떤 사물이 갑자기 다른 사물로 바뀌는 일이 좀처럼 없다. 그러니 변화 없음을 확인하기 위해 매순간 눈에 보이는 대상을 꼼꼼히 점검한다면 뇌의 능력을 지나치게 낭비하는 일일 것이다.

변화 맹시보다 큰 문제는 "변화를 알아차릴 수 있다"는 잘못된 믿음이다. 이러한 오해에 대니엘 레빈은 깜짝하게도 '변화 맹시에 대한 맹시change blindness blindness'라는 이름을 붙였다. 사람들은 본인의 변화 맹시에 대해서는 잘 모르기 때문이다. 어느 실험에서 레빈은 사비나와 안드레아가 대화하는 장면을 사진으로 뽑아 학부생들에게 보여주며 빨간 접시가 다음 장면에서는 하얀 접시로 바뀐다고 알려주었다. 즉, 변화 맹시에 대한 실험을 진행하는 대신 의도적인 '오류'를 비롯한 모든 사실을 설명해 주었다. 그 다음, 그는 이들에게 그 사실을 모르는 상태에서 영상을 본다면 오류들을 발견할 수 있을지 없을지 질문했다. 실제 실험에서는 아무도 발견하지 못했는데도, 전체 70퍼센트 이상이 오류를 발견할 수 있다고 자신 있게 답했다! 90퍼센트 이상이 스카프가 바뀐 걸 발견하리라고 답했지만, 실제 실험에서는 아무도 발견하지 못했다.[17] 이는 기억력 착각이 작용한 결과인데, 대부분의 사람들은 뜻밖의 변화를 알아차릴 수 있다고 확신하지만 실제로 그런 사람은 거의 없다.

이제 두 명의 댄이 하는 또 다른 실험에 당신이 참여한다고 생각해보자. 실험실에 온 당신은 짧은 무성 영화 한 편을 보게 된다. 영화가 무척 짧으니 집중해서 보라는 안내를 받는다. 영상 속의 남자는 책상 앞에 앉아 있다가 일어서서 카메라를 향해 걸어온다. 그 후 장면이 전환되어 복도를 비추고 문 밖으로 나온 사람이 벽에 있는 전화를 받는 모습이 보인다. 그는 전화기를 귀에 대고 카메라를 약 5초간 마주보며 가만히 서 있고, 화면은 점차 어두워진다. 영화가 끝나자마자, 당신은 본 것을 상세히 묘사해보라는 요청을 받는다.

방금 전 사비나-안드레아의 영화에 관해 읽었으니, 아마도 여기에는 단순히 전화 받는 행동 이상의 무언가가 있으리라고 추측할 수 있을 것이다. 배우가 문을 향해 걸어가고 화면이 바뀐 뒤 복도로 나와 전화를 받았을 때, 그는 다른 사람이었다! 화면에 나오는 유일한 배우가 복장도 다르고, 가르마도 다르고, 안경도 다른, 완전히 다른 사람으로 바뀌었다면 당연히 이를 알아차릴 수 있어야 하지 않을까?

당연히 그래야 한다고 생각한다면 당신은 전히 기억력 착각 속에 있는 셈이다. 영상을 본 후에 쓴 두 실험 참가자의 글을 소개하겠다.

피실험자 1 살짝 긴 금발에 큰 안경을 낀 젊은이가 책상의자를 돌려 일어나서는, 카메라를 지나쳐 복도의 전화기로 걸어갔어요. 전화를 받으며 카메라를 응시했어요.

피실험자 2 안경 낀 금발 청년이 책상에 앉아 있었어요… 많이 어질러진 건 아니지만 정돈되어 있진 않았어요. 그는 카메라를 쳐다보더니 일어나서 화면 전방 우측으로 걸어 나갔는데, 잔무늬가 있는 흰색 티셔츠 위에 입은 파란 셔츠가 약간 펄럭였어요… 복도로 나가서 수화기를 집어 들고 뭐라고 말을 했는데 "여보세요"는 아니었던 것 같고요, 그 다음에는 약간 멍해 보이는 표정으로 잠시 서 있었어요.[18]

  영상을 본 실험 참가자들 중 장면이 바뀔 때 일어난 변화를 그 자리에서 바로 지적한 사람은 한 명도 없었다. 심지어 "이 영상에서 이상한 점을 발견하지 못했습니까?"라는 구체적인 질문을 받았을 때도 첫 장면과 두 번째 장면 사이에서 배우가 바뀐 사실이나 옷이 바뀐 사실조차 언급하는 참가자가 없었다.
  또 다른 실험에서는 배우가 바뀐다는 사실을 미리 알려주고 같은 영상을 보여주었다. 그러자 아무것도 모른 상태에서 영상을 봤을 때 알아차린 사람이 한 명도 없었던 것과는 대조적으로, 이 실험의 참가자들은 "그 사실을 몰랐다 해도 알아차릴 수 있었겠느냐"는 질문에 70퍼센트가 "그렇다"고 대답했다. 변화에 대해 미리 알고 있으면, 그 변화는 분명해지고 모두의 눈에 띠게 된다.[19] 그러나 예상치 못했다면 대부분의 사람들은 변화를 전혀 알아내지 못한다.

바뀐 것을 찾아내는
전문가들

변화를 발견하는 능력이 부족하다는 사실을 다른 누군가로부터 지적받아 알게 될 기회는 거의 없다. 우리는 변화를 찾아냈을 경우에만 바뀐 사실을 알 수 있으므로, 바뀐 것을 찾아내지 못한다면 변화를 찾아내는 우리의 능력에 대한 믿음을 수정할 기회도 당연히 없다. 반면 장면 속의 변화를 찾는 경험을 많이 한 사람들도 있다. 스크립터라 불리는 이들은 영화 제작 시 연속성 오류를 찾아내는 일을 담당한다.[20] 그렇다면 그들은 변화 맹시에 영향을 받지 않을까? 아니면 일반인들보다 시각정보 처리의 한계에 대해 잘 아는 걸까?

트루디 라미레즈는 할리우드에서 스크립터로 30년 동안 일했다. 그녀는 처음에 광고 일을 했지만 곧 영화 제작일로 옮겨왔다. 그녀는 〈토탈 리콜〉, 〈원초적 본능〉, 〈터미네이터 2〉, 〈스파이더맨 3〉 등의 영화와 텔레비전 프로그램 수십 편의 스크립터를 맡았다.[21] 나는 트루디가 〈아이언맨 2〉의 세트 촬영장에서 일할 때 그녀와 이야기를 나누었다. 그녀는 말했다. "전 시각 기억력도 좋은 편이지만 메모를 많이 활용해요. 기억하고 싶은 것들을 적어두면 머릿속에 더 확실히 박히거든요" 그녀는 스크립터들이 모든 것을 다 기억해야 할 필요는 없다는 사실을 잘 알고 있다. 그들은 중요한 화면은 자세한 것까지 신경 쓰고 나머지는 무시한다.

"뭐가 중요한지를 기억하려 해요." 그녀가 계속 말했다. "우리는 뭘 봐야 하는지 알아요. 어떻게 봐야 하는지도 알죠." 촬영장의 모든 사람은 화면을 살펴볼 때 자신이 맡은 부분에 신경을 쏟는다. 스크립터는 필름을 편집할 때 중심이 될 장면을 집중적으로 살핀다. "편집자가 어떤 장면의 어느 행동에서 자르는지는 대충 비슷해요. 앉거나 일어설 때, 몸을 돌릴 때, 방에 들어오거나 나갈 때……. 어떻게 편집될지 알면 무엇을 신경 써야 할지도 감이 잡히죠." 스크립터들도 때로는 뼈아픈 경험을 통해 중요한 교훈을 얻는다. "우리도 크게 실수할 때가 있어요. 그러면서 배우는 거죠. 못 알아챈 게 뭐든 간에 다음번에는 그걸 알아차릴 수 있도록 훈련이 되는 거예요."[22]

스크립터들도 변화 맹시에 영향을 받았다. 다만 일반인과 다른 점이 있다면 무언가 바뀐 사실을 알아보지 못하는 실수를 할 수 있지만, 이에 대해 직접 피드백을 받고 있다는 사실이다. 이들은 오류를 찾아내고 실수를 통해 배우는 경험을 함으로써, 주위에서 일어나는 모든 일을 인식할 수 있을 거라는 착각의 영향을 덜 받게 된다. "이 일을 하면서 배운 것 하나는, 제 기억이 정말 믿을 것이 못되고 놀라울 정도로 부정확하다는 사실이에요. 우리처럼 기억력이 중요한 작업을 하지 않는 사람들은 기억이란 게 어떻게 작용하는지 생각해볼 이유도 없었겠죠"라고 트루디는 말했다. 하지만 그녀는 다른 사람들도 비슷한 한계를 갖고 있다는 점을 알고 있었다. "영화를 볼 때 스토리에 너무 빠져들면 연속성 오류를 발견하기 어려워져요. 스토리나 등장인물에 몰입해 버리면 연속되는 장면에서 무엇이 틀렸는지 알아차리기가 쉽지 않거든요. 영화 속에 푹 빠진 사람은 큰 실수도 눈치 못 채고 지나가요. 그런 세세한 것을 보는 게 아니니까요. 많은 것들을 그냥 넘기게 되지요."

그렇다면 일반인들이 연속성의 오류를 찾아내는 경우는 어떤 상황일까? 사람들이 영화를 보면서 연속성 오류를 잡아낸다는 것은 그 영화에 더 큰 문제가 있다는 뜻일 수 있다. 즉 관객들이 영화에 집중하지 못하고 있다는 반증일 수 있다! 물론 어떤 이들은 단지 오류를 발견하기 위해 영화를 여러 번 보기도 한다. 그런 사람들은 분명히 오류를 몇 개쯤 발견할 수 있을 것이다. 모든 오류를 알아차리기는 불가능하기 때문에, 영화 속 연속성 오류에 대한 여러 책과 웹사이트들은 앞으로도 계속 나올 듯하다.

지금 당신은 누구와 이야기하고 있는가

우리의 고릴라 실험에 영감을 주었던 울릭 나이서 교수는 등장인물이 전화 받는 장면에서 다른 사람으로 바뀌는 변화 맹시에 관한 실험 영상을 본 다음, 이 모든 연구의 허점일지도 모르는 부분을 지적해 주었다. 모든 연구가 비디오를 대상으로 했다는 점이었다. 나이서 교수는 비디오를 보는 것이 본질적으로 수동적인 활동임을 지적했다. 어떤 상황을 비디오로 보여주는 것은 타인과 실제 대면할 때처럼 적극적인 참여는 아니다. 나이서 교수는 만약 편집 화면에서가 아니라 실제 만남 속에서 상대편 사람이 바뀌었다면, 변화 맹시가 일어나지 않을 수도 있다고 주장했다. 두 명의 댄은 나이서 교수가 맞을지도 모른다고 생각했다. 실제 상황에서는 그런 변화를 알아차릴 수도 있다. 그들은 나이서의 예상을 테스트해 보기 위한 실험을 계획했다.

당신이 대학 캠퍼스를 걷고 있다고 가정하자. 길을 잃은 듯한 한 남자가 지도를 들고 서있다. 그는 당신에게 다가와 도서관 가는 길을 묻는다. 당신은 지도를 보며 방향을 알려주고 있는데 갑자기 커다란 목재 문짝을 옮기는 사람들이 뒤에서 나타나더니 "미안합니다. 좀 지나갈게요" 하며 당신과 그 남자 사이로 지나간다. 당신은 그들이 지나가기를 기다렸다가 길을 마저 알려준다. 목재 문짝을 옮기는 사람들이 지나가는 동안 길을 가르쳐 주던 상대가 다른 사람으로 교체되었다는 사실을 당신은 알아차릴 수 있을까? 만약 두 사람의 옷이 다르고 키도 7센티미터 정도 차이 나고, 체격도 다르고, 목소리도 눈에 띄게 다르다면 분명히 알아차릴 수 있을 것이다. 당신은 가까이서 그와 대화 중이었고 바라볼 시간도 충분히 있었기 때문이다. 두 명의 댄과 나이서 교수의 예상이 바로 그러했다.

대학생들의 95퍼센트 이상도 알아차릴 수 있다고 대답했다.[23] 하지만 그들은 모두 틀렸다. 학생들뿐 아니라 여태까지의 실험과 연구에 대해 잘 알고 있는 학자들을 포함한 우리 모두가 기억력 착각에 속았다. 매우 부주의한 사람만 이런 변화를 알아보지 못할 거라고, 드문 일일 거라고 모두 확신했지만, 거의 50퍼센트가 넘는 사람들이 자신과 대화하던 사람이 바뀌었다는 사실을 눈치 채지 못했다![24]

몇 년 후 하버드에서 후속 실험을 하고 있던 어느 날, 같은 건물 지하에서 심리학과 학생들이 수업을 듣고 있었는데, 우연하게도 스테판 코슬린Stephen Kosslyn(크리스의 대학원 멘토이자 오랜 공동 연구자)교수가 다른 학부의 교수의 연구 사례로 '문짝' 연구에 대해 설명했다. 강의가 끝난 뒤 학생 몇 명이 이렇게 말했다. "그런 변화를 모른다는 건 말도 안 돼!" 그래서 우리는 그 학생들에게 8층에 와서 실험에 좀 참여해달라고 부탁했다. 학생들이 지원서를 작성한 후 카운터에 서서 기다리는 동안, 그들과 대화하고 있던 실험자가 서류를 정리하는 척하면서 접수대 밑으로 사라졌다가 다른 사람으로 바뀌어 올라왔다. 하지만 그 변화를 눈치 챈 학생은 아무도 없었다![25]

변화 맹시가 제대로 연구되기 시작한 것이 1990년대 이후였다는 점을 고려하면, 현재 이 개념은 놀랍도록 널리 알려져 있다. 이 현상은 컴퓨터 화면의 단순한 형체에서도, 풍경을 찍은 사진에서도, 실제로 대화 중에 있던 사람들에게서도 일어난다.[26] 사람들은 기억력 착각 때문에 변화를 상당히 잘 감지할 수 있다고 믿는다. 실제로는 엉망일 정도로 못 알아차리는데 말이다. 이러한 착각은 무척 강력해서 변화 맹시를 연구하는 사람들조차 종종 겪는다. 어떤 오류를 반복적으로 범한다는 사실을 데이터를 통해 확인한 뒤에야 나는 결국 기억에 대한 직관의 한계를 깨닫게 되었다. 영화 제작자들 역시 커다란 화면을 통해 자신의 실수가 드러나는 것을 보며 기억력 착각을 혹독하게 깨닫는다. 스크립터인 트루디 라미레즈는 이런 일을 몇 차례나 겪었다. "당신이 뭔가를 어떻게 기억하고, 당신이 봤다고 생각하는 것을 기억이 어떻게 형성하는지 당신은 확신하지만… 실제 그때로 다시 돌아가 본다면, 많은 부분이 기억과 다를 것입니다. '내 인생을 걸고 분명히 기억한다'고 장담했던 일이 있었지만, 나중에는 내가 틀렸다는 걸 깨달았지요."

변화 맹시에도 한계는 있다. 우리가 이전에 했던 사람 바꾸기 연구를 발표할 때, 남자에서 여자로 바뀐다면 알아볼 수 있지 않겠느냐는 질문을 여러 번 받았다. 등장인물이 바뀌는 실험에 관해 공개적으로 이야기를 나눴을 때도, 남자가 여자로 바뀌면 알아볼까 하는 질문을 많이 받았다. "물론 알아차릴 수 있을 것"이라고 생각했지만, 이런 확신 또한 다른 기억력 착각일 수 있다. 이를 알아보는 유일한 방법은 직접 실험해보는 것이다. 이후 나의 실험을 통해 남자가 여자로 바뀌거나 배우의 인종이 달라지는 경우, 사람들은 그 변화를 알아차렸다. 사람들은 자신과 같은 사회 집단에 속한 사람일 때 변화를 더 잘 알아보는 경향이 있었다.[27] 그러나 다른 변화에 대해서는 대부분 모르고 지나쳤다.

심지어 피실험자들은 사람이 바뀐 것을 실제 상황 속의 실험에서 알아차렸더라도, 실험자를 사진 중에서 골라보라고 하면 완벽하게 찾아내지 못했다. 변화를 알아차리지 못한 사람들은 거의 추측으로 맞추는 수준이었다.[28] 우리는 잠시 대화를 나누는 것뿐인 사람에 대해서는 매우 적은 정보만 저장하므로 변화도 알 수 없을 뿐 아니라 바로 몇 분전에 본 사람이라도 알아보지 못한다. 이런 경우 확실히 보유하는 정보는 성별, 인종, 사회집단(학생인지 직장인인지) 등 몇 가지에 불과하다. 그 사람에 대해 인식한 나머지 대부분의 정보는 기억에 전혀 남지 않는 것이다.

사람을 흉기로 찌른 범행을 한 공간에서 목격했지만 몇 분 뒤 서로 다르게 기억했던 레슬리 멜처와 타이스 팰머피의 사례로 돌아가 보자.

때로 사람이 순간적으로 완전히 다른 사람으로 바뀐 것도 알아채지 못한다는 점에서 보면, 레슬리와 타이스의 목격담이 서로 어긋나는 것도 놀라운 일이 아니다. 이들은 상대와 직접 마주보던 것도 아니고 길을 알려주고 있었던 것도 아니라 먼 거리에서 관찰했을 뿐이니 말이다.

남의 기억을 자기 것으로 만드는 사람들

약 10년 전 내(댄)가 주최한 파티에서 켄 노먼이라는 친구는 매사추세츠 캠브리지에 있는 한 레스토랑에서 패트릭 스튜어트Patrick Stewart(《스타 트렉》에서 장 뤽 피카드 함장 역을 맡고 〈엑스맨〉에서 찰스 자비에 교수 역으로 출연한 배우)를 보았다며 재미있는 이야기를 들려주었다. 이야기가 나온 것은 크리스가 텔레비전 옆에 있던 작은 피카드 함장 조각상을 발견했을 때였다. "피카드 함장을 내게 팔면 안 돼?" 크리스가 물었고 나는 판매용이 아니라고 거절했다. 크리스는 5달러를 불렀고 곧바로 10달러를 제시했지만 나는 거절했다. 크리스는 마침내 50달러까지 불렀고(지금은 왜 그랬는지 모른다), 나는 끝까지 거절했다(왜 그렇게 거절했는지는 모르겠지만 어쨌든 피커드 조각상은 아직도 그 자리에 놓여 있다.)

바로 그때 켄이 레스토랑에서 봤다며 패트릭 스튜어트 이야기를 해주었다. 언뜻 엿듣기에 스튜어트는 홍보전문가나 에이전트인 듯한 매력적인 젊은 여자와 함께 식사 중이었다. 그가 디저트로 시킨 것은 흔하지 않은 메뉴였기에 또렷이 기억한다며 '베이크드 알래스카Baked Alaska'였다고 한다. 스튜어트가 식사를 마칠 때쯤 또 한 가지 특이한 일이 있었다. 주방 직원 두 명이 그의 테이블로 와서 사인을 부탁했고, 스튜어트는 흔쾌히 사인해주었다. 잠시 후, 지배인이 와서 〈스타 트렉〉 광팬인 직원들이 식당 규정에 어긋나는 행동을 했다며 사과했고, 스튜어트는 어깨를 살짝 으쓱하고는 동행인과 함께 자리를 떴다고 한다.

그런데 이 이야기에서 문제는 사실 이것이 켄의 경험이 아니라 크리스의 경험이었다는 사실이다. 켄은 이전에 크리스에게 들은 이야기를 자신의 기억 속에 포함시켰던 것이다. 실제로 켄은 그 기억이 정말 자신의 것이라고 생각했고 처음에 이야기해 준 사람이 크리스라는 사실도 완전히 잊었기 때문에, 크리스 앞에서도 자신이 실제로 피커드 선장을 "만났다"는 기억을 되살려 말했다. 크리스가 실수를 지적하자 그제야 켄은 그 경험이 자신의 것이 아니라는 사실을 깨달았다. 이 일화는 기억력 착각의 또 다른 면을 보여준다. 인간은 기억을 회상할 때, 다른 사람에게 일어났던 일을 마치 자신이 겪은 사건처럼 착각할 수 있다.

우리는 보고들은 것을 정확히 기억한다고 믿지만, 실제로 그 기억은 놀랄 만큼 불완전하다. 대개 우리가 재생하는 기억은 개략적일 뿐이고 나머지는 추론으로 채워지며 다른 영향에 좌우된다. 즉 기계로 녹음한 음악이라기보다 즉흥적인 반복 연주에 가깝다. 우리는 자신의 기억이 정확하다고 믿는 실수를 종종 저지르며, 일어난 일에 대한 정확한 기억과 나중에 덧붙여진 기억을 잘 구분하지 못한다. 이것이 켄의 사례를 설명해준다. 켄은 그 일을 선명하게 기억하긴 했지만 그 이야기를 자신의 것처럼 만들어버리는 실수를 저질렀다. 이런 유형의 왜곡은 '기억 출처의 오류failure of source memory'라는 용어로 알려져 있다. 켄은 그 기억의 원 출처를 잊어버렸다. 그 기억이 너무나 선명했기 때문에 출처를 잊어버리고 자신이 경험한 이야기라고 생각하게 된 것이다.

기억출처의 오류는 고의적이지 않은 여러 표절 사례의 원인이 된다. 강의하다 보면 종종 위키피디아Wikipedia나 다른 출처의 논문을 일부분 그대로 복사하는 학생 등 의도적인 표절(혹은 올바른 연구 수행 방법에 대해 모르는 경우도 있다)을 종종 본다. 반면 비의도적 표절은 사람들이 다른 누군가에게서 얻은 아이디어를 자기 아이디어라고 확신할 때 발생한다. 영성에 관한 책을 출간해 큰 성공을 거둔 닐 도널드 월쉬Neale Donald Walsch가 최근 영성 사이트나 블로그에 10년 전부터 널리 알려져 있던 캔디 찬드Candy Chand의 이야기를 표절했다는 혐의를 받았다.29 겨울 축제의 리허설에서 플래카드로 "크리스마스의 사랑Christmas Love"이라는 문구를 만들기로 한 학생들에 관한 이야기였다. 한 학생이 실수로 m을 거꾸로 드는 바람에 "그리스도는 사랑Christ was Love"이라는 문구가 되었다. 월쉬는 2008년 12월에 빌리프넷닷컴Beliefnet.com이라는 사이트에 마치 자기 아들 니콜라스에게 일어났던 일인 것처럼 이 이야기를 올렸다. 하지만 그것은 동명이인인 찬드의 아들에게 일어난 일이었다. 월쉬의 아들이 태어나기 20년도 전에 말이다. 월쉬가 타인의 이야기를 도용한 것은 명백한 사실이다. 하지만 고의적인 도용이었는지 단지 실수로 기억을 헷갈린 것인지가 문제였다. 월쉬는 '중대한 실수'라고 인정하면서 이렇게 말했다.

"너무 놀랍고 당황스럽습니다. 10년 전이나 그보다 오래 전에 누군가가 내게 인터넷으로 보내줬던 것 같습니다…. 매우 재미있는 이야기이고 메시지도 기억할 만해서 아마 '나누고 싶은 이야기' 파일에 담아뒀을 것입니다. 수 년 동안 그 이야기를 여러 번 말로 전하다 보니 외워 버렸고… 그러다가 어느 순간 나의 경험으로 내면화되었습니다."

이 사례에는 기억출처의 오류가 지니는 특징이 모두 담겨 있다. 월쉬는 그 이야기를 여러 번 읽고 이야기하다가 거의 외울 정도가 되었다. 이야기에 등장하는 아이가 그의 아들과 이름이 같다는 점도 그가 이 기억이 자기 것이라 믿게 되는 데 한몫했다. 우리 친구 켄 노먼이 크리스의 이야기를 자기 기억으로 믿게 된 것도 아마 그가 같은 식당에서 식사했던 적이 있었기 때문이었으리라. 월쉬는 그 이야기를 파일에 넣어 두고 자신이 작성한 것처럼 믿게 되었다. 〈뉴욕타임스〉와의 인터뷰에서 그는 "내 마음이 나를 이렇게 속일 수 있었다는 것이 억울하기도 하고 놀랍기도 하다"고 말했다. 하지만 찬드는 고의적 표절이었다고 생각한다. "잘못이란 걸 알았다면 걸리기 전에 인정했을 것이다. 솔직히 돈은 안 냈다고 말이다." 찬드의 분노와 월쉬의 당혹감은 둘 다 기억력 착각에서 비롯되었다. 월쉬는 다른 사람의 이야기를 어떻게 자신의 기억이라 믿게 되었는지 이해하지 못하고, 찬드도 그가 그렇게 순진하게 믿게 됐다고는 생각하지 않는다. 사람의 기억을 실제보다 신뢰할 만한 것으로 둘 다 오해하고 있다.

맞고 있는 마이클 콕스를 케니 콘리가 못 봤다고 말했을 때 그가 무주의 맹시를 겪었다고 확실히 말할 수 없었듯, 월쉬의 표절이 고의적인지 우연인지는 확실히 단정할 수 없다. 다만 월쉬가 타인의 기억을 내면화하고 출처를 착각할 가능성이 있다는 말은 할 수 있다. 그런 식의 기억출처의 오류는 연구 결과에도 흔히 나타난다. 어느 기발한 연구에서 심리학자인 킴벌리 웨이드Kimberly Wade, 매리언 게리Maryanne Garry, 돈 리드Don Read, 그리고 스티븐 린제이Stephen Lindsay는 피실험자가 열기구를 타며 아이처럼 좋아하는 모습이 담긴 가짜 사진을 보여주었다.[30] 몇 번의 면접을 통해 그들은 매번 그 사진과 관련된 일을 떠올리도록 요청받았고, 떠올리기 어렵다면 그 일을 직접 겪었다고 상상해보라는 말을 들었다. 열기구를 타 본 피실험자는 한 명도 없었지만 그 사진을 보여주고 뭔가를 떠올리는 시도를 하자, 일부는 그 사진에서 본 장면을 자신의 개인적인 이야기로 끼워 맞추는 모습을 보였다. 피실험자의 절반이 열기구 탑승에 대한 거짓 기억을 만들어냈고 그들 중 몇 명은 사진으로 보여준 장면 이상으로 기억을 꾸며냈다.

이미지를 편집해 거짓 기억을 쉽게 유도할 수 있다면 과거를 조작하고, 말 그대로 역사를 개조할 수도 있다. 다리오 사키Dario Sacchi, 프랑카 아놀리Franca Agnoli, 엘리자베스 로프터스Elizabeth Loftus는 1989년 베이징 천안문 광장에서 열을 지어 오고 있는 중국군 탱크 앞에 한 남자가 혼자 맞서는 유명한 사진을 조작하여 피실험자들에게 보여주었다.[31] 원본 사진에는 넓은 길 위에 시위자 단 한 명만 서 있지만, 연구팀은 길 양편에 많은 군중이 서 있는 모습으로 사진을 조작했다. 몇 분 뒤 천안문 사태에 관한 역사적 사실을 묻는 퀴즈를 냈을 때, 조작된 사진을 본 사람들은 시위에 훨씬 많은 사람들이 참여했다고 믿고 있었다.

생사를 결정하는
문제에 대한 망각

기억의 왜곡은 사무실에 책이 있었는지 없었는지, 특정 단어가 암기 목록에 있었는지 없었는지 같은 사소한 문제에 국한되지 않는다. 우리가 직접 내린 생과 사에 관한 결정에서도 기억은 왜곡될 수 있다. 호주 심리학자인 스테파니 셔먼Stefanie Sharman과 동료들이 수행한 실험을 보면 시트콤 〈사인펠드Sienfeld〉의 한 에피소드가 떠오른다. 크레이머가 일레인에게 자신이 앞으로 어떤 상황에 처할 경우 연명치료를 받아 생명을 계속 유지할지 결정해 두는 긴 목록을 변호사와 함께 작성하는 일을 도와달라고 부탁하는 내용이다(변호사: "좋아요. 그럼, 폐 하나로 호흡하고, 실명 상태에, 호스를 통해 음식을 섭취한다." 크레이머: "윽, 그건 내 스타일이 아닌데." 일레인: "지겹다아~"). 연구팀은 성인들을 대상으로 한 인터뷰에서 만약 심각한 상태에 빠진다면 생명유지를 위해 (현실적으로) 어느 정도까지 치료를 원하는지 질문했다.[32] 심폐소생술만 원하는지 아니면 필요한 경우 인공적으로 영양을 섭취받기를 원하는지? 일 년 후 피실험자들은 똑같은 질문을 받았다.

그 결과 23퍼센트의 피실험자들이 첫 번째와 두 번째 인터뷰 사이에 마음을 바꿨다. 처음에는 생명 연장 장치를 원한다고 했던 사람이 일 년 후에는 원하지 않는다고 한 것이다. 그 반대로 바꾸기도 했다. 사람들이 결정을 바꿀 수 있다는 사실은 놀랍지 않다. 그 사이 친구나 가족, 의사와 상담했을 수도 있고 존엄사 문제에 관한 새로운 기사를 봤을지도 모른다. 놀라운 것은 마음을 바꾼 사람들 중 75퍼센트가 이전에 자신이 어떤 결정을 내렸는지 모르고 있었다는 사실이다! 그들은 두 번째 인터뷰에서 내린 결정이 첫 번째 인터뷰에서 내렸던 결정과 같다고 생각하고 있었다. 첫 번째 결정에 대한 그들의 기억이 현재의 믿음에 일치되도록 다시 쓰인 것이다.

정확한 증거가 없는 한 우리는 기억, 믿음, 행동이 시간이 흘러도 안정적으로 상호조화를 이룰 것이라고 자신의 기억력을 착각한다. 케네디 대통령이 암살당해 전국이 슬픔에 잠겨있던 때 행해진 한 여론조사에서 국민의 2/3가 3년 전 대선에서 케네디를 찍었다고 주장했다. 1960년 대선은 50대 50의 대접전이었으므로, 응답자 중 일부는 암살당한 대통령에 대한 추모의 감정에 자신의 기억을 일치시켜 누구를 찍었는지 착각하게 된 것이 분명하다.[33]

우리는 불일치에 대해 주의할 일이 생기지 않는 한, 이 세상의 모든 것이 변하지 않고 안정적이라고 생각한다. 하지만 우리의 믿음이 변하면 기억까지 함께 바뀐다. 몇 년 전 작성해둔 '사망선택유언'(본인이 위독할 시 연명치료를 거부하고 존엄사할 뜻을 밝힌 문서-옮긴이)이 현재의 생각과 다를 수도 있지만, 그 내용을 제대로 기억하지 못하고 현재 자신의 바람을 표현하고 있으리라 오해할 수 있다. 당신이 위독한 상태에 빠져 의사소통이 불가능하게 되었을 때 의사들은 그 문서에 따라 당신의 의지에 반대되는 조치를 취할지도 모른다.

**9월 11일,
당신은 어디에 있었나?**

2001년 9.11 테러 소식을 처음 들었을 때 당신은 어디에 있었나? 미국인이라면 9.11을 어떻게 알게 되었는지, 그때 어디에 누구와 있었는지, 소식을 듣기 바로 전 무엇을 하고 있었는지, 들은 후에는 무엇을 했는지 생생하게 기억할 것이다. 크리스는 그날 국제 무역 센터에 첫 번째 여객기가 충돌한 후, 아침 늦게 일어났다고 기억한다. 그는 라디오 방송을 듣다가 정오에 텔레비전을 켰다. 이스라엘 동료로부터 범인이 누구인지 이미 확실하다는 연락을 받았고 브루클린에 사는 친구가 자기 집 옥상에서 생생하게 그 사건을 지켜봤다는 최신 정보를 이메일로 보냈다. 하버드에 있는 사무실 책임자인 윌리엄 제임스 홀에게서 대피하라고 권고하는 이메일도 받았다.

댄은 당시 대학원생 스티븐 미트로프가 첫 번째 충돌을 얘기하러 왔을 때 자기 사무실에서 일하고 있었다고 기억한다. 이후 몇 분 동안 온라인으로 정보를 검색했고 두 번째 여객기가 부딪쳤을 때 연구실에서 텔레비전을 켜고 연구원 세 명과 함께 빌딩이 무너지는 장면을 지켜봤다. 그러고 나서 몇 분 동안 극도로 흥분하여 동생 데이비드의 여자 친구에게 전화로 연락하려 했다. 데이비드가 그날 아침 뉴욕에서 보스턴으로 돌아가고 있었기 때문이다. 공격이 일어났을 때 데이비드는 라구아디아LaGuardia 공항 비행기 안에서 이륙을 기다리며 앉아 있었다. 댄은 자기가 있는 15층 빌딩도 표적이 될지 모른다며 걱정했다고 기억한다. 정오가 되기 전에 보스턴 시내로 가서 부인을 데리고 귀가해 하루 종일 텔레비전 뉴스를 지켜보았다.

반면 전날인 9월 10일에는 누구와 무엇을 했는지, 우리 둘은 전혀 기억하지 못한다. 당신도 마찬가지일 것이다. 9월 11일의 기억은 그 무렵 평범한 사건들보다 훨씬 생생하고 자세하게 기억되며 감정을 자극한다. 개인적으로나 국가적으로 중요하고 극적인 사건은 늘 훨씬 자세하게 기억된다. 의미심장한 사건들은 비디오로 사건들을 다시 되돌려보듯 정신에 각인되어 시간이 지나도 완벽하게 보존되는 듯하다. 이런 직관은 강력하며 광범위하다. 그러나 과연 그 기억이 진실일까?

1899년 프레더릭 컬그로브Frederick Colgrove는 클락Clark 대학 박사과정으로 '주요 사건에 대한 상세 기억'을 체계적으로 처음 연구한 사람이다. 컬그로브는 179명의 중·노년에게 아브라함 링컨의 암살 소식을 들었을 때 어디 있었는지 질문했다.[34] 30년도 넘은 사건에 대한 기억을 되살리도록 요청했는데도 70퍼센트가 그 소식을 어떻게 들었는지, 어디에 있었는지 기억해냈다. 게다가 몇 명은 이례적으로 대단히 자세하게 기억했다.

80년이 흐른 뒤 사회심리학자 로저 브라운과 제임스 컬릭은 충격적이거나 중요한 사건에 대한 선명하고 상세한 기억의 특성을 기술하기 위해 '섬광기억flashbulb memories'이라는 표현을 만들었다.[35] 사진 촬영과 비슷하게 들리는 이 용어에는 충격적이고 감정적으로 중요한 사건을 둘러싼 상세한 일들은 사건이 발생되는 순간 기억에 각인된다는 생각이 반영되어 있다. 오랫동안 기억할 만한 사건은 어떤 장면이 필름에 찍히듯 뇌에 각인된다. 브라운과 컬릭에 따르면 섬광기억은 '플래시가 터질 때 현장에 있는 것은 무엇이든 가리지 않고 보존하는 사진'과 매우 흡사하다.

브라운과 컬릭은 연구에서 미국인 80명(흑인 40명, 백인 40명)을 대상으로 다양한 사건들, 특히 1960~1970년대 미국에서 일어난 암살이나 암살 기도와 관련된 사건들을 조사했다. 컬그로브의 실험과 거의 동일하게 브라운과 컬릭의 실험대상자들도 한 명을 제외하고는 모두 케네디 암살에 대한 섬광기억을 갖고 있었다. 대다수가 바비 케네디Bobby Kennedy와 마틴 루터 킹Martin Luther King 암살에 대한 섬광기억이 있었고, 많은 이들이 다른 비슷한 사건에 대해서 섬광기억이 있었다.

연구 논문에서 컬그로브, 브라운과 컬릭은 실험 대상자들이 정치 암살을 감정적이고도 상세하게 회상할 때, 생생하게 기억났다며 자신들의 예를 언급했다. 우리에게는 모두 그런 섬광경험이 있으며 그런 기억을 쉽고 정확하게 찾아낼 수 있다. 섬광기억에 관해 이야기하거나 질문하면 대화가 몇 시간이고 이어질 수 있다. 다음번 지루한 저녁식사 시간에 시도해보라. 이런 특별한 기억의 경험이 많을수록 우리는 그 기억이 정확하다고 굳게 믿는다. 역설적이게도 섬광기억에 관한 첫 조사에서 얻은 결론은 완전히 기억의 착각에 바탕을 둔 것이었다. 피실험자의 기억이 무척 생생하고 자세해서 연구자들은 그 기억이 정확하다고 추정한 것이다.

이 책을 쓰려고 댄은 9.11 테러 당시 자신의 기억을 적은 뒤, 함께 있던 옛 제자들에게 서로의 기억을 비교해 볼 수 있게 당시의 기억을 보내달라고 이메일로 요청했다. 듀크대 교수로 있는 스티븐 미트로프가 제일 먼저 답장을 보냈다.

"당시 비행기가 세계무역센터에 부딪쳤다는 여자친구의 메일을 받았습니다. CNN 사이트를 잠깐 본 뒤 교수님의 사무실로 갔습니다. 교수님은 마이클 실버맨Machael Silverman과 대화 중이셨습니다. 제가 테러 소식을 전했죠. 우리는 함께 제 사무실로 가서 스티브 프랜코너리Steve Franconeri의 컴퓨터로 사진을 봤습니다. 선생님은 아마 경비행기가 제대로 조종을 못해 부딪쳤으리라 추측하셨지요. 우리는 커다란 민간 비행기가 건물 바로 옆에 있는 사진을 보았지만, 선생님은 그 사진이 조작일 거라고 하셨습니다. 우리는 납치되었다고 보도된 비행기의 해당 항공사 사이트 등 여러 홈페이지를 방문해 뭔가 새로운 소식이 없는지 찾아보았습니다. 웹서핑을 더 하고난 뒤 교수님이 실험실에 있는 텔레비전을 연결하셨고 많은 사람들이 와서 뉴스를 시청했습니다. 우리가 건물 중 하나의 붕괴 장면을 생중계로 보았다고 생각하지만 확실하지는 않습니다. 우리는 분명히 중요한 사건 중 하나가 일어났을 때 지켜보고 있었습니다. 모두 도시에서 가장 높은 건물이 무너진 사실에 왠지 모를 불안을 느끼기 시작했고 점심시간 전에 자리를 떴습니다. 마이클과 저는 보스턴으로 걸어서 돌아갔습니다."

댄의 다른 두 대학원생은 둘 다 그날 아침에 연구실에서 멀리 떨어진 곳에 있었기에 댄과 함께 테러 소식을 접하지 않았다고 알려왔다. 반면 스티븐은 마이클 실버맨(당시 댄 사무실에서 일했고 현재 마운트 시나이Mount

Sinai 의과대학 교수)이 댄의 사무실에 있었다고 기억했지만 댄은 기억하지 못했다. 댄은 스티븐에게 했던 질문을 마이클에게도 이메일로 보냈다. 다음과 같은 답변이 돌아왔다.

"저는 선생님 사무실에 서서 무언가를 의논하고 있었습니다. 라디오가 켜져 있었습니다. 스티븐이 자기 사무실에서 소리치며 여객기가 막 세계무역센터로 날아들었다는 CNN의 보도를 알렸습니다. 저는 인터넷 뉴스를 읽으려고 그의 사무실로 갔지만 화면이 너무 늦게 뜨더군요. 저는 경비행기가 허드슨 항로를 정기적으로 다니기 때문에 그런 일이 일어날 수 있을 거라고 말했습니다. 화면이 뜨면서 거대한 여객기가 세계무역센터를 향해 날아가는 사진이 보였습니다. 저는 엽기 사진처럼 조작된 이미지일 거라고 말했습니다. 여전히 경비행기 추락이라고 확신했으니까요. 다음 정보는 라디오에서 들을 수 있었습니다. CNN 웹사이트는 너무 느려서 더 이상 정보를 얻지 못했습니다. 한 대가 아니라 두 대가 부딪쳤다는 말을 들었고, 저는 제 사무실로 가서 아내에게 전화를 걸었습니다. 아내도 제게 전화를 걸려 했었답니다. 그래서 통화가 되지 않았지요. 제 사무실에서 나올 때 누군가 실험실에서 텔레비전을 틀었습니다. 화면 속의 모습은 아비규환이었습니다. 건물 하나가 이미 무너졌고 다른 하나가 무너지는 모습을 지켜보았습니다. 두 번째 빌딩이 넘어지는 화면이 생방송이었는지 잘 모르겠습니다만, 아니었던 것 같습니다. 11시즈음 교수님이 그만 집에 가자고 말씀하셨습니다. 스티븐과 저는 그의 아파트까지 걸어갔고 그 후에 저는 집에 갔습니다."

이들 설명에는 흥미로운 유사점과 차이점이 있다. 우선 유사점은 모두가 스티븐 미트로프에게서 테러 소식을 들었고, 잠시 온라인으로 정보를 검색했으며, 그 후 댄이 실험실에서 텔레비전을 켜고 함께 건물이 무너지는 장면을 보았다는 점이다. 이제 차이점이다. 댄은 마이클 실버맨이 있었다는 사실을 기억하지 못했고 없던 두 대학원생들이 있었다고 잘못 기억했다. 세 명 모두 스티븐이 댄의 사무실에 갔다고 기억했지만 마이클은 스티븐이 자기 사무실에서 먼저 크게 소리 질렀다고 기억했다. 댄은 빌딩 옆의 여객기 화면에 대해 토론한 기억이 없지만 스티븐은 댄이 경비행기가 부딪힌 거고 대형 여객기 사진은 조작된 거라고 말했다고 기억했다. 하지만 마이클은 그 말을 자기가 했다고 기억한다.

세 명의 인지 심리학자는 9.11테러 당시 자신들이 겪은 일을 상세하게 기억했지만 그들의 기억은 여러 점에서 서로 어긋났다. 기억이 비디오 녹화처럼 작동한다면 9월 11일의 기억은 일치할 것이다. 사실 어떤 기억이 가장 정확한지 입증할 방법은 없다. 서로 일관된 두 개의 기억이 다른 기억들과 맞지 않는 또 하나의 기억보다 정확하리라 추정할 수 있을 뿐이다. 이처럼 잘못 기억하는 경우는 대부분 실제로 어떤 일이 벌어졌는지 밝혀낼 수 있는 근거 자료가 없다.

닐 리드와 바비 나이트의 대립 같은 경우에는 어떤 일이 실제로 일어났는지 기록된 증거가 남아 있어 사람들의 기억과 비교하는 일이 가능하다. 부시 대통령도 9월 11일 아침 테러 공격을 처음 알았을 당시의 기억이 이와 비슷하게 왜곡되는 경험을 했다. 부시가 플로리다의 한 초등학교 교실에서 '귀염둥이 염소' 이야기를 읽어주던 때 육군 참모 총장 앤드류 카드Andrew Card가 들어와 귀에 속삭이던 비디오 영상을 기억할 것이다. 이때 부시가 놀라서 어리벙벙해 하는 모습은 만화나 신문방송 해설자들에게 놀림감이 되었다. 영상에 잡힌 그 순간은 여객기가 두 번째 건물에 부딪쳤다는 소식을 듣는 장면, 즉 미국이 적의 공격 하에 있다는 사실을 알게 된 순간이었다. 그는 교실에 들어오기 전에 첫 번째 여객기에 대한 소식을 들었으나, 많은 매체들처럼 그 역시 경비행기가 갑자기 건물 쪽으로 방향을 틀어 일어난 충돌이라고 생각했던 것이다.

적어도 두 번의 행사에서, 부시는 교실로 들어가기 전에 텔레비전으로 첫 번째 여객기가 건물에 부딪치는 모습을 보았다고 공식적으로 언급했다. 일례로 2001년 12월 4일 어린 소년의 질문에 대답할 때 이렇게 회상했다. "교실에 들어가길 기다리며 밖에 앉아 있었는데 여객기가 빌딩에 부딪치는 모습을 보았단다. 텔레비전이 켜져 있었거든. 그래서 혼잣말로 이렇게 말했지. '형편없는 조종사군.' 그리고 또 이렇게 말했어. '끔찍한 사고야.'" 그러나 공격이 있던 날 방송된 비디오 영상은 두 번째 여객기뿐이었다. 첫 번째 여객기 충돌 장면은 오랜 시간이 지나고 나서야 구할 수 있었다.[36] 부시 대통령의 기억은 그럴듯하지만 사실이 아니다. 부시는 앤드류 카드가 두 번째 여객기 충돌 후 교실에 들어와서 미국이 적의 공격 하에 있다고 말한 사실을 정확히 기억했지만, 첫 번째 공격을 들었을 때의 상황이 섞여 잘못된 기억이 되었다.

부시의 잘못된 기억에 꼭 악의가 있었다고는 할 수 없다. 기억 속에서 가끔 한 사건이 다른 하나로 이동한다든지, 시간이 이쪽에서 저쪽으로 이동하기도 한다. 그러나 기억력 착각에 빠진 음모 이론가들은 부시가 잘못 기억한 게 아니라 은연중에 숨은 진실을 드러내는 실수를 저질렀다고 판단했다. 그가 텔레비전으로 여객기 충돌을 보았다고 말했으므로 그 장면을 틀림없이 봤을 것이다. 그리고 만약 그가 보았다면 누군가 비밀 장면을 촬영한 사람이 미리 어디에 카메라를 설치해야 할지 알았을 테고, 따라서 부시는 테러 전에 이미 충돌이 일어나리라는 것을 알고 있었다는 주장이다. 어떤 사람들은 첫 번째와 두 번째 여객기 충돌에 대한 기억을 부시가 착각해서 단순히 혼동했을 거라는 좀더 그럴 듯한(하지만 덜 직관적인) 설명은 도외시한 채 정부가 고의로 공격을 허용했다느니, 어쩌면 계획했을 거라느니 하는 결론을 내렸다.[37]

섬광 기억에 관한 브라운과 컬릭의 논문을 토대로 한 실험들은 종종 끔찍한 사건이 일어난 직후에 사람들의 기억을 입수한 뒤, 한 달이나 일 년 후에 같은 사람들을 다시 시험해서 이러한 기억들의 정확도를 알아보려 노력했다. 이러한 연구에서 섬광기억은 더 많거나 상세하긴 해도 보통의 기억처럼 왜곡을 일으킨다는 사실을 일관되게 발견했다. 1986년 1월 28일 아침, 우주 왕복선 챌린저호가 발사 후 얼마 지나지 않아 폭발했다. 바로 다음날 아침 나이서와 니콜 하쉬Nicole Harsch는 에모리 대학생들에게 어떻게 왕복선 폭발에 관한 이야기를 들었는지 쓰게 하고 이 재난에 관한 상세한 질문에 대답하게 했다. 몇 시에 소식을 들었는지, 무엇을 하고 있었는지, 누가 소식을 전해 주었는지, 다른 누군가가 있었는지, 어떻게 느꼈는지 기타 등등.[38] 사건이 일어난 후 최대한 빨리 작성된 이와 같은 보고서는 목을 조르는 사고의 진실을 담은 바비 나이트와 닐 리드의 녹화 비디오처럼 실제로 일어난 일에 관한 최고의 기록을 제공했다.

2년 반이 지난 후 나이서와 하쉬는 같은 학생들에게 챌린저호 폭발에 대해 동일한 설문지를 작성해달라고 부탁했다. 시간이 흐르면서 학생들은 폭발 소식을 알게 된 경위에 대해 실제 일어나지 않았지만 그럴듯하게 맞아 떨어지는 사실들을 집어넣었고 이로 인해 학생들의 기억은 극적으로 바뀌었다. 실험에 참가한 한 학생은 수업이 끝나고 기숙사로 돌아간 뒤 홀에서 소란한 소리를 들었다고 했다. X라는 학생에게서 폭발 소식을 들었고 화면을 보기 위해 텔레비전을 틀었다. 아침 11시 30분이라고 기억되는 시각에 기숙사라는 장소에서 자신의 방으로 돌아갔고 아무도 없었다고 회상했다. 그러나 사건 당일 아침에 조사할 때는, Y라는 이름을 가진 스위스에서 온 지인에게서 폭발 소식을 듣고 텔레비전을 켰다고 대답했었다. 시간은 오후 1시 10분경이었고, 차 시동을 거는 것조차 걱정됐으며 친구 Z가 옆에 있었다고 했다. 즉 사건이 일어나고 몇 년이 흐른 뒤 피실험자 중 일부는 그 소식을 다른 사람에게서, 다른 시간에, 다른 사람들과 함께 들었다고 기억했다.

이러한 오류에도 불구하고 대상자들은 자신들의 기억이 너무 생생하기 때문에 사건 발생 후 몇 년이 지나도 기억이 정확하다고 굳게 확신했다. 기억의 착각이 또다시 작동한 것이다. 대상자들이 두 번째로 설문지를 작성한 후 최종 인터뷰를 진행하는 동안 나이서와 하쉬는 대상자들에게 챌린저호 폭발 다음 날 설문지에 자신들이 직접 쓴 답변을 보여주었다. 많은 사람들이 최초 설문지와 자신의 기억이 일치하지 않는다는 사실에 충격을 받았다. 제일 처음에 작성한 설문지를 확인한 피실험자들은 자신의 기억이 잘못되었다고 깨닫기보다는 현재의 '기억'을 집요하게 믿었다.

그렇게 풍부하고 자세하게 기억하는 내용이 상당히 틀린 경우가 많지만, 사람들은 여전히 옳다고 느낀다. 닐 리드는 실제 무슨 일이 일어났는지 비디오를 보고 나서도 바비 나이트가 자신의 목을 졸랐다고 주장했다. "적어도 사람들이 우리 둘 사이에 끼어들려고 달려온 건 분명합니다"[39] 사건이 일어나지 않았다는 증거가 기록되어 있는데도 우리의 기억은 바뀌지 않을 만큼, 기억에 대한 믿음은 힘이 세다.

사실이라고 하기에는 너무 근사한 기억

우리가 이 책을 쓰던 도중 추수감사절이 돌아왔을 때 2차 세계대전 당시 육군으로 복무하셨던 크리스의 아버지가 유명한 사건들에 대한 기억들을 이야기해주었다. 1939년 독일의 폴란드 침공(당시 하계캠프에 계셨다고 한다) 소식과 1941년 일본의 진주만 공습(친구와 라디오로 축구 중계를 듣던 중이었는데 방송이 중단되면서 뉴스 속보가 나왔다고 한다)소식을 어떻게 알게 되었는지 이야기했다. 크리스는 아버지에게 9.11을 기억하냐고 물었다. 아버지는 그날 아침 뉴스를 듣기 전에 코네티컷에서 뉴욕으로 가려고 집을 나섰다고 말했다. 뉴헤이븐New Haven에서 기차를 갈아타야 했지만 여객기 충돌 뉴스와 뉴욕으로 기차 진입이 허용되지 않는다는 방송을 듣고는 집으로 되돌아왔다. 택시 기사와 합의하여 미터기 요금 대신 정액요금을 주는 조건으로 택시를 타고 왔다고 했다. 택시

라디오에서는 청취자 전화참여 쇼가 진행되고 있었지만 아침 뉴스에 대한 전화는 없었다. 택시 기사는 머리에 터번 같은 것을 두르고 있는 것으로 보아 아랍인 같았다고 했다.⁴⁰

9월 11일 아침에 탄 택시 기사가 원래 가려던 목적지를 공격한 테러리스트와 동일한 민족, 혹은 종교인이라는 사실은 커다란 우연이다. 흔히 우리는 모호하거나 일반적인 기억보다는 세세한 사항이 나머지 부분과 연관성이 있을 때 그 기억을 더 신뢰한다. 만약 크리스가 지적하지 않았다면 켄 노먼은 피커드 함장 이야기를 자신의 경험으로 영원히 간직했을 것이다. '베이크드 알래스카'라는 흔치 않은 디저트, 사인을 받으려던 요리사들, 당황하던 지배인 같은 세세한 내용 때문에 더더욱 자기 경험이란 오해를 굳혔던 것이다. 그러나 앞에서 보았듯 이렇게 깜빡 넘어갈 정도로 생생한 세부 내용들은 기억이 형성되고 난 뒤에 왜곡되고 재구성되는 과정에서 생겨난 흔적일 수 있다. 그렇다면 크리스 아버지의 택시 기사에 관한 설명은 정확할까? 그럴 수 있다. 아랍인 택시 기사에 대한 크리스 아버지의 기억이 엉터리로 조작된 것은 아닐까? 충분히 가능하다. 크리스의 아버지가 9.11테러 때 무심코 택시를 타고 집에 갔던 기억과 뉴욕에서는 흔한, 아랍인 기사가 모는 택시를 탔던 두 개의 서로 다른 기억이 섞였을 수 있다. 공교롭게도 결정적인 부분의 조작은 이야기를 더욱 신빙성 있게 만든다. 우리의 기억체계는 바로 이러한 시도를 우리도 모르게 늘 하고 있다.

사람이 칼에 찔린 사건을 목격하고 911 상담원과 통화를 기다리던 레슬리와 타이스 부부 이야기를 다시 짚어보자. 사건이 일어난 지 1분도 채 되지 않았는데, 그들은 목격자에 대한 기억이 서로 다르다는 걸 깨달았다. 사건이 일어난 뒤 크리스와 인터뷰하기까지 6년 동안 몇 번이나 이 사건에 대해 얘기했지만, 둘의 기억은 서로 더 빗나가기만 할 뿐이었다. 레슬리는 범죄 현장에 주의를 끌기 위해 경적을 울렸다고 얘기했지만, 이를 듣던 타이스는 "정말?"이라고 반문했다. 레슬리는 사건이 벌어진 보도에서 몇 차선 떨어져 있었다고 기억했지만 타이스는 현장과는 주차된 차량들 한 줄만 사이에 있었다고 회상했다. 레슬리는 어둡고 입구가 막힌 건물 앞에서 폭행이 일어났다고 말했고, 타이스는 '정면에 네온사인이 있는 편의점이나 치킨 판매점' 앞이었다고 기억했다. 레슬리는 범인이 피해자보다 컸다고 했고, 타이스는 그 반대라고 했다. 레슬리는 911에서 전화를 받기까지 30초가 걸렸고 3~4분 정도 이야기를 나누었다고 생각했지만, 타이스는 5분을 기다리다 1분 정도 대화를 나누었다고 기억했다. 그리고 레슬리는 타이스가 운전하는 동안 자신이 조수석에서 전화를 걸었다고 한 반면, 타이스는 레슬리가 운전하는 동안 자신이 911에 전화를 걸었다고 기억했다. 이는 우리의 기억 체계가 자신을 사건의 중심에 갖다 놓으려 한다는 사실을 보여준다.[41]

마지막으로 2001년 9월 11일에 당신이 테러를 어떻게 알게 되었는지 기억을 돌이켜 보라. 이제 기억의 착각에 대해 알았으니 자신의 회상이 정확한지 의심해야 한다는 사실을 알 것이다. 그러나 당신이 자신의 기억이 옳다는 확실한 느낌을 극복하기 어려워하듯, 대부분 사람들도 마찬가지다. 최근 섬광기억 연구에서 심리학자 제니퍼 탈라리코

Jennifer Talarico와 데이비드 루빈David Rubin은 사람들을 대상으로 9.11 테러를 어떻게 듣게 되었는지 조사했다.⁴² 섬광기억에 대한 이전의 다른 연구들과는 달리 이 연구에서는 섬광기억 사건과 같은 시기의 다른 사건을 얼마나 잘 기억하는지 서로 비교했다. 9.11 테러에 대한 감정이 채 가라앉지 않았던 2001년 9월 12일에 탈라리코와 루빈은 듀크 대학생들을 연구소로 불러 9.11 테러를 어떻게 처음으로 들었는지 자세한 설문지를 작성하도록 했다. 또 학생들에게 테러가 있기 며칠 전의 기간에 일어난, 생생하게 기억나는 개인적인 일도 회상하게 했다. 그리고 1주, 6주, 32주 후에 실험 대상자에게 각 사건을 다시 회상해달라고 요청했다. 조사 결과, 9.11이든 일상적인 사건이든 모든 기억은 시간이 지날수록 부정확해져갔다. 원래의 회상과 나중에 한 회상 사이의 기간이 길수록 기억의 일관성이 떨어졌고 잘못된 세부 내용들이 늘어났다.

탈라리코와 루빈은 재치 있는 실험을 하나 더 진행했다. 둘은 학생들에게 자기 기억이 얼마나 정확하다고 생각하는지 등급을 매기도록 했다. 학생들은 일상적인 기억에 대해서는 그 정확성을 제대로 느끼고 있었다. 기억이 나빠질수록 기억에 대한 자신감도 떨어졌다. 매일 일어나는 일일 때는 기억력 착각을 겪지 않는다는 뜻이다. 임의의 사실들에 대한 기억이 틀릴 수 있듯이 경험과 관련된 세부 내용들을 잊는다는 걸 알고 있었다. 그리고 세부 내용을 잘 기억해낼 수 없을 때는 기억을 덜 신뢰했다.

그렇지만 섬광기억에 대해서는 전혀 다른 양상을 보였다. 피실험자들은 시간이 지날수록 기억이 점점 희미해졌지만 계속 자신의 기억이 정확하다고 굳게 믿었다. 섬광기억에서는 기억력 착각(실제 기억의 정확도와 본인이 생각하는 정확도의 차이)이 가장 크게 작동한다. 앞서 섬광기억에 대해 말할 때 기억은 뇌에서 "지금 인쇄하라"는 특별한 명령으로 활성화되어 생성된다고 말했다. 그러나 탈라리코와 루빈의 조사결과에 비춰보면 "지금 믿어라"고 뇌가 명령할 때 작동한다고 생각하는 편이 나을 듯하다.

기억을 항상 신뢰할 수 있을까?

기억의 왜곡과 윤색은 사소한 일일 때가 많지만, 기억력 착각 때문에 엄청난 결과를 초래하기도 한다. 기억력 착각을 겪는 사람들은 순수하게 잘못 기억하는 사람들의 의도와 동기에 의문을 제기한다. 이 착각의 위력은 2008년 대통령 선거 운동 당시 주요 사건에서 드러났다. 민주당 후보 지명을 위해 버락 오바마에 맞서 출마한 힐러리 클린턴은 자신이 국제 문제에 더 폭넓은 경험이 있다고 거듭 강조했다. 조지 워싱턴 대학 강연에서 힐러리는 1996년 4월 보스니아 투즐라 시에 특별히 어려운 임무를 띠고 방문했던 일을 이렇게 회고했다. "저격수의 총격 속에서 공항에 착륙했던 일을 기억합니다. 공항에서 환영식을 하기로 예정되어 있었지만 그 대신 우리는 기지로 가는 차를 타기 위해 머리를 숙이고 달려야 했습니다." 힐러리에게는 불행하게도 〈워싱턴포스트〉는 그 이야기를 조사한 뒤 총격을 피해서 달려가는 사진 대신에 환영사를 막 낭독한 뒤 보스니아 아이에게 키스하는 영부인이 찍힌, 환영 행사로 보이는 당시 사진을 찾아 실었다. 보스니아 방문에 관한 당시의 백여 개의 뉴스 보도에서도 신변 안전이 위협받았다는 보도는 하나도 없었다. 여러 개의 뉴스 화면 역시 클린턴이 비행기에서 내려 활주로 위에 마련된 평온한 환영식장으로 한가로이 걸어가는 모습을 보여주었다.

〈워싱턴포스트〉 웹사이트의 이 사실 확인 기사 아래에는 이런 댓글들이 실렸다. "힐러리의 이야기는 다음 세 가지로밖에 설명할 수 없다. (1) 힐러리는 뻔뻔한 거짓말쟁이다. (2) 힐러리는 현실인식이 완전히 왜곡되어 있다. (3) 힐러리의 기억이 완전히 미쳐 있다." 정치 논평가 페기 누난Peggy Noonan은 〈월스트리트저널〉에 이렇게 썼다. "우리는 그 이야기가 거짓말이었기를 바라야 한다. 만일 거짓말이 아니라면, 그러니까 힐러리가 자기가 했던 말을 진실이라고 생각했다면 우리는 생각보다 훨씬 나쁜 곤경에 처하게 되기 때문이다. 겁에 질린 난민 여성이 박격포를 피해 미친 듯이 도망가는 가짜 동영상을 만드는 이야기의 영화 〈왝 더 독Wag the Dog〉을 보고 나서 이 영화가 정치 조작에 대한 교훈적인 이야기가 아니라 모범이 된다고 생각하는 것과도 같다." 잡지 〈뉴리퍼블릭New Republic〉의 표지에는 곤충의 눈을 한 힐러리가 '머리에서 들려오는 목소리'를 듣더니 보스니아에 같이 간 동료들을 보호하기 위해 자신을 기꺼이 희생하겠노라고 큰소리("그리고 나는 신밧드에게 말했다. '나를 두고 가라. 네 목숨을 살려'")치는 그림이 실렸다. 이러한 반응들은 다른 사람의 잘못된 기억, 특히 죽을 고비를 넘겼다는 식의 힐러리 이야기처럼 분명히 당사자에게 이익이 될 만한 기억에 대한 사람들의 전형적인 반응이다. 게다가 빌 클린턴은 후에 힐러리가 그 발언을 늦은 밤(부정확함)

에 했다고 주장하거나 그녀가 60세였음(정확하지만 별 도움이 안 됨)을 지적하며 아내의 잘못된 기억을 변명하느라 바빴다.

힐러리가 가상의 저격수 이야기를 지어낸 이유를 납득할 만하게 설명하자면, 힐러리 역시 다른 사람들과 마찬가지로 자신도 모르게 무의식적으로 투즐라 시에 도착했던 상황을 평소 자기가 생각하던 이미지에 맞도록 재구성했다고 할 수 있다. 바비 나이트에게 야단맞았다는 닐 리드의 기억처럼 힐러리가 보스니아에 도착했던 기억도 자신에게 내면화되었던 개인적 이야기에 일치되도록 조직적으로 왜곡되었다. 닐 리드처럼, 챌린저호 폭발에 대해 섬광기억을 갖고 있던 학생들이 자신의 기억을 확신했던 것처럼, 힐러리도 자기 기억이 정확하다고 확신했을 것이다. 닐의 경우처럼 이번에도 비디오가 진실을 밝혔다. 힐러리 클린턴의 왜곡된 기억이 대중에게는 당선되기 위해 옳든 그르든 무슨 말이든 할 수 있다는 인상을 심어 주어 대선 후보지명에서 패배하는 한 원인이 되었다. 비디오 공개 이후에도 초기에는 잘못을 시인하려 하지 않았기 때문에 상황이 더욱 악화되었다.[43]

계산된 속임수와 우연한 왜곡을 구별하는 것이 가능할까? 기억력 착각은 모든 기억에 동일하게 적용되지는 않는다. 사람들은 섬광기억보다는 임의의 사실을 기억하는 능력에 대한 자신의 한계를 더 잘 알고 있으며, 다른 사람들에게도 임의의 사실에 대한 내용을 기억하리라 기대하지 않는다. 숫자를 기억하는 능력이 아무리 뛰어나다 해도 임의의 숫자 15개를 기억하기는 어렵다. 조사에 응한 응답자중 40퍼센트가 넘는 사람들이 임의 숫자 10개를 기억할 수 있다고 자신했지만 실제 시험결과 1퍼센트 미만의 사람들만 할 수 있었다.[44] 그러나 기억력 착각은 개인적인 정보나 경험의 기억에서 더욱 강력하게 작용한다. 기억력 착각은 기억을 통해 지난 경험을 얼마나 생생하게 떠올릴 수 있느냐에 가장 크게 좌우된다. 단순히 무엇을 경험하고 배웠는지보다는, 어떻게 경험하고 배웠는지 기억할 때의 정확도를 훨씬 더 신뢰하는 경향이 있다. 생생한 시각적 인식 때문에 실제보다 주의를 더 기울일 수 있다고 착각하듯이, 거침없이 생생히 떠오르는 기억 때문에 완벽하게 기억한다는 착각에 빠지게 된다. 아무 상관없는 숫자나 사실들을 회상할 때는 추억의 경험을 강하게 느끼지 않는다. 그러나 9.11 테러를 어떻게 알게 되었는지 회상하면 경험했던 추억이 강하게 떠오른다. 그래서 힐러리 클린턴과 닐 리드가 자신의 기억이 사실이라고 굳게 믿은 것이다. 그들은 일어났던 일에 대해 뚜렷하고 강하게 회상했으며 생생하게 느꼈기에 더욱 자신의 기억을 확신했다.[45]

기억의 생생함은 기억들이 감정적으로 어떻게 영향을 미치는지와 관련이 있다. 대부분의 사람들에게 숫자 목록은 두렵거나 슬픈 감정을 자아내지 않지만, 9.11사건은 공포나 슬픔을 불어넣는다. 이 감정들은 비록 실제로 얼마나 많이 기억하는지에는 영향이 없어도 어떻게 기억하는지에 영향을 미친다. 실험에서 대상자들에게 농장 풍경처럼 감정 중립적인 사진과 카메라를 향해 총부리를 들이대는 사진처럼 매우 자극적이고 부정적인 이미지를 보여주었다.[46] 시간이 지난 후 이전에 본 이미지들이 기억나는지 질문했을 때 중립적인 사진보다 자극적인 사진을 더 확실히 기억했다. 9.11에 경험했던 것 같은 감정적인 기억들은 정확성에 관계없이 강하고 생생한 기억력을 만든다. 감정적이며 생생한 내용들에 동반되는 기억을 조심하라. 그것들은 일상적인 기억만큼 틀릴 가능성이 높지만 이를 깨닫기는 어렵다.

유감스럽게도 사람들은 기억이 얼마나 생생하고 감정을 자극하는지를 척도로 정확도를 판단한다. 이러한 단서로 기억이 얼마나 확실한지 평가한다. 다른 사람의 기억의 정확성 또한 그가 얼마나 자신 있게 기억을 표현하는지에 따라 판단한다. 다음 장에서 보듯 자신 있게 회상한 기억들이 정확하다고 추정하는 경향이 또 하나의 인지 착각, 즉 자신감의 착각이다.

03
자신감 착각

똑똑한 체스 선수와 멍청한 범죄자의 공통점

대학원에 재학 중이던 어느 여름날, 크리스는 잠에서 깨어나면서 두통을 느꼈다. 전에도 자주 두통에 시달렸기 때문에 그리 특별한 일은 아니었다. 그러나 시간이 흐를수록 통증이 온몸으로 퍼지면서 기진맥진해졌다. 늘 하던 대로 침대에서 일어나 거실로 가 텔레비전을 켜려고 했지만 온몸이 다 쑤셔 쉽지 않았다. 샤워처럼 간단한 일을 하는데도 숨이 찼다. 증세로 보면 독감 같았지만 호흡기 관련 증상도 없었고 7월은 독감이 기승을 부리는 시기도 아니었다. 크리스는 며칠을 끙끙 앓고 나서 하버드 대학교 의무실을 찾아갔다. 그를 살펴본 간호사는 바이러스에 감염된 것 같으니 푹 쉬고 수분을 충분히 섭취하라고 말했다.

다음날인 일요일에도 증상은 여전해서 기운 없이 샤워를 했다. 힘을 아끼려고 천천히 움직이면서 샤워기 쪽으로 몸을 돌리는 순간, 다리 뒤쪽에 날카로운 통증을 느꼈다. 고개를 돌려 아래쪽을 바라보니 왼쪽 종아리 한가운데에 커다랗고 붉은 발진이 보였다. 모기 물린 자국보다 훨씬 컸다. 새로운 증상으로 무장하고 응급실에 찾아가 당당하게 그 발진을 보여주었다. 당직 의사는 크리스에게 최근 진드기한테 물린 적이 있는지 물었다. 크리스는 그때까지 케임브리지에 살면서 진드기를 본 적이 없었기에 아니라고 대답하려 했다. 그런데 2주 전쯤 뉴욕 근교 아몽크Armonk에 사시는 부모님을 방문하고 어머니의 채소밭에서 시간을 보냈던 것이 기억났다. 거기에는 진드기들이 많았다. 의사는 의학서적을 한 권 꺼내더니 라임병(진드기가 옮기는 세균에 의한 전염병)을 일으키는 보렐리아 부르그도페리Borrelia burgdorferi라는 진드기 기생 세균에 감염되면 생기는 특징적인 피부 발진 사진을 보여주었다. 사진 속 발진은 크리스

의 종아리에 난 것과 똑같았다.[1]

라임병이라는 진단이 일찍 나오지 않았다면 치료는 더욱 어려웠을 것이고 만성장애를 유발할 가능성도 있었다. 의사는 병에 대해 설명한 후 양해를 구하고 자리를 비웠다. 잠시 뒤 그녀는 급성 라임병 치료법을 찾아본 다른 책 한 권을 들고 자리로 돌아왔다. 의사는 21일 동안 독시사이클린doxycycline 항생제를 사용하는 처방전을 작성해 크리스에게 건네주었다.

크리스는 이 일로 기분이 약간 찜찜해졌다. 우선 진단 자체가 못 미더웠다. 그러나 더 꺼림칙한 것은 의사가 대놓고 서적을 참조한 것이다. 이전에는 그런 의사를 본 적이 없었는데 이 의사는 두 번이나 그랬다. 그녀는 자기가 하는 일이 뭔지 알고나 있었을까? 라임병이 흔한 미국 북동부 지역 병원 의사가 왜 라임병 진단과 치료에 익숙하지 않은 걸까? 크리스는 처방약을 지으려고 약국으로 갔지만 의사의 확신 없는 태도를 보고 느꼈던 불편한 기분은 가시지 않았다.

진찰하면서 일반 증상들과 권고 치료법을 찾아 책을 뒤적이는 의사를 만난다면 누구나 의심을 품을 것이다. 당연히 의심스러울 수 있다. 사람들은 자신감 있는 의사가 능력 있는 의사이며, 자신 없는 의사는 의료사고를 일으킬 가능성이 있는 의사로 여긴다. 자신감이야말로 업무 능력, 직업적인 기량, 기억의 정확성 또는 전문 지식을 보여주는 정확한 신호라고 생각한다. 그러나 환자를 진단하면서, 외교 정책에 관한 결정을 내리면서, 법정에서 증언하면서 사람들이 보여주는 자신감은 착각일 때가 너무나 많다.

모두 자신이
과소평가 받는다고 생각하는 곳

이러한 자신감 착각을 이해하기 위해 의외의 장소, 즉 해마다 세계에서 가장 큰 체스 토너먼트 대회인 월드 오픈World Open이 열리는 필라델피아 아담스 마크 호텔 연회장 이야기를 하려고 한다. 참가비만 내면 초보자부터 그랜드마스터에 이르기까지 누구나 경기에 참여할 수 있다. 2008년에는 1,400명 이상의 선수들이 300,000달러가 넘는 상금을 놓고 승부를 겨루었다. 대회 광경은 당신의 예상과는 좀 다르다. 일단 전혀 조용하지 않고 시끄럽다. 체스 말을 탁탁 놓는 소리, 선수들이 말을 움직이고 나서 시계 버튼을 딸깍이는 소리들로 가득하다. 경기장 밖은 더 시끄럽다. 선수들은 자기가 막 끝낸 경기나 곧 시작할 경기, 심지어는 현재 진행 중인 경기에 대해서 수다를 떤다. 규정상 다른 사람에게 조언을 구하거나 훈수를 두는 게 아니라면 경기에 대한 일반적인 대화는 가능하다. 선수들은 고등학교 시절 체스부 학생들처럼 샌님에다가 데이트 상대도 없던 사람들 같지 않다. 수염을 기르고 깊은 생각에 빠져 있는 늙은이만 모인 것도 아니다. 목욕도 하고 외모에도 신경 써야 할 사람들도 일부 있지만 대부분은 평범해 보이는 아이들과 부모들, 변호사, 의사, 기술자들이며 외국 여러 나라에서 온 프로 선수들도 있다. 다만 여자 선수들이 경기장에 거의 없다는 점은 기존의 고정관념과 부합한다. 대회에 참여하는 체스 선수들 중 여성은 5퍼센트 미만에 불과하다.

이 대회 선수들의 가장 특이한 점(사실 모든 체스 경기 선수가 마찬가지지만)은 자기 실력이 다른 선수들과 비교해서 어느 정도인지 잘 안다는 사실이다. 대부분의 일상적인 활동, 심지어 경쟁이 심한 분야에서 일하는 사람들이라도 이처럼 자신의 실력을 잘 알기는 어렵다. 다른 운전자들이나 부서 관리자들, 교사들, 부모들과 비교해서 자신이 얼마나 경쟁력이 있는지 알려주는 만능 순위측정 장치란 이 세상에 없다. 법조계나 의학계 같은 분야조차도 누가 최고인지 정할 수 있는 확실한 방법은 없다. 이렇게 능력을 측정하는 확실한 방법이 없기에 사람들은 자신의 능력을 부풀려서 생각하기 쉽다. 그러나 체스에는 다른 선수들과 비교해서 선수의 '강도strength(실력을 지칭하는 체스 용어)'를 엄정하고 정확한 숫자 정보로 보여주는 수학적이고 객관적인 공공 점수측정 시스템이 있다. 모든 선수는 경기에서 이기면 점수가 오르고, 지면 점수가 내려간다는 것을 안다. 무승부라도 자기보다 높은 점수 선수와의 경기에서는 점수가 올라가는 반면 낮은 선수와의 경기에서는 점수가 떨어진다. 점수는 대회 득점판 위의 선수 이름 옆에 공개적으로 표시되며 경기 시작 전 많은 선수들은 상대선수에게 "몇 점이세요?"라고 묻는다. 체스 선수들은 상대선수의 이름이나 얼굴보다 그들의 점수를 더 잘 기억할 만큼 점수는 매우 중요하다. "1,726점을 이겼어요" 또는 "1,455점한테 졌어요" 같은 말들은 대회장 밖 복도에서 흔히 들린다.

최소 20경기 이상 치른 27,562명의 선수들의 1998년 6월 미국체스협회 평균 점수는 1,337점이었다. 2,200점 이상인 선수들을 '마스터'라고 한다. 크리스는 대학시절 마스터 등급에 올랐다. 댄은 고등학교 때 거의 1,800점에 근접한 적도 있었지만 그 이후로는 경쟁적으로 경기한 적이 없다. 두 선수의 점수를 비교하면 한 선수가 다른 선수를 이길 확률을 알 수 있다. 정해진 점수는 여러 번의 경기를 거치면서 수정되는데 상대 선수보다 200점 이상 높은 선수가 점수를 얻을 확률은 약 75퍼센트다(승리는 1점, 무승부는 0.5점). 상대 선수보다 400점 이상 높은 선수는 거의 모든 경기에서 이길 것으로 예상된다.

고등학교 시절 수백 번의 대회 경기를 치렀고 평균 이상으로 잘했지만, 댄은 한번도 마스터 선수를 이겨본 적이 없었고 경기에서 크리스와 만난다면 사실상 이길 가능성이 전혀 없다. 마찬가지로 크리스도 전국 상위 2퍼센트 안에 올라본 적은 있지만 그랜드마스터를 이겨본 적은 딱 한 번뿐이었다. 마스터와 그랜드마스터, 이 두 등급 간 기량 차이는 매우 크다. 만약 당신이 점수가 비슷한 선수를 계속 이긴다면 당신 점수는 올라가고 상대 선수들의 점수는 내려갈 것이므로 나중에 점수를 봤을 때 그 선수들과의 경기에서는 당신의 우승이 예상된다. 대부분의 스포츠 경기에서 발표하는 순위들과는 달리, 점수가 확실히 기량을 보여주는 거의 완벽한 지표일 정도로 체스 점수측정 시스템은 매우 정확하다. 따라서 이런 시스템이 존재하고 각자 자기 점수를 잘 알고 있으므로, 선수들은 자기 실력을 정확히 알아야 한다. 그럼 실제로 그들은 자신의 기량에 대해 어떻게 생각하고 있을까?

당시 하버드 대학원생이었고 지금은 코넬대학교 경제학 교수인 댄 벤자민과 함께 필라델피아 월드 오픈 대회와 뉴저지에서 열리는 '미국 아마추어 팀 선수권대회'에서 우리는 실험을 진행했다. 경기하러 가거나 경기 후 걸어 나오는 선수들에게 짧은 설문지 작성을 부탁했다. 간단한 질문 두 개였다. "당신의 가장 최근 공식 체스 점수는 몇 점입니까?", "현재 당신의 진짜 강도strength를 나타내려면 몇 점이 되어야 한다고 생각합니까?"[2]

 예상대로 선수들은 자신들의 점수를 알고 있어서 절반은 자기 점수를 정확히 적었고 나머지 절반의 선수들도 근소한 차이가 나는 점수를 적었다. 자기 점수를 알고 있으니 자기가 몇 점을 받아야 하는지에 대한 두 번째 질문에 정확히 답할 수 있어야 한다. 점수측정 시스템은 선수들의 실력을 정확히 측정해 점수를 매기도록 설계되어 있기 때문에 정답은 선수들의 현재 점수다. 그러나 실험에 참가한 선수들 중 단지 21퍼센트만 자신들의 현재 점수가 진짜 강도를 나타낸다고 대답했다. 약 4퍼센트는 자신이 과대평가 받고 있다고 생각한 반면, 나머지 75퍼센트는 자기가 과소평가 받고 있다고 믿었다. 경기 실력에 대한 지나친 자신감 정도는 놀라웠다. 경쟁심이 강한 그들은 자신들이 실제 실력보다 평균 99점 정도 낮게 받고 있다고 생각했다. 자신들과 동일한 점수의 선수와 겨루어서 십중팔구는 이긴다고 믿는 것이다. 물론 실제로 점수가 같은 선수와 경기했을 때 가장 있을 법한 결과는 무승부다.

 자신의 실제 실력을 나타내는 명확한 증거가 있는데도 이처럼 지나친 자신감은 어떻게 설명해야 할까? 그들은 평균 20년 동안 게임을 해왔으니 체스를 잘 몰라서는 아니다. 자신의 실력에 대한 피드백을 받지 못했던 것도 아니다. 이들은 13년간 저명한 대회에 참가해 평균 점수가 보통 선수들보다 높은 1,751점이었다. 그들 중 절반 이상은 우리가 설문을 하기 전 두 달 내에 최소한 한번은 다른 대회에 출전했으니, (한 동안 실전에 참여하지 않아) 현재 실력이 점수에 적절히 반영되지 못했던 것도 아니다.

선수들이 우리의 의도와는 약간 다르게 질문을 이해했을 수도 있다. 그들은 조만간 자신의 실제 강도(실력)가 '반영될' 점수를 예측했을지도 모른다. 점수는 대회가 끝난 후에만 수정이 되고 갱신된 점수가 발표되기까지 때로는 한두 달이 걸리기도 하므로 기량이 급속히 향상되는 선수들의 경우에는 실력 향상 속도를 시스템이 제때 따라오지 못해 공식 리스트 상에서 과소평가되는 일이 가능하긴 하다. 하지만 일 년 후에 실험 대상자들의 점수를 확인해본 결과, 선수들의 점수는 자기 평가 점수보다 100점이 낮았던 처음 우리 실험 때와 거의 비슷했다. 사실 5년이 지나서도 그들은 여전히 자신들의 실제 강도라고 평가했던 수준에는 다다르지 못했다. 그러니 선수들이 보였던 지나친 자신감이 미래의 발전을 합리적으로 예상했기 때문이라고 할 수는 없다.[3] 오랜 시간을 거쳐 경쟁적인 체스 점수와 친숙해졌으면서도, 선수들은 자기 실력을 과대평가했다. 그들은 우리가 말하고자 하는 세 번째 일상적인 착각, 즉 **자신감 착각**illusion of confidence에 빠져 있었다.

자신감 착각에는 서로 다르면서도 관련이 있는 두 가지가 있다. 첫째, 체스 선수들의 경우처럼 우리 자신의 능력을, 특히 다른 사람들과 비교한 상대적인 능력을 과대평가하게 한다. 둘째, 진찰실에서 크리스가 겪었던 일처럼 자신감(또는 자신감 부족)을 다른 사람들의 능력과 지식 정도, 정확한 기억력을 판단할 수 있는 유용한 신호라고 생각하게 한다. 자신감이 이런 것들과 실제로 밀접한 관계가 있다면 문제되지 않지만, 현실적으로 자신감과 실제 기량은 별개일 수 있으므로 자신감을 믿는 것은 비참한 결과를 가져올 수도 있는 커다란 정신적 함정이 된다. 체스에서 자신을 실제보다 더 낫다고 생각하는 일은 그저 시작에 불과하다.

실력이 부족한데도
깨닫지 못하는

찰스 다윈은 "지식보다는 무지가 자신감을 더 자주 불러일으킨다"고 말했다.[4] 실력이 부족한 사람일수록 실제보다 자신을 더 낫다고 생각하기 쉽다. 그들은 과도한 자신감 착각을 겪는다. 가장 인상적인 착각의 사례는 일부 범죄자들에게서 찾을 수 있다. 우디 앨런의 첫 장편 흥행작〈돈을 갖고 튀어라〉의 소재가 되기도 했다.[5] 우디 앨런이 맡은 역인 버질 스타크웰은 어려운 형편에서 자랐고 십대 때부터 범죄의 길에 들어선다. 하지만 성공한 적은 전혀 없다. 어렸을 때 그는 자동판매기 속에 든 공 모양 껌을 훔치려다 손이 끼는 바람에 기계 전체를 들고 거리를 내달려야 했다. 어른이 되어서는 은행을 털려고 시도했지만 창구 직원들이 "돈 내놔"라고 쓴 그의 글씨를 못 알아봐서 이를 설명하다가 경찰이 도착하고 만다. 그는 총 모양으로 깎은 비누를 검정 구두약으로 칠하고 탈옥을 시도하지만 탈출할 때 비가 퍼붓는 바람에 감시원들은 그의 무기에서 이는 비누거품을 알아차린다.

멍청한 범죄자가 영화나 텔레비전 코미디에 단골로 등장하는 이유 중 하나는 그들이 제임스 본드 영화에 나오는 천재적인 사이코패스 악당 같은 범죄자의 전형적인 이미지에서 벗어나기 때문이다. 그러나 실제 범인들, 최소한 경찰에 붙잡히는 범죄자들의 모습은 그와는 매우 다르다. 보스턴에서 콘리한테 잡혔던 스머트 브라운은 고등학교 중퇴자로 한 해 동안 여덟 차례나 검거되었다.[6] 유죄 선고를 받은 사람들은 대체로 범죄자가 아닌 사람들보다 지능이 낮다.[7] 가끔 놀랄 만큼 멍청해지기도 한다. 나의 고등학교 친구 중 하나는 학교 시설물을 몰래 훼손하겠다고 마음먹고는 학교 뒷벽에 스프레이 페인트로 자기 이름의 이니셜을 썼다고 한다. 한술 더 떠서 피터 애디슨이라는 이름의 영국인은 건물 한쪽 벽에 "피터 애디슨 다녀감"이라고 썼다. 예순이 훨씬 넘은 새뮤얼 포터는 미국의 한 상점에서 1백만 달러짜리 위조지폐를 내밀고는 직원이 거슬러주지 않겠다고 하자 마구 화를 냈다.

〈실력이 부족한데도 이를 깨닫지 못하는Unskilled and Unaware of It〉이라는 제목의 재기 넘치는 논문에서 코넬 대학교 사회 심리학자인 저스틴 크루거와 데이비드 더닝은 1995년에 변장을 하지 않고 피츠버그 은행 두 곳을 털었던 맥아더 휠러의 사례를 소개한다.[8] 보안 카메라에 찍힌 범인의 모습은 곧바로 그날 저녁 뉴스에 방송되었고 그는 한 시간 뒤에 붙잡혔다. 크루거와 더닝은 논문에 다음과 같이 썼다. "나중에 경찰이 그 감시 테이프를 보여주자 휠러는 믿지 못하겠다는 표정으로 바라보더니 중얼거렸다. '하지만 주스를 발랐는데요….' 휠러는 어린아이들이 비밀 편지를 쓸 때 이용하는 레몬주스를 얼굴에 바르면 비디오카메라에 찍히지 않는다고 믿고 있었던 것이다."[9]

크루거와 더닝은 휠러처럼 실력이 부족하면서도 이를 깨닫지 못하는 경우가 드문 일(아마도 실패한 범죄자들 특유의 프로필)인지, 더 보편적인 현상인지 궁금했다. 그들은 첫 번째 실험에서 흔히 접할 수 없는(부디 그러길) 범죄기량 대신 대부분의 사람들이 자신에게 있다고 생각하는 유머감각을 대상으로 조사했다. 크루거와 더닝은 재미있는 이야기를 잘 이해하지 못하는 사람들이 스스로 완벽한 유머감각을 지녔다고 잘못 생각하는지 알아보려 질문해보기로 했다. 그런데 유머감각은 어떻게 측정해야 할까?

체스와는 달리 유머 감각을 점수로 매기는 시스템은 없다. 그러나 지난 한 세기 동안의 심리학 연구를 통해 얻은 한 가지 분명한 사실은 있다. 거의 모든 자질은 과학적으로 연구할 수 있을 만큼 잘 측정될 수 있다는 것이다. 유머 감각처럼 말로 표현하기 어려운 자질을 얻는 게 쉽지는 않다. 그게 쉽다면 유머 감각이 없는 사람도 농담을 잘할 수 있도록 컴퓨터 프로그램을 짤 수 있을 것이다. 우리가 말하려는 바는, 사람들이 무엇이 재미있는지 아닌지 판단하는 데 매우 일관성이 있다는 사실이다. 언뜻 측정이 불가능해 보이는 다른 많은 자질들의 경우도 마찬가지다. 아름다움이란 보는 사람에 따라 다르다고 생각할지 모르지만 그렇지 않다. 여러 명의 얼굴을 보여주면서 매력도를 판단해달라고 부탁하면, 개인적인 취향과 선호도의 차이에도 불구하고 사람들은 매우 일관성 있는 순위를 내놓는다. 그렇기 때문에 누구나 슈퍼모델이 될 수는 없다.[10]

크루거와 더닝은 유머 감각 테스트를 만들기 위해 우디 알랜과 알 프랭켄Al Franken, 잭 핸디Jack Handey, 제프 로빈Jeff Rovin 같은 작가들이 쓴 우스운 이야기 30개를 골라 직업 코미디언들에게 메일로 보냈고, 그 중 여덟 명이 이야기들의 점수를 매겨주었다. 크루거와 더닝은 그들에게 '하나도 재미없음'을 뜻하는 1부터 '매우 재미있음'을 의미하는 11까지로 그 정도를 매기도록 했다. 당신도 지금 바로 유머 감각을 시험해볼 수 있다. 다음 두 가지 이야기 중에 어떤 것이 더 재미있는지 결정해보라.

질문 1 크기는 사람만 하지만 무게가 없는 것은? 답: 사람 그림자

질문 2 만일 아이가 비는 어디서 오는지 묻는다면, 내가 생각하기에 근사한 답 하나는 이거다. "하나님이 우시는 거야." 그리고 그 아이가 왜 하나님이 울고 있냐고 물으면 또 멋지게 대답해준다. "아마도 네가 저지른 어떤 일 때문이겠지."

전문가들은 대개 어떤 이야기가 재미있고 어떤 이야기가 그렇지 않은지에 대해 일치된 의견을 보였다. 전문 코미디언들은 많은 사람들이 무엇을 재미있어 하는지 알고 있기 때문에 직업적으로 성공할 수 있었다는 점을 고려하면 이런 의견 일치가 놀라운 일은 아니다. 위에 있는 첫 번째 이야기는 30개 이야기들 중에서 가장 낮은 점수(1.3)를 받았고, 텔레비전 프로그램인 '새터데이 나이트 라이브'에서 잭 핸디가 진행하는 '깊은 생각 Deep Thoughts'이라는 코너에 나왔던 두 번째 이야기는 가장 높은 점수(9.6)를 받았다.

그 다음 크루거와 더닝은 코넬 대학교 학부생들에게 같은 이야기들의 점수를 매겨달라고 부탁했다. 유머 감각이 좋은 사람들은 전문가들과 비슷하게 점수를 매기고 그렇지 않은 사람들은 다르게 매길 것으로 생각했다. 테스트의 고득점자들은 이야기의 재미 여부에 대해서 코미디언들의 생각과 78퍼센트 일치했다. 저득점자들(유머 감각 테스트 실험참가자 중 하위 25퍼센트)은 코미디언들의 의견과 같을 때보다 **일치하지 않는** 경우가 더 많았다. 그들은 재미있는 이야기 중 겨우 44퍼센트만 재미있다고 생각했고, 재미없는 이야기 중 56퍼센트를 재미있다고 생각했다.[11]

다음으로 크루거와 더닝은 실험 참가자들에게 자신보다 유머 감각이 더 떨어질 것 같은 코넬 대학교의 다른 학생들은 얼마나 될지 백분율로 적어서 자신의 '재미를 알아보는 능력'을 평가해달라고 부탁했다. 즉, 보통 수준의 학생이라면 50퍼센트라고 적을 것이고 이는 자신의 유머 감각이 학생들 절반보다 높다고 생각함을 의미한다. 하지만 실험 참가자의 66퍼센트가 자신이 다른 학생들보다 유머 감각이 더 낫다고 생각했다.[12] 지나친 자신감의 효과인 이 16퍼센트는 어디서 나온 걸까? 거의 전부가 최악의 유머 감각을 가진 피실험자들 때문이었다! 유머 감각 테스트에서 하위 25퍼센트에 속하는 사람들은 그들이 평균보다 높은 유머 감각이 있다고 생각했다.

실제 실력보다 더 높은 점수를 받아야 한다고 생각하는 체스 선수들에 관한 연구에서도 똑같은 양상이 보였다. 가장 과소평가 받고 있다고 생각하는 선수들은 **중간 이하**의 실력 집단에 속했다. 이 약한 선수들은 평균적으로 150점까지 과소평가되었다고 생각한 반면, 중간 이상 실력의 선수들은 단지 50점정도 덜 받았다고 생각했다.[13] 이렇게 상대적으로 강한 선수들은 자신을 약간 과신하는 정도였지만 약한 선수들은 자신을 대단히 과신했다.

이런 연구는 '아메리카스갓탤런트America's Got Talent'나 '아메리칸 아이돌' 같은 경쟁적인 리얼리티 쇼의 오디션에 우승은 고사하고 예선통과도 못할 사람들이 그토록 몰려드는 이유를 알려준다. 대개는 그저 텔레비전에 몇 초라도 나오고 싶어 하는 사람들이지만, 리키 마틴의 노래 '쉬 뱅스She Bangs'를 끔찍하게 부른 것으로 유명한 윌리엄 헝William Hung 같은 사람들은 정말 자기가 실제 실력보다 훨씬 더 잘한다고 믿는 듯하다.

크루거와 더닝은 다른 실험들을 통해 '실력이 부족하면서도 이를 깨닫지 못하는 효과'가 유머 이외에도 논리적 추리나 영어 문법 능력을 비롯한 많은 분야에서도 측정 가능함을 보여주었다. 아마 이 효과는 인간이 경험하는 모든 분야에 적용될 것이다. 실제 삶에서든 텔레비전 코미디〈오피스The Office〉에서든, 누구나 자신이 무능한지 모르는 능력부족 관리자를 만난 적이 있을 것이다. 의대를 꼴찌로 졸업한 사람도 의사이긴 하다. 그런데 아마도 자신이 꽤 훌륭한 의사라고 생각할 것이다.

멍청한 범죄자가 얼마나 큰 곤경에 빠질 수 있는지 보여줄 수 있다는 점 말고도, 심리학이 맥아더 휠러 같은 사람들에게 도움을 줄 수 있을까? 이에 대한 답은 그들의 문제가 어디서 비롯되었는가에 달렸다. 실력이 부족한 사람들은 두 가지 중요한 문제에 부딪힌다. 첫째, 그들의 능력은 평균 이하다. 둘째, 자신이 평균 이하임을 깨닫지 못하기 때문에 능력을 키우려는 노력을 하지 않는다. 맥아더 휠러는 은행털이에 나서기 전에 더 유능한 범죄자가 되어야 할 필요성을 깨닫지 못했다. 왜 깨닫지 못했을까? 그는 왜 자신의 머릿속으로 범죄를 계획하면서, 정작 자신이 은행털이에 필요한 모든 기술을 다 터득하지 못했다는 사실을 몰랐을까? 왜 자신의 숙련도를 의심하지 않았을까?

1장에서 설명한 무주의 맹시에 관한 연구 몇 건을 우리와 함께 했던 동료이자 예일대 심리학과 교수인 브라이언 스콜은 자신감 착각이 매우 강력한 이유를 이해하는 데 도움이 될 만한 자신의 일화를 들려주었다. 그는 뉴저지 러트거스 대학교 대학원 재학 시절, 재미있고 역사 깊은 게임인 바둑을 배웠다. 연습을 조금 하고 난 뒤 브라이언은 친구들을 모두 이길 수 있다고 생각했다. 그는 뉴욕을 방문했을 때 바둑의 고수였던 지인을 만나 자신의 실력을 알아볼 수 있는 기회를 얻었다. 놀랍게도 경기는 접전이었고 겨우 반집 차이로 패했다. 그는 새롭게 발견한 자기 실력에 자신감을 얻어 돌아왔다. 하지만 바둑을 매우 잘 두는 학과 교수에게 이 이야기를 했을 때 자신감은 산산이 부서졌다. 바둑 고수와 겨루어 접전을 펼쳤다고 얘기하자 그녀는 고개를 가로저으며 말했다. "브라이언, 고수는 가끔 자기보다 훨씬 약한 사람을 만나면 아슬아슬하게 이겨주기도 하는 거 몰라?"

바둑 대결 결과가 자신의 실력 때문이라고 믿었던 브라이언의 오류는, 합리적이긴 하지만, 자기 능력에 대한 피드백을 가능한 한 긍정적으로 해석하려는 우리의 모습을 보여준다. 우리는 일을 잘하면 자신의 능력이 뛰어나기 때문이라고 판단하고 실수는 '우연', '부주의' 혹은 어쩔 수 없는 상황 때문이라고 생각하는 경향이 있으며, 이런 판단에 반하는 증거는 무시하려고 애쓴다. 미숙함과 지나친 자신감이 서로 관련이 있다면, 미숙한 사람들을 숙련되도록 가르치면 자신의 능력 수준을 더 잘 이해하게 될까? 크루거와 더닝은 다음 실험에서 바로 그 답을 찾았다. 논리적 추리 과제에서 성적이 매우 좋지 않았던 사람들이 과제 수행을 훨씬 더 잘할 수 있도록(완벽하지는 않아도) 가르치자 그들의 지나친 자신감은 줄어들었다. 자신들의 실력을 제대로 판단하게 만드는 방법(최소한 한 가지)은 실력을 기르는 것이다.**14**

  미숙함이 지나친 자신감을 유발한다는 발견은 사실 안도감을 준다. 우리가 어떤 일을 배우고 연습하면, 그 일을 더 잘하게 되고 우리 실력도 더 제대로 알게 되기 때문이다. 이런 식으로 생각해보라. 사람들이 새로운 기술을 배우기 시작하면 기술 수준은 낮지만 흔히 자기 실력보다 과한 자신감을 보인다. 기술이 향상될 때 자신감은 서서히 증가하므로 결국 높은 실력 수준이 되었을 때는 자기 실력 수준에 걸맞은 정도, 아니면 최소한 적당한 정도에 가까운 자신감을 갖게 된다. 능력에 비해 위험할 정도로 지나친 자신감은 어떤 일에 능숙할 때가 아니라 미숙할 때 나온다.

  자신감 착각의 이런 특징을 알게 되면, 당신이나 다른 사람들에게 자신감이란 실제로 무엇을 의미하는지 좀더 주의를 기울일 수 있다. 만일 지금 막 새로운 일을 배우기 시작했다면 얼마나 잘하고 있는지 스스로 따져보는 행동은 그만두라. 또한 다른 사람들이 처음 일을 배울 때는 쉽게 과신한다는 사실도 알 수 있다. 이제 막 운전을 배운 젊은이들은 자기 실력을 실제보다 부풀려 생각하고 자신 있어 한다. 새로운 자리로 이제 막 승진한 관리자들은 자신들의 행동에 근거 없는 확신을 갖기 쉽다. 단순히 어떤 일을 반복해서 하는 데 그치는 게 아니라 진정한 실력을 갖추어야만 자신감이 능력을 나타내는 진짜 신호가 될 수 있음을 명심하라. 경험은 전문성을 보장하지 않는다.

브라이언 스콜의 바둑에 관한 일화는 우리가 자기 실력의 최대치, 그리고 상대방의 최저치를 당연시하는 습성을 보여준다. 실력에 대한 근거 없는 확신은 지능, 성별, 국적을 초월한다. 전국적으로 실시한 조사에 따르면 63퍼센트의 미국인들은 자신의 지능이 평균 이상이라고 생각한다. 남성은 여성보다 지능에 대한 자신감이 높아 71퍼센트가 자신이 평균보다 똑똑하다고 판단했다. 하지만 여자들도 분명히 절반이 넘는 57퍼센트가 자신이 보통 사람보다 똑똑하다고 생각했다. 이 지나친 자신감이 오만한 미국인에만 해당하는 건 아니다. 캐나다인을 대상으로 한 최근 조사에 따르면 약 70퍼센트가 역시 자신이 '평균 이상'으로 똑똑하다고 답했다. 이런 지나친 자신감은 새로운 현상도 아니고, 지능이라는 개념이 모호해서도 아니며, 북미인들의 자아도취가 만들어낸 결과나 21세기 들어 자기존중의 개념이 급격히 자라났기 때문도 아니다. 1981년 연구에서 스웨덴 대학생 69퍼센트가 자신의 운전 실력을 친구들과 비교했을 때 중간 이상으로 평가했고, 응답자의 77퍼센트는 안전운전에 관해서 자신이 상위 절반 안에 든다고 생각했다. 거의 모든 사람은 자신이 평균 이상으로 매력 있다고 믿는다.[15]

이런 자신감 착각은 우리가 속한 실제 환경과 상관없이 무의식적으로 생긴다. 반박의 여지없는 직접적인 증거로 인해 자신의 한계를 마주하게 되어서야 비로소 우리는 자신감 착각을 깨달을 수 있다. 바둑의 고수가 자신을 요리했다는 걸 알게 된 후 착각에서 깨어난 브라이언은 지나친 자신감을 줄여 자기 실력에 대한 믿음을 재조정할 수 있었다. 만약 브라이언이 계속 바둑을 둔다면 실력은 늘어날 것이고 자신감도 실력에 가까운 수준으로 바뀔 것이다. 능숙함은 자신감 착각을 떨쳐버리는 데 도움이 된다. 중요한 건 자기 실력을 보여주는 결정적 증거를 찾는 것이다. 자신의 한계를 인식하려면 자기 일에 그만큼 뛰어나야 한다.

모든 사람이 항상 자기 능력을 과장하고 다른 사람을 속이려는 허세 덩어리에 불과하다고 생각하지는 말라. 실력이 뛰어난 사람들은 가끔 정반대의 문제로 고민한다. 우리가 만났던 신입 교사나 교수들 거의 전부, 특히 직업적으로 일찍 성공한 사람들은 자신이 사실 남들 생각만큼 훌륭하지 않고 그들을 속이고 있다고 생각한다.[16] 크루거와 더닝의 유머 실험을 다시 떠올려보라. 앞에서 언급하지는 않았지만 유머 감각이 상위 25퍼센트에 속하는 실험 참가자들은 실제 자기들보다 덜 재미있는 학생들 숫자를 **더 적게** 잡았을 만큼 자신의 유머 감각이 얼마나 뛰어난지 제대로 인지하지 못했다.[17] 지나친 자신감은 더 흔하고 더 위험하지만, 이런 자신감 부족도 분명 존재한다.

자신감의 위기

무능함과 지나친 자심감이 합쳐지면 멍청한 범죄자에 관한 우스운 이야기와 아메리칸 아이돌이라고 착각하는 사람들의 재미난 동영상을 만들어내지만, 잘못된 자신감은 이보다 더 위험한 결과를 초래할 수 있다. 서구 사회는 개인의 자신감에 매우 큰 가치를 두고 있기 때문에 자신감이 없는 인생은 가치 없는 인생으로 여겨진다. 데이비드 베어드David Baird가 쓴 자기계발서《자신감을 갖기 위한 천 가지 방법A Thousand Paths to Confidence》의 첫머리는 다음과 같은 선언으로 시작된다. "우리 삶의 매 순간은 굉장히 소중하므로 자신을 의심하는 데 낭비해서는 안 된다. 그러기 위한 중요한 첫 단계는 자신감을 갖고 자신 있는 삶을 살고 싶다고 바라는 것이다. 당신이 첫 번째 단계를 취할 준비가 되어 있다면 자신을 칭찬해주라. 자신감을 향한 당신의 여행이 시작되었다."[18] 하버드 교수인 로자베스 모스 캔터Rosabeth Moss Kanter는《자신감Confidence》이라는 의미심장한 제목의 베스트셀러에서 "자신감이 있으면 승리, 그렇지 않으면 패배를 거듭할 것"이라고 주장했다. 또한 "자신감은 간단한 공놀이에서 복잡한 대규모 사업까지, 개인적 성과에서 민족 문화에 이르기까지, 인생에 존재하는 수많은 경쟁의 결과를 좌우한다"고 말했다.[19]

앨버트 브룩스의 영화〈영혼의 사랑Defending Your Life〉은 살아 있는 동안 자신감 있게 행동한 사람만 내세에서 다음 단계로 넘어갈 수 있다는 설정을 바탕으로 한다. 자신감의 위력은 육아지침에도 배어있다. 육아 잡지〈페어런츠Parents〉는 최근 '자신감 있는 아이로 키우는 방법'이란 커버스토리에서 '아이가 행복하고 자신감 넘치며 성공하도록 돕는 가장 효과적인 방법들'을 알려준다는 기사를 싣고 있다.[20] 또한 여배우 티나 페이가 텔레비전 코미디 시리즈〈30록 30Rock〉으로 에미상을 받을 때 했던 수상소감에도 이런 사회적 정서가 반영되어 있다. "저의 외모와 능력에 어울리지 않는 자신감을 가질 수 있도록 길러주신 부모님께 감사드립니다. 현명하셨어요. 모든 부모는 그렇게 해야 합니다."

지미 카터 대통령은 더 넓은 차원에서 자신감의 중요성을 생각했다. 1979년 7월, 국영 방송에서 그는 자신의 가장 유명한 연설을 하면서 정치인, 사업가, 성직자, 시민들과 만나면서 얻었던 중요한 교훈에 대해 이야기했다. 그가 만났던 사람들 대부분은 카터의 리더십을 날카롭게 비판했고 국가 경제를 비관적으로 전망하고 있었다. 이들 19명(누구라고 언급하지는 않았지만 그 중에는 당시 아칸소 초선 주지사였던 빌 클린턴도 있었다)의 이야기를 전하면서 카터는 당시의 문제를 정치나 정책 문제가 아닌 심리 문제로 진단했다.

"저는 지금 미국 민주주의에 닥친 근본적 위협에 대해 이야기하고자 합니다. (중략) 이 위협은 일반적인 방법으로는 거의 눈에 보이지 않습니다. 바로 자신감의 위기입니다. 이것은 우리 국가 정신의 본질이 맞닥뜨린 위기입니다. (중략) 미래에 대한 자신감의 쇠퇴는 미국 사회와 정치의 기본 구조를 파괴하는 위협으로 다가오고 있습니다."[21]

지미 카터는 "사람들 대다수는 과거 5년보다 향후 5년이 더 나빠질 것이라고 생각한다"는 여론조사 결과와 그가 우려했던 소비지상주의 및 전통경시 경향의 확대로 특히 어려움을 겪었다. 그는 수입석유 소비를 점차적으로 줄이기 위해 여러 가지 새로운 에너지 관련 정책을 지속적으로 제안했다. 초반에는 긍정적인 반응을 얻었고 직무수행 지지율도 11퍼센트 상승했다. 하지만 그 뒤로 미국의 상황에 대한 그의 진단이나 에너지원 변경 정책의 적절성 여부와는 관계없이, 수많은 정치비평가들은 정부의 실패를 국민 탓으로 돌리는 듯한 이 연설을 두고 카터를 공격했다.[22] 연설 전 민주당 자문관 클리크 클리포드가 기자들에게 국가에 대한 카터의 걱정을 감지했다고 언급하면서, 이 연설은 '불안감 연설malaise speech'로 알려졌다. 카터의 여론조사 담당관인 패트릭 카델이 대통령에게 남긴, 훗날 언론에 유출된 메모에도 불안감이란 단어가 있었다. 그러나 역설적이게도 카터는 연설시 단 한번도 '불안감' 이라는 단어를 사용하지 않았고 오히려 '자신감' 이란 단어를 15번 이상 언급했다. 카터는 국민들의 집단 자신감이야말로 국가를 성공으로 이끄는 핵심 요소라고 생각했다.

사람들은 확실한 말을 수용하고 불확실한 말은 거부한다. 자신의 믿음과 기억, 상대방의 조언, 목격자의 증언, 위기 상황에서 지도자의 연설을 접할 때도 마찬가지다. 특히 사실관계나 미래가 불확실하다면 자신과 리더, 주변 사람들이 보여주는 자신감에 더욱 주의를 기울인다. 1980년대 투자은행 드렉셀 번햄 램버트Drexel Burnham Lambert와 유명 금융업자 마이클 밀켄은 합병 자금을 조달할 수 있다고 "강하게 자신한다"는 내용의 편지만으로 적대적 인수합병을 촉진할 수 있었다.[23] '강한 확신의 편지' 라는 그럴듯한 이름의 이 편지를 창안해내기 전까지 밀켄과 그의 동료들은 거래가 성사되지 않으면 모두 수포로 돌아갈 노력을 몇 주, 몇 달씩 이어지는 재무 협상에 바쳐야 했다. 명성을 앞세워 협상 전에 미리 자신감을 표현한 드렉셀 은행과 밀켄의 전략은 효과적일 뿐 아니라 빠르고 경제적이었다.

저널리스트 밥 우드워드Bob Woodward에 따르면, 2002년 말 이라크 침공에 확신이 없었던 부시는 CIA 국장 조지 테닛George Tenet에게 후세인이 대량 살상 무기를 보유하고 있다는 증거가 분명한지 물었다고 한다. 테닛은 말했다. "불 보듯 뻔한 상황입니다!" 부시가 다시 물었다. "얼마나 자신할 수 있나?" 테닛은 이렇게 답했다. "걱정 마십시오. 확실합니다!" 전쟁이 시작되고 몇 주 뒤에 백악관 대변인 아리 플레이셔Ari Fleischer는 대량 살상 무기를 발견할 가능성을 "강하게 자신한다"고 발표했다. 하지만 이 글을 쓰고 있는 지금까지 대량 살상 무기는 발견되지 않았고 철저한 정부 조사 결과, 애초에 대량 살상 무기는 없었음이 밝혀졌다.[24]

자신감이 우리에게 이런 영향을 미치는 이유는 무엇일까? 겉으로 드러나는 자신감으로 그 사람의 지식, 능력, 의지를 분명히 파악할 수 있다는 생각을 무의식적으로 하는 까닭은 무엇일까? 앞서 살펴보았듯 능력이 부족한 사람일수록 자신감이 넘치는데도, 우리는 여전히 자신감이 능력을 나타내는 지표라고 믿고 있다.

능력 있는 사람이
반드시 리더가 되는 건 아니다

당신이 다른 세 사람(제인, 에밀리, 메건이라고 하자)과 함께 어려운 수학 문제를 풀어야 한다고 상상해보자. 당신은 세 사람 중 누가 수학을 잘하는지 모르고 단지 자신의 능력을 (완벽하지 않게) 알고 있을 뿐이다. 첫 번째 문제에 제인이 제일 먼저 답을 제시하고 에밀리도 뒤이어 자기 의견을 말한다. 메건은 처음에는 조용히 있다가 잠시 후 정답을 찾아내고 다른 답안들이 틀린 이유를 설명한다. 이런 일이 여러 번 반복되면 다른 사람들은 메건이 수학 문제를 잘 푼다는 사실을 확실히 알게 된다. 집단 구성원들은 메건을 실질적인 리더로 따르게 되고 과제를 훌륭하게 수행해낸다. 이상적인 세계에서는 집단 내 역학관계가 항상 이런 식으로 작용할 것이다. 실력 있는 사람이 리더로 부상하고 모든 구성원이 자신의 지식과 기술, 능력을 발휘하며, 신중하게 의논할수록 더 나은 결론을 이끌어낼 것이다. 그러나 실제 집단은 이런 이상적 상황과 거리가 멀다.

나는 미국 정보부 요원과 집단 의사 결정 과정에 대해 인터뷰한 적이 있다. 그는 정보부 조직에서 미확인 사건에 대한 의견을 나누는 데 종종 사용하는 방법을 설명했다. 각각 **위에서부터 직급 순서대로** 의견을 제시한다고 한다.[25] 상관이 제시한 최초의 의견을 한 사람씩 차례로 확인할 때 그룹 전체에 퍼지는 잘못된 의견일치와 왜곡된 확신이 어떻겠는가. 각 직원들은 비밀투표로 독립적이고 편견 없이 자신의 고유한 의견을 제시할 수도 있겠지만, 현실에서 그렇게 될 가능성은 거의 없다. 신중히 생각해서 결론에 도달하기 위해 개인의 의견을 모으는 바로 이 과정 때문에, 집단의 결정은 독립적인 의견이나 참여의 결과물이 될 수 없다. 그 대신 누가 무엇을 어떻게 알게 되었는지 관계없이, 집단 내 역학이나 개인 간의 갈등, 그 밖의 다른 사회적 요인들의 영향을 받게 된다.

집단의사결정 과정은 구성원들의 능력을 잘 이해하고 잘 표현하게끔 하는 것이 아니라, 가장 소극적인 구성원들 사이에 '다수에 속한 안정감'이라는 동질감을 불러일으킬 수 있다. 그렇기에 사실을 축소시키고 확신은 확대시킨다. 집단의사결정 과정은 사람들의 또 다른 착각을 반영한다. 문제 해결을 위해 집단 구성원들의 능력을 사용하는 최고의 방법은 '정답을 심사숙고해서 합의에 도달하는 것'이라는 잘못된 직관 말이다.

당신이 어느 집단의 일원이라고 가정해보자. 당신은 큰 병 속에 들어 있는 젤리 개수와 같이 미확인된 일을 추측하라는 명령을 받았다. 당신이 생각하는 가장 좋은 접근법은 다른 구성원들과 답을 논의하여 의견을 일치시키는 방법이라고 생각하겠지만, 이는 틀렸다. 다른 어떤 방법보다 일관성 있게 뛰어난 결과를 가져오는 전략은, 사전 논의 없이 집단 구성원 각자 자기 의견을 적은 다음 각자의 의견을 모두 합해서 간단하게 평균을 내는 방법이다.[26] 하버드 교수이자 집단심리 전문가인 리처드 해크먼Richard Hackman 교수에게 곧바로 토론과 논쟁을 시작하지 않고 자발적으로 이런 절차를 밟는 집단이 있는지 물어보았다.[27] 그는 들어본 적 없다고 답했다.

물론 집단의 의견 일치에서 나오는 지나친 자신감이 필요한 상황도 있다. 전장 한가운데에서 자신감을 잃고 두려움에 떠는 병사가 전우와 사령관으로부터 용기를 얻으면 목숨을 걸고 위험을 무릅쓰는 (혼자 결정해야 했다면 하지 않았을) 행동을 할 수 있다. 그러나 자신감 착각은 많은 분석과 판단이 필요한 사안에서 비극적 결과를 불러오기도 한다. 개인과 마찬가지로 집단 또한 자기 능력을 과신하는 성향이 있음을 간과하고 있다.

버클리대 하스 비즈니스 스쿨Haas School of Business의 카메론 앤더슨과 개빈 킬더프는 아까 당신에게 상상해보라고 했던 수학문제 풀기 실험을 실제 진행했다.[28] 한 번도 만난 적 없는 학생들을 네 명씩 묶어 집단을 만들었고, 미국 경영대학원 입학시험인 GMAT에서 출제된 수학 문제를 풀도록 했다. 집단 과제로 수학 문제를 사용한 이유는 각 집단 구성원이 얼마나 많이 정답 혹은 오답을 내는지 비디오로 평가해 각 구성원들의 능력을 객관적으로 측정할 수 있기 때문이다. 서로의 수학 실력에 대한 구성원들 간의 평가를 그 사람의 실제 실력을 객관적으로 측정한 자료인 SAT 대학 입학시험에서 받은 수학 점수와 비교할 수도 있었다.

앤더슨과 킬더프는 각 집단의 상호작용을 모두 비디오에 녹화했고 추후 검토하여 집단의 리더가 누구인지 알아냈다. 그들은 외부 관찰자에게 물어 결과를 재확인했으며 각 집단 구성원들을 대상으로 누가 리더십을 지녔는지 설문조사도 했다. 모두 동일한 인물을 리더로 지목했다. 각 집단의 네 명 가운데 한 명을 리더로 만드는 요소가 무엇인지가 중요하다. 우리가 처음 언급했던 가상의 사례에서는 가장 수학 능력이 뛰어난 메건이 리더일 것이라고 생각했다.

그러나 각 집단의 리더가 된 학생들은 다른 사람보다 능력이 뛰어나지 않았다. 그들은 능력이 아닌 강한 성격으로 리더가 되었다. 실험 전 참가자들은 얼마나 '지배적인' 성향이 있는지 측정하는 짧은 설문지를 작성했다. 가장 지배적인 성격을 가진 사람들이 리더가 되는 경향이 있었다. 남보다 수학 실력이 좋은 것도 아닌데 지배적 성격만으로 어떻게 집단의 리더가 될까? 다른 사람들을 협박해서 복종시켰을까, 아니면 소리를 질러 다른 똑똑하고 온순한 구성원들을 조용하게 만들었을까? 리더가 되려고 수완을 발휘해 자기가 수학을 제일 잘한다거나 통솔력이 뛰어나다고 설득했을까? 전혀 아니다. 답은 터무니없을 정도로 간단했다. 가장 먼저 말했기 때문이다. 최초로 나온 답안이 최종 답안이 된 경우가 94퍼센트였는데, 지배적 성격의 사람들이 가장 먼저 단호하게 의견을 제시했기 때문이다.

이 실험에서처럼 집단의 리더십은 대부분 자신감에 의해 결정되었다. 지배적인 성격을 가진 사람들은 자신감을 더 크게 표현하고, 다른 사람들은 자신감 착각 때문에 자신 있게 말하는 사람을 믿고 따른다. 당신이 의견을 먼저 그리고 자주 제안한다면 남보다 능력이 뛰어나지 않더라도, 사람들은 당신의 자신감을 능력의 지표로 받아들일 것이다. 자신감 착각은 능력 있는 사람을 부상하지 못하게 만든다. 따라서 최고의 자리에 오르려면 능력과 함께 자신감을 갖춰야만 한다.

자신감의 특성

심리학자들은 매우 다양한 상황 속에서 사람의 행동에 영향을 주는 일반적인 성격을 설명하고자 **특성**trait 이라는 용어를 사용한다. 집단 리더십에 관한 앤더슨과 킬더프의 연구에서 지배성은 특성으로 간주된다. 이들이 행한 지배성 테스트에서 높은 점수를 받은 사람들은 다양한 상황에서 집단을 통솔하고 권력을 쥐는 모습을 보였다. 마찬가지로 외향성 테스트에서 높은 점수를 기록한 사람은 보통 사람보다 적극적이고 남과 함께 어울리는 모습을 보일 것이다.

성격의 특성이 항상 당신의 행동을 결정하는 것은 아니다. 여러 가지 다른 요인들, 특히 당신이 처한 상황적 요인들도 강력한 영향을 미친다. 공상과학 모임에서는 〈스타 트렉〉에 대해 아무것도 모르는 외향적인 사람이 이런 모임에 늘 참석하는 내향적인 사람보다 소극적일 것이다. 하지만 외향적인 사람들은 다른 상황적 요인이 없다면 사회적인 모임을 선호하는 경향이 있다. 그들은 내향적인 사람보다 자연스럽게 타인과 잘 어울린다.

자신감 자체는 심리학자들이 정리한 대부분의 성격특성 목록에 들어가지 않는다. 자신감은 예민성, 외향성, 경험에 대한 개방성, 동조성, 성실성이라는 이른바 '5대' 성격 차원에 속하지 않는다. 자신감은 지배성과 관련 있지만 똑같지는 않고, 지배성 또한 성격 연구에서 일반적으로 측정되는 특성이 아니다. 우리는 자신감을 표현하는 성향의 개인적 차이가 사람들 간에 결정을 내리고 서로 영향을 주고받는 과정을 이해하는 데 매우 중요하다고 생각한다. 과연 이런 차이가 존재할까? 자신감은 특성일까?

영단어 'con man(사기꾼)', 'con artist(거짓말쟁이)', 'con game(사기극)'에 들어 있는 'con'은 자신감confidence의 줄임말이다. '자신만만한 사람'이라는 뜻의 사기꾼의 원조는 1840년대 활동한 윌리엄 톰슨이었다. 그는 맨해튼 길거리에서 낯선 사람에게 불쑥 다가가 시계를 달라고 할 만큼 뻔뻔스러웠다. 톰슨은 노골적으로 "내일까지 제게 시계를 맡길 만큼 저를 믿을 자신이 있습니까?"라고 자신만만하게 물었다.[29]

타고난 자신감으로 역사에 기록될 만한 사기꾼은 스티븐 스필버그의 영화 〈캐치 미 이프 유 캔〉에서 레오나르도 디카프리오가 연기한 프랭크 애버그네일Frank Abagnale일 것이다. 일찍부터 사기에 눈을 뜬 그는 고등학생 때 이미 교사 행세를 했고 아버지를 속여 3,400달러를 뜯어냈다. 18살에는 팬암 항공 파일럿을 사칭해 항공사를 속이고 남은 좌석이나 부조종석에 앉아 160만 킬로미터가 넘는 거리를 무임승차했다. 수백만 달러어치의 수표를 정교하게 위조하기도 했다. 21살에 마침내 체포되었을 때 그는 12개국에서 수배 중이었다. 프랑스와 스웨덴에서 재판받고 복역한 뒤에는 미국으로 인도되었다. 미국에서도 여러 차례 도망치며 당국의 감시를 피해 다녔고, 교도소의 열악한 환경을 조사하러 나온 비밀 수사관 행세를 하기도 했다. 결국 프랭크는 다시 체포되어 유죄를 선고받았다. 미국 검찰과의 거래를 통해 그는 FBI의 사기사건 수사를 돕는 조건으로 조기 가석방되었다. 그의 다양하고 용의주도한 사기행각은 그가 진실하다고 착각할 만큼 강하게 자신감을 표현하는 능력 덕분이었다.[30]

나와 동료들은 프랭크 애버그네일과 윌리엄 톰슨처럼 자신감이 안정적인 특성인지 궁금했다. 이를 알아내기 위해 나는 간단한 실험을 실시했다.[31] 실험 참가자들은 "O. J. 심슨 살인 사건의 재판은 1993년에 끝났다"(X, 1995년에 끝났다)와 같은 O/X 일반상식 문제에 답하고 자기 답에 대한 자신감을 백분율(50~100% 사이)로 표현했다. 이 실험에서 대다수가 상당히 지나친 자신감을 드러냈다. 정답률은 60퍼센트였지만 자신감 수치의 평균은 75퍼센트였다.

이 실험에서 중요한 요소는, 문제는 다르지만 난이도는 같은 두 개의 시험을 만드는 것이었다. 모든 참가자는 시험을 치른 몇 주 후 다시 시험을 치렀다. 첫 번째 시험에서 보인 자신감 수치만 알아도 두 번째 시험의 자신감 수치를 예측할 수 있었다. 첫 번째 시험에서 자신감이 상위 50퍼센트였던 사람들 중 90퍼센트가 두 번째 시험에서도 상위 50퍼센트를 차지했다. 그러나 자신감은 정답과 관련이 없었다. 자신감이 높은 사람들이 낮은 사람보다 시험을 잘 친 것은 아니었다. 자신감은 지능과도 관련이 없었다.

자신감이 일반적인 특성임을 알려주는 다른 실험도 있다. 시각과 같은 특정 영역에서 높은 자신감을 보인 사람들은 기억력과 같은 다른 영역에서도 높은 자신감을 보였다.[32] 즉 자신감은 개인차가 있는 일관된 특성이지만 근본적인 지식이나 지능과는 비교적 관련이 적다. 유전자는 자신감에 영향을 미치는 요소로 간주된다. 스웨덴 경제학자들의 최근 연구에 따르면 일란성 쌍둥이는 이란성 쌍둥이보다 더 비슷한 수준의 자신감을 지녔다고 한다.[33]

일란성 쌍둥이의 유전자가 같은 데 비해 이란성 쌍둥이의 유전적 유사성은 보통 형제자매와 다르지 않다는 점을 고려해보면, 자신감이 어느 정도는 유전자에 바탕을 두고 있을 것이라고 결론내릴 수 있다. 자신감이 유전자만으로 결정되지는 않지만 유전자와 전혀 무관하지도 않다. 희대의 사기꾼 프랭크 애버그네일의 아버지 또한 세금 사기 계획을 세웠다 실패해 집을 날려먹은 사기꾼이었으니 말이다.

다윗은 왜
골리앗에게 덤볐나

2008년 8월, 약소국 그루지야가 북쪽에 인접한 러시아와 군사 충돌을 일으켰다. 러시아 정부가 분리주의 운동을 조장하고 지원한 두 지역을 놓고 일어난 일이었다. 그루지야 군대는 분쟁 시작 일주일도 안되어 제압당했고 러시아가 두 지역을 장악했다. 그루지야가 전쟁을 통해 얻은 것이라곤 서방 국가들이 보낸 약간의 동정뿐이었다. 믿기 어렵지만 그루지야 고위관료들은 그루지야 군대가 남오세티야South Ossetia와 압하스Abkhaz의 요충지를 빠르게 점령하고 러시아의 반격을 막아낼 수 있다고 믿었다. 〈뉴욕타임스〉는 기사에서 이렇게 말했다. "몇몇 그루지야 공무원들은 그날 밤 남오세티야를 쉽게 점령할 수 있다고 말했다. 일부 고위관료들은 그루지야군이 남오세티야의 위기 상황에 대한 대응책으로 군사력을 집결해 그 지역을 초토화하고 안정된 통제권을 확립해 러시아의 대응을 미연에 방지하는 '군사 작전'을 계획했다고 밝혔다."[34]

그루지야 관료들은 세계 제2의 군사강국을 도발할 만큼 한심한 자신감에 가득 차 있었다. 프린스턴대학의 정치학자 도미닉 존슨은 1차 세계대전부터 베트남 전쟁과 이라크 전쟁에 이르는 전쟁의 전환점들을 분석했다. 그는 협상이라는 카드를 무시하고 자발적으로 전쟁을 선택했다가 패배한 국가들 대부분이 자신감 착각에 빠져 있었음을 강조한다.[35] 2004년 그루지야 대통령으로 당선된 미하일 사카쉬빌리는 겨우 서른여섯이었고, 그와 함께 정부를 운영한 장관들 역시 30대에 불과했다. 군사적 경험이 심히 부족한데도 러시아의 영향으로 그루지야로부터 독립한 지역을 탈환해야 한다는 대통령의 생각을 지지했던 것이다. 4년 후 그들은 그루지야의 25배에 달하는 군사력을 보유한 러시아와 싸우겠다는 발상이 꽤 괜찮은 생각이라고 확신하기에 이르렀다. 이들이 확신하게 된 과정은 쉽게 상상할 수 있다. 비슷한 성향의 공직자들이 모여서, 혼자였다면 자신감을 내비치지 못했을 의견들을 모아놓고서, 자기들끼리 토론하고, 공개 성명을 서로 지지해가면서 확신에 넘치는 결론으로 만들어갔을 것이다.[36]

나와 하버드 동료들은 이런 집단의 자신감 인플레이션 현상을 실험을 통해 알아보고자 했다. 그들은 우선 700명의 사람들에게 앞서 언급한 O/X 일반상식 문제를 풀도록 했다. 이전과 마찬가지로 사람들은 자신을 과대평가했기에, 실제 정답률은 54퍼센트였지만 자신감 수치는 평균 70퍼센트였다. 나와 동료들은 첫 번째 시험의 자신감 수치를 바탕으로 참가자들을 두 명씩 짝지어 세 종류, 즉 두 명 다 자신감이 높은 집단, 두 명 다 자신감이 낮은 집단, 한 명은 자신감이 높고 한 명은 자신감이 낮은 집단으로 나누었다. 각 집단은 연구실을 방문해 문제는 다르지만 난이도는 같은 두 번째 시험을 함께 풀었다. 구성원들은 서로 의견을 공유하고 토의하면서 답을 내놓았고, 그 답이 맞을 가능성이 얼마인지 함께 판단했다.

직관적으로 우리는 개인보다는 집단의 답이 더 정확할 것이고, 지나친 자신감은 줄어들었으리라 생각한다. 두 사람이 O/X 문제에 서로 다른 답을 내놓는다면 한 명은 틀렸다. 이런 의견 차이는 두 가지 변화를 가져올 것이다. 첫째, 토론에 박차를 가할 것이고 이로 인해 더 정확한 답이 나올 수 있다. 둘째, 의견차가 발생하면 각자 자기 답안에 가졌던 확신이 지나쳤을 수 있다고 느껴 자신감이 줄어들 것이다.

하지만 적어도 이런 종류의 일반상식 문제에서는 두 사람이 한 사람보다 나을 게 없었다. 개인이나 집단이나 문제풀이 능력은 비슷했다. 그러나 집단에 속하면서 참가자들의 믿음은 부풀려졌다. 정답률은 좋아지지 않고 대신 자신감만 높아진 것이다![37] 더욱이 둘 다 자신감이 낮은 사람으로 이루어진 집단의 자신감이 가장 많이 증가했다. 이 집단의 정답률은 그대로였는데도 서로를 북돋아 11퍼센트 향상된 자신감을 나타냈다. 이 실험은 러시아와의 전쟁을 야기한 그루지야 정부의 대담한 결정이 어느 한 개인의 자만에서 비롯되지는 않았음을 보여준다. 이런 결정을 내린 사람들 각자는 자신감이 낮았을지도 모르고 아마 혼자였다면 생각조차 하지 못했을 수도 있다. 그러나 집단을 이루면서 이들은 실제로 위험하고 불확실한 조치가 성공하리라고 믿을 정도로 자신감이 팽창할 수 있었다.

자신감을
너무 믿지 말라

인기 드라마 〈하우스〉의 주인공 그레고리 하우스와 동료들은 매회 희귀한 케이스를 만나고, 여러 번의 시행착오를 거치다가 끝날 즈음에 문제를 해결한다. 드라마에 나오는 다른 의사들처럼 하우스는 거만해 보일 만큼 자신만만하고 당당하다. 그에게는 다른 의사들이 다 놓치는 희귀병을 진단해내는 묘한 능력이 있다. 물론 하우스는 허구의 인물이지만, 세인트루이스 아동병원의 짐 키팅 박사도 하우스처럼 다른 누구도 해결하지 못하는 케이스들을 해결한다. 하지만 하우스와 달리 키팅은 사교적이고 친절하며 잘 웃고 답을 모르면 모른다고 기꺼이 인정하려 한다. 그는 원인을 찾을 수 없는 문제로 병원에 오는 유아와 아동을 위한 클리닉을 운영한다. 키팅은 이미 여러 의사와 전문가를 만나보고 무수한 검사를 거친 환자들을 주로 진찰한다. 다른 모든 사람이 놓친 것을 발견할 수도 있는 '최후의 보루'라고 불리는 사람이다.

의사 키팅의 이력은 굉장하다. 하버드에서 학사와 의학박사 학위를 받았고 소아과학, 소아중환자학, 소아소화기학을 전공했으며 런던대학에서 전염병학과 생물통계학으로 석사학위를 받았다. 베트남에서 복무할 때는 전쟁 중에 민간인을 치료했고, 림프절 페스트에 걸린 환자도 진단해냈다. 다양한 의학 분야에서 수십 년에 걸쳐 경험을 쌓은 이후 지금의 진단 클리닉을 시작했고, 지금까지 10년 넘게 운영하고 있다. 이제 70대 초반인 키팅은 내게 말했다. "그 시간들을 허투루 보냈다고 생각하지 않아요. 그 동안 수많은 일을 겪으며 쌓은 폭넓은 경험과 열심히 환자들을 치료한 경험으로부터 나오는 자신감 덕에 이 검진센터를 잘 꾸려나가고 있습니다."

키팅은 의학에서 자신감의 역할을 알고 있다. "의사들이 어느 정도 자신감을 보여야 환자나 가족, 간호사 모두와 상호작용할 수 있습니다. 여러 가지 일이 한꺼번에 터지고 환자상태가 심각한 응급실에서는 침착하고 안정적인 목소리를 들어야 안심이 됩니다." 환자들은 정도 이상으로 의사를 믿고, 그 믿음은 의사가 이미 지닌 자신감을 강화한다.

키팅은 이렇게 말한다. "의사가 필요한 사람들은 대부분 의사가 자신을 위한 옳은 결정을 내릴 능력이 있다고 믿습니다. 그 믿음은 과학적 현실과는 상관없죠. 환자들은 자기 결정보다 의사의 결정을 믿습니다. 문제는 이게 의사로 하여금 자기가 아는 것과 모르는 것에 대해 솔직해지지 못하게 만든다는 겁니다. 환자의 믿음은 의사의 자부심을 높이고, '의사는 다 안다'고 사람들이 생각하게 만들어버리지요."

의학계에서 자신감의 순환 고리는 끊어지지 않고 이어진다. 의사들은 훈련 과정의 일환으로 자신 있게 말하도록 배운다. 물론 원래 자신감 많은 사람들이 의사가 되기도 한다. 그러면 환자들은 자신감을 실력으로 착각하고, 의사를 마치 신성한 통찰력을 지닌 성직자처럼 대우한다. 환자들의 '띄워주기'는 다시 의사의 행동을 강화하고 그들이 더 자신만만해지도록 만든다. 자신감이 지식과 능력을 크게 앞지르면 위험이 찾아온다. 키팅은 말한다. "침착함은 의사가 항상 갖추려고 노력해야 하는 요소지만 반드시 실력이 뒷받침되어야 합니다. 그리고 마음 한 구석에는 항상 '확실하지 않다'는 생각이 있어야 배우려는 자세를 계속 유지할 수 있습니다. 우리 같은 직업을 가진 사람은 더욱 겸손해져야 합니다." 의사들은 증거에 귀 기울이고, 모를 때는 모른다는 사실을 인정하고, 환자들로부터 배우려고 해야 한다. 하지만 모든 의사가 지나친 자신감을 극복하진 못한다.

버클리대학 심리학과 교수 세스 로버츠는 작은 탈장이 있으니 수술하라는 의사의 권유를 받았다. 로버츠는 의사에게 실질적으로 전혀 성가시지 않은 '문제'를 바로잡는 이득이 마취와 수술로 부작용이 생길 위험, 치러야 할 비용과 시간을 정당화할 수 있는지 물었다. 의사는 물론이라며, 이 수술의 가치를 보여주는 임상시험 결과가 나와 있고 인터넷에서 이를 쉽게 찾아볼 수 있다고 자신했다. 하지만 로버트는 물론 예전에 의과대학 사서로 일했던 그의 어머니도 임상시험 결과를 찾을 수 없었다. 의사는 그 연구가 분명 있다고 주장하며 찾아서 보내주겠다고 약속까지 했지만 결국 자료는 오지 않았다. 전문가가 아닌 우리는 로버츠가 수술을 해야 했을지 알 수 없다. 수술하는 게 옳았을 수도, 아닐 수도 있다. 중요한 것은, 자신의 결정이 옳을 뿐 아니라 이를 뒷받침하는 임상시험 결과도 있다며 의사가 보여준 극단적인 자신감이다. 숙련된 의학조사원이 그 증거를 찾을 수 없었다는 사실을 알고 나서도 그 의사는 연구 결과가 있다는 주장을 굽히지 않았다.[38]

  아니라는 증거를 보여줘도 고집스럽게 확신을 거두지 않는 의사라면 다른 의사를 찾아가야 할 것이다. 훌륭한 의사들은 폭넓은 자신감을 보여준다. 모르면 모른다고 인정하고, 아는 것에는 더 큰 자신감을 표한다. 자기보다 더 잘 아는 사람들에게 거리낌 없이 자문을 구하는 의사는, 어떤 상황도 혼자 해결할 수 있다고 생각하는 의사보다 더 훌륭히 치료해줄 것이다. 아들 때문에 소아과 의사를 만났을 때, 나는 먼저 내 아버지도 소아과 의사라는 말을 꺼냈다. 그리고는 의사의 반응을 살폈다. 이 사실에 겁먹은 모습을 보이는지? 내 아버지를 비롯해 다른 의사들의 조언을 받을 마음이 있다는 의사를 표현하는지? 키팅 박사는 의사에게서 다음과 같은 특징을 찾으라고 조언한다. "의사들은 솔직하게 '모른다'고 말할 수 있어야 합니다."

이 전략을 이용해 의사들을 평가하려면 자신감이 지식을 반영한다고 믿는 경향, 즉 자기 지식에 확신을 보이는 의사들이 미심쩍어 하는 의사들보다 낫다는 전제를 의식적으로 떨쳐버려야 한다. 1986년 로체스터 대학에서 실시한 연구는 이 그릇된 가정의 힘을 보여준다.[39] 연구자들은 진료를 위해 기다리는 환자들에게 의사와 환자 사이의 연출된 상황을 담은 비디오테이프를 보여주고 각 의사에 대한 만족도를 평가해 달라고 부탁했다. 치과의사는 심장 이상음 증세가 있는 환자에게 "치과수술 전에 항생제를 먹어야 되는지 주치의에게 물어보고 오라"고 말한다. 심장질환이 있는 사람들은 치과수술 전에 심장판막 감염을 막기 위해 항생제를 쓰는 게 일반적이다.

비디오는 주치의가 진료기록을 살피고 진찰한 뒤 심장에 문제가 있음을 확인하고 항생제 처방전을 써주는 모습을 담았다. 한 의사는 진단이나 치료에 관해서 전혀 불확실한 태도를 보이지 않았다. 다른 의사는 항생제가 필요한지 잘 모르겠다며 처방전을 써주었다. 또 다른 의사는 그냥 "써서 나쁠 건 없겠죠"라고 말하며 처방전을 썼다. 또 다른 의사는 관련 서적을 찾아본 후 처방전을 써주었다. 비디오를 본 환자들은 자신만만한 첫 번째 의사를 가장 만족스러워 했고, 관련 서적을 찾아본 의사를 가장 낮게 평가했다. 적어도 의학 분야의 전문가는 관련 지식이 다 머릿속에 있을 것으로 기대되고, 관련 자료를 찾아보는 행위는 사실상 "문제없겠지, 뭐"라고 말하면서 일을 처리하는 것보다도 나쁘다는 평가를 받는다.

크리스가 의사를 만나 라임병을 진단 받았던 일을 다시 생각해보자.

그 의사는 비디오 실험 참가자에게 최악의 점수를 받았을 것이다. 크리스 역시 그녀를 못 미더워했다. 그러나 처방전의 지시대로 항생제를 챙겨 먹었고 곧 깨끗이 나았다. 돌이켜보니 그 의사는 자기 지식의 한계를 알 만큼 자기분별력이 있었다. 허세를 부리며 결정하고 일하기보다는 관련 정보를 찾아보는 진정한 실력자였음을 깨닫게 되었다.

불확실함을 표현하는 의사들은 그러지 않는 이들보다 자기분별력이 있을 테지만 보통 사람들은 이런 전문가들이 나타내는 실질적인 실력을 거의 알아채지 못한다. 그 대신 성격과 겉모습에만 집중한다. 환자들은 캐주얼하게 입은 의사들보다 제대로 차려입고 하얀 가운을 걸친 의사들을 더 믿고 신뢰한다.[40] 하지만 실력 없는 의사도 가운을 걸칠 수 있다. 의사의 실력을 평가할 때 옷 같은 것에 영향을 받아서는 안 된다.

자기계발서는 자신감의 중요성을 특히 강조한다. 물론 의견을 자신 있게 표명한다면 더 많은 사람들을 설득할 수 있을 것이고, 결과적으로 (적어도 단기적으로는) 성공할 가능성이 높다. 환자들이 의심 없이 진단을 받아들이게 하려면 그저 가운만 입어도 된다. 자신감을 가장하는 것은 유리한 면이 있다. 물론 자신감을 가장해 다른 사람들을 납득시킬 수 있다면 원래 어느 정도 자신만만한 사람일 것이다. 만약 모든 사람이 자기계발서의 조언을 받아들여 "최대한 자신감을 가장한다면" 이미 한계를 드러난 자신감의 가치는 더 떨어지고 자신감 착각은 더 위험해질 것이다. 극단적으로 보면 우리는 전혀 예측 타당성이 없는 특성에 의존하게 될 것이다. 근거 없는 자신감만 키우면 자기 자신에게는 이득일지 몰라도 모두에게 피해를 끼치게 된다.

여전히 한 가지 의문점이 남는다. 우리는 왜 망설이는 의사보다 자신만만한 의사를 더 신뢰할까? 무엇을 잘 알고 있으면 자신감이 생긴다는 사실을 잘 알기 때문이다. 잘 아는 주제에 대해 말할 때 더 큰 자신감을 보인다. 앞서 언급했듯이 실력을 쌓으면 자신감은 증가하지만 지나친 자신감은 오히려 감소한다. 상대가 평소에 잘 아는 사람이라면 그가 보이는 자신감이 '평소보다' 높은지 낮은지 알 수 있다. 어떤 사람이 평소에 표현하는 자신감의 정도를 알면 그 사람이 어떤 지식에 대해 얼마나 알고 있는지에 대해 자신감을 합리적인 예측치로 이용할 수 있다. 사람들은 잘 알면 더 자신 있게 행동하고 잘 모르면 덜 자신 있게 행동한다. 펑크 난 타이어를 고치는 일보다 결혼식 피로연에서 읽을 축사 쓰는 일에 더 자신 있어 하는 사람이라면, 차를 고치기보다 신랑 들러리가 되는 게 나을 거라고 합리적으로 추론할 수 있다.

그러나 문제는 자신감이 성격 특성이기 때문에 사람마다 기본적으로 보이는 자신감이 많이 다를 수 있다는 사실이다. 만약 상황에 따라 어느 정도의 자신감을 보이는지 모른다면 특정 순간에 보이는 자신감이 지식에 기인했는지, 성격에 기인했는지 판단할 방법이 전혀 없다. 만약 처음 만난 사람이라면 그가 축사를 쓰는 능력에 자신감을 표현했더라도 정말 축사를 잘하는지 아니면 그냥 원래 호기로운 사람인지 알 방법이 전혀 없다. 그가 축사를 해본 적이 없는데도 자신 있어 한다면 그의 자신감 수준은 실제로 잘할 수 있는 다른 영역에서는 더 높을 것이다.

우리는 잘 모르는 수백, 수천 명의 사람들과 마주치면서 그들의 자신감을 관찰해서 결론을 이끌어내고는 한다. 이렇게 우연히 만났을 때 자신감은 유용한 신호가 아니다. 하지만 더 작은 규모의, 인류가 과거에 생활했던 작은 공동체 사회에서는 자신감이 지식과 능력을 더 정확하게 반영하는 신호가 될 수 있다. 친밀한 집단이나 가족이 모든 생활을 함께 한다면 사람들은 만나는 사람을 모두 파악하게 될 것이고 다른 사람의 행동을 해석하면서 서로 다른 기본 자신감의 차이를 적용할 수 있다. 이런 여건에서 자신감에 기인한 판단은 전적으로 합리적이다. 남동생이 항상 여동생보다 더 큰 자신감을 나타낸다면 그의 실제 능력을 평가할 때 그의 허세를 고려해야 한다는 것을 안다. 그러나 불행하게도 유용해야 할 이런 시스템이 법정에서 증언을 할 때처럼 모르는 사람들을 대할 때는 재앙이 될 수 있다.

그녀의 자신감과
그의 유죄판결

1984년 7월, 스물두 살 제니퍼 톰슨은 노스캐롤라이나 주 엘론대학에 다니고 있었다. 학교에서 8킬로미터 정도 떨어진 아파트에 살던 그녀는 어느 늦은 밤, 인기척에 놀라 잠에서 깼고 침실에 있는 흑인 남자를 보았다. 그는 그녀 위에 올라타고서는 팔을 눌러 움직이지 못하게 했다. 그녀는 비명을 질렀고, 남자는 그녀의 목에 칼을 갖다 대면서 소리 내면 죽여버리겠다고 협박했다.[41]

처음에 제니퍼는 친구의 장난(섬뜩한 유머감각을 가진 친구라면)일지 모른다고 생각했다. 그러나 침입자의 얼굴을 보자 그렇지 않다는 사실을 깨달았다. 그녀는 뭐든 다 가져가라고 했지만, 남자는 그녀의 속옷을 벗기고 성추행했다. 제니퍼는 이후 이렇게 회상했다. "날 강간하겠다 싶었어요. 그걸로 끝일지, 날 죽일지 몰랐기 때문에 그 사람보다 똑똑하게 굴어야겠다고 마음먹었어요." 강간당하는 30분 동안, 제니퍼는 범인의 얼굴을 더 잘 보기 위해 계속 불을 켰고, 그때마다 그는 불을 끄라고 명령했다. 하지만 강간범이 그녀의 오디오를 틀자 파란 불빛이 그의 얼굴을 비췄다. 그녀는 그가 어떻게 생겼는지 감을 잡을 수 있었다. "생각을 정리할 시간은 정말 많았어요. 그래, 코는 이렇게 생겼고, 검정색이 아니라 남색 셔츠를 입고 있군……."

이윽고 그는 그녀에게 키스하려고 했다. 그녀는 대담하게 "칼을 치우면 안정되어서 더 잘 느낄 것 같다"고 말했다. 놀랍게도 그는 칼을 치웠다. 그 다음 제니퍼는 부엌에 가서 음료수를 좀 가져오겠다고 말했다. 부엌에 간 그녀는 뒷문이 열려 있는 것을 보고 범인이 그 문을 통해 들어왔다는 걸 알았다. 그녀는 밖으로 뛰어나갔고 자신을 구출해줄 이웃(그녀를 학교에서 본 엘론대학의 교수)을 만났다. 제니퍼는 기절했고 병원으로 실려 갔다.

같은 날 밤 더 늦은 시각, 제니퍼의 집에서 1.6킬로미터도 안 되는 근처에서 또 다른 강간 사건이 일어났다. 범인은 피해자의 침실에 나타나 그녀를 추행하고 떠났다가 다시 돌아와 그녀를 강간했다. 피해자는 전화로 도움을 요청하려 했지만, 제니퍼의 집과 마찬가지로 전화선은 끊어져 있었다. 강간범은 30분 정도 있다가 앞문으로 나갔다. 경찰은 두 사건이 동일범의 소행이라고 추정했다.

사건을 겪고 몇 시간 뒤 제니퍼 톰슨은 경찰에게 범인의 용모를 설명했다. 사건 담당형사 마이크 걸딘은 "그녀는 자신이 범인을 알아볼 수 있다고 매우 자신했다"고 말했다. 경찰이 배포한 수배전단에 따르면 용의자는 "피부색이 밝고 키는 183cm 정도, 몸무게는 77~79kg, 짧은 머리에 얇게 콧수염이 난 흑인 남자"였다. 수배전단을 배포한 뒤 걸딘은 근처 레스토랑에서 일하는 로널드 코튼이 몽타주를 닮았다는 정보를 입수했다. 제니퍼는 제보자들이 언급한 여섯 명의 흑인 남성 용의자 중에서 쉽게 코튼의 사진을 집어냈다. 그 다음에야 경찰은 코튼에게 강간미수 전과가 있다고 알려주었다. 게다가 가택침입 전과도 있었고 직장에서 몇몇 웨이트리스를 성희롱했다는 제보도 있었다. 제니퍼는 범인이 그녀에게 했던 말을 용의자들이 따라 해보게 하는 테스트에서도 코튼을 골라냈다. 결국 로널드 코튼은 체포되었고 수감된 채로 재판을 기다렸다.

1985년 1월 진행된 재판에서 결정적인 물증은 제시되지 않았고 그날 밤 일어난 다른 강간 사건의 피해자가 코튼을 식별할 수 없었다는 점, 그래서 그 사건에 대해서는 코튼이 기소되지 않았다는 점도 언급되지 않았다. 강간이 일어난 밤 코튼이 진술한 알리바이는 오락가락하고 불안정한 반면, 제니퍼는 일관되게 사진과 목소리를 골라냈고 재판정에서 그를 식별해내는 등 자신 있는 모습이 대비되며 이미 결론이 났다. 제니퍼는 설득력 있는 증인으로 입증되었다. 그녀는 배심원들에게 범인을 나중에 확실하게 잡을 수 있도록 강간당하면서도 '범인의 아주 작은 특징'까지 노력을 집중해 침착하게 기억했다고 말했다. "제니퍼, 당신은 로널드 주니어 코튼이 그 범인이라고 정말로 확신합니까?" 검사가 물었다. "네." 그녀는 대답했다. 배심원은 네 시간에 걸친 심의 끝에 코튼의 유죄를 선고했다. 그는 50년 뒤 가석방 여부가 결정되는 종신형을 언도받았다.

그로부터 2년 후, 바비 풀이라는 죄수가 제니퍼 톰슨을 강간한 사람은 코튼이 아닌 자신이라고 감옥에서 공공연히 떠벌리면서 로널드 코튼은 다시 재판을 받았다. 코튼과 풀은 간수들도 헷갈려 할 만큼 닮았다. 코튼은 풀을 꼬드겨 나란히 서서 사진을 찍었고 변호사에게 풀이 진짜 강간범이라는 주장을 담은 편지와 사진을 보냈다. 하지만 코튼의 두 번째 재판이 열린 법정에서 톰슨은 바비 풀을 보고 "처음 보는 사람인데요. 전혀 누군지 모르겠습니다"라고 말했다. 이보다 더 명백하고 자신 있는 말은 있을 수 없었다. 배심원들은 더욱 확신을 갖게 되었고, 코튼은 더 높은 형을 언도받았으며, 이번에는 두 강간 사건 모두에 연루되어 감옥으로 돌아갔다.

시간이 흐르고 제니퍼는 점차 그 사건을 잊어갔다. 첫 재판 후 10년이 지난 1995년, 그녀는 코튼의 무죄를 주장하는 그의 변호사가 DNA 검사를 요구했다는 연락을 걸던 형사와 지방 검사를 통해 받았다. 사건 당시 병원에서 채취했던 DNA를 로널드 코튼, 바비 풀, 제니퍼 톰슨의 새로운 채취 샘플과 비교할 것이다. 그녀는 사건을 완전히 종결할 수 있겠다는 확신을 갖고 적극적으로 협조했다.

그러나 검사 결과는 충격적이었다. 자신의 기억을 확신하고 겉으로 자신만만했던 제니퍼의 주장이 그동안 계속 틀렸다는 사실이 입증되고 만 것이다! 무죄를 주장한 코튼도 옳았고, 자기가 저지른 일이라고 떠벌린 풀도 옳았다. 강간범이 남긴 DNA는 풀의 DNA와 일치했다!

제니퍼는 곧바로 코튼의 무죄를 인정했지만 그의 자유를 빼앗았다는 죄책감에 괴로워했다. 그녀는 후에 이렇게 언급했다. "여러 해 동안 경찰과 검사들은 내가 증인석에 나왔던 사람들 중 '최고의 증인'이었다고 말해주었어요. 나는 '증인들의 교과서'였죠." 수사관과 검사들은 배심원이 자신 있는 목격자를 믿는다는 사실을 잘 안다. 피해자가 법정에서 '틀림없이' 자신을 강간한 사람을 알아본다고 진술한 1972년 사건에서 미국 대법원은 '목격자가 표명하는 확실성의 정도'가 중요한 요소라고 선언했다.[42] 이와 대조적으로 목격자 기억eyewitness memory 전문가로 증언하는 대부분의 심리학자는 "목격자의 자신감은 용의자를 구별해내는 훌륭한 지표라고 할 수 없다"고 말한다.[43] 사실 나중에 DNA 증거로 인해 뒤집어진 유죄판결의 75퍼센트 이상은, 범인을 잘못 식별한 목격자가 배심원들 앞에서 자신 있게 진술했던 것이 오판의 주원인이다.[44]

자신감이 어느 정도까지 배심원을 교란시키는지 보여주기 위해 심리학자 개리 웰스와 동료들은 사건의 첫 목격자 진술부터 배심원의 최종 평결까지 형사재판과정 전체와 유사하게 설계한 정교한 실험을 진행했다. 첫째, 연구자들은 108명을 대상으로 피실험자가 혼자 방에서 서류를 작성하고 있을 때 배우를 투입해 계산기를 훔치는 범죄를 연출했다.[45] 웰스는 용의자가 방에 머문 시간, 피실험자와의 대화 여부, 모자 착용 여부(얼굴을 보기 어렵도록)를 다르게 설정했다. '범인'이 방을 떠나고 잠시 후 실험자가 들어와 피실험자에게 사진 중에서 범인을 골라내고 얼마나 확신하는지 물었다. 당연히 범인을 잠깐 본 피실험자들이 오래 본 피실험자들의 두 배 이상 잘못된 선택을 했다. 하지만 그들은 범인을 오래 본 사람들 못지않게 자신의 선택에 자신감을 드러냈다.

이 실험에서 가장 흥미로운 점은 앞서 언급했던 지나친 자신감이 아니다. 사진 중에서 한 명을 고르게 하고 그 선택에 대한 자신감을 기록한 뒤, 그들의 선택이나 자신감 정도에 대해 전혀 모르는 다른 실험자를 투입해 목격자 진술을 받았다. 그리고는 진술 과정을 비디오로 찍어 새로운 피실험자 집단('배심원 역할')에게 테이프를 보여주면서 목격자가 정확하게 식별했는지 판단해달라고 했다. 배심원들이 높은 자신감을 보인 목격자를 믿을 확률은 77퍼센트인 반면 자신감이 낮았던 목격자를 믿을 확률은 59퍼센트였다. 더 중요한 사실은 배심원들이 목격자가 범인을 잘 보지 못한 경우(모자 쓴 범인에게 짧게 노출된 경우)에 자신만만한 목격자들에게 더 크게 휘둘렸다는 것이다. 즉, 자신감은 목격자가 가장 적은 정보를 갖고 진술할 때 배심원 평결에 가장 해로운 영향을 미쳤다.

로널드 코튼의 재판에서 배심원들은 증언의 정확성을 구별하기 위해 자신감에 의존했다. 독일 기센 대학의 심리학자 지그프리트 스푀러Siegfried Sporer가 이끄는 과학자들은 용의자 식별(코튼을 강간범으로 지목한 결정적 수단)에 관한 연구를 두루 검토했다. 몇몇 연구들은 목격자가 보이는 자신감의 수준과 정확도는 관계없다고 밝혔지만, 어떤 연구들은 높은 자신감과 정확도가 연관되어 있다고 말했다. 그들은 관련 연구를 모두 고려하여 평균적으로 자신감이 높은 목격자들이 정확한 정도가 70퍼센트인 반면 자신감이 낮은 목격자들이 정확한 경우는 단 30퍼센트

정도라는 사실을 발견했다.[46] 그러므로 다른 모든 조건이 동등하다면 자신 있는 목격자가 자신 없는 목격자보다 훨씬 더 정확할 것이다.

그러나 여기에는 두 가지 문제점이 있다. 첫째, 목격자가 드러내는 자신감의 수준은 그가 목격한 특정 상황 때문일 수도 있지만 원래 그 사람의 성향에도 영향을 받기 때문이다. 만약 배심원들이 어느 목격자의 평소 자신감을 다양한 상황에서 관찰할 수 있다면, 목격자가 평소보다 더 자신 있게 증언하는지 아닌지 판단할 수 있을 것이다. 목격자가 원래 자신 있게 행동하는지에 대한 정보가 전혀 없는 상태에서 우리는 자신감 있어 보이는 사람들을 믿는 경향이 있다. 자신감 있는 목격자의 영향력은 전국적으로 실시한 설문조사에서 37퍼센트의 응답자들이 "자신 있는 목격자 1인의 증언은 용의자에게 유죄판결을 내릴 만큼 충분한 증거로 채택되어야 한다"는 의견에 동의할 만큼 엄청나다.

더 중요한 두 번째 문제점은, 자신감이 높을수록 정확도가 높아지긴 하나 그 연관성이 '완벽하지 않다'는 사실이다. 자신감이 높은 목격자들이 옳게 식별하는 경우가 70퍼센트라는 말을 달리하면 30퍼센트의 경우에는 틀렸다는 뜻이다. 즉, 자신 있는 목격자의 식별에만 의존한 유죄판결이 오판일 가능성은 30퍼센트다. 목격자 증언의 전문가인 게리 웰스와 그의 동료들이 말하듯 "자신만만하지만 잘못 본 목격자(아니면 자신 없지만 정확하게 본 목격자)를 만날 확률은 지나가다가 키 큰 여자(아니면 키 작은 남자)를 만날 확률만큼 크다."[47] 목격자가 법정에서 얼마나 자신 있게 기억을 되살렸건 간에, 목격자 기억에만 의존해 내려진 판결에 대해 다시 생각해야 한다.

로널드 코튼 사건은 오류를 범하기 쉬운 기억의 특성으로 인해 목격자를 잘못 식별한 사례로 자주 언급된다. 물론 그렇다. 하지만 만약 자신감 착각이 없었다면 사건 관계자들과 배심원들은 제니퍼의 식별과 회상에 크게 비중을 두지 않았을 것이다. 그녀가 자신만만하게 진술하더라도 충분히 오류가 있을 수 있다는 사실을 깨닫고, 목격자 증언이 아무리 명료하고 설득력 있고 자신 있더라도 그 밖에 물적 증거, 하다못해 오판을 막을 안전판으로 상황적 증거라도 필요하다고 여겨야만 했다.[48] 자신감 착각은 이 모든 것을 덮어 감추며 때로 재앙과 같은 결과를 낳는다.

그 결과 로널드 코튼은 저지르지도 않은 범죄 때문에 11년 간 억울하게 감옥에서 복역해야 했고, 자칫하면 평생 갇힐 수도 있었다. 두 번째 재판 당시 두 번째 피해자가 새로이 증언하면서 그는 그날 일어난 두 강간 사건의 범인으로 유죄선고를 받았다. 후에 변호사들이 그의 DNA와 각각의 범죄 현장에서 발견된 샘플을 비교해 검사하려 했지만 두 번째 강간 때 채취한 물질은 너무 많이 손상되어 있었다. 만약 제니퍼 톰슨에게서 얻은 샘플도 검사가 불가능했다면, 혹은 완전히 사라지고 없었다면, 코튼의 무죄를 입증할 방법은 전혀 없었을 것이다. 다행히 그는 1995년 6월 30일에 석방되었다. 그는 주정부가 주는 보상금 5,000달러를 받았는데 이후 법이 바뀌면서 금액은 100,000달러로 늘어났다. 요즘 그는 잘못된 유죄판결 문제에 대한 연설을 하며 여러 곳을 돌아다니는데, 지금은 세쌍둥이의 엄마이자 형사재판 개혁 지지자인 제니퍼 톰슨과 종종 동행하기도 한다.

가장 필요한 개혁은 우리 마음이 어떻게 작용하는지에 대한 '법률제도의 이해'다. 경찰, 목격자, 변호사, 판사, 배심원들은 우리가 논의한 착각들에 빠질 가능성이 너무나 크다. 그들도 사람이기 때문에 우리가 실제보다 더 많은 주의를 기울이고 있다고, 우리 기억이 실제보다 더 완전하고 믿음직스럽다고, 자신감이 진실과 정확성을 보장한다고 맹신한다. 일반 형사소송법은 영국과 미국에서 수세기 전에 제정되었고 전적으로 이런 잘못된 직관들에 근거하고 있다.

우리가 실제 이해하고 있는 것보다 더 잘 안다고 생각하는 것은 마음뿐만이 아니다. 변기나 지퍼처럼 간단한 물리적 장치에서부터 인터넷처럼 복잡한 기술, 보스턴의 '빅 딕 프로젝트Big Dig Project' 같은 어마어마한 토목계획, 금융시장이나 테러리스트 네트워크 같은 추상적인 실체에 이르기까지, 우리는 실제로 잘 모르는 일들을 이해하고 설명할 수 있다고 자신을 쉽게 속인다. 지식의 범위와 깊이를 과대평가하는 위험한 경향은 다음 장에서 우리가 논의할 일상의 착각이다. 지식 착각은 자신감 착각과 비슷하지만 한 사람의 확실성의 수준이나 능력을 직접적으로 표현하는 것은 아니다. 다른 사람에게 내가 "자신 있고", "확실하고", "평균보다 낫고" 등을 말하는 것과 다르다. 지식 착각은 우리가 사물을 실제보다 더 깊은 수준에서 이해하고 있다고 암묵적으로 믿는 것이며, 우리가 내리는 가장 위험하고 그릇된 몇몇 결정의 배후에 잠재해 있다.

04
지식 착각

기상 캐스터와 펀드매니저의 차이점

2000년 6월, 빌 클린턴 미국 대통령과 토니 블레어 영국 총리는 인간 염색체 23쌍의 DNA서열을 전부 해독하기위한 국제적 협력의 일환으로 '인간 게놈 프로젝트Human Genome Project'의 초기 단계를 완료했다고 공동 발표했다. 이 프로젝트는 염기서열의 '초안'을 완성하기까지 약 10년 동안 25억 달러가 들었고, 결과값의 오차를 줄이고 다듬는 데 추가로 10억 달러이상 소요되었다.[1] 생물학자들이 프로젝트를 통해 얻고자 했던 바는 다음과 같은 단순한 질문에 대한 답이었다. "도대체 인간 게놈에는 얼마나 많은 유전자가 있을까?"[2]

　인간의 유전자 개수는 인간의 생명활동과 생명작용이 복잡하기 때문에 상당히 많을 거라 추정되며, 염기서열을 밝혀내기 전까지는 약 8만에서 10만개에 이른다는 의견이 우세했다. 1999년 9월 미국의 야심 찬 생명공학 전문기업인 인사이트 제노믹스Incyte Genomics는 인간 게놈에 14만개의 유전자가 있다고 발표했다. 2000년 5월 세계 각국의 저명한 유전학자들은 뉴욕 콜드스프링하버연구소에서 개최한 "염기서열 해독과 생명작용Genome Sequencing and Biology"이라는 회의에 참석해 인간 유전자 개수에 관해 열띤 토론을 벌였다. 어떤 학자들은 인간 유전자가 인사이트사에서 제시한 수치만큼 높다고 주장한 반면, 또 다른 학자들은 5만개 이하일 거라고 주장하는 등 의견 대립이 팽팽했다.

　이렇게 다양한 의견 때문에 유럽생물정보연구소의 유전학자 이완 버니는 실제 인간 유전자 개수와 가장 가깝게 예측한 학자가 당첨금을 지급받도록 하는 내기를 벌였다. 참가자 모두 1달러씩 걸어야 하고, 최종 승자는 적립 기금과 함께 노벨상 수상자 제임스 왓슨의 친필서명이 들어 있는 회고록 《이중나선》 가죽 양장본을 받을 수 있었다. 인사이트사의 샘 라브리는 인간 유전자수를 153,478개로 예측하여 가장 높은 예상치를 내놓았다. 일찍이 내기에 참여했던 338명의 평균 예상치는 66,050개였다. 버니는 내기 참가비를 2001년도에는 5달러로, 2002년도에는 20달러까지 인상했다. 늦게 참여한 사람이 참가비를 더 많이 내도록 한 이유는 이들이 자신의 연구결과 뿐만 아니라, 앞선 참가자들의 추정치를 참고할 수 있기 때문이다. 내기 후반에 참가한 115명의 평균 예상치는 44,375개였고 기금은 1,200달러까지 모였다. 2년 동안 계속된 인간 유전자 개수 맞히기 내기에서 나온 가장 낮은 추정치는 시애틀에 있는 시스템생물학연구소Institute for Systems Biology의 리 로웬이 제시한 25,747개였다.

  2000년에 정했던 내기 조건에 따르면 버니가 당첨자를 발표해야 하는 시기는 2003년이었다. 하지만 놀랍게도 그때까지 정확한 최종 개수는 여전히 밝혀지지 않았다. 버니는 당시 확인 가능했던 증거들을 바탕으로 추정해 유전자 개수가 24,500개라고 결론지었다. 버니는 가장 낮은 수치를 제시한 세 명의 참가자들에게 상금을 나눠 주기로 했고, 세 명중 가장 낮은 수치를 제시한 리 로웬이 가장 많은 액수의 상금을 받았다. 정확한 유전자 개수에 대한 논의는 여전히 진행되고 있지만, 현재 가장 인정받고 있는 수치는 계속 감소해 20,500개까지 떨어졌다. 이 개수는 회충의 일종인 꼬마선충C.elegans(19,500개)과 겨자과 식물인 애기장대Arabidopsis(27,000개) 사이에 해당한다.

  유전학 분야의 권위자들이었던 내기 참가자들은 실제 유전자 개수가 그보다는 많으리라 확신했으나 가장 많은 개수부터 가장 적은 수에 이르기까지 그들이 제시한 총 453개의 예측치 중에는 정답이 없었다. 게놈 프로젝트 분야의 선구자인 미국국립보건원의 프랜시스 콜린스와 MIT의 에릭 랜더는 평균값의 오차보다 더한 100퍼센트 이상의 오차를 보였다. 유전자 개수에 대한 비밀이 언제쯤 풀릴지도 제대로 맞추지 못했다(예상은 2003년이었지만 실제로는 2007년 혹은 그 이후). 콜린스는 무심하게 말했다. "뭐, 다 살아가면서 배우는 거 아니겠습니까."

　과학자들이 자신의 전문 분야에 대한 지식을 과대평가했던 사례는 이것뿐만이 아니다. 1957년 컴퓨터 공학 및 인공지능 분야의 석학이었던 허버트 사이먼과 앨런 뉴웰은 앞으로 10년 이내에 컴퓨터가 체스 시합에서 세계 챔피언을 이길 거라고 공개적으로 예측했다.³ 하지만 1968년에 이르러서도 그런 능력을 지닌 컴퓨터를 개발하지 못했다. 스코틀랜드의 컴퓨터 프로그래머이자 인터내셔널마스터 타이틀(최고 등급인 그랜드마스터 바로 아래 레벨)을 거머쥐기도 한 체스 선수 데이비드 레비는 4명의 컴퓨터 공학자들을 상대로 자신의 돈 500파운드(당시 그의 수입에 절반에 해당하는 금액)를 걸고는 "앞으로 10년간 나를 이길 수 있는 컴퓨터는 없을 것"이라 장담했다. 이 금액에 다른 사람들의 판돈까지 더해져 1,250파운드까지 치솟은 1978년, 레비는 3승1무1패로 당시 가장 우수했던 컴퓨터 프로그램을 이겼다. 그 후 레비는 〈옴니 매거진Omni Magazine〉과 손잡고, 자신을 이기는 컴퓨터 개발자에게 5,000달러의 상금을 준다는 내기를 시간제한을 두지 않고 새로이 시작했다. 결국 1989년, 레비는 IBM의 컴퓨터 '딥 블루Deep Blue'의 이전 모델인 '딥 쏘트Deep Thought'에게 지고 말았다. 한편 사이먼과 뉴웰의 예언처럼 컴퓨터가 체스 세계 챔피언을 이긴 것은 1997년에야 가능했다. 다중 처리장치와 특수 제작된 체스 칩을 갖춘 IBM의 딥 블루가 당시 세계 체스 챔피언이었던 게리 카스파로프를 3승1무1패로 이겼지만, 그들이 예측했던 시기보다 30년이나 늦고 말았다.[4]

1980년 스탠포드 대학 교수이자 생태학자인 폴 에를리히Paul Ehrlich와 그의 동료인 캘리포니아 버클리 대학의 존 하트John Harte, 존 홀드렌John Hodren은 세계 인구과잉으로 인해 공급이 한정적인 식품 및 기타 재화들의 가격이 폭등할 거라 확신했다. 에를리히는 이러한 위협이 머지않아 긴박하게 다가오리라 자신하고 1968년에 펴낸 책에 이렇게 썼다. "1970년대에 세계는 기근을 겪게 될 것이며 수백만 명의 사람들이 굶어죽을 것이다."[5] 또 에를리히와 홀드렌은 "광물 자원이 곧 고갈될 것"이라고 예언했다.[6]

이에 대해 메릴랜드 대학의 경제학자 줄리언 사이먼은 반대 의견을 내놓았다. 그는 〈사이언스〉에 '자원, 인구, 환경: 허위 뉴스의 지나친 유포'라는 글을 게재했다.[7] 정원초과 예약한 항공기에서 좌석을 포기하는 승객에게 항공사가 보상해주는 시스템을 개발해 유명해진 사이먼은 재앙을 예언한 에를리히와 그의 동료들에게 돈을 걸고 자기 말에 책임을 지라고 도전장을 내밀었다. 그들의 말대로 증가하는 수요량에 비해 공급량은 동일하거나 감소하여 가격이 상승할 것으로 생각되는 원자재 5개를 골라, 향후 10년 간 과연 가격이 오르는지 내기하자고 제안했다. 이에 격분한 에를리히는 하트와 홀드렌과 함께 사이먼이 제안한 내기를 받아들였다. 그들은 크롬, 구리, 니켈, 주석, 텅스텐, 이렇게 다섯 가지의 금속을 고른 뒤, 1980년 당시 200달러에 구입가능한 각각의 금속량을 산정했다. 그리고는 10년 후 같은 분량의 금속 가격이 200달러보다 상승한다면 사이먼이 에를리히, 하트, 홀드렌에게 상금을 주고 만약 가격이 내려간다면 반대로 이 세 사람이 사이먼에게 상금을 주기로 했다. 그런데 1990년경에 이르러 이 다섯 금속의 가격은 모두 하락하고 말았다. 그것도 거의 50퍼센트 넘게 말이다! 사이먼은 내기한 금액의 수표가 든 봉투를 받았다. 봉투 안에는 수표 외에 그 어떤 메모도 없었다.[8]

터무니없이 예측을 잘못한 전문가의 사례만 선별했다고 생각하는가? 분명 이 내용들은 이례적인 사례에 속한다. 전문가들이 아무것도 모른다거나 항상 틀린다고 말하려는 의도는 아니다. 과학 분야에 몸담고 있는 사람들은 일반인보다 훨씬 많이 알고, 그들의 지식은 일반인이 아는 내용보다 정확할 것이다. 그러나 앞의 사례들은 과학적 사고를 하는 전문가들조차 자신의 지식을 지나치게 믿는다는 사실을 보여준다. 유전학자들은 인간 유전자 수를 실제보다 높게 측정했고, 어떤 학자의 측정치는 다섯 배나 차이 났다. 컴퓨터 과학자들이 예상했던 시기는 네 배나 차이가 났고, 재앙을 예측했던 경제학자들은 직접 선택한 광물자원의 예상가격도 알아맞히지 못했다. 전문가들조차 이러니, 우리도 자신의 지식을 지나치게 신뢰할 가능성이 분명히 있지 않겠는가. 사람은 실제로 자신이 알고 있는 수준보다 더 많이 안다고 생각할 때마다, 또 하나의 일상적인 착각에 빠지게 된다. 이제부터 다룰 주제인 **지식 착각**

illusion of knowledge이 바로 그것이다.

성가신 아이처럼 굴어서
좋은 점

지금 잠깐 마음속으로 자전거를 떠올려 보자. 종이가 있으면 그림을 그려도 좋다. 뛰어난 그림 솜씨를 발휘할 필요는 없고, 자전거의 주요 부분을 제대로 그려보라. 자전거의 프레임부터 시작해 손잡이, 바퀴, 페달과 그 외의 것들을 그리라.. 간단하게 1단 기어 자전거를 그리면 된다. 다 됐는가? 자전거의 작동 원리에 대한 자신의 지식에 1점('전혀 모름')부터 7점('해박함')까지 점수를 매겨 본다면 당신의 점수는 몇 점 일까?

당신이 영국 심리학자인 레베카 로슨의 기발한 연구에 참여했던 사람들과 비슷하다면, 7점 만점에서 평균 4.5점의 점수를 부여한 그들처럼 자신이 자전거에 대해 제법 해박한 지식을 지녔다고 생각할 것이다.[9] 그럼 이제 당신이 그린 그림을 보거나 머릿속에 떠올렸던 이미지를 다시 생각하면서 다음 질문에 답해보라.

자전거에 체인이 있는가? 만약 있다면 체인이 두 개의 바퀴 사이에 걸쳐 있는가? 자전거 프레임이 앞바퀴부터 뒷바퀴까지 모두 연결되어 있는가? 자전거 페달은 체인 안쪽에 붙어 있는가? 만약 체인을 바퀴 두 개에 걸쳐서 그렸다면 자전거가 어떻게 방향전환을 할 수 있을지 생각해보라. 체인은 항상 곧게 펴져 있어야 하는데 이런 구조에서는 앞바퀴가 회전할 때 펴지지 않는다. 마찬가지로 자전거 프레임이 바퀴 두 개를 서로 연결하고 있다면 자전거는 직진밖에 할 수 없다. 어떤 사람은 페달을 체인 바깥에 그렸는데 이렇게 되면 아무리 페달을 밟아도 체인이 돌아가지 않는다. 로슨의 연구에서 피실험자들은 자전거의 작동에서 대단히 중요한 사항에 대해 이런 오류들을 범했다. 페달을 밟으면 체인이 움직여 그 힘으로 뒷바퀴가 돌아가고, 앞바퀴가 자전거 프레임과 떨어져 있어야 쉽게 방향을 바꿀 수 있다. 사람들은 순전히 기억을 더듬어 자전거를 설명할 때(혹은 그림으로 그릴 때)보다 바로 눈앞에 자전거가 있을 때 자전거의 작동원리를 훨씬 잘 이해한다.

　로슨의 연구는 지식에 대한 착각을 비판적 관점에서 설명한다. 평소 사용하는 기계와 도구에 대해서 우리는 사용 경험도 많고 익숙하기 때문에 작동원리를 매우 잘 안다고 생각한다. 다음에 나열된 사물을 생각해보고 같은 방법으로 자신의 지식을 1부터 7까지 점수로 매겨보라. 속도계, 지퍼, 피아노 건반, 변기, 실린더 자물쇠, 헬리콥터, 재봉틀 중에서 당신이 가장 잘 알고 있다고 생각하여 가장 높은 점수를 매긴 물건이 어떻게 작동하는지 설명해 보라. 꼬치꼬치 캐묻는 어린아이에게 대답해주듯 어떻게 작동하고 왜 그렇게 되는지 한 단계씩 소소한 부분까지 자세히 설명하라. 다시 말하자면 각 단계 사이의 인과관계를 찾아보는 것이다. 자전거의 경우, **그저** 페달이 바퀴를 회전시킨다가 아니라, **어째서** 페달이 자전거 바퀴를 회전시키는지 설명해야 한다. 만약 두 가지 단계가 어떻게 연결되는지 모른다면 당신의 지식에 결함이 있었다는 뜻이다.

　이 테스트는 리온 로젠블리트Leon Rozenblit가 프랭크 케일Frank Keil교수(우연히도 댄의 대학원 시절 지도 교수였다)**10**와 함께 예일대에서 박사 과정 연구로 진행했던 기발한 실험과 유사한 면이 있다. 첫 번째 연구에서 로젠블리트는 심리학과 건물 복도에 있는 학생들에게 다가가 하늘이 파란색인 이유, 실린더 자물쇠가 작동하는 원리를 물었다. 학생들이 안다고 대답하면 로젠블리트는 자신이 '호기심 많은 꼬마' 게임이라고 이름 붙인 게임을 시작했다. 그는 게임 방식을 이렇게 설명했다. "내가 질문하면 당신은 대답하고, 그럼 난 또 '그건 왜요?'라고 묻습니다. 난 호기심 많은 다섯 살짜리 아이가 되어서 각 단계의 설명을 들으며 당신이 정말 짜증 날 때까지 '그건 왜요?'라고 계속 되물을 겁니다."**11** 이 간단한 실험에서 사람들은 예상과 달리 굉장히 빨리 포기했다. "그건 왜요?"라는 질문을 한두 개만 더 해도 사람들은 대답을 못하고 자신의 지식에 결함이 있다는 사실을 금방 깨달았다. 더 놀라운 것은 제대로 아는 것이 없다는 사실을 깨달았을 때 사람들이 보인 반응이었다. "이런 결과는 사람들의 직관에 분명 어긋나는 것이었지요. 사람들은 놀라거나 화를 내거나 당황했습니다." 결국에는 피실험자들이 그냥 답을 알려달라고 말했다.

　로젠브리트는 이러한 지식착각과 관련된 연구를 여러 집단(예일대 출신부터 뉴헤이븐 공동체 구성원까지)을 대상으로 몇 년에 걸쳐 십여 차례 수행했는데 결과는 모두 같았다. 질문하는 대상이 누구든 "왜요?"라는 질문에 충분히 답변할 수 없다는 사실을 알게 되었다. 우리 대부분은 지식의 깊이가 얕기 때문에 첫 번째 질문에 대답하면서 알고 있던 내용을 전부 소진한다. 우리는 질문마다 답이 있으며 그 답도 잘 알거라 생각하지만, 이를 설명해보라는 질문을 받기 전까지는 자신의 지식에 결함이 있었다는 사실을 잘 깨닫지 못한다.

　이 간단한 테스트를 받기 전에 당신은 변기의 작동 방식을 직관적으로 알고 있다고 생각하겠지만, 당신이 아는 것은 변기 사용법이나 변기를 뚫는 방법이다. 여러 부속들을 직접 보고 있으면 이것들이 어떻게 상호 작용하거나 움직이는지 이해할 수 있을 것이다. 또한 변기의 내부를 들여다보면서 실제로 만지다보면 작동 방법을 알 수도 있다. 하지만 변기가 눈앞에 놓여 있지 않으면 안다는 느낌은 착각에 불과할 뿐이다. 당신은 변기가 **무엇**을 하는지에 관한 지식을 **왜** 그렇게 되는지에 관한 지식으로 착각했으며, 변기에 대한 익숙함을 참된 지식으로 착각하고 있다.

　어떤 학생들은 내 사무실에 찾아와 "정말 열심히 공부했는데도 시험에 계속 떨어진다"고 하소연한다. 그런 학생들은 보통 교재와 노트를 읽고 또 읽었으며 시험을 볼 때쯤엔 모든 것을 다 이해했다고 말한다. 하지만 그들은 수업 내용의 일부를 이해할지는 몰라도 '지식 착각'으로 인해 수업 시간에 반복적으로 들어서 익숙해진 개념을 실제로 알고 있다고 혼동하고 있다. 일반적으로 교재를 계속 읽으면 그 안의 개념에 익숙해지지만, 그렇다고 명확하게 이해할 수 있는 것은 아니다. 익숙하기 때문에 잘 안다고 착각하는 것이다. 테스트를 해야만 정말로 알고 있는지 아닌지 알아낼 수 있다. 그래서 선생님이 학생들에게 시험을 치르게 하고, 심화 단계의 지식까지 살피는 시험이 좋은 시험이라고 할 수 있는 것이다. 자물쇠에 실린더가 들어 있는지 묻는 것은, 자물쇠의 부품을 기억하고 있는지 알아보는 테스트이다. 한편 자물쇠가 어떻게 열리는지 묻는 것은, 자물쇠에 실린더가 들어 있는 이유와 자물쇠의 작동에서 실린더가 하는 역할을 이해하고 있는지 알아보는 테스트라고 할 수 있다.

지식 착각의 가장 큰 이유는 지식의 한계를 가늠하는 일이 참 쉬운데도 기꺼이 이를 확인해보는 사람이 드물기 때문이다. 로젠블리트에게 하늘이 왜 파란색인지 안다고 말하기 전에 당신은 스스로 '호기심 많은 꼬마' 게임을 해보고 정말로 아는지 확인해보라. 지식에 문제를 제기해야 할 필요를 느끼지 못하기 때문에 우리는 착각의 포로가 되어버리고 만다. 로젠블리트는 다음과 같이 말했다.

"잠시 일상을 멈추고 자기 자신에게 물어보자. '이 비가 어디서 오는지 나는 알고 있는가?' 아마 그럴 만한 동기가 없다면 그런 질문은 하지 않을 것이다. 다섯 살짜리 꼬마에게 질문을 받거나, 다른 사람과 논쟁을 벌이거나, 혹은 관련 주제로 글을 쓰거나 강의를 해야 하는 등 사회 인지적 상황에 처하지 않는 한, 좀처럼 자문하는 일은 없다."

심지어 지식을 점검할 때조차 자주 실수를 저지른다. 가지고 있는 정보 혹은 쉽게 얻을 수 있는 정보의 일부에만 초점을 맞추고, 빠져 있는 다른 요소들은 모두 무시하면서, 알아야 할 모든 것을 다 알고 있다고 착각하는 것이다. 착각은 놀라울 정도로 끊임없이 반복된다. 어떤 피실험자들은 로젠블리트와 '호기심 많은 꼬마' 게임을 여러 번 반복하고 나서도 자신의 지식을 점검하는 대신 다른 대상에 대해 질문했다면 더 잘했을 거라고 주장한다. 흔히 "자물쇠에 대해 물어봤다면 대답을 더 잘했을 거예요"라는 식으로 대답한다.

이러한 오류는 물리적 장치나 시스템에 대한 생각에만 국한되는 것은 아니다. 대규모 프로젝트를 완료해야 하거나, 문제를 해결해야 할 때, 임무를 수행해야 할 때도 발생한다. 그러므로 해당 업무에 적합한 지식을 제대로 갖추었는지 점검하지 않고 곧장 일에 뛰어들거나 몰두하려는 유혹을 뿌리쳐야 한다.

2008년 '탑코더 오픈TopCoder Open'이라는 컴퓨터 프로그래밍 토너먼트 대회에서 우승해 25,000달러의 상금을 탄 팀 로버츠는 지식 착각에서 벗어나는 일이 얼마나 중요한지 잘 알았다. 요구조건을 충족하는 프로그램 개발에 주어진 시간은 단 6시간이었다. 그는 다른 경쟁자들과 달리 처음 한 시간은 요구되는 사양을 연구하고 담당자에게 질문(적어도 30개)하느라 소모했다. 도전 과제를 완전히 이해한 후에 코딩을 시작한 로버츠는, 더도 말고 덜도 말고 요구된 사양만 정확하게 구현된 프로그램을 완성했다. 프로그램은 제대로 작동했고 작업도 제 시간에 끝났다. 그가 지식 착각에서 벗어나기 위해 투자한 시간이 결국엔 훌륭한 성과라는 결실을 맺은 것이다.[12]

최상의 계획이란
무엇인가

일상 속 사물들의 작동원리를 모르면서도 안다고 믿게 만드는 지식 착각은 복잡계Complex Systems(여러 구성 요소가 다양하고 상호 유기적으로 작용하는 집합체-옮긴이)와 관련된 문제를 판단할 때 큰 영향을 끼친다. 변기나 자전거와 달리 복잡계는 훨씬 많은 부분과 관련되어 있기 때문에, 각 사항을 안다고 해서 총체적인 양상을 섣불리 단정할 수 없다. 시드니의 오페라 하우스나 보스턴의 '빅 딕' 같은 대규모 토목계획이 복잡계의 전형적인 사례다.

특히 '빅 딕'은 보스턴 시내의 교통망을 재구성하는 사업이다.[13] 1948년, 매사추세츠 주정부는 늘어나는 도로 교통량을 해결하기 위해 도시 내부와 주변을 아우르는 새로운 고가도로 건설 계획을 수립했다. 이 계획의 일환으로 수천 개의 건물을 허물었고, 2만 명에 달하는 주민들의 거처를 옮기면서, 보스턴 시내를 가로지르는 2층짜리 고속도로를 건설했다. 그러나 6차선 고속도로인데도 분기점이 너무 많았기 때문에 가다 서다를 반복하는 만성적인 혼잡이 하루에 8시간 이상 발생했다. 외양도 흉물스럽기 짝이 없었다. 이런 실망스런 결과 때문에 오히려 부대사업들이 취소되었고 정체는 더욱 심해지고 말았다.

이에 따라 1982년에 계획 단계에 들어간 빅 딕은 고가도로가 감당하던 시내의 교통량을 지하로 내려 보내고 보스턴 항구에서 로건 국제공항까지 연결하는 지하 터널을 만든다는 계획이었다. 여러 개의 다른 도로와 교량을 보수하거나 건설하는 내용도 포함되었다. 1985년에 추정한 총사업비는 60억 달러였지만, 1991년 착공해 2006년 완성한 이 프로젝트의 실제 소요비용은 150억 달러에 육박했다. 채권을 발행하여 거액을 빌렸기 때문에 대출금을 전부 상환할 때까지 70억 달러의 이자를 납입해야 하므로, 이자까지 합산한 최종 사업비는 당초 예상금액보다 250퍼센트나 증가했다.

사업비가 늘어난 이유는 여러 가지였지만, 그 중 하나는 프로젝트를 진행하면서 원래 계획을 끊임없이 변경한 것이다. 담당 공무원들은 원활한 교통을 위해 고속도로 일부 구간을 30미터 높이로 쌓아 올리기로 했었는데, 결국 유례없는 큰 규모의 교량 건설로 변경되었다. 비용이 증가한 또 다른 이유는 지하철, 철도, 간선도로, 빌딩들로 이미 복잡해진 지역의 고가도로를 없애고 수 킬로미터의 지하터널을 건설하기 위해서는 새로운 과학기술과 공법을 개발해야 했기 때문이다. 그런데 어째서 이러한 기술상의 복잡함을 미리 예상하지 못했을까? 프로젝트에 참여한 사람들은 사상 최대의 복잡한 토목공사라는 사실은 알았지만, 사업기간과 소요비용은 엉터리로 측정했고 긍정적으로만 생각했다. 누구도 이 사실을 깨닫지 못했다.

이처럼 비용과 규모를 터무니없이 낮게 책정한 사례는 이전에도 있었다. 건축의 역사를 들여다보면 설계자(그리고 사업을 착수시킨 사업가 및 정치가들)의 예상보다 훨씬 힘들고 많은 비용이 들었던 사업 사례들이 허다하다. 1870년 착공되어 1883년 완공된 브루클린 다리는 처음 계획보다 비용이 두 배로 들었다. 호주 정부는 1959년 시드니 오페라 하우스의 건축을 덴마크 건축가 이외른 우촌에게 의뢰했고 설계에는 6개월 이상이 걸렸다. 1960년에는 공사비가 총 7백만 호주 달러로 예상되었으나 공사가 끝날 무렵에는 1억 2백만 호주 달러에 달했다. 실제 건축에 반영되지 않은 부분까지 포함해 우촌의 원래 설계대로 지었다면

4천 5백만 호주 달러가 추가로 필요했을 것이다. 1883년 스페인 바르셀로나에서 사그라다 파밀리아 성당The Sagrada Familia Church의 건축을 지휘한 건축가 안토니 가우디Antoni Gaudi는 1886년에 10년 후면 성당이 완공될 것이라고 장담했다. 하지만 이 성당의 완공시점은 그가 죽은 지 꼭 100년 후인 2026년으로 예상된다.[14]

"생쥐와 인간이 아무리 정교한 계획을 세운다 해도 빗나가기 마련이다.""어떤 전투계획도 적과 마주치면 무용지물이 된다"는 말이 있다. 인지과학자 호프스태터Hofstadter의 법칙은 이렇게 말한다. "시간은 항상 예상보다 오래 걸린다. 당신이 이런 호프스태터의 법칙을 고려했을 때조차."[15] 이런 격언들처럼 우리가 어떤 계획을 세울 때 잠재된 장애까지 생각해야 한다는 사실은, 지식 착각이 우리에게 얼마나 막강한 영향력을 끼치는지 말해준다. 우리가 세운 계획이 빗나갔다는 사실은 큰 문제가 아니다. "예측은 어려운 일이다. 특히 미래에 대해서는"[16] 이라는 요기 베라Yogi Berra의 말처럼 결국 세상은 인간이 머릿속으로 설계한 단순한 모형보다 훨씬 복잡한 체계를 이루고 있기 때문이다. 프로젝트 관리 전문가조차도 제대로 예측하지 못할 때가 많다. 물론 아마추어들보다는 정확하지만 여전히 소요시간에 대해서는 3분의 1정도 잘못 예측한다.[17] 우리는 모두 이러한 지식의 착각을 경험하며, 단순한 일 역시 예외는 아니다. 우리가 생각하기에 간단하고 쉬워 보였던 일이 현실과 맞닥뜨려야 비로소 복잡한 일이라는 사실이 드러나기 때문에, 예측할 때는 시간이나 비용을 너무 과소평가하기 쉽다. 문제는 우리가 이런 한계를 고려하는 방법을 모른다는 사실이다. 거듭 말하지만 익숙함에서 비롯된 단순하고 낙관적인 추측에 지나지 않는데도, 우리는 지식 착각에 의해 모든 것을 충분히 이해하고 있다는 확신을 갖는다.

이제 당신은 내가 지금까지 이야기한 일상의 착각들이 지닌 일정한 패턴을 감지했을 것이다. 이런 착각들은 우리의 지적 능력이 매우 그럴 듯하다는 인상을 심어준다. '나는 부주의하고, 기억력이 나쁘고, 지능이 낮고, 멍청하다' 는 착각은 일어나지 않는다. 반대로 일상의 착각은 우리가 실제보다 더 많은 것을 알고 기억하고 있다고 믿게 만들며, 자신이 평균보다 우위에 있고, 세상과 미래에 대해 더 많은 것을 안다고 생각하게끔 속인다. 일상의 착각은 분명 객관적인 모습보다 더 괜찮은 사람이라는 생각을 갖게 만들기 때문에 우리의 사고에 상당히 집요하고 깊게 침투할 수 있다. 긍정적인 착각은 우리에게 동기부여를 해주어 자기능력에 대한 꾸준한 믿음을 갖게 하고, 어려운 도전 과제들도 낙관적으로 받아들이게 만들어준다. 사실상 이런 착각이 지나치게 긍정적으로 자신을 평가하는 성향 때문에 발생한다면, 이런 성향이 덜한 사람들은 일상의 착각에 빠질 위험도 그만큼 적을 것이다. 실제로 우울증을 앓고 있는 사람들은 자신을 부정적이고 비관적으로 평가하는 편이고, 그들의 이런 경향은 자신과 세상의 관계를 좀더 정확한 관점에서 보게 만든다.[18]

현실적인 시각으로 계획을 세우면 시간과 자원 배분을 더 효과적으로 결정할 수 있다. 어떤 계획을 세우든 지식 착각은 현실적인 판단을 가로막는 잠재된 장애물이다. 어떻게 하면 지식 착각을 피할 수 있을까? 해답은 간단해보이지만 실행하기는 쉽지 않다. 게다가 과제를 작성하거나, 소프트웨어를 개발하거나, 집을 개조하거나, 새로운 사무실을 짓는 등, 이미 많이 해본 일에서만 효과를 발휘한다. 빅 딕처럼 처음 시행되는 프로젝트에는 효과가 거의 없을 것이다. 그러나 다행스럽게도 거의 모든 프로젝트가 독창적이거나 생경하지는 않다. 일례로 우리에게 이 책의 기획 작업은 지금까지 해보지 못했던 특별하고 신기한 경험이었지만, 출판사 입장에서는 예상 집필 시간을 추정하는 작업만 보더라도 지난 몇 년간 발간했던 300쪽짜리 분량에 두 명의 저자가 있는 여느 비소설 도서 작업과 별반 다르지 않다.

지식 착각에서 벗어나려면, 낯선 프로젝트에 대해 당신이 추정한 소요 기간과 비용 예상이 틀릴 수 있다는 사실부터 인정해야 한다. 자기 프로젝트를 본인만큼 잘 아는 사람이 없기 때문에 그 사실을 인정하긴 어려울 수 있다. 이미 프로젝트 내용에 익숙해졌기에 자신만이 정확하게 설계할 수 있다는 그릇된 생각을 하기 쉽다. 다른 사람이나 기관에서 이미 완료한 프로젝트를 찾아본다면(당신이 맡은 프로젝트 내용과 비슷할수록 당연히 더 좋다), 기존 프로젝트에서 실제 사용된 비용과 사업기간을 비교 자료로 활용해 더 나은 예상을 할 수 있다. 자기 생각만 고수했던 태도에서 벗어나 '바깥에서 살펴보기 outside view'를 선택하면 계획을 바라보는 방식이 극적으로 달라진다.[19]

참고할 만한 혁신 프로젝트 소요기간이나 소프트웨어 개발 연구 자료를 찾지 못한다면, 다른 사람에게 당신의 아이디어를 한번 검토해서 예상해달라고 부탁할 수 있다. 그 계획을 완수하는 데 얼마나 걸릴지가 아니라 (그들도 시간과 비용을 너무 작게 잡을 수도 있기 때문에), 당신(또는 당신의 협력업체나 직원 등)이 하는 데 얼마나 걸릴지 알려달라고 해야 한다. 또는 누군가 동일한 프로젝트 계획을 갖고서 당신에게 조언을 구했다고 상상하며 이를 검토해볼 수도 있다. 이런 정신적 모의실험은 다른 시각을 갖게 도와준다. 아니면 최후의 수단으로 당신이 극도로 낙관적이었을 때(누구나 인생에서 한 번 이상 그런 식으로 바보가 된 적이 있지 않은가)를 떠올려보면(그리고 그때를 충분히 객관적으로 회상할 수 있다면), 현재의 예상을 왜곡하는 지식 착각을 줄일 수 있을 것이다.[20]

당신이 안다고 생각할 때마다 예상치 못한 일이 일어난다면?

32세의 브라이언 헌터는 2005년 한 해 동안 적어도 7,500만 달러를 벌어들였다. 그는 아마란스 어드바이저Amaranth Advisors라는 헤지펀드에서 에너지, 특히 천연가스 선물 거래를 담당했다. 그의 투자 전략은 옵션을 사고파는 방식으로 천연가스의 선물가격에 배팅하는 형태였다. 2005년 여름 천연가스 거래가격은 100만 BTU당 7~9달러였지만, 헌터는 초가을까지 가격이 상당히 오르리라 예상했고 당시 시장에서는 터무니없이 높은 12달러에 선물옵션을 잔뜩 사들였다. 그해 늦여름 태풍 카트리나, 리타, 윌마가 멕시코만 연안을 강타해 석유 플랫폼과 정제시설이 완전히 파괴되자 천연가스 가격은 13달러를 훌쩍 뛰어넘었고, 헌터가 높은 가격으로 사둔 옵션의 가치도 상승했다. 이 거래로 아마란스와 투자자들은 10억 달러가 넘는 수익을 챙겼다.

이듬해 8월까지 헌터와 동료는 20억 달러에 달하는 수익을 올렸다.

카트리나 이후 2005년 12월까지 천연가스 가격은 15달러를 넘어 최고조에 달했으나 이후 하락세를 보이고 있었다. 헌터는 이런 추세가 뒤집어져 가스가격이 오름세로 돌아서리라 예상하고 엄청난 모험을 한 번 더 감행했다. 그러나 가격은 5달러 이하로 급락했고, 이 거래로 단 일주일 만에 헌터는 아마란스 총자산의 절반이 되는 50억 달러의 손실을 기록했다. 아마란스는 당시 역사상 최대 공시 손실액인 65억 달러에 이르는 금액을 잃고 청산되었다.

아마란스는 어떤 실수를 했을까? 브라이언 헌터와 직원들은 그들의 세계인 자원시장을 매우 잘 알고 있다고 믿었다. 아마란스 설립자 닉 모니스는 헌터를 '리스크 조절과 판단에 지극히 능통한 사람'이라고 생각했다. 그러나 헌터가 성공했던 이유는 시장에 대한 이해력이 뛰어나서가 아니라 태풍처럼 누구도 예상하지 못한 자연재해 덕분이었다. 파산 직전 헌터 자신도 "시장에 무슨 일이 일어날지 안다고 생각할 때마다 뭔가 다른 일이 생긴다"고 말했다. 그러나 그는 분명 리스크를 관리하지 못했고 예측 불가능한 에너지 시장을 제대로 판단하지 못했다. 이보다 앞선 2003년 12월, 도이체 방크Deutsche Bank에서 근무하며 경력을 쌓던 시절에도 헌터는 일주일 만에 5천1백만 달러를 잃고선 자신의 실수를 '역사상 유례 없는, 예측할 수도 없는 가스가격의 급등' 탓으로 돌린 적이 있었다.[21]

금융시장의 역사를 살펴보면, 투자자들은 자산마다 가치가 서로 다르게 오르내리는 이유를 설명하는 이론을 만들었다. 이런 이론에서 파생된 간단한 전략을 글로 써서 널리 알리는 사람도 있었다. 다우이론은

〈월스트리트저널〉 창립자인 찰스 다우Charles Dow가 19세기 후반에 쓴 글을 근거로, 공업주 상승이 운송주에도 유사한 동반상승을 가져올 것인지, 이런 상승세가 계속 이어질 것인지를 투자자가 알 수 있다는 전제하에 만들어졌다. '1960년~1970년대에 '뉴욕증권거래소'에 상장된 50대 다국적 대기업이 가장 크게 성장할 것이므로 이에 대한 투자가 최선이고(기업규모 덕택에) 가장 안전하다고 주장한 결과가 바로 미국 기관투자자들이 가장 선호하는 50개 우량종목'인 니프티 피프티Nifty Fifty다. 90년대 들어서는 "다우의 개Dogs of the Dow", "바보 같은 네 종목Foolish Four" 같은 이론이 등장했다. 다우존스 산업평균지수에 편입된 주식 중에서 배당수익률이 높은 주식은 저평가되었다고 판단해 보유하는 투자 모델이었다.[22]

모형 경비행기는 실제 비행기 모습의 중요한 특징 몇 개만 취하고 나머지는 모두 생략했듯이, 이런 이론들은 투자자들이 쉽게 결정 내릴 수 있도록 금융시장의 복잡한 작동 시스템을 해체하여 간단하게 만든 모델을 제시한다. 우리가 일상에서 흔히 하는 행동 양식에도 대부분 이런 모델이 숨어 있다. 주식시장 이론처럼 명료하게 드러나진 않지만 사물이 어떻게 작동하는지 암묵적으로 가정하는 형태로 말이다. 계단을 내려갈 때 우리의 뇌는 다리가 움직일 방향과 힘의 세기를 자동으로 결정하도록 물리적 환경에 관한 이론을 유지하고 업데이트한다. 모델이 제대로 작동하지 않는 경우에만 이를 인식할 수 있다. 계단이 하나 더 있다고 예상했는데 발이 허공을 가르는 대신 갑작스레 "쿵" 하고 바닥에 닿는 느낌이 들 때가 이에 해당한다.

아인슈타인은 "가능한 모든 것을 간단하게 만들어야 하지만 지나치게 간단하면 안 된다"고 했다. '바보 같은 네 종목'과 '50개 우량종목' 같은 종류의 모델들은 유감스럽게도 지나치게 간단하다. 이러한 모델은 시장 상황이 달라졌을 때는 적용할 수 없고, 같은 전략을 많은 사람이 사용할 경우 불가피하게 수익성이 감소하는 이유를 설명하지 못할 뿐 아니라, 과거 금융데이터가 미래에도 반복되는 경향이 있다고 가정한다. 이전 데이터가 나타내는 패턴을 근거로 추정한 예상은, 통계의 약점인 '과적용' 상황이 바뀌면 다 빗나가고 만다.

근사한 목표가를 먼저 맞춰 놓고, 그것에 도달하는 데 필요한 주가성장률을 추산하는 전략은 더욱 나쁘다. 게다가 높은 성장률을 예상하는 의견이 왜 그럴듯한지, 또는 꼭 그렇게 되는 이유를 설명하기 위해 주가지수를 상향 조정하는 주장을 펼치기도 한다. 버블이 심했던 닷컴시대에는 이런 터무니없는 생각들이 시장에 넘쳐났다. 1999년 10월, 다우존스 산업지수가 계속 상승해 11,497포인트에 이르자, 제임스 글라스만과 케빈 하셋은 향후 6년 이내에 주가가 3배 넘게 상승하리라 예상하며 《다우 36,000》이라는 책을 출간했다. 이들의 낙관론은 《다우 30,000》이란 책을 능가했지만 이후에도 《다우 40,000》 심지어 《다우 100,000》이라는 책까지 연이어 등장했다. 이들 모두 서로 다른 저자가 쓴 실제 책 제목이며 2009년 4월까지도 아마존닷컴 중고도서 장터에서 배송비 포함 겨우 1센트에 팔리고 있었다. 빗나간 수치를 감히 제목으로 사용한 이 사례는, 간단한 이론에도 투자자들은 쉽게 동화되어 제대로 이해했다고 착각하는 거대시장의 현실을 보여준다. 주식시장이

닷컴붕괴에서 막 회복할 무렵에는 《2008년 다우 30,000 달성: 이번엔 왜 다른가?Dow 30,000 by 2008: Why It's Different This Time》를 비롯한 유사한 책 제목이 더 많이 쏟아져 나왔다.

지식 착각이 불러온
심각한 위기

뒤늦게 깨달은 사실이지만 2006년 아마란스의 몰락은 2년 후 닥쳐올 훨씬 거대한 금융위기의 전조였다. 베어스턴스나 리먼브라더스 같은 거대 회사가 파산했고, AIG와 같은 기업들이 정부 관리에 들어갔으며, 경제는 극심한 침체에 빠졌다. 매일 수십억 명이나 되는 투자자들이 확신에 차서 내린 모든 결정이 세계금융시스템에 반영되니, 세계금융시스템이야말로 최고의 복잡계일 것이다. 사람들은 해당 주식이 시장에서 평가절하 되었다는 확신이 들 때 개별주식을 매수한다. 이런 구매 행위는 당신이 여느 투자자보다도 그 주식의 미래가치를 더 잘 안다는 믿음에서 비롯된다.

대부분의 사람들에게 가장 큰 투자대상인 집에 대해 생각해보자.[23] 사람들은 어떤 주택을 구입할지 결정할 때 한편으로는 적어도 투자를 생각하며 결정한다. 전매가치가 좋은지 나쁜지, 주변 집값이 곧 오를지 아니면 내릴지 예측한다. 2000년대 중반 미국에는 낡은 주택을 구입후 수리해서 되파는 '플리핑flipping' 붐이 일어났고, 급기야 이를 직업으로 삼는 사람들도 생겨났다. 그 당시 주택을 좋은 투자 대상으로 여기는 사람이 급격히 늘었던 것이다.[24] 플리핑 경험은 없더라도, 중장기적으로 주택에 투자하면 가치가 상승하리라 기대하는 예금계좌처럼 생각한 사람들이 부지기수였다. 플리핑 투자는 주택에 대한 수요가 항상 많으며 주택가격도 단기간에 상승한다고 간주하는 부동산시장 모델에 근거를 두고 있다.

이 모델에 영향을 받아 부동산 투자 경험이 전혀 없던 사람들조차 이익을 남기고 곧 되팔아버릴 의도로 신용대출을 받아 주택을 구입하기 시작했다. 절대로 상환할 수 없는 사람들을 상대로 은행이 대출을 하자 투기 사이클도 나빠졌다. 캘리포니아의 딸기농장에서 일하며 1년에 1만5천 달러를 벌던 알베르토 라미레는 한 푼도 지불하지 않고 72만 달러나 되는 주택을 구입할 수 있었지만, 곧 그 돈을 갚을 능력이 없다는 사실을 깨달았다. 서브프라임 대출 전략의 위기는 모기지 회사인 HCL 파이낸스HCL Fiance가 일자리나 자산, 수입이 전혀 없는 사람에게도 돈을 빌려주는 '닌자론'까지 내놓으며 절정에 달했다. 하버드 경제학자 에드 글레이저는 주택시장의 거품과 뒤이은 붕괴를 예측하지 못한 이유를 "주택 가치에 대해 장밋빛 전망을 하는 인간의 능력을 과소평가 했다"고 설명했다.[25]

이런 결함 있는 주택시장 모델은 개인 소유자와 투기자들을 넘어서 더 크게 확대되었다. 대형은행과 정부 출자기업들은 주택담보채권을 사들인 뒤, 이를 담보로 한 주택저당증권MBS Mortgage-backed security을 다른 투자기관에 되팔았고, 이를 구입한 투자기관들은 이 증권들을 다시 묶어 악명 높은 부채담보부증권CDOs collateralized debt obligations으로 만들었다. 무디스, 스탠더드앤푸어스, 피치 등 신용평가 기관은 부채담보부증

권의 위험성을 평가하기 위해 복잡한 통계모델을 활용했다. 그러나 통계모델 뒤에는, 더는 그 모델이 적용되지 않는 상황에서 전체 체계의 기반을 뒤흔들 단순한 가정이 도사리고 있었다. 무디스는 2002년 이전(주택이 대량으로 과잉 건축되고, 닌자론이 등장하며, 딸기 따는 일꾼조차 호화주택을 살 수 있던 시절)의 데이터를 사용해 만든 모델을 2007년 후반에도 똑같이 사용했다. 시장 상황이 달라졌는데도 2007년 주택담보대출자 채무불이행 비율을 2002년과 같은 수치로 가정한 것이다. 주택거품이 꺼지자 경기 전반에 불황이 찾아왔고 주택담보대출 채무불이행 비율은 과거와 달랐다. 결국 거의 모든 부채담보부증권이 통계학 이론에서 예상했던 수준보다 훨씬 위험하다는 사실이 드러났고 이 상품에 투자한 회사들은 큰 손실을 입었다.

각각의 단순 모델들이 복잡계의 현실에 얼마나 잘 대응하는지는 알기 어렵지만, 다음 세 가지 질문에는 쉽게 반응할 수 있을 것이다. (1) 우리의 단순 모델을 얼마나 잘 이해하고 있는가? (2)복잡계의 표면적 요소, 개념, 용어에 얼마나 익숙한가? (3)복잡계의 정보를 얼마나 많이 알고 있으며 얼마나 쉽게 접근할 수 있는가? 이 질문에 자신이 생기면 이런 특정 문항에 대한 지식을 전체 시스템에 대해 이해하고 있다는 신호로 받아들이지만, 이는 순식간에 우리를 곤경에 빠뜨리는 매우 부당한 추론이다. 그들의 모델을 이해했고, 비우량주택담보대출, CDOs 같은 용어에 익숙했으며, 금융 자료와 뉴스의 바다 속에서 헤엄치는 분석가들은 자신이 주택시장을 잘 이해하고 있다고 착각했다. 이 착각은 시장이 붕괴될 때까지 끈질기게 계속되었다.[26] 더 많은 경제 정보들이 더 빠른 속도와 저렴한 비용으로 이용 가능해졌기 때문에(CNBC, 야후 파이낸스와 온라인 염가 주식중개인을 생각해보라) 이런 착각은 시장 전문가에서부터 시작하여 평범한 개인 투자자에게까지 퍼져나갔다.

저널리스트인 마이클 루이스는 멋진 기사에서 헤지펀드 매니저인 스티브 아이스먼Steve Eisman의 이야기를 들려주었다. 스티브 아이스먼은 주택시장호황과 자산담보부증권(CDO) 시장의 교묘한 속임수를 간파했던 몇 안 되는 사람 중 한 명이었다. 아이스먼은 수년간 주식 딜러로 활동했지만, 복잡한 모기지 증권들을 살펴보고도 그들이 사용하는 용어를 이해하기 어려워 했다. 투자 잡지인 〈그랜트금리옵저버Grant's Interest Rate Observer〉의 기고자 댄 가트너도 이와 비슷한 경험을 했다. 그는 실제로 몇 백 페이지에 달하는 CDO관련 문서를 모두 통독했다. 이는 CDO 상품에 투자했던 사람 중 어느 누구도 시도하지 않은 일이다. 그는 며칠 동안 문서를 연구했지만 CDO시장이 어떤 원리로 돌아가는지 이해할 수 없었다.

아무리 복잡한 투자라도 쟁점 사안은 투자 가치를 올바르게 판단하는 방법이다. 이 경우 구매자나 판매자는 검증할 수 없는 가정들로 겹겹이 쌓여 모호해진 가치와 위험까지도 잘 안다고 생각하면서 자신을 속인다. 아이스먼은 CDO 판매자를 만나 상품 설명을 요구했고 이해할 수 없는 말을 하면 정확히 무슨 뜻인지 다시 설명하라고 했다. 그의 질문방식은 리온 로젠브리트 박사의 '호기심 많은 꼬마' 게임과 같았고, 이 방법을 통해 CDO 판매자들이 자기 상품을 제대로 아는지 모르는지가 서서히 드러났다. "그렇게 하면 그들이 자기가 하는 말의 뜻을 아는지 모르는지 알 수 있지요. 그런데 거의 다들 모르고 있어요. 차라리 변기 작동법을 설명해보라고 하는 편이 낫겠네요." 아이스먼의 한 파트너는 이렇게 말했다.

금융관련 용어나 개념의 표면적 의미에만 익숙할 뿐인데도 시장을 잘 알고 있다고 착각하는 펀드매니저 같은 태도는 좋지 않은 결과를 가져온다. 몇 년간 나는 뇌질환 치료개발에 주력하는 작은 생명공학 기업과 제약회사에 전문적으로 투자했다. 두 주식은 한동안 올랐고 그 중 하나는 500퍼센트나 올랐다. 그러자 나는 의약 관련 주식을 선별하는 데 남다른 재능이 있다고 믿기 시작했고, 그 이유를 스스로 찾아냈다. 신경과학에 해박했고, 유전학 분야도 좀 알고 있다. 신약이 사용승인을 받기 위해 거쳐야 하는 임상실험에서는 실험 설계 및 자료 분석이 중요한데, 나는 이 분야에 뛰어난 능력을 갖고 있다고 생각했기 때문이다. 그러나 그 능력을 발휘하기에는 주식투자 경험이 너무 적었다. 나의 성공은 사실 운이 좋아서였다. 결국 내가 투자했던 주식은 1/4로 폭락하거나 거의 대부분의 가치를 상실했다.

만약 당신이 그러한 착각에서 완전히 벗어날 수 없고 여전히 주식을 잘 고를 수 있다는 생각이 든다면, 먼저 취미삼아 적은 자산만 주식에 투자하면서 자신이 지식 착각에 얼마나 영향을 받고 있는지 시험해보는 게 좋다. 나머지 돈은 시장 전체의 움직임에 따라가는 인덱스 펀드처럼 지식 착각에 빠질 위험이 덜한 수동적인 투자 전략을 취하고, 주식을 직접 골라보고 도박해보고 싶은 욕구는 취미로만 한정하라. 수익 발생을 기대하기보다는 적은 돈을 가지고 주식 연습을 하며 느낄 수 있

는 재미에 초점을 두는 것이다. 현재 나는 직접적인 주식투자를 그만두고 여유자금을 여러 은행에 저금하고 있다.

많은 것이 나쁠 때도 있다

행동경제학의 선구자 리차드 탈러와 그의 동료가 수행했던 다음 실험에서 당신이 피실험자라고 상상해보자.[27] 당신은 작은 대학에서 기부금 포트폴리오를 운영하고 모의 금융시장에 투자하는 책임자다. 오로지 뮤추얼펀드 A와 B로만 구성된 시장에서 당신은 100주를 가지고 시작했으며, 이를 두 펀드에 배분해야 한다. A와 B 중 한 펀드에 주식을 모두 넣거나 A에 일부, 그리고 B에 나머지를 넣을 수도 있다. 당신은 가상의 25년 동안 포트폴리오를 운영할 것이다. 때로 각 펀드의 실적을 통지받고 주가 변동에 따라 주식 배분 비율을 바꿀 수 있는 기회를 얻는다. 모의실험이 끝나면 주식운용 실적에 비례하여 배당금을 받고, 개인적으로는 성과에 맞는 인센티브도 챙길 수 있다. 하지만 게임을 시작하기 전에 '한 달마다, 1년마다, 혹은 5년마다(가상 시간으로)' 중에서 얼마나 자주 피드백을 받아 주식 배분을 바꿀 것인지 선택해야 한다.

피실험자들이 선호할 선택은 뻔하다. 가능한 자주 정보를 받으면서 이용할 수 있는 선택을 누가 마다하겠는가! 탈러 연구팀은 과연 이런 직관적 판단이 옳은지 시험했다. 사람들에게 선택권을 주지 않고 한 달, 1년 또는 5년의 피드백 기간을 임의로 정해주었다. 피실험자 대부분은 어떤 것이 더 나을지 모르기에 처음에는 2개의 펀드에 반반씩 넣었다. 그리고 펀드의 성과에 따른 정보를 받을 때마다 주식 배분을 바꿨다. 이 시뮬레이션 기간은 25년이었기 때문에 한 달에 한 번 피드백을 받는 사람이 몇 백번 주식배당을 바꾸는 것에 비해 5년마다 피드백을 받는 사람은 겨우 몇 번만 바꿀 수 있었다. 그런데 실험이 끝날 무렵에는 매달 피드백을 받는 사람보다 5년마다 받는 사람이 2배 이상의 수익을 올리고 있었다.

포트폴리오를 조정할 정보와 기회가 60배나 많았던 투자자가 5년에 한 번 피드백을 받은 투자자보다 수익이 나쁜 이유는 무엇일까? 이에 대한 해답은 투자자들이 선택해야 했던 두 펀드의 특징에서 찾을 수 있다. A펀드는 평균 수익률은 낮지만 매달 변동폭이 작았고 손실도 거의 없는 등 꽤나 안전했다. 채권으로 구성된 뮤추얼 펀드를 모방해 만든 펀드였다. 반면 B는 주식형 뮤추얼펀드처럼 만든 펀드였다. 높은 수익률을 보였지만 변동폭도 커서 한 달에 40퍼센트 정도 손실이 나기도 했다.

장기적으로는 손실 부분을 더 높은 수익이 만회하기 때문에 자금을 몽땅 주식형 펀드에만 투자한 경우에 가장 많은 수익이 났다. 1년 또는 5년의 기간을 놓고 보면 주식형펀드에서 월 손실이 발생해도 다른 월에 발생한 수익분이 이를 메워주었기 때문에 거의 매년 수익이 발생했고 5년 동안 손해를 본 해는 없었다. 월주기 피드백을 선택한 피실험자들은 주식형 펀드가 손실을 냈을 때 상대적으로 안전한 채권형 펀드로 갈아타는 경향을 보였으며, 그렇게 함으로써 시간이 지날수록 손해를 보게 되었다. 1년 또는 5년마다 피드백을 받았던 참가자들은 주식형 펀드가 채권형 펀드보다 낫다는 점은 깨달았으나 변동성의 차이는 보지 못했다. 실험이 종료되는 시점에서 월주기 피드백을 선택한 피실험자들이 40퍼센트 수익을 올린데 반해, 5년 주기 피드백을 선택했던 피실험자들은 원금보다 66퍼센트나 오른 수익을 달성했다.

매달 피드백을 받은 피실험자들은 무슨 잘못을 저지른 걸까? 그들은 많은 정보를 받았지만 각각의 정보는 두 펀드에 대한 장기간 실적 패턴을 사실대로 보여주는 내용이 아니라 단기간 정보였다. 이러한 경우 단기간 정보는 주식형 펀드가 너무 위험하다는 지식착각을 불러 일으켰다. 하지만 월주기 피드백을 선택한 피실험자들은 실제 지식(장기투자의 경우 주식형 펀드가 더 낫다는 지식)을 추론할 수 있을 만큼 많은 정보를 습득했는데도 주식형 펀드를 운용하지 않았다.

현실의 투자 결정에서도 똑같은 일들이 일어난다. 브래드 바버와 테런스 오딘은 증권사로부터 6만 개에 달하는 계좌의 과거 6년간 거래기록을 어렵게 입수하여, 주식거래를 자주 하는 사람과 가끔 하는 사람의 투자 수익을 비교했다. 거래를 많이 하는 투자자는 자신이 주식에 대해 잘 알고 좋은 아이디어도 많으며, 시장의 움직임도 예측할 수 있어 거래마다 수익을 내리라 생각할 것이다. 그러나 이렇게 얻은 수익에서 거래할 때마다 드는 비용과 세금을 제하고 나니, 가장 활발하게 많이 거래한 사람의 수익은 가끔 거래한 사람의 수익보다 매년 3분의 1이나 적었다.[28]

프로나 아마추어 투자자 모두 자신이 감당할 수 있는 리스크 수준 내에서 얻을 수 있는 최상의 수익을 추구한다. 특히 개인 투자자들은 자신의 투자 포트폴리오가 가진 위험성에 지금보다 더 많은 주의를 기울여야 할지도 모른다. 하지만 널뛰는 주가변동에 불안해하며 잠도 못 자고 언짢은 기분으로 생활하게 된다면, 겨우 몇 퍼센트 정도의 수익을 얻기 위해 노심초사할 가치는 없다. 금융정보를 훤히 꿰뚫은 결정을 내리기 위해서는, 자기가 선택한 투자옵션에서 예상되는 장기 수익 및 단기 주가 변동을 정확하게 그릴 수 있어야 하고, 리스크에 견딜 수 있는 자신의 능력을 감안하여 이런 요소를 평가해야 한다.

우리는 정보가 많을수록 좋다고 배웠다. 자동차나 식기세척기를 사기 전에 사전조사를 하지 않는 사람이 누가 있을까? 최신형 평면 텔레비전을 살 때 여기 저기 들러보지 않고 그저 한 점포에서만 가격을 물어보는 사람이 있을까? 이런 상황에서는 정보가 많을수록 더 좋은 결정이 가능하다. 앞서 설명했던 연구를 비롯한 유사 사례들을 보면, 더 많은 정보를 접하는 투자자일수록 자신의 지식이 더욱 뛰어나다고 맹신한다는 사실을 알 수 있다. 그러나 정보가 크게 도움이 되지 않으면 지식 착각만 키우게 된다. 실제로 주가의 단기변동은 장기수익률과 대부분 관련 없으며, 단기변동에 따라 투자를 결정하지 말아야 한다(물론 가까운 미래에 필요할지도 모를 자금으로 투자하지 않았다면). 장기투자일 때는 정보가 많을수록 시장을 더 잘 파악하지 못하는 특징이 있다. 탈러 교수 연구팀의 실험을 보면, 희한하게도 단기위험에 대한 피드백을 가장 많이 받은 사람들이 장기수익률에 대한 지식은 매우 낮다는 것을 알 수 있다.

금융버블이 언제, 어떤 규모로 발생할지 알 수 있다는 생각도 지식 착각이다. 지식 착각을 깨달아 가격상승에 대한 예측 못지않게 가격하락을 예측하려는 시도 역시 경계해야 한다. 하지만 지식 착각은 버블 발생의 필수 요소다. 역사적으로 버블이 발생할 때마다 금융에 대해서 아무것도 모르던 사람들에게까지 단편적인 새로운 지식(튤립 뿌리는 손해 안보는 투자이고, 인터넷은 회사의 가치를 완전히 바꿔주며, 다우지수는 36,000까지 오르고, 부동산 가격은 결코 떨어지지 않는다 등)이 광범위하게 퍼져나갔다. 케이블 뉴스에서부터 웹사이트, 비즈니스 잡지에 넘쳐나는 금융정보는 우리로 하여금 시장이 어떻게 돌아가는지 안다고 착각하게 만든다. 우리가 실제로 알고 있는 많은 정보는 시장이 지금 어떻게 돌아가는지, 과거에는 어땠는지, 사람들이 시장의 움직임을 어떻게 생각하는지는 알려주지만, 시장이 미래에 어떻게 바뀔지는 예측하지 못한다. 금융용어에 익숙해지고 시장 변화속도가 빨라지면서, 우리의 깊지 못한 지식이 감추어지며, 점점 빨라지는 정보의 공급으로 인해 앞으로 다가올 호황과 불황의 순환 주기는 더욱 짧아질 것이다.

익숙함이 주는 힘

지식 착각은 효과적이고 유용한 정신작용의 부산물이 될 수도 있다. 살면서 사물이 작동하는 이유를 일일이 설명해야 할 필요는 거의 없다. 단지 어떻게 작동하는지만 이해하면 된다. 변기를 고치는 방법은 알아야 하지만, 화장실 변기에서 물을 빠져나가고 채워지는 원리는 몰라도 된다. 작동과정을 생각할 필요 없이, 화장실 변기를 사용할 수 있으면 우리는 변기를 잘 안다고 생각한다. 사실 생활하는 데 있어 그 정도만 이해하고 있으면 된다.

앞장에서는 사람들이 변화를 알아차릴 것으로 생각하지만 사실은 거의 그렇지 않다는 개념인 '변화 맹시'의 오류에 대해 이야기했다. 사람들은 실제 기억하는 것과 좀더 살펴봤다면 기억할 수 있었을 것을 쉽게 혼동한다. 동전 1페니 앞면을 떠올려보라. 아마 두어 가지 정도는 가물가물할 것이다. 링컨 얼굴을 다른 방향으로 생각했거나 날짜를 아예 잊어버리진 않았는가? 1페니가 어떻게 생겼는지 정도는 안다고 자부해봤자, 다른 동전과 구별할 수 있을 정도만큼만 알았을 것이다. 사실 그만큼이 우리에게 필요한 정도의 지식이기도 하다.[29]

시각과학자이자 변화 맹시 연구의 리더인 로널드 랜싱크Ronald Rensink는 인간의 정신이 웹브라우저처럼 작동한다는 흥미로운 의견을 제시했다. 컴퓨터가 발명되기 한참 전에 태어나신 나의 아버지는 영리하신 분인데, 지난 몇 년간 몇 번이나 내게 어떻게 인터넷으로부터 모든 정보가 그의 '수신기'(컴퓨터에 대한 애칭)로 들어오는지 설명해달라고 했다. 아버지의 관점에서 보면 원하는 정보가 요청하자마자 도착한다. 웹 브라우저의 링크를 따라가면 콘텐츠가 거의 즉시 나타난다. 그러니 웹이 컴퓨터에 저장되어 있다고 오해할 만도 하고, 대부분의 경우 그런 오해를 하더라도 별 문제는 없다. 하지만 인터넷 연결이 끊어지면, '수신기'는 더 이상 당신이 컴퓨터 안에 저장되어 있다고 생각했던 정보에 접근하지 못한다. 이와 비슷하게 어떤 사람이 다른 사람으로 바뀌어도 알아채지 못했던 실험은 우리가 우리의 뇌에 얼마나 적은 정보를 담고 있는지 드러낸다. 컴퓨터가 웹상의 콘텐츠를 저장할 필요가 없는 것처럼 우리도 이런 정보들을 기억할 필요가 없다. 정상적인 환경이라면 우리는 필요할 때 앞에 서 있는 사람을 보거나 인터넷 사이트에 접근하여 필요한 정보를 얻을 수 있기 때문이다.[30]

엉뚱한 전문용어가
착각을 부른다

기업들은 제품을 팔기 위해 종종 지식착각을 이용한다. 기술적인 세부사항을 강조함으로써 소비자들이 제품에 관해 실제보다 많이 알고 있다고 착각하게 만든다. 오디오 애호가와 오디오 케이블 제조업자는 각 시스템 구성요소들을 연결하는 케이블의 질을 말할 때 어김없이 시적인 표현을 덕지덕지 붙인다. 케이블 제조업자는 깔끔하게 고무가 잘 입혀진 케이블, 더욱 넓은 동적범위, 뛰어난 재질의 구리, 금도금한 연결기, 더욱 선명한 소리 등을 강조하며 선전한다. 리뷰어들은 케이블이 그들의 낡은 스피커에서 새 것과 같은 소리가 나게 하며, 값싼 일반 케이블과는 비교 자체가 안 된다고 말하기도 한다. 그러나 한 비공식 블라인드 테스트 결과, 오디오 애호가들은 스피커 케이블로 비싼 케이블을 사용한 것과 철사 양복걸이를 이용한 것을 구별하지 못했다![31] 케이블을 만드는 모든 첨단 기술은 소리의 차이를 만들지 못했다. 물론 스테레오의 다른 컴포넌트가 차이를 구별해낼 수 있을 만큼 충분히 좋지 않았을 수도 있지만, 홈시어터로 음악을 듣거나 영화를 보는 대부분의 사람들은 대부분 그 정도 음의 차이를 구별해낼 수 있는 장비를 갖고 있지는 않다.

디지털 신호를 보내는 케이블의 과장 광고는 더욱 재미있다. 케이블의 기능은 디지털 신호를 구성하는 0과 1을 전달할 수 있으면 그만일 뿐, 철사가 만들어진 재질은 전혀 중요하지 않다. 중요한 요소는 0과 1을 만들어내고 해석하는 데 사용되는 통신 규약이다. 오늘날의 스테레오와 비디오 기기는 컴포넌트 사이에 정보를 보내기 위해서 HDMI 같은 디지털 표준 단위를 사용한다. 그러나 HDMI 케이블 가격은 10배 이상의 차이가 날 정도로 다양하다. 5달러짜리 케이블은 50달러짜리 케이블과 마찬가지로 신호를 전할 것이다. 심지어 데논Denon은 오디오 기기에 사용하는 1.5미터 길이의 이더넷 케이블을 500달러에 판다. 아마존닷컴에 소개된 제품 설명은 다음과 같다.

"AK-DL1 전용 케이블로 연결된 데논Denon 홈시어터 수신기로 멀티채널DVD와 CD 플레이어에서 나오는, 이제까지 당신이 들어보지 못한 가장 깨끗한 소리를 들어보십시오. 순도 높은 구리선을 이용해서 만든 이 케이블은 진동으로 생기는 부작용을 완전히 제거하도록 설계되었으며, 지터jitter와 리플ripple이 생겨도 디지털 신호가 안정되도록 돕습니다. 케이블 보호재로 주석이 섞인 구리 합금이 사용되었으며, 절연처리는 내열성이 뛰어나고 기후 변화에 영향을 받지 않으며 노후화 방지 성분을 지닌 불소중합체로 만들어졌습니다. 연결부분에는 휘어짐이나 파열을 방지하기 위한 원형 플러그 레버와 케이블의 옳은 연결 방향을 알려주는 독특한 방향 표시가 있습니다."

이 제품을 구입한 사람도 있겠지만, 리뷰어들의 지적처럼 케이블로 전달되는 신호는 아날로그가 아닌 디지털이기 때문에 이 케이블과 동네 할인점에서 구입할 수 있는 평범한 케이블의 차이는 거의 없다. 또한 '지터'와 '리플'이 무슨 의미인지, 진동이 0과 1의 흐름에 왜 영향을 준다는 건지, 불소중합체는 어떻게 노후화를 방지하는지도 명확하지 않다. 아마존닷컴에 올라온 이 제품에 대한 수백 개 리뷰는 대부분 비꼬는 글이었으며, 소비자 댓글 중 가장 많이 쓰인 단어들은 '허풍', '엉터리', '돈 낭비', '바가지', '양심 없는' 등이 있다.[32]

나의 대학원 지도 교수였던 프랭크 키얼Frank Keil과 친구 제레미 그레이가 참여한 예일대 심리학과 연구팀은 피실험자들에게 데논 사의 케이블 설명처럼 정보는 없고 쓸데없는 글을 읽게 하는 짓궂은 실험을 했다. 글의 첫머리는 다음과 같이 심리학 실험을 요약한 내용으로 시작한다.

"연구자들은 약 50퍼센트의 사람들이 알고 있는 사실을 늘어놓은 리스트를 만들었다. 피실험자들은 리스트를 읽고 원래 알고 있었던 항목에 표시를 했다. 표시하고 나서 자신이 아는 항목을 과연 몇 퍼센트의 사람이 알고 있을지 추정했다. 피실험자들은 자기 아는 사실은 상당수의 사람들도 알고 있을 것으로 예상했다. 일례로 하트퍼드Hartford가 코네티컷의 주도라는 사실을 실제로 알고 있는 사람은 50퍼센트 정도이지만, 이를 알고 있던 피실험자는 80퍼센트의 사람들이 안다고 추정했다. 연구자들은 이 연구 결과를 '지식의 저주'라 부른다.

이어서 연구진은 피실험자에게 '지식의 저주'에 관한 좋은 설명과 나쁜 설명을 읽게 했다. 지식의 저주에 대한 나쁜 설명은 다음과 같다. "이 '저주'는 피실험자가 다른 사람들의 지식을 판단해야 할 때 실수를 더 많이 저지르기 때문에 일어난다. 사람들은 자신이 알고 있는 것을 판단하는 데 더 능통하다." 하지만 이 설명은 '지식의 저주'와는 별 상관이 없다. 이 실험은 자신이 관련 지식을 갖고 있느냐에 따라 다른 사람이 그 지식을 갖고 있는지를 다르게 평가한다는 것을 보여줄 뿐이다. 우리 자신의 지식과 다른 사람의 지식 중 무엇을 더 잘 판단하는지 상관없다.

한편 좋은 설명은 이렇다. "이 '저주'는 피실험자들이 자신의 지식을 타인에게 잘못 투영하면서, 자기가 알고 있는 내용을 다른 사람도 알 수 있다고 여기는 생각을 바꾸기 어렵기 때문에 발생한다." 이 설명은 지식의 저주를 인간 심리에 관한 더욱 포괄적인 원리(우리가 타인의 관점을 받아들일 때 느끼는 어려움)와 관련 있기 때문에 적절하다. 과학적으로 정확할 수도 있고 틀릴 수도 있지만, 적어도 논리상으로는 옳은 설명이다.

피실험자들은 이런 글과 설명을 읽고 각 내용의 만족도에 등급을 매겼다. 대부분 좋은 설명에 더 만족했다. 좋은 설명은 실험결과의 해석을 설명하고 있는데 비해 나쁜 설명은 실험결과와 거의 무관하다는 사실도 알아차렸다.

그런데 이 실험에서 다시 한 번 조건을 바꾼 제3의 상황을 만들어보았다. 나쁜 설명문의 끝에 글과 관계없는 뇌에 관한 정보를 첨가한 것이다. "뇌 스캔 사진을 보면 '지식의 저주'는 자기 인식 기능을 담당하는 것으로 알려진 이마의 둥근 돌출부 두뇌 회로 때문에 생긴다는 사실을 알 수 있다. 피실험자는 다른 사람의 지식을 평가해야 할 때 더 많은 실수를 한다. 사람들은 자신이 알고 있는 것을 더 잘 판단한다."

아마존에 올라온 허풍 섞인 케이블 제품 설명이 2달러짜리 철사를 500달러나 되는 장치로 바꾸지 못하듯, '뉴로버블neurobabble(횡설수설하는 잘못된 신경과학 용어를 비꼬는 표현-옮긴이)'로 점철된 뇌 이야기가 부적절한 심리학 설명을 올바르게 만들 수 없다. 그러나 피실험자들은 뉴로버블이 첨가되자, 나쁜 설명이 좋은 설명보다 만족스럽다고 평가했다. 횡설수설하는 전문용어들은 피실험자들에게 안다는 지식 착각을 불러일으켰고, 착각에 빠진 사람들은 나쁜 설명이 실제보다 더 많은 지식을 제공한다고 느꼈기 때문이다. 심지어는 신경과학 개론 수업을 듣는 학부생들도 큰 영향을 받았다. 반면 신경과학 대학원생들은 뇌에 관한 잘못된 정보를 믿지 않을 정도로 충분한 지식이 있었다.[33]

화려하게 채색된 뇌 스캔 화면인 '두뇌 포르노brain porn'는 뉴로배블처럼 우리가 뇌와 정신에 대해 실제로 아는 수준보다 더 많이 안다고 착각하게 만든다. 신경과학자들은 이 사진들이 바른 이해를 돕기보다는 상업적인 도구가 될 수 있다는 사실을 깨달았다. 한 기발한 실험에서 데이비드 멕케이브와 앨런 카스텔은 피실험자들에게 가짜 조사 연구에 관한 두 가지 논문 중 하나를 읽게 했다. 내용은 똑같았지만 한 가지에는 일반적인 3차원 뇌 이미지에 두뇌활동 영역을 색으로 표현한 반면, 다른 글에는 평범한 막대그래프를 그려 넣었다. '두뇌 포르노' 이미지가 있는 글을 읽은 피실험자들은 그 논문이 훨씬 잘 작성되었고 내용도 쉽게 이해된다고 생각했다. 그러나 가상으로 작성한 이 논문은 모두 엉

터리였으며, 두뇌 스캔 사진을 추가해 논리를 강화하든 하지 않았든 모두 의심스러운 내용이었다.34

뉴로버블은 소비자들이 실제 수준보다 더 많이 알고 있다고 느끼게 만드는 테크노버블technobabble(보통 사람들은 이해하기 힘든 컴퓨터 및 최신 과학 기술 관련 용어-옮긴이) 및 다른 부적절한 정보와 함께 광고에서 이용되기 시작했다. 한 보험회사는 잡지 광고에서 "왜 16세 운전자들은 뇌의 일부가 없는 것처럼 운전할까?"라 묻고 "정말 그렇기 때문이다"라고 답한다. 이 회사는 청소년들이 위험하게 운전하는 원인을 "의사 결정, 문제 해결, 오늘의 행위가 가져올 미래의 결과를 이해하는" 배외측전전두엽피질(DLPFC : dorsal lateral prefrontal cortex)이 완전히 발달하지 못했기 때문이라고 주장했다. 제목 아래에는 바로 전두엽피질 부위에 자동차 모양의 구멍이 나 있는 뇌가 그려져 있다.35 광고 문안이 과학적으로 옳을 수는 있겠지만, 언급되어 있는 뇌에 관한 지식은 글의 논지와는 전혀 관계가 없다. 십대들은 정말 위험한 운전자이긴 하지만 이 광고에서 정작 알아야 할 내용은 자녀들에게 교통안전에 관해 더 많이 말해야 한다는 정도인데, 바로 이것이 이 보험회사 광고의 포인트였다. 만약 이 광고를 보고 뇌의 어느 부분이 위험 부담을 담당하는지 자녀에게 알려주고 싶은 마음이 든다면, 당신은 뉴로버블과 두뇌 포르노 때문에 지식 착각에 빠진 희생자가 된 것이다.

일기예보가 점점 정확해지는 이유

영화 〈웨더 맨The Weather Man〉의 주인공은 보수는 괜찮지만 별로 존경받지 못하는 직업을 갖고 있다. 그는 준비 기상예측을 읽으며 자신감 있는 태도를 보여야 하는 기상캐스터이다. 비 때문에 경기가 중단되거나 비행기가 지연되면 기상캐스터들의 빗나간 예보는 자주 비난과 조롱의 대상이 된다. 그러나 일기예보가 매우 중요한 지역이 있다. 일기예보에 따라 수백 혹은 수십억 달러가 왔다 갔다 하기도 한다. 댄은 일리노이 주에 있는 샴페인Champaign이라는 대학가에 거주한다. 일리노이의 경제 성장 동력은 대규모로 재배하는 옥수수 및 콩 농사다. 일리노이는 미국에서 가장 많은 콩과 두 번째로 많은 옥수수를 생산하는 지역이다.[36] 언제 무슨 곡식을 심고 거둘지, 향후 공급과 수요를 어떻게 계획할지 등의 중요한 결정은 날씨에 매우 큰 영향을 받는다. 일리노이 농부들은 자신이 농사짓는 지역은 물론 다른 지역의 날씨까지 주시한다. 아르헨티나의 여름 옥수수 수확량이 많으면 이듬해 봄 일리노이 농부들이 작물을 선정하는 데 영향을 끼친다. 일리노이 옥수수는 미국에서 생산되는 에탄올 중 40퍼센트를 만드는 데 사용되기 때문에 세계 석유 및 다른 에너지 자원 시장도 작물 선정에 매우 중요한 요인이 된다.

　미국 공영 라디오 방송국 중 기상요원을 직원으로 한 명 이상 둔 곳은 거의 없으며, 기상학 학위를 가지고 있는 사람은 더욱 드물다. 그러나 샴페인 지역의 NPR(전미공공라디오) 방송국 윌WILL에는 정규직 기상학자 한 명, 파트타임 기상학자 두 명, 기상캐스터 한 명을 직원으로 두고 있다. 윌은 다른 방송국과 마찬가지로 하루에도 여러 번 일기예보를 상세히 보도한다. 농부들의 생계가 일기예보에 달려있기 때문이다.[37] 만일 기상캐스터들이 자신이 얼마나 알고 있는지를 정확하게 파악한다면(그들이 쓰는 말로 소위 '눈금이 잘 맞춰져 있다면'), 농부들은 주요 사항을 결정할 때 그들의 예측을 따를 수 있을 것이다.

인간은 수천 년 동안 날씨를 예측하려고 열심히 노력했지만, 일기예보는 150년도 안된 1869년 9월 1일, 신시내티에서 "오늘 저녁은 흐리고 따뜻함, 내일은 맑음"이라는 인쇄물로 처음 등장했다.[38] 1920년이 되어서야 일기예보에 확률을 덧붙이는 방법으로 퍼센트를 사용하기 시작했는데, 이는 뉴멕시코 로스웰Roswell에 위치한 미국 기상국 책임자 클리브 홀른백Clive Hallenbeck이 퍼센트 표시를 지지하는 글을 발표하면서부터였다. 홀른백은 220일 동안 비공식으로 이 방법을 실험했다. 그는 매일 비 올 확률을 계산했고 정말 비가 왔는지 기록했는데, 놀랍게도 그의 예측은 정확했다. 비 올 확률이 높다고 예측한 날에는 대부분 비가 왔고, 낮다고 예측한 날에는 비가 거의 오지 않았다. 그러나 미국국립기상국은 1965년이 되어서야 일기예보에 비가 올 확률을 꼬박꼬박 넣기 시작했다. 1980년 기상학자인 제롬 차바Jerome Charba와 윌리엄 클레인William Klein은 1977년부터 79년까지 2년 동안 15만 건이 넘는 강수 예보에 관한 방대한 조사를 시작했다. 강수 예보와 실제 강수 확률은 거의 들어맞았다. 인상적이게도, 규칙적인 오류는 기상캐스터가 비가 올 확률을 100퍼센트라고 예측했을 때만 발생했다. 100퍼센트 비가 온다고 확신했던 날들 중 실제로 비가 온 날은 약 90퍼센트였다. 확신을 조심하라!

일기예보 중에서도 정확한 예보는 다른 종류의 예측 및 추론과 무엇이 다를까? 비 올 확률이 60퍼센트라고 한 기상학자의 말은, 현재 기상

조건을 바탕으로 비가 올 확률을 계산한 것이다. 이런 예측은 장기간 계속해나갈수록 더욱 정확해진다. 기상학자는 이전 예측에서 피드백을 받아 자신의 예측을 계속 조정한다. 수학적 통계 모델 및 컴퓨터 프로그램이 여기에 사용된다. 만약 특정 기후 패턴에서 비 올 확률이 60퍼센트로 예상되었으나 실제로 비가 왔던 경우가 40퍼센트에 그쳤다면, 이 기후모델은 개선되어 다음에 이와 비슷한 대기 조건이 발생했을 경우 강우 확률은 낮아진다. 기상요원의 예측을 완벽하게 그리고 즉시 피드백 할 수 있고, 시간이 지날수록 확률에 대한 지식이 정확해진다는 점에서 일기예보는 다른 종류의 예측과 다르다. 일례로 1966년에서 1978년 사이에 36시간 후 강수예측 기술은 두 배가량 향상되었다.[39]

우리도 기상캐스터처럼 적절한 피드백을 받아야 자신의 판단을 제대로 가늠하고 지식착각을 없앨 수 있다. 댄은 심리학개론 수업을 듣는 학생들에게 카드를 한 장씩 주고, 당사자는 카드 숫자를 볼 수 없지만 다른 학생들은 볼 수 있도록 카드를 계속 이마에 붙이고 있게 하는 실험을 했다.[40] 그리고 가능한 가장 높은 숫자가 적힌 카드를 뽑은 사람과 짝을 이루라고 지시했다. 자신의 카드는 볼 수 없지만 상대방의 카드는 볼 수 있기 때문에 자기를 거부한 학생의 카드를 알 수 있었다.

처음에는 모든 학생이 에이스나 킹 카드를 갖고 있는 사람과 짝을 짓고 싶어 하지만 대부분 거절당한다. 정말 높은 숫자의 카드를 가진 학생만이 에이스나 킹에게 선택된다. 정작 에이스나 킹을 갖고 있는 학생은 자기가 무슨 카드를 갖고 있는지 모르지만, 그만큼 좋은 패일 거라 추측하며 6이나 7을 가진 사람의 초대는 거절하고 그보다는 높은 카드를 가진 사람과 연결되기를 원한다. 놀랍게도 학생들은 자신과 비슷한 숫자를 가진 사람과 매우 빨리 짝을 맺었다. 학생들은 상대방의 거절을 자신의 예상을 교정하는 피드백으로 이용했을 수 있다. 상당히 다른 매력을 지닌 사람들이 커플로 맺어지지 않는 이유도 같은 원리에서 설명할 수 있다.[41] 사람들은 자신이 만날 수 있는 가장 최고의 대상에게 접근하지만, 데이트를 통해 자신에 대한 판단을 조절할 수 있다.

카드 맞추기 게임이나 데이트와 짝짓기를 하는 현실에서는 거절이라는 직접적인 (때로는 고통스러운) 피드백이 바로 제공된다. 반면 불행히도 우리가 살아가면서 내리는 판단은 언제나 다음날 아침 예측이 맞았는지 확인할 수 있는 기상캐스터처럼 정확한 피드백을 받을 수 없다. 바로 이것이 기상학과 의학 같은 분야의 중요한 특징이다. 진단의 정확성이나 수술결과에 대한 정보는 원칙적으로 이용가능하다. 그러나 실제로 이런 정보를 기상 자료처럼 체계적으로 수집하고, 저장하고, 분석하기는 어렵다. 폐렴이라 진단하고 처방한 의사들도 치료효과가 있는지 알기 위해서(전혀 깨닫지 못할 수도 있다) 얼마간 기다려야 한다. 하지만 환자가 회복했을 때도 저절로 나은 건지 치료 효과를 본 건지 구별하기 어려울 수 있다. 만약 당신이 최근 필름 카메라에서 디지털 카메라로 바꿨다면, 즉각적인 피드백의 장점을 경험했을 것이다. 사진을 찍을 때 무엇이 잘못되었는지 알기 위해 필름이 현상될 때까지 기다릴 필요가 이제는 없다. 사진을 잘못 찍었다면 곧바로 지우고 다시 새롭게 찍을 수 있다. 사진이든, 사람사이의 관계든, 기업경영이든, 실수를 바로 피드백 받지 못하면 발전하기 어렵다.

왜 지식 착각은 계속될까?

과학자, 건축가, 헤지펀드 매니저는 사람들에게 존경을 받지만 기상캐스터는 비난과 놀림을 받는다. 그러나 기상캐스터들은 누구보다도 자신이 알고 있는 한계를 착각하지 않는 편이다. 3장에서 우리는 책과 컴퓨터를 찾아보는 의사들이 환자들로부터 실제보다 낮은 평가를 받으며, 확신에 차서 틀린 증언을 하는 강간 피해자가 훌륭한 증인으로 칭찬받는 사례를 살펴보았다. 이들 사례를 통해 우리는 자신감에 대한 애착 때문에 겉보기에 능숙하고 정확한 듯 행동하는 사람에게 보상하고 있음을 알게 되었다. 지식 착각도 이와 비슷한 결과를 낳는다. 우리는 실제 아는 것보다 더 많이 아는 것처럼 행동하는 전문가, 혹은 스스로 그렇게 믿는 전문가의 충고를 선호한다.

과연 사람들은 정확하지만 자신 없는 진술보다, 정확하지 않지만 자신감 넘치는 진술을 더 선호할까? 네덜란드 심리학자 기디언 케렌이 만든 다음의 간단한 질문들에 대답해보라.

아래는 두 기상학자 애나와 베티가 향후 4일 간의 강수 확률을 예측한 일기예보이다.

	월	화	수	목
안나의 예측	90%	90%	90%	90%
베티의 예측	75%	75%	75%	75%

실제로 나흘 중 사흘 동안 비가 왔다. 당신은 안나와 베티 중 누가 더 정확한 일기예보를 했다고 생각하는가?

이 질문은 정확한 주장과 자신감 있는 주장 중 우리가 무엇을 더 선호하는지 묻는다. 베티는 비 올 확률을 75퍼센트라고 했고, 실제로도 4일 중 3일이나 비가 왔기 때문에 지식 착각이 없었다. 반면 안나는 강우 가능성에 대해 자기가 아는 수준보다 더 잘 안다고 예상했다. 안나가 베티보다 더 정확히 예보했다면 나흘 내내 비가 왔어야 했다. 그러나 이 질문으로 실험을 진행하자, 피실험자 중 거의 절반이 안나의 예측을 선호했다.[42]

현실에서는 전문가를 선택할 때 과거 그의 예측이 맞았는지 틀렸는지 기록을 참조할 수 있는 경우가 거의 없으므로, 이 실험은 실제 상황과는 차이가 있다. 국제 정치학(예측이 맞는지 확인하는 데 수년 혹은 수십 년이 걸릴 수 있는 분야) 전문가들을 조사한 어느 연구를 보면 이들의 예측이 간단한 통계 모델보다도 훨씬 부정확함을 알 수 있다. 예측이 빗나간 경우를 살펴보면, 전문가들은 흔히 정치·경제 상황이 실제보다 훨씬 자주 (더 좋아지든 더 나빠지든) 변한다고 내다보았다. 따라서 미래가 현재와 똑같을 거라고 단순하게 가정하는 쪽이 더 정확한 예측일 수 있다. 이렇게 되면 전문가가 방송에 출연하는 시간은 아마 줄어들 것이다. 그러나 날씨 예보 실험과 달리 정치 전문가의 의견을 듣는 사람들은 그들의 추측이 얼마나 옳을지를 미리 알 수 없다.[43] 필요한 정보가 없거나, 정보는 있지만 그것을 적절하게 평가하는 데 필요한 시간, 주의력, 통찰력이 없기 때문에, 실험실이 아닌 현실에서 정확하게 추측하기란 더욱 어렵다.

안나와 베티 실험은 전문가가 지식의 한계를 알고 있는지 알아차릴 만한 정보를 갖고 있더라도, 우리는 흔히 지식의 한계를 무시한 채 주장을 펼치는 사람을 선호한다는 사실을 보여준다. 자기계발서 저자들 중에서도 무엇을 해야 할지 정확하게 말해 주는("저거 말고 이거 먹어")식의 작가들이, 합리적인 메뉴 선택권을 주면서 독자 스스로 가장 효과적인 방법을 찾게 하는 작가들보다 인기가 많다. 주식 선정 텔레비전 프로그램으로 유명한 짐 크래머는 여러 자산들을 저울질하며 당신의 전체 재정 목표의 전후사정을 보고 투자 아이디어를 분석하거나 자신의 눈부신 자신감을 깎아내릴 다른 고려사항들을 분석해주는 대신, 기운을 돋우는 추임새를 넣으며 "이거 사! 사! 사!" 또는 "이거 팔아! 팔아! 팔아!"를 외친다.[44]

이처럼 현실보다 더 많이 안다고 착각하는 전문가를 사람들이 선호하기 때문에 지식 착각은 계속된다. 자기 지식의 한계를 아는 사람들은 "비 올 확률은 75퍼센트입니다"라고 말하겠지만, 자신의 한계를 모르는 사람들은 지나치게 확신하고 단언한다. 하지만 자기 분야에서 최고라는 사람들조차 지식 착각의 희생물이 될 수 있다. 인간의 유전자 개수와 천연 자원의 한계를 잘못 예측하고, 체스 컴퓨터의 가능성을 단언했던 과학자들을 다시 떠올려보라. 그들은 실패자도 아니고 그 분야에서 두각을 나타내지 못한 사람들도 아니었다. 인간 유전자 수를 잘못 예견한 에릭 랜더와 원자재 가격이 끊임없이 상승한다고 잘못 예견한

존 홀드렌은 오바마 행정부의 과학 고문이 되었다. 반면 폴 에를리히는 1990년에 345,000달러의 상금이 걸린 맥아더 재단의 '특별한 재능' 상을 받았으나 같은 해에 있었던 원자재 가격 내기에서 지고 말았다. 허버트 사이먼은 '경제 조직 내의 의사결정 과정에 대한 선도적인 연구'로 1978년 노벨 경제학상을 받았지만 인간과 컴퓨터의 체스 경기 결과는 틀리게 예측했다.[45]

지금까지 열거한 사례에서 지식 착각 때문에 생계가 어려워진 사람은 없었지만, 때로는 그렇게 되는 사람도 존재한다. 흔히 성공한 투자자로 언급되는 사람의 전형은 리스크를 조심스레 헤지하고, 미래의 불확실성 수준을 판단해 그에 맞게 자산을 배분하고 레버리지를 이용하는 사람이 아니다. 모든 돈을 걸고 과감하게 게임에 배팅하는 사람이다. 지식 착각은 너무도 강력해서 많은 사람들이 잠시 승리를 맛본 뒤 과도한 욕심을 부려 모든 것을 잃고 망하는 과정을 반복하게 만든다. 2007년 브라이언 헌터는 아마란스와 도이체 방크에 처참한 손해를 끼치고 미국 정부로부터 주식 시장을 조작했다는 혐의를 받아 공식 기소를 당한 와중에도 새로운 헤지펀드를 만들기 위해 자금을 모았다. 이는 롱텀캐피탈매니지먼트나 그 밖에 파산한 예전의 펀드 설립자들에게서도 마찬가지로 반복되었던 일들이다.[46]

05
원인 착각

성급하게
결론짓기

2005년 5월 29일, 신시내티에 사는 친척을 방문 중이던 여섯 살 아이가 병원에 입원했다. 탈수, 고열, 발진 증세를 보였고 며칠간 산소 호흡기를 달고 있어야 했다. 병원에선 아이의 혈액 샘플을 오하이오주 보건 연구소에 보내 검사를 요청했고, 그 결과 홍역이라는 초기 진단이 확인되었다.[1]

홍역은 어린이에게 발병하는 전염성이 가장 높은 바이러스 중 하나다. 홍역 환자가 재채기를 하면 같은 공간에 있는 사람은 호흡하거나 오염된 곳을 만지기만 해도 감염될 수 있다. 홍역 바이러스는 최대 2시간까지 활발하게 활동한다. 발진은 홍역과 다른 병을 구분할 수 있는 대표적 증상이지만, 그래도 홍역에 감염되고 나흘이 지나야 비로소 나타나기 시작한다. 2주 후에야 증상이 나타난 경우도 있다.

증상이 천천히 나타나는데다가, 보균자가 질병을 퍼뜨린 후에야 감염 사실을 자각할 가능성이 있으며, 바이러스 자체가 전염성이 높은 홍역은 전염병의 모든 조건을 완벽하게 갖추고 있다. 1970년대 이전에는 미국에서조차 홍역이 창궐하다보니 어린이가 홍역에 걸리지 않으면 이상할 정도였다. 지금도 홍역은 세계 전역에 널리 퍼져 있다. 세계보건기구WHO에 따르면, 2007년 한 해에만 20만 명에 가까운 인구가 홍역으로 사망했으며 여전히 전 세계 유아, 아동 사망의 주요 원인이다.

홍역은 실명, 극심한 탈수, 설사, 뇌염, 폐렴 등 심각한 합병증도 수반한다. 영양실조 비율이 높고 보건 관리가 허술한 개발도상국일 경우 홍역은 대재앙이 될 수 있다. 세계보건기구는 이런 지역에서 홍역으로 인한 사망률이 10퍼센트 정도 더 높은 것으로 추정하고 있다. 효과적인 보건 관리 체계를 갖춘 선진국에서는 홍역으로 사망하는 일이 드물지만 천식 같은 질병을 앓고 있는 사람에게는 심각한 합병증을 유발할 수 있다.

미국 내에서 홍역 퇴치는 체계적인 예방접종 프로그램이 이루어낸 최고의 성공사례 중 하나다. 홍역, 볼거리, 풍진을 예방하는 혼합백신인 MMR 덕분에 오늘날에는 홍역 사례를 거의 찾아볼 수 없다. 초등학교 취학 전 어린이를 대상으로 한 MMR 의무 접종으로 2000년 들어 미국 내 홍역은 거의 사라졌다. 홍역 유행을 실질적으로 막으려면 인구의 90퍼센트가 예방 접종을 받아야 하는데, 미국은 10년 넘게 이 기준 이상을 유지하고 있다. 그렇다면 신시내티의 여섯 살 아이는 어쩌다 홍역에 걸렸을까?

예방 접종이 필수가 아닌 일부 유럽 지역 및 대규모 전염병이 흔하게 발생하는 일부 아시아 지역과 아프리카에서는 홍역이 여전히 유행하고 있다. 미국 내 홍역 발병환자 대부분은 국외에서 전염된다. 예방 접종을 하지 않은 사람이 질병 발생지역을 방문해 바이러스에 노출됐다가 돌아와 증상을 보이는 것이다. 하지만 신시내티를 방문했던 소녀는 인디애나주 북부에 살았으며 외국에 가본 적도 없다. 그렇다면 어떻게 병에 걸렸을까?

홍역은 감염된 후 시간이 꽤 지나야 증상이 나타나기 때문에 자신이 감염된 사실을 모르는 사람들로부터 전염될 수 있다. 소녀가 홍역이 유행하는 지역에 간 적이 없어도 자신도 모르게 감염자와 접촉했을 수 있다. 2주 전인 5월 15일, 인디애나 지역의 교회에서 열린 5백 명 규모의 예배에 참석했을 때 감염되었을 가능성이 가장 컸다. 소녀의 부모는 교회 모임 당시 고열과 기침, 안구 충혈 증상을 보이는 십대가 한 명 있었다고 신시내티 병원 의료진에 알렸다. 훗날 밝혀진 바에 따르면 문제의 19세 소녀는 루마니아 수도 부쿠레슈티의 고아원과 병원에서 선교활동을 하다가 현지 교회의 예배에 참석한 후 인디애나로 막 돌아온 참이었다고 한다. 5월 14일 귀국한 바로 다음날 예배에 참석한 것이다. 그녀는 2000년 이후 발생한 미국 최대 홍역발병의 '지침 증례(최초 감염자로 이후 발생한 환자들에게 감염 원인을 제공한 전염원)'였다.

2005년 5월과 6월에 32명의 홍역 환자가 추가 발생했다. 홍역 환자로 판명된 34명 중 33명은 전염원인 19세 소녀와 직접 접촉했거나 홍역에 걸린 사람과 한 집에 살던 사람들이었다. 유일하게 교회 밖에서 홍역에 걸린 사람은 한 홍역 환자가 치료받던 병원의 직원이었다. 다행히 감염자 중 사망자는 나오지 않았지만, 신시내티의 여섯 살 아이 외에도 45세 남성은 정맥주사를 맞아야 했고, 병원 직원은 폐렴과 호흡기 장애로 엿새 동안 산소 호흡기에 의지해야 했다. 효과적인 치료와 관리(증상을 보이지 않더라도 바이러스에 노출된 사람은 모두 18일간 격리 조치되었다)를 통해 7월 말, 겨우 홍역이 진정되었으며, 이후 추가 감염 사례는 보고되지 않았다. 확산을 막고 치료하느라 소요된 총비용은 어림잡아 30만 달러에 달했다.[2]

34명의 환자 중 두 명만 예방 접종을 받은 상태였으며 그 중 한 명인 병원 직원은 1차 백신접종만 받았다(MMR 접종은 2차까지 해야 한다-옮긴이). 여섯 살 아이는 예방 접종을 받은 적이 없었고 루마니아에 갔던 19

세 소녀 역시 마찬가지였다. 예배에 참석한 500명 중 50명이 예방 접종을 받지 않았고 그 중 16명이 홍역에 걸렸다. 나머지 신도 대부분은 예방 접종을 받은 상태였기 때문에 홍역이 더는 확산되지 않았다. 예방 접종이 흔하지 않은 나라였다면 발생 규모는 훨씬 더 컸을 것이다.

미국 내 학령기 아동의 예방 접종 비율이 95퍼센트 이상인데 교회 신도의 10퍼센트가 예방 접종을 받지 않았던 이유는 무엇일까? 미국 모든 공립학교 학생에게 예방 접종은 필수지만, 학부모가 종교 등의 이유로 '개인적 신념에 따른 면제 요청서'를 제출하면 예방 접종을 받지 않아도 되는 주(州)가 여럿 있다. 그리고 실제로도 홍역 발생 사례 대부분이 예방 접종을 거절한 몇몇 가정 내에서 발생했다. 이들 중 상당수는 보건당국이 질병 확산을 막으려고 애를 쓰는 중에도 계속 백신접종을 거부했다.

2005년 신시내티주 홍역 사례가 유일한 발병 사례는 아니다. 질병통제센터(Centers for Disease Control, CDC)는 2008년 초부터 7월 사이에만 미국 내에서 131건의 홍역 발생 사례를 확인했는데, 이는 2001년부터 2007년까지 연평균 발생 건수의 두 배 이상에 해당하며 1996년 이래로 가장 높은 수치다. 환자 대부분은 백신접종 대상이었으나 부모가 접종을 거부한 취학 아동들이었다.

부모들은 왜 심각하고 전염성이 매우 높은 어린이 질병을 백신으로 효과적으로 예방할 수 있다는 사실을 알면서도 접종을 거부할까? 사람들은 왜 질병통제센터와 세계보건기구의 지침을 알면서도 따르지 않고, 홍역 등의 질병이 만연한 나라를 예방 접종도 받지 않은 채 여행하는 걸까? 안전하고 효과적인 백신이 나온 지 40년이 넘었는데도 어째서 부모들은 홍역처럼 치명적일 수 있는 질병에 자녀들을 무방비로 노출시키는 걸까?

이런 행동은 앞으로 살펴보고자 하는 또다른 일상의 착각, 즉 **원인착각**illusion of cause의 결과다. 사람들이 자식에게 예방 접종을 하지 않겠다고 선택하는 이유를 이해하려면 서로 별개이면서도 밀접히 연관되어 있는 세 가지 편견, 즉 원인 착각을 일으키는 편견에 대해 생각해야 한다. 이 편견들은 우리의 머리 구조가 패턴에서 의미를 발견하고, 우연의 일치에서 인과관계를 추론하며, 앞서 일어난 사건이 뒤에 일어난 사건의 원인이라고 믿도록 되어 있기에 발생한다.

하나님은 어느 곳에나 존재하신다

패턴 인식은 우리의 생활에서 매우 중요하다. 전문직 종사자들의 기량은 다양하고 중요한 패턴을 신속하게 찾아내는 능력에 전적으로 달려있다. 의사들은 어떤 패턴을 형성하는 복합적인 증상들을 찾아내어 근본 원인을 추측하고 진단하며 치료 방법을 선택하고 그 결과를 예측한다. 임상 심리학자와 상담 전문가들은 생각과 행동에서 여러 패턴들을 찾아내 정신장애를 진단한다. 주식 중개인들은 주요 지수의 상승과 하락 추이를 분석하여 이윤을 낳을 수 있는 일관된 패턴을 찾아낸다. 야구 감독들은 타자들이 공을 치는 방향의 규칙적인 패턴을 토대로 수비수들의 위치를 조정하고, 투수들은 타자들의 스윙을 보고 인식한 패턴을 토대로 투구법을 조정한다. 우리 모두는 자신도 모르는 사이에 패턴을 탐색한다. 걸음걸이에 나타나는 독특하고 규칙적인 패턴만 보고도 지인을 식별하기도 한다. 학생들은 짧은 무성(無聲) 동영상에 나오는 행동과 몸짓 패턴만으로도 어떤 교사가 학기말에 우수한 평가를 받을지 예측할 수 있다.[3] 우리는 세상의 패턴을 인식하고 그 패턴을 토대로 예측하며 살아간다.

이런 특별한 패턴 인식 능력은 힘든 논리적 계산법에 의존할 경우 몇 분 혹은 몇 시간을 들여야 얻을 수 있는 결론을 몇 초 혹은 1초도 안 되는 시간 안에 얻게끔 돕는다는 점에서 도움이 될 때가 많다. 그러나 유감스럽게도 패턴 인식 능력은 우리를 잘못된 방향으로 인도해 원인 착각을 불러일으키기도 한다. 때로는 존재하지 않는 패턴을 인식하기도 하고 존재하는 패턴을 잘못 인식하기도 한다. 반복되는 패턴이 실존하는지와 무관하게 일단 패턴이 존재한다고 인식하고 나면, 우리는 그것이 인과관계에서 비롯된 결과라고 쉽게 추론해버린다. 기억하고자 하는 모습에 끼워 맞추려다보니 세상에 대한 기억을 왜곡할 수 있는 것처럼, 그리고 기존의 예상과 어울리지 않다보니 주변의 고릴라를 볼 수 없는 것처럼, 세상에 대한 우리의 해석은 마구잡이 배열보다는 의미 있는 패턴을 인식하고, 우연의 일치보다는 원인을 추론하게끔 편향되어 있다. 그리고 우리는 대체로 이러한 편견들을 전혀 알아차리지 못한다.

원인 착각은 우리가 마구잡이 배열 속에서 패턴을 인식할 때 생겨나며, 패턴은 우리가 패턴의 원인을 이해하고 있다고 생각할 때 가장 눈에 잘 들어온다. 인과관계에 대한 직관적인 믿음 때문에 패턴을 그 밑음에 되도록 일치시켜 인식하기도 하고, 인식한 패턴이 종종 새로운 믿음을 낳기도 한다. 희한한 곳에서 얼굴 형상을 발견하는 행동도 잘못된 패턴 인식의 가장 두드러진 사례에 속한다.

1994년 어느 날 다이애나 듀이서Diana Duyser는 자신이 방금 구운 치즈 샌드위치를 한 입 먹은 후 이상한 것을 발견했다. 구운 빵 표면에 그녀를 응시하는 얼굴 형상이 새겨진 것이다. 보석 디자이너였던 듀이서는 그 얼굴을 성모 마리아라고 인식했다. 그녀는 샌드위치를 더는 먹지 않고 플라스틱 상자에 넣어 보관했는데, 놀랍게도 샌드위치에는 곰팡이가 생기지 않고 10년간 그대로 유지되었다. 그러다가 그녀는 이유는 알 수 없지만 이 종교적 상징물을 이베이에서 판매하기로 결심했다. 샌드위치는 인터넷 도박 사이트에서 2만8천 달러에 낙찰되었고 사이트 대표가 직접 낙찰받은 샌드위치를 찾아갔다. 듀이서는 샌드위치를 넘겨주면서 이렇게 말했다고 한다. "나는 이 얼굴이 성모 마리아라고 믿어요."4

모호한 자극에서 유의미한 어떤 것을 찾아내고자 하는 인간의 심리 현상을 **파레이돌리아** Pareidolia(착시현상, 변상증)라고 한다. 구운 치즈 성모 마리아 샌드위치처럼 대부분의 파레이돌리아 사례는 종교적 형상이다. 구불구불한 롤빵의 모양이 불가사의하게도 테레사 수녀의 코, 턱살과 비슷해 '수녀 빵'이 된 계피 페이스트리가 있다. 이 수녀 빵은 1996년 내슈빌의 한 커피숍에서 처음 발견되었지만 2005년 크리스마스에 도둑맞았다. 시카고 94번 고속도로 밑에서 소금 얼룩 형상으로 출현한 '지하도의 성모 마리아' 역시 2005년 수개월 동안 교통이 마비될 정도로 많은 인파를 끌어 모았다. 그밖에도 예수 코코아, 새우꼬리정식 위에 나타난 예수, 치과 엑스레이 사진에 나타난 예수, 치저스Cheesus(예수의 형상을 하고 있다고 알려진 치즈과자) 등이 있다. 이슬람교는 알라의 형상을 금하고 있는데, 영국 요크셔 서부에 사는 신자들은 토마토 조각 안쪽에서 아랍어로 '알라Allah'라는 단어를 발견하기도 했다.

이쯤에서 짐작하겠지만, 이런 얼굴 형상 목격담에 대해 이제는 세속적인 설명을 해보기로 하자. 우리의 시각체계가 얼굴, 사물, 단어를 인식할 때 해결하기 어려운 한 가지 문제가 있다. 조명 상태, 거리, 각도, 부분 노출, 색상 등 인식 대상이 다양한 조건에서 나타난다는 점이다. 신호가 약할 때 증폭기를 켜듯 시각체계는 자신에게 가장 중요한 패턴을 접할 때 극도로 민감해진다. 우리 뇌의 시각 영역은 기대하는 이미지와 조금이라도 비슷하면 활성화된다. 뇌는 단 0.2초 안에 의자나 자동차 같은 사물들과 사람의 얼굴을 구별할 수 있다. 의자 같은 사물에서 주차요금 징수기나 3극 접지 콘센트처럼 사람의 얼굴 모양을 닮은 사물을 구별하는 데에도 그리 오래 걸리지 않는다. 얼굴과 비슷한 사물을 보면 실제 얼굴에 매우 민감한 방추이랑fusiform gyrus(좌측 측두엽에 위치)이라는 뇌 영역이 활동을 시작한다. 즉 무엇이건 얼굴처럼 생긴 물건을 보게 되면 뇌는 즉시 그 물건을 얼굴로 취급하고 주변 사물과 다르게 처리한다는 뜻이다. 이런 이유로 우리는 얼굴 모양의 패턴을 매우 쉽게 실제 얼굴로 인식한다.[5]

다른 감각에도 동일한 원리가 적용된다. 레드 제플린이 부른 '천국으로 가는 계단Stairway to Heaven'을 거꾸로 들으면 '사탄', '666' 등 이상한 단어가 들릴 것이다. 퀸Queen의 노래 '어나더 원 바이츠 더 더스트Another One Bites the Dust'를 거꾸로 돌려서 들어보면 프레디 머큐리가 "마리화나를 피우는 것은 즐겁다"라고 말하는 것처럼 들리기도 한다. 이런 현상은 흥밋거리나 금전적인 이익을 목적으로 악용될 수 있다. 카렌 스톨즈나우Karren Stollznow라는 작가는 팝타르트Pop-Tart과자에서 전통적으로 교황이 쓰는 주교 스타일 모자 같은 희미한 윤곽을 발견했다. 그녀는 디지털 카메라로 사진을 찍어 이베이에 올리고 일명 '교황 타르트Pope Tart'의 입찰을 시작했다. 경매를 진행하는 과정에서 신자들 및 회의론자들과 재미있는 이메일을 수없이 주고받았다. 결국 교황 타르트는 46달러에 낙찰되었다. 그녀는 치즈 성모 마리아가 보도 및 TV 프로그램 등을 통해 받았던 높은 관심과 비교하며 교황 타르트가 상대적으로 낮은 가격에 팔린 원인을 언론의 관심 부족으로 돌렸다.[6]

　이러한 사례들은 패턴을 찾아내려는 인간 정신의 지나치게 활동적인 성향을 보여주는 빙산의 일각일 뿐이다. 숙련된 전문가들조차 자신의 예상과 어긋나는 패턴은 보지 않고 볼 것이라 예상하는 대로 패턴을 읽는 경향이 있다. 천연가스의 선물가격에 돈을 걸었다가 모든 것을 여러 번 잃은 헤지펀드 매니저 브라이언 헌터를 기억해보라. 그는 자신이 에너지 시장이 변동하는 이유를 매우 잘 이해한다고 생각했지만, 그가 추론한 시장의 인과 패턴은 결국 회사를 몰락시키고 말았다. 패턴 인식의 효과가 잘 발휘되면 쇼핑몰 안의 수많은 인파 사이에서도 잃어버린 아이의 얼굴을 찾을 수 있다. 하지만 효과가 너무 지나치게 발휘되면 빵에서 하나님이 보이거나, 주가 동향이 보이고, 존재하지 않거나 옳다고 볼 수 없는 연관관계를 감지하게 된다.

원인과 증상

〈그레이 아나토미〉와 〈하우스〉 같은 텔레비전 의학드라마나 키팅 박사가 운영하는 세인트루이스 진단 클리닉에서 만날 수 있는 특이 환자들과는 달리, 의사들이 매일 만나는 환자들 대부분은 지극히 평범한 문제들을 안고 있다. 전문가들은 신종플루보다는 흔한 감기, 임상적 우울증보다는 일상적 슬픔을 접하는 경우가 더 많다고 예상해 가장 개연성 있는 진단을 내리도록 배웠기 때문에 일반 증상을 재빨리 알아낸다.

일반인들은 전문가일수록 더 다양한 종류의 질병과 대안을 고려해 진단을 내릴 거라고 생각한다. 하지만 진정한 전문성은 다양한 것들을 생각하는 능력이 아니라 관련 없는 것들을 걸러내는 능력이다. 한 아이가 호흡곤란으로 응급실에 도착한다고 상상해보자. 가장 확률이 높은 진단은 천식이고, 이 경우 알부테롤Albuterol 같은 기관지 확장제로 치료하면 쉽게 해결된다. 아이가 잘못 삼킨 이물질이 목구멍에 걸려도 호흡곤란 증세가 나타날 수 있다. 이물질은 감염 등 여러 다양한 증상을 일으킬 수 있다. 〈하우스〉 같은 드라마에서는 이런 특이한 해석이 아이가 보이는 증상에 대한 올바른 진단으로 밝혀지곤 한다. 하지만 현실에서는 천식이나 폐렴이 훨씬 더 유력한 해석이다. 전문의는 천식 환자들을 많이 봐왔기 때문에 해당 질병의 패턴을 알아보고 거의 항상 정확한 진단을 빠르게 내린다. 키팅 박사처럼 특이 클리닉에서 일하지도 않고, 현재 상황이 특이한 경우라고 생각되지도 않는데도 희귀 원인에만 너무 초점을 맞추면 역효과가 날 수 있다. 전문의는 증상의 패턴에 대해 우선 가장 확률이 높은 몇 가지 진단만 내린다.

전문가들은 자신에게 정립된 기대와 일치하는 패턴을 보려고 노력하지만, 아무리 합리적이라도 '기대'라는 안경을 끼고 세상을 보면 역효과가 날 수 있다. 농구공 패스 횟수를 세는 데 집중한 사람들이 예상치 못한 고릴라를 못 보듯, 전문가 역시 패턴의 원인이 특이하고 희귀하거나 예상치 못한 것이라면 그 '고릴라'를 놓칠 수 있다. 의사들이 병원에서 수련의 시절과 전문의 시절을 보낸 후 개업했을 때, 특히 교외 지역에 가정의나 내과를 개원했을 때 문제가 많이 발생한다. 도시의 대학병원과 시골 진료소에서 질병을 접하는 횟수는 차이가 많이 나기 때문에 의사들은 자신의 패턴 인식 기술을 새로운 환경에 맞추어 재조율해야 한다.

누구든지 기대로 인해 존재하지 않는 사실을 존재한다고 생각할 수 있다. 내 어머니는 몇 년간 손과 무릎의 관절염으로 인한 통증에 시달려 왔으며, 기온이 낮고 비가 내리는 날이면 통증을 더 심하게 느낀다. 우리 어머니 같은 사람은 매우 많다. 1972년 실시한 한 연구에 따르면, 관절염 환자 중 80~90퍼센트는 기온과 기압이 내려가고 습도가 올라가면 통증이 더 심해진다고 말한다. 의료서적들은 앞 다투어 날씨와 관절염의 연관성을 다루었다. 심지어 만성 통증 환자에게 따뜻하고 건조한 지역으로 이사하라고 권하는 전문가도 있었다. 하지만 과연 날씨가 정말 관절염을 악화시킬까?

의학박사 도널드 리델마이어Donald Redelmeier와 인지심리학자 아모스 트버스키Amos Tversky는 15개월간 18명의 관절염 환자에게 매달 두 번씩 통증 정도를 기록하게 하고 이를 관찰했다. 그리고 수집한 통증 데이터를 같은 시기 해당 지역의 기상 정보와 대조해보았다. 단 한 사람을 제외한 모든 환자가 날씨 변화에 따라 통증 강도도 달라진다고 믿었다. 하지만 리델마이어와 트버스키가 통증 기록과 당일, 전날, 전전날 날씨를 비교한 결과 어떤 연관성도 찾을 수 없었다. 환자들의 강한 믿음과는 달리 날씨 변화와 통증 강도는 전혀 관련이 없었다.

나는 어머니에게 이 연구 결과를 알려드렸다. 그러나 어머니는 연구 결과가 그렇다 해도 자신은 분명 궂은 날 통증이 더 심하다고 주장했다. 통증과 통계치는 일치하지 않을 수도 있다. 하지만 관절염 환자들은 어째서 존재하지 않는 패턴을 믿는 걸까? 날씨는 통증과 관련이 없는데도 있다고 믿게 된 이유는 무엇일까?

리델마이어와 트버스키는 두 번째 실험을 실시했다. 연구 대상으로 대학생들을 모집한 뒤 그들에게 한 쌍의 수치, 즉 환자들의 통증 정도와 그날의 기압을 기록한 데이터를 보여주었다. 실제로는 통증과 날씨가 관련이 없다는 사실을 기억하라. 춥고 비가 오는 날만큼 따뜻하고 맑은 날에도 통증을 느낄 수 있기 때문에 기압을 알아도 환자가 그날 느낀 통증 정도를 예측하는 데 별 도움이 되지 않는다. 학생들에게 제시된 가짜 실험용 데이터 역시 아무 관련도 없었다. 그런데도 실제 환자들처럼, 실험에 참가한 학생들의 절반 이상이 데이터를 보고 관절염과 날씨는 관련이 있다고 생각했다. 한 사례에서는 무려 87퍼센트 이상의 학생이 연관성이 있다고 말했다.

이 실험에 참가한 피실험자들은 '선택적 조합' 과정을 통해 저기압과 통증이 우연히 일치하는 며칠과 같이, 일부 데이터에만 존재하는 패턴에 초점을 맞추고 나머지는 무시했다. 관절염 환자들도 마찬가지일 가능성이 높다. 그들은 따뜻하고 맑은 날씨에 통증을 느꼈던 날보다 춥고 비가 오는 날에 관절통이 겹쳤던 날을 더 잘 기억하고, 궂은 날씨에도 전혀 통증이 없던 날은 잘 기억하지 못한다. 날씨와 증상의 관계를 미루어 짐작하는 태도는 일상에서도 흔히 찾아볼 수 있다. 피실험자들과 환자들은 잘못된 자신의 믿음에 부합하게끔 날씨와 통증 데이터를 해석했기 때문에 존재하지 않는 연관성을 인식했다. 실제로는 없는데도 보일 거라고 예상한 고릴라를 본 것이다.[7]

믿음이 '이유'가 되지 않게 하라

수많은 심리학 입문서에는 아이스크림 소비와 익사율의 상관관계 고찰이 등장한다. 아이스크림 소비가 많은 날에 사람들이 더 많이 익사하고, 아이스크림 소비가 거의 없는 날에는 익사율이 낮다. 아이스크림 섭취가 익사 원인은 아닐 테고, 익사 소식 때문에 사람들이 아이스크림을 기피하지도 않을 것이다. 오히려 제3의 요인인 '더위'가 이 둘의 주원인일 가능성이 높다. 겨울에는 아이스크림 소비도 줄어들고 수영하는 사람도 거의 없으니 익사율도 낮다.[8]

이 사례를 통해 원인 착각에 숨겨진 두 번째 중요한 편견(두 사건이 동시에 일어날 때 한 사건을 다른 사건의 원인으로 추론)을 살펴볼 수 있다. 심리학 교재가 아이스크림-익사 상관관계를 이용하는 이유는 한쪽이 다른 쪽의 원인이라고 생각하기는 어려운 반면, 언급되지 않은 제3의 요인이 두 사건 다 일으켰을 가능성은 쉽게 알 수 있기 때문이다. 그러나 현실에서는 이처럼 간단하게 원인 착각을 간파하기 어렵다.

음모론은 대부분 음모가 있었다는 관점에서 사건 원인을 가늠하는 데 도움이 될 만한 패턴을 발견하는 것으로 시작된다. 음모론은 우연의 일치로부터 인과관계를 추론한다. 음모론을 믿으면 믿을수록 원인 착각의 희생양이 될 수 있다.

음모론은 예측을 벗어난 패턴 인식 방법에서 비롯된 결과이며 '성모 마리아 샌드위치'의 인식적 변형이다. 부시가 사전에 계획한 이라크 침공을 정당화하려 9.11테러를 조작했다고 믿는 음모론자들은 부시가 그 공격을 미리 알고 있었다는 증거로, 첫 번째 비행기가 타워에 부딪치는 것을 보았다는 부시의 잘못된 기억을 재빨리 떠올렸다. 힐러리 클린턴을 '당선되려고 별별 수를 다 쓰는 인간'이라고 생각한 사람들은 보스니아 저격수에 대한 힐러리의 잘못된 기억을 '거짓말하고 있는 증거'라고 재빨리 결론지었다. 둘 다 자신의 편견대로 그 사람의 모습을 이용해 사건을 패턴에 끼워 맞춘 케이스다. 사람들은 자신이 중요한 원인을 찾았다고 강하게 확신한 나머지 더 이치에 맞는 다른 설명이 있을 수 있다는 사실을 인식하지 못했다.

이처럼 원인 착각이 드러난 사례들은 매우 널리 퍼져 있기 때문에, 연구방법론을 수강하는 학생들은 "최근 언론 보도 가운데 단순한 연관관계로부터 원인 관계를 잘못 추론한 사례를 찾아내라"는 과제를 별 어려움 없이 수행했다. BBC 방송은 "섹스가 젊음을 지켜준다"는 선정적인 제목의 기사에서 로열 에든버러 병원의 데이비드 윅스 박사의 연구를 보도했다. "일주일에 세 번 섹스하는 부부는 일주일에 두 번 섹스하는 부부보다 10년이나 젊어 보인다."⁹ 첨부 사진에는 "규칙적인 섹스는 당신의 얼굴에서 세월을 지워준다"는 설명이 적혀 있었다. 물론 섹스가 젊음의 원인일 수도 있다. 하지만 그밖에도 그럴듯한 해석들은 많다. 동안이기 때문에 성적인 기회를 쉽게 얻을 수 있다든가, 어린 외모는 신체가 건강하다는 신호이며 신체가 건강하면 잦은 성관계를 갖는 것이 더욱 쉽다든가, 더 젊어 보이는 사람들이 지속적인 성관계를 더 잘 유지할 수 있다든가 하는 식으로 끝없이 늘어놓을 수 있다. 젊음과 섹스의 통계적 연관성이 한쪽이 다른 한쪽의 원인임을 뜻하진 않는다. "젊은 외모가 성관계를 더 많이 갖게 해준다"고 반대로 제목을 달았다면 똑같이 지레짐작이라도 놀라움이 덜해서 뉴스거리가 되지는 못했을 것이다.

물론 실제로 인과관계를 나타낼 가능성이 높은 상관관계도 있다. 익사 소식보다는 여름날의 높은 기온이 사람들로 하여금 아이스크림을 더 많이 먹게 만든다. 통계학자와 사회과학자들은 정확한 인과관계를 찾을 가능성을 높이기 위해 상관관계 데이터를 수집하고 분석하는 기발한 방식을 개발해왔다. 그러나 연관성이 인과관계가 맞는지 확실하게 검사할 수 있는 유일한 방법(명심하라, **유일한 방법**이다!)은 실험해보는 것이다. 실험하지 않으면 연관성의 관찰은 단지 우연의 일치를 찾아내는 과학적 수단이 되고 만다. 많은 의학 연구들이 역학적 접근법으로 발병률을 측정하고 그 결과를 여러 집단이나 사회들과 비교한다. 어떤 역학 연구에서는 채소를 많이 먹는 사람들의 건강과 적게 먹는 사람들의 건강을 측정해 비교한다. 평생 채소를 먹는 사람들이 잘 먹지 않는 사람보다 건강함을 보여줄 수 있는 연구다. 채소 섭취와 건강의 연관성에 관한 과학적 증거를 제공하기는 해도, "채소를 먹으면 건강해진다거나 건강하려면 채소를 먹어야 한다" 등의 주장을 뒷받침하지는 않는다. 채소 섭취와 건강은 둘 다 제3의 요인에 의해 발생할 수도 있다. 예컨대 경제적 여유가 있는 사람이 더 좋고 신선한 음식을 먹고 더 훌륭한 보건 서비스를 받을 수 있다. 물론 역학 연구에서 실험은 하지 않지만 많은 경우 (인체 내 흡연과 폐암의 관계처럼) 두 요소 사이의 연관성 유무를 결정지을 수 있는 최선의 방법이며 따라서 최소한의 인과관계가 존재할 가능성이 있다.

한편 실험은 연관성을 관찰하는 데 그치지 않고 하나의 독립변수가 다른 종속변수 요소들에 영향을 주는지 살펴보기 위해 독립변수에 체계적이고 다양한 변화를 준다. 일례로 조용할 때보다 음악이 흘러나올 때 어려운 과제에 집중을 더 잘할 수 있는지 알고자 한다면, 무작위로 사람들을 선정해 몇 명에게는 음악을 들려주고 나머지는 조용한 환경에서 일하도록 한 다음 몇 가지 테스트를 실시해 그들의 성적을 측정한다. 하나의 원인(음악 청취 여부)을 채택한 후에 결과(테스트 성적 차이)를 관찰한다. 그러나 두 가지 결과를 측정하고 그 결과들이 함께 일어난다는 사실을 보여주는 것만으로는 하나가 다른 하나의 원인이라고 할 수 없다. 즉 음악 청취 여부만 측정한 다음 인지과제 수행 능력을 측정한다면, 음악 청취와 인지 테스트 성적 사이의 인과관계를 증명할 수 없다. 왜 그럴까?

역설적이게도 인과관계의 적절한 추론은 무작위라는 요소에 달렸다. 각각의 사람은 두 집단 중 하나에 무작위로 배정되어야 하고, 그렇지 않으면 다른 체계적 편향이 두 집단 간에 차이를 일으킬 수 있다. 당신이 방금 사람들에게 일하면서 음악을 듣는지 여부를 물어서 조용히 일한 사람들이 높은 생산성을 보였음을 알아냈다고 해보자. 많은 요인들이 이 차이를 일으킬 수 있다. 교육 수준이 높은 사람들이 소음 없이 일하는 것을 선호할 수도 있고, 주의력이 부족한 사람들이 음악을 즐겨 들을 수도 있다.

심리학개론은 상관관계가 인과관계를 의미하지는 않는다는 기본 원칙을 가르친다. 이 원칙은 원인 착각을 상쇄하는 방법이기 때문에 꼭 배워야 한다. 그러나 내면화하기 어렵고, 추상적인 이해만으로는 오류에 대한 면역 형성에는 별 도움이 되지 않는다. 다행히도 당신이 원인 착각 중임을 알아채도록 도와줄 간단한 묘안이 있다. 두 가지 요소 사이의 연관성에 관해 듣거나 읽을 때, 그 둘 중 한 가지 상황에 사람들을 무작위로 선정할 수 있는지 생각해보라. 사람들을 이렇게 두 그룹으로 무작위로 선정하는 데 비용이 너무 많이 들거나 그 과정이 윤리적으로 문제가 되는 상황이어서 선정 자체가 불가능하다면, 연구 실험을 행할 수 없을뿐더러 인과적인 논리도 입증할 수 없다. 이를 설명하기 위해 실제 뉴스 헤드라인에서 몇 가지 예를 발췌해보았다.[10]

● "블랙베리를 놓아라! 다중작업은 해로울 수 있다"

연구자들은 블랙베리(RIM의 스마트폰)에 중독되어 생활하며 다중작업을 하는 그룹과 한 번에 한 가지 일에만 집중하는 그룹으로 나누어 사람들을 무작위로 선정할 수 있었을까? 아마 그러지 못했을 것이다. 이 연구에서는 설문조사를 통해 예전부터 습관적으로 텔레비전 시청이나 문자 전송, 컴퓨터 사용 등을 동시에 해온 사람들을 찾아내어 한 번에 단 한 가지 일만 하는 사람들과 비교했다. 양쪽 그룹에 인지 테스트를 실시한 결과, 일부 테스트에서 다중작업을 많이 하는 사람들의 성적이 더 낮았다는 사실을 알아냈다. 기사 원문에는 연구 방법이 분명하게 설명되어 있지만 헤드라인에는 '블랙베리가 해로울 수 있다'는 입증되지 않은 인과적인 논리가 추가되고 말았다. 결국 테스트 성적이 낮은 사람들도 '블랙베리만 사용하지 않으면 다중작업을 그럭저럭 잘해내겠구나' 하고 여기게 되어, 오히려 능력 이상으로 다중작업을 더 많이 하는 결과를 초래할 수 있다.

● "왕따가 아이의 정신건강을 해친다"

연구자가 누구는 왕따로 만들고, 누구는 왕따가 되지 않게 임의로 정할 수 있을까? 없다. 윤리적으로도 불가능하다. 그렇기에 이 연구는 왕따와 정신건강 문제의 연관성을 측정한 것이 틀림없다. 실제 인과관계는 '정신건강에 문제가 있는 아이들이 왕따를 당할 가능성이 높다'는 식으로 정반대일 수 있다. 가정 환경 속의 다른 요인들이 왕따를 당하거나 정신건강에 문제를 일으키는 원인일 수도 있다.

- **"이웃 때문에 정신분열증이 일어날까?"**

  일부 지역의 정신분열증 발병률이 다른 지역보다 높다는 연구다. 그런데 연구자들이 무작위로 사람들을 선정해 다른 이웃들과 살아보게 할 수 있었을까? 경험에 의하면 아무리 사람들이 심리학 실험에 참여하기를 좋아하더라도 '짐 싸서 이사 가라'는 요구는 절대 들어주지 않을 것이다.

- **"가사노동이 유방암의 위험을 줄여준다"**

  실험자들이 감히 여성들을 '가사노동을 더 많이 하는' 그룹과 '가사노동을 더 적게 하는' 그룹으로 무작위 선정할 수 있었을지 의심스럽다('가사노동을 적게 하는' 쪽으로 선정된 일부 피실험자들은 행운에 기뻐했겠지만).

- **"성적인 노래들이 십대들의 성관계를 부추긴다."**

  연구자들은 무작위로 선정한 십대 중 일부에게는 노골적으로 성적인 노래를 들려주고 나머지 십대에게는 그렇지 않은 노래를 들려준 다음, 그들이 성관계를 얼마나 많이 갖는지 관찰한 걸까? 모험을 즐기는 실험가라면 어쩌면 연구실 안에서 실험해 볼 수도 있겠지만 실제로 그랬을 리 없다. 설령 실험을 했더라도 연구실 안에서 에미넴이나 프린스의 노래에 노출된 십대들의 성적 행동에 측정 가능한 변화가 일어날지 의문이다.

이런 원칙을 적용하면 오해하기 쉬운 헤드라인을 읽어도 우스꽝스러운 점을 알아챌 수 있다. 물론 이런 연구를 한 연구자들은 대부분 자기 연구의 한계를 알고 있고, 상관관계가 인과관계를 의미하지 않는다는 사실을 이해하고 있으며, 과학적인 연구 논문에서는 올바른 논리와 용어를 사용했을 것이다. 하지만 그 연구를 대중적인 취향에 맞게 '해석'하다 보면 원인 착각이 일어나 치밀한 논리가 사라지고 만다. 주장을 더 흥미 있게, 이야기를 더 설득력 있게 쓰려다 보니 뉴스 기사에서는 종종 부적절한 인과관계가 등장한다. "노골적으로 성을 표현한 노래를 듣는 십대들이 공교롭게도 더 어린 나이에 성경험을 하게 된다"고 표현하면 자극이 덜하기 때문이다.

그래서 무슨 일이 있었나?

상관관계의 원인에 대한 인지 오류는 이야기의 힘과 밀접한 관련이 있다. 십대가 성적인 음악을 듣거나 폭력적인 게임을 한다고 들으면 사람들은 그에 따르는 결과가 있으리라고 기대하고, 같은 십대가 그 뒤에 성관계를 갖거나 폭력적이 되기 쉽다고 하면 인과관계로 인지한다. 이런 행동들에 인과관계가 있다는 해석은 논리적 오류에 기초한다. 원인 착각을 일으키는 세 번째 주요 메커니즘은, 이야기를 해석하는 방식에서 발생한다. 사건이 순차적으로 일어나거나 연결되기만 해도 우리는 먼저 일어난 사건이 나중에 일어난 사건의 원인이라고 추정한다.

유명한 작가 데이비드 포스터 월레스는 2008년 목을 매 자살했다. 창의력 있는 많은 유명 작가들처럼 그는 오랫동안 우울증과 약물 남용에 시달렸고 이전에도 자살을 시도한 적이 있었다. 월레스는 미술석사 과정 학생이었던 25세에 첫 소설 《체제의 빗자루》The Broom of the System를 출판했다. 이 책은 〈뉴욕타임즈〉에서 찬사를 받았지만 다른 곳에서는 혹평을 받았다. 월레스는 후속작인 단편 모음집에 공을 들였지만 실패자가 된 기분을 지울 수 없었다. 그의 어머니는 그를 집으로 데리고 와 함께 살았다. 맥스가 〈뉴요커〉에 개재한 월레스의 이야기에 따르면[11] 모든 것이 갑자기 무너져 버렸다고 한다.

"어느 날 밤 월레스는 여동생 에이미와 함께 거식증에 의한 심장병으로 사망한 가수의 일생을 그린 〈카렌 카펜터 이야기〉라는 슬픈 영화를 보았다. 버지니아 대학에서 순수 미술을 전공한 에이미는 영화가 끝나자 버지니아로 돌아가겠다고 말했고, 월레스는 가지 말라고 했다. 그녀가 가고 난 후 그는 음독자살을 시도했다."

월레스의 첫 번째 자살 시도에 대한 이 글을 읽고 무슨 생각이 드는가? 월레스는 영화 때문에 마음이 어지러워졌고 여동생에게 함께 있어 달라 부탁했지만 거절당하자 그녀와의 애착 관계가 끊어진 것 같은 절망에 빠져 결국 과잉행동을 저지르게 되었다고 보는 것이 가장 자연스러운 해석이다. 하지만 다시 읽어보면 어떤 사실도 명백하게 언급되지 않았다는 사실을 알게 된다. 엄밀히 말하면 월레스가 여동생이 함께 있어주길 바랐다는 사실조차도 "월레스는 그녀에게 가지 말라고 했다"는 한 문장에만 암시되어 있을 뿐이다. 맥스는 감정적인 표현을 자제하고 있는 그대로의 사실만 전달했다. 그러나 이 사실에다 우리가 덧붙인 해석은 상당히 그럴듯하다. 습관적으로 그리고 의식적인 사고 없이, 게다가 원문에는 나와 있지도 않은 정보까지 우리가 추가하고 있다는 사실은 깨닫지도 못한 채 내린 해석인데도 말이다. 이것이 바로 원인 착각이다. 일련의 사실들이 이야기로 연결되어 있으면 우리는 사실들 사이에, '1사건이 2사건을 일으키고 2사건은 3사건을 일으키고' 식으로 인과관계를 만들어 채워 넣는다. 영화가 월레스를 슬프게 했고, 동생에게 함께 있어달라고 요구하게 만들었으며, 동생은 떠남으로써 그를 거부해버렸고, 그 결과 월레스가 자살을 시도했다는 식으로 말이다.

이처럼 단 한 문장이 어떤 의미를 암시할 때 거기에 습관적으로 추리한 원인을 덧붙일 뿐 아니라, 그런 추리를 할 필요가 없을 때보다 추리해야 하는 상황에서 이야기를 더 잘 기억한다. 덴버 대학의 심리학자인 제니스 키넌의 연구에서 발췌한 다음 두 문장을 살펴보자.[12]

1. 조이의 형은 그를 계속 때렸다. 다음날 조이는 온몸에 멍이 들었다.
2. 제정신이 아닌 조이의 엄마가 그에게 격렬하게 화를 냈다. 다음날 조이는 온몸에 멍이 들었다.

1번은 조이가 멍이 든 원인이 첫 문장에 명확하게 쓰여 있기 때문에 추론이 필요 없다. 2번의 경우에는 멍이 든 원인이 암시는 되지만 정확하게 적혀 있지는 않다. 이런 이유로 1번보다 2번 문장이 더 이해하기 어렵다. 그러나 중요한 것은 이 문장들을 읽으면서 당신이 하는 일이다. 2번을 이해하려면 당신은 1번을 읽을 때는 필요 없었던 논리적 추론을 추가해야 한다. 이 추론 과정에서 당신은 읽은 것보다 더 풍부하고 정교한 기억을 형성한다. 〈뉴요커〉의 기사를 읽은 독자들은 월레스의 예전 자살기도에서 암시된 원인이 기사에는 없더라도 그것을 기억할 가능성이 높다. 독자들이 그렇게 하는 이유는 그 추론을 수동적으로 전달받지 않고 스스로 이끌어냈기 때문이다.

"이야기 해주세요." 아이가 부모에게 조른다. 아이들은 이야기가 중단되면 "그래서 무슨 일이 있었는데요?"라고 묻는다. 어른들은 영화, 텔레비전, 소설, 단편소설, 전기문과 역사책, 그 밖의 다른 형식의 이야기에 수십억 달러를 쓴다. 스포츠 관람의 한 가지 매력은 사건이 일어나는 순서에 있다. 매 경기, 매 슛, 매 홈런이 결말을 알 수 없는 이야기에서 새로운 사건으로 등장한다. 교사들(그리고 잘 구성된 책의 저자들)은 이야기가 독자의 주의를 잡아끌고 지배하는 효과적인 방법임을 안다.[13] 그러나 사건의 연결이 되는 이야기는 그 자체로는 흥미롭지만 바로 도움이 되지는 않는다. 우리 뇌가 시간 순으로 사실을 받아들이는 것을 선호하도록 진화한 이유는 그런 방식에서 얻을 수 있는 이점이 있기 때문이다. 특정 이야기와는 상관없이 무엇이 무엇의 원인이 되는가에 관한 보편적인 규칙은 아주 중요하다. 동생이 검은 점이 생긴 과일 조각을 먹고 나서 토했다는 것을 알게 되면, 우리는 (식중독 때문이라든가 하는) 원인, 즉 광범위하고 다양한 미래의 상황에서 도움받을 수 있는 하나의 지식을 추리해낼 수 있다. 그래서 우리는 알고 있는 사실들이 모두 순차적인 질서 안에 놓여 있다면 억지로라도 원인을 끼워 맞춰서 추측하려 하기 때문에 이야기를 즐기게 된 것이 분명하며, 실제로 우리의 뇌는 사건의 나열이 아니라 인과관계를 열망하고 활용하도록 설계되어 있다.

맥스는 월레스 이야기 다음 단락에서 이렇게 말한다. "자살 기도에서 회복한 월레스는, 집필이 정신 건강을 위태롭게 할 만큼 가치 있는 일이 아니라고 결정했다. 그는 하버드 철학대학원을 지원해 입학했다." 다시 한 번 월레스가 우울증과 자살에 대한 두려움 때문에 (어쩌면 얄궂게도) 철학대학원에 갔다는 인과관계가 암시된다. 그런데 또 어떤 추리를 하게 되는가? 그가 다른 대학은 고려치 않고 오로지 하버드 대학 한 군데에 지원했으리라고 추리할 가능성이 있다. 일반적으로는 여러 군데에 지원하고 결과를 기다리지 않는가. 하버드에만 지원하는 것은 자신감이 엄청나거나 실패하려고 작정한 사람의 행동이다. 여러 곳에 지원하는 것은 능력이 되는 한, 제일 좋은 학교에 가서 자신의 관심사를 추구하기를 원하는 사람의 행동이다. 그의 남다른 행동은 남다른 개성과 삶에 대한 접근방식을 보여주는 신호다. 맥스는 마치 월레스가 하버드에만 지원했다고 암시하는 듯하다. 만약 월레스가 다른 대학원에도 지원했다면 우리는 그 사실과 관련하여 월레스의 행동을 해석해야 할 테고 그러려면 맥스도 그에 관해 언급했을 테니 말이다. 이런 문장을 읽으면 우리는 우리에게 필요한 정보는 모두 주어져 있으며 가장 간단하게 내린 인과적인 해석이 옳다고 습관적으로 가정한다. 맥스는 월레스가 오직 하버드에만 지원했다고 명백하게 말하지 않지만, 저 글을 읽다보면 우리는 자신도 모르는 사이에 월레스가 그랬을 것이라는 결론에 도달한다.

인간의 정신은 명백하게 제시된 이유를 넘어서 더 큰 논리적 비약을 세우기를 더 좋아한다. 이야기의 착각은 작가나 연설가에게 강력한 도구가 될 수 있다. 사실을 표현한 문장들을 단순히 다른 순서로 정렬함으로써, 혹은 관련 정보를 생략하거나 삽입함으로써, 노골적으로 반박하거나 자신의 추리를 직접 옹호하지 않고도 청중에게서 어떤 추리를 이끌어낼지 조종할 수 있다. 맥스가 일부러 그랬든 아니든 상관없이, 월레스는 여동생이 그와 함께 있기를 매정하게 거절했기 때문에 자살까지 기도했으며 석사 학위를 이수할 학교로는 오직 하버드 대학만 선택했다는 인상을 창조해냈다. 이야기에서 발생하는 원인 착각에 대해 알게 된다면 이 글을 다르게 읽을 수 있게 될 것이며, 그런 결론이 반드시 옳진 않다는 사실도 알게 된다.

(**팁**: 정치가나 광고업자들이 이런 기술을 언제 사용하는지 주의 깊게 살펴보라!)

"네 돌을 사고 싶구나"

만화 〈심슨 가족〉의 등장인물인 호머와 딸 리사의 대화를 보면 시간적인 결합 관계를 인과적으로 설명하는 위험한 행동 사례가 등장한다.[14] 곰 한 마리가 나타나자 마을에서는 곰을 쫓아내기 위해서 헬리콥터와 사이렌을 장착한 트럭까지 갖춘 곰 순찰대를 조직했다.

호머 흐흠, 곰이 보이지 않는군. 곰 순찰대가 기가 막히게 일을 잘하는 모양인데.

리사 그것 참 그럴듯한 논리인데요, 아빠.

호머 고맙구나, 아가.

리사 (땅바닥에서 돌멩이 하나를 주워들며) 아빠의 논리대로라면, 저는 이 돌멩이가 호랑이를 쫓아낸다고 주장할 수 있어요.

호머 어어, 돌멩이가 어떻게 그런 일을 하냐?

리사 물론 돌멩이는 그런 일을 못하죠. 그냥 멍청한 돌멩이일 뿐인 걸요. 하지만 이 근방에는 호랑이가 안 보이잖아요. 아빠는 호랑이를 보셨어요?

호머 그렇구나! 리사, 네 돌을 사고 싶구나.

 호머는 곰 순찰대가 곰을 쫓아내었다고 생각하지만, 사실 그들은 그런 일을 전혀 하지 않았으며 곰이 처음으로 목격된 사건 역시 재발할 가능성이 없는 이례적인 일이었다. 이 장면이 웃음을 자아내는 이유는 인과관계가 너무 이상하기 때문이다. 돌멩이가 호랑이를 쫓아줄리 없는데도 순차적인 사건들이 원인 착각을 일으켰기 때문에 호머는 돌멩이를 사고 싶다는 이상한 결론에 이르렀다. 다른 경우를 보아도 인과관계가 그럴듯해 보이면 사람들은 다른 방식으로 생각하기보다는 당연하게 받아들인다. 그 결과는 호랑이 퇴치용 돌멩이를 비싼 값을 치르고 사는 것보다도 훨씬 더 한심할 수 있다.

 2009년 4월, 미국 대법원은 북서부오스틴시공익자치구소송 사건에 대한 구두 심리를 열었다. 쟁점은 1960년대에 제정된 연방 시민권 법률 중 하나인 투표권법이었다. 이 법은 남부에 있는 정치 기구들(공공사업체, 시 정부, 교육청, 카운티 정부 등)이 흑인 투표자보다 백인들의 이익에 유리하게끔 선거구 경계를 결정하거나 선거 규정을 제정하지 못하도록 제한하는 법률이다. 투표권법 제5항에 의하면 남부의 주들은 선거 절차를 변경하기 전에 연방 정부의 '사전 승인'을 받아야만 한다. 텍사스 지역의 공공사업체는 이런 법률 조항이 연방 국가의 일부 주(대부분 백 년 전에는 남부 연방에 속해 있던 주들)에서만 시행되고 있기 때문에 위헌적으로 남부 주들을 차별하는 행위라고 주장했다.

존 로버츠 대법원장은 연방정부 측 변호인인 닐 카트일에게 선거 규정 변경에 관한 2천 건의 안건 중 단 한 경우만 사전 승인 심사에서 기각되었다는 사실이 무엇을 의미하냐고 물었다. 카트일은 이렇게 말했다. "투표권법 제5항이 실제로 아주 잘 작동해서, 억지효과가 있음을 의미한다고 생각합니다." 이에 로버츠 판사가 다음과 같이 대답한 것을 보면 그의 마음 이면에는 〈심슨 가족〉의 곰 순찰대 에피소드가 깔려 있었는지도 모르겠다. "글쎄, 그 말은 마치 옛날에 코끼리를 쫓던 호루라기 이야기 같군. 나는 코끼리를 쫓아내는 호루라기를 갖고 있지. 무슨 멍청한 농담이냐고? 여기에 코끼리가 없다고 해서 호루라기가 제 역할을 잘하고 있다는 말과 당신의 말이 똑같은 소리 아닌가?"[15]

로버츠는 인지심리학적 방식이 아닌 〈심슨 가족〉 식으로 표현했지만, 요점은 유효한 데이터로 논리적 인과관계를 밝히지 못하는데도 원인 착각 때문에 한 사건(법의 한 구절)이 다른 사건(차별적 선거 규칙이 사실상 사라짐)을 유발했다고 가정한다는 것이다. 정부가 거의 매번 사전 승인을 해주었다는 사실이 그 법의 유용성을 나타내지는 못한다. 인종주의가 점차 감소했거나, 최소한 공공연한 인종주의적 관습이 시간이 흐르면서 점차 사라졌다든지 등, 법 이외의 다른 상황이 그 변화를 일으켰을 수도 있다.

아무도 그 법률을 실제로 어기지 않는다는 사실이 우리가 갖고 있는 유일한 정보라면 그 법률이 과연 얼마나 유용한지 알 수 있는 방법은 없다. 그 법이 더 이상 법률로서 유지되지 않더라도 법이 금지하는 사항은 일관되게 지켜질 가능성도 있다.

투표권법에 관한 논쟁은 공공정책에서 고질적으로 벌어지는 문제다. 시행 후 효력에 대해 인과적으로 정확히 이해하고 이를 바탕으로 제정, 개정되거나 폐지된 법들은 얼마나 될까? 흔히 의도하지 않은 결과가 낳을 위험성은 상투적으로 거론하지만, 정부 정책의 **의도한** 결과에 대해서는 좀처럼 거론하지 않는다. 그러나 사람들은 이런 사실은 거의 고려하지 않는다. 법률이나 규칙이 시행되어 효력을 발휘하기 전에 어떤 일이 일어났고, 법률 시행 후에는 어떤 변화가 일어났는지 알 수 있지만, 그렇다고 그 법률이 변화를 일으켰음을 입증할 수는 없다. 법률의 인과적인 효력을 판단할 수 있는 유일한 방법은 그것을 시범적으로 시행해보는 것이다. 투표권법의 경우에는 임의로 선정한 구역을 대상으로 제5항을 폐지한 후, 법률이 시행되고 있는 여타 지역과 장시간 비교하여 각 지역에서 차별적인 선거 규정이 얼마나 많이 발생했는지 평가하는 방법이 가장 정확하다. 두 그룹 사이에 차별 규정의 발생 비율이 다르게 나타난다면 투표권법이 아직 효력을 발휘하고 있다고 추리할 수 있다.[16] 물론 투표권법의 위헌 여부는 문제로 남겠지만, 시범 시행과 데이터 분석을 아무리 잘해도 답할 수는 없는 문제다.

하나의 이야기를 지지하느라 같은 결론에 이르는 다른 길을 무시하는 현상은 경제경영 베스트셀러 도서에서 흔히 볼 수 있다.[17] 회사를 성공으로 이끄는 주요인을 찾아냈다고 주장하는 거의 모든 책은 성공한 기업들만 다루고 분석하는 우를 범한다. 그와 똑같은 방식으로 경영했지만 실패한 다른 기업도 있는지 살펴보려 하지 않는다. 허시파피Hush Puppies가 갑자기 최신 유행 트렌드로 떠오른 후 말콤 글래드웰은 그의 베스트셀러 《티핑 포인트》에서 허시파피라는 유행에 뒤떨어진 메이커의 놀라운 부활에 대해 설명한다. 글래드웰은 허시파피가 성공한 이유는 하위문화의 선두주자들이 허시파피를 선택했기 때문이며, 그들을 통해 입소문이 났기 때문이라고 주장한다. 허시파피가 입소문이 난 것은 맞다. 그러나 허시파피의 성공 원인이 입소문이라는 결론은 실험이 아니라 오직 편향된 주장에서 나온다. 실제 데이터를 봐도 입소문과 성공 간에 연관성이 있는지 확실하지 않다. 인과관계가 없는 연관성을 정립하려 해도 얼마나 많은 다른 유사 기업들이 처음에 입소문 없이 떴는지, 얼마나 많은 다른 기업들이 유사한 입소문을 냈지만 뜨지 못했는지 알아야 한다. 그리고 나서야 입소문이 성공의 원인인지, 그 인과관계가 사실은 반대 방향(성공이 입소문의 원인)으로 작용하는지, 동시에 양방향으로 선순환 작용하는지 여부를 생각해볼 수 있다.

순차적 사건을 인과관계에 꿰맞춰 해석하는 행위에는 결정적인 함정이 존재한다. 우리는 나열된 사건들을 한 사건이 다음 사건을 일으키는 연속적인 시간 선상의 일부로서 파악하기 때문에 하나의 결과에는 여러 개의 상호 연관된 이유나 원인이 결부되어 있다는 사실을 잘 이해하지 못한다. 시간의 연속성 때문에 사람들은 복잡한 결과나 사건에조차 단 하나의 원인이 존재한다고 여긴다. 우리는 음모론에 열광하는 사람들을 한심하게 여기지만, 그들은 단지 모든 사람이 영향을 받는 원인 착각을 좀더 극단적으로 따르고 행동할 뿐이다. 다음은 NBC 뉴스 프로그램 진행자 크리스 매튜스가 2003년 일어난 이라크 침공 원인에 관해 언급한 문장들이다.

- "이 전쟁의 **동기**는 무엇입니까?" (2003. 2. 4)
- "많은 사람들이 9.11의 보복이라고 생각하는데, 그게 **이유**인지 알고 싶습니다." (2003. 2. 6)
- "이 전쟁을 하는 **이유**가 대량살상무기라고 생각하십니까?" (2003. 10. 24)
- "이라크와 전쟁을 시작한 **이유**는 이라크를 개선하기 위해서가 아닙니다. 악의 무리를 전멸시키기 위해서입니다." (2003. 9. 31)
- "부시 대통령은 중동 전역에 민주주의를 퍼뜨리고 싶다고 합니다. 그게 이라크 전쟁의 배후에 있는 **진짜 이유**일까요?" (2003. 11. 7)
- "우리가 왜 이라크에 갔다고 생각하십니까? 홍보용 말고 **진짜 이유**요." (2006. 10. 9)
- "미국 정부는 후회하지 않겠지만, 미국이 이라크 전을 일으킨 **이유**는 지금까지 전쟁에 관하여 정부가 우리에게 납득시켜온 그런 **이**

유가 결코 아니었습니다."(2009. 1. 29)

그 전쟁에는 단 하나의 동기, 이유, 혹은 원인만 있었으리라는 가정이 어떻게 전제되고 있는지 보여주기 위해 각 문장에서 몇 단어를 강조했다. 결정을 내리는 사람(이 경우에는 '결정권자인 대통령')이 결정을 내리기 위한 단 한 가지 이유를 갖고 있었다고 생각한 듯하다. 그러나 모든 복잡한 결정에는 당연히 복합적이고 복잡한 원인이 있다. 이 경우 매튜스는 가장 확실한 이유를 단 하나만 지적하기 위해 대량살상무기, 이라크의 테러지원, 사담 후세인의 독재, 아랍 지역에 민주주의를 확립하기 위한 전략적인 목적 등 폭넓고 다양한 가능성들을 살펴보았다. 그리고 이 일들은 모두 9 · 11 사태 이후 생겨난, 적들이 미국 본토를 폭격할 수도 있다는 가능성에 대한 민감한 불안감을 배경으로 발생했다. 이런 전제 조건들 중 한 가지 혹은 일부라도 갖추어져 있지 않았다면 그 전쟁은 발발하지 않았을지도 모른다. 그러나 전쟁이 일어난 후 이런 여러 원인들 중 딱 하나만 지적하여 침략의 이유였다고 말할 수는 없다.[18]

인과관계에 대한 이런 잘못된 추론은 정치 분야에서만큼 경제에서도 흔히 일어난다. 오랫동안 할리우드에서 가장 힘 있는 여성이라는 평가를 받은 쉐리 랜싱은 1992년부터 2004년까지 파라마운트 영화사의 CEO로 일했다. 재직 동안 〈포레스트 검프〉와 〈타이타닉〉 같은 블록버스터들이 나왔고 자사 영화가 아카데미 최우수 작품상을 세 번이나 수상하기도 했다. 그러나 〈LA타임스〉 기사에 따르면 프로젝트가 연속 실패하고 파라마운트사의 박스오피스 수익이 하락한 후 랜싱은 재계약되지 못했다. 그녀는 임기보다 1년 일찍 사임했고 많은 사람들은 실적이 좋지 못해서 해고당했다고 생각했다. 하지만 흥행작들이 오로지 그녀의 천재성 덕분이 아니었듯 실패도 오로지 그녀의 부족함 때문이었다고 할 수는 없다. 수백 명의 사람들이 각 영화에 영향력을 끼치며 수백 가지 요소들이 영화가 관중의 마음과 관중 수익을 사로잡을 수 있을지 결정하기 때문이다.

랜싱의 후임자인 브래드 그레이는 영화사를 부활시켰다는 찬사를 받았다. 그의 경영 체제에서 처음 개봉된 두 작품 〈우주 전쟁〉과 〈롱기스트 야드〉가 2005년 최고 흥행작이 되었기 때문이다. 그러나 두 영화 모두 랜싱의 재임 기간에 계획되고 제작된 작품이었다. 만약 그녀가 몇 달만 더 버텼더라도 다시 명성을 회복하고 계속 회사를 경영할 수 있었을 것이다.[19] 분명 CEO는 자사의 성과물을 공식적으로 책임져야 하지만, 회사의 성공이나 실패를 최고 경영자 한 사람의 탓으로 돌리는 것은 원인 착각의 전형적인 사례다.

백신 가설

이 장 첫머리에 소개했던 사례, 백신접종을 받지 않은 십대가 루마니아 선교에서 돌아와 홍역을 퍼뜨리는 바람에 여섯 살 여자아이가 교회 모임에서 홍역에 전염됐던 이야기로 돌아가자. 우리는 부모가 위험하고 전염성 강한 아동 질병을 막는 백신접종을 포기한 이유를 물어보았다. 지금까지 우리는 원인 착각을 일으키는 세 가지 요인(지나치게 열심히 패턴을 찾으려는 성향, 상관관계에서 인과관계로의 타당성 없는 비약, 서로 연결된 이야기들이 품고 있는 호소력)을 살펴보았으니, 일부 사람들이 아이에게 홍역 백신을 접종시키지 않으려는 이유를 이제 설명할 수 있을 것이다. 부모, 대중매체, 몇몇 유명 인사, 심지어 일부 의사마저도 원인 착각의 함정에 빠졌기 때문이다. 더 정확히 말하면, 그들은 실제로는 존재하지 않는 패턴을 감지하고 우연히 동시에 일어난 일과 인과관계를 혼동한다.

자폐증은 현재 어린이 110명당 1명꼴로 발병하는 전반적 발달장애다. 미국에서는 지난 10년간 자폐증 진단이 더욱 많아졌다.[20] 자폐증은 언어 및 사회성 발달이 지연되고 손상되는 증상이다. 두 살 이하의 아동은 대부분 함께 있는 아이들과 똑같은 놀이를 하지만 직접적으로 서로 상호작용을 하지 않는 '평행놀이 parallel play' 단계를 거친다. 그리고 많은 아이들이 두 살 이전에는 말을 잘하지 못한다. 대체로 자폐증은 일반 아동이 상호작용을 하며 놀기 시작하고 언어 발달이 가속화되는 시기인 5~6세경에 진단된다. 자폐증 자녀를 둔 부모들은 흔히 아이가 두 살쯤일 때 뭔가 잘못되었음을 눈치 채기 시작하는데, 드물게는 정상적으로 발달하고 있던 아이가 퇴행하기 시작하며 의사소통 능력을 잃기도 한다. 이 증상들은 아이들에게 MMR 백신(풍진, 홍역, 볼거리를 함께 예방하는 혼합백신)을 접종한 후 머지않아 부모 눈에 가장 많이 띠게 된다. 다시 말해, 자폐임을 명백히 알려주는 증상들은 아이들이 백신접종을 한 후에 훨씬 더 심해진다.

지금쯤이면 원인 착각에 대한 징조를 알아차릴 것이다. 자폐증 비율 증가에 대한 원인을 찾고 있던 부모들과 과학자들은 이 연관성을 알아채고 인과관계를 추론했다. 백신접종 이전에는 증상을 보지 못했던 부모들이 접종 이후 증상을 발견하면서 이를 인과적인 이야기와 일치하는 순차적인 패턴으로 이해한 것이다. 또한 백신접종 비율 증가가 자폐증 진단의 증가와 거의 일치하는 것도 알게 되었다. 원인 착각을 일으키는 주원인들(패턴, 연관성, 순차성)은 이 경우에 꼭 들어맞는다. 자폐증 진단과 소말리아 해적 행위 역시 나란히 증가했지만, 아무도 자폐증이 해적 행위를 야기한다고 혹은 해적 행위가 자폐증을 야기한다고 주장하지 않는다. 연관성은 외견상 직관적으로 이해되는 관계, 즉 그럴듯한 인과관계가 있어야 한다. 우리의 패턴 지각 메커니즘을 깨우고 원인 착각의 방아쇠를 당기는, "아하!"라고 할 만한 경험을 제공해야 한다. 그러나 연관성이 보편적으로 받아들여지려면 직관적으로 감지되는 인과관계 이상의 무언가가 있어야 한다. 그 인과관계를 입증하려면 믿을 만한 권위자가 필요하다. 백신접종과 자폐증의 경우에는 앤드류 웨이크필드 박사가 그 역할을 했다.[21]

앤드류 웨이크필드는 1998년 자폐증과 MMR백신의 연관성을 발견했다고 발표한 런던의 유명 내과의사다. 그와 동료들은 의학 저널 〈란셋The Lancet〉에 MMR백신과 몇몇 자폐증 사례 간에 연관이 있다는 논문을 발표했다.[22] 논문 발표 날, 기자회견에서 웨이크필드는 이런 믿음을 갖게 된 경위를 설명했다. "1995년에 생각이 분명하고, 교양 있고, 수심에 쌓인 부모들이 찾아와 아이들이 자폐증을 보이기 시작했던 이야기를 들려줬습니다. 그 아이들은 MMR백신을 맞기 전인 15~18개월까지는 정상적으로 발달했습니다. 그런데 백신접종 후 얼마 지나지 않아 말하기, 언어, 사회 능력을 잃고 상상놀이를 할 수 없게 되는 등 자폐증상을 보이며 퇴행했습니다."²³ 웨이크필드가 발표한 자폐증과 소위 '3종 백신' 사이의 관련성은 미디어의 큰 주목을 받았고, 이로 인해 몇몇 부모들이 자녀들의 MMR백신접종을 거부하였으며, 영국에서 홍역에 면역성을 지닌 인구가 줄어드는 주원인이 되었다.

    웨이크필드의 논문은 MMR백신접종 후 자폐증에 걸렸다고 주장하는 부모 12명 중 8명의 주장에 기초하고 있었다. 그는 **논문**에서 백신과 자폐증의 연관성을 증명하진 못했다고 인정했다. 증명하기 위해서는 그 백신을 맞지 않았던 아이들과 백신을 맞은 아이들의 자폐증 비율을 조사하는 대규모 역학연구가 필요했다. 기자회견에서 웨이크필드가 했던 연관성 발언에 대해 펜실베이니아 대학 소아과 교수이자 유명한 바이러스 학자인 폴 오피트는 저서 《자폐증의 거짓 선지자 Austism's Fals Prophets》를 통해 조소어린 논평을 했다. "그는 MMR이 자폐증을 일으켰다는 **어떤** 증거도 제시하지 못했다. 그저 자폐 아이를 둔 부모 8명의 확신을 전달했을 뿐이라고 말했다면 훨씬 더 정확했을 것이다."²⁴ 설사 웨이크필드가 백신접종을 한 아이들에게 자폐증 비율이 더 높다는 것을 보여주는 대규모 역학연구를 수행했을지라도 여전히 인과관계는 증명하지 못했을 것이다. 인과관계를 증명하려면 실험자가 피실험자를 임의로 선별해야 하기 때문이다. 그런 추론을 하기 위해서 웨이크필드는 임의로 어떤 아이들에게 백신을, 다른 아이들에게는 위약을 받도록 하는 임상 실험을 한 후에 두 그룹 사이에 자폐증의 비율이 다르다는 것을 보여줘야만 했다.

    그런 임상 실험은 수행된 적도, 수행될 수도 없다. 게다가 수십만 명의 아이를 상대로 한 대규모 역학연구 결과 오히려 연관성이 없다는 사실이 드러났다. 백신을 맞지 않은 아이들에 비해 백신을 맞은 아이들에게서 자폐증 비율이 더 높지 않았다. 백신과 자폐증간의 연관성은 착각이다. 인과관계는커녕 어떤 연관성도 없다. 사람들은 자신의 믿음과 기대에 딱 맞는 패턴을 지각하고 연속적인 사건들로부터 인과관계를 추론한다. 그러나 몇몇 환자들이 제공한 입증되지 않은 증거가, 효과가 뛰어난 좋은 백신을 국제적인 두려움의 대상으로 크게 부각시키고 말았다.[25]

테레사 수녀, 쿠엔틴 타란티노, 제니 맥카시가 다 아는 것

백신과 자폐증이 아무 연관이 없다는 많은 역학 증거들이 있는 반면, 연관성을 보여주는 실험은 없으므로 인과적 추론은 명백한 착각이다. 백신접종이 자폐증과 통계상의 연관조차 없다면 백신은 자폐증을 일으킬 수 없다. 이처럼 반박의 여지가 없는 증거들이 제시되었으니, 백신접종률은 흔한 질환이었던 홍역을 효과적으로 퇴치했던 과거 수준으로 회복되어야 한다. 백신은 안전하고 홍역을 효과적으로 예방하며 자폐증과는 전혀 관련 없다. 논란 끝. 이제 더는 혼란스러워 하는 사람은 없겠지?

전혀 아니다. 칩 히스와 댄 히스의 공저서 《스틱!》에서 언급했듯이 개인의 일화는 추상적인 데이터보다 인상적이고 더 오래 뇌리에 남는다.[26] 그들은 테레사 수녀의 말을 인용했다. "대중을 바라보고 있으면 나는 행동(봉사)하지 않습니다. 그러나 한 개인을 보면 나는 행동합니다." 원래 개인적 일화는 통계보다 더욱 설득력 있다. 일화는 이야기의 힘을 활용하기 때문에 사람을 사로잡는다. 〈컨슈머 리포트〉를 읽어보면 혼다와 도요타의 신뢰성이 뛰어나다는 사실을 알 수 있다. 〈컨슈머 리포트〉 발행자인 미국소비자연맹은 수천 명의 자동차 소유주를 대상으로 설문 조사하여 신뢰성 등급을 내놓는다. 그러나 자신의 도요타 자동차가 끊임없이 수리 센터를 들락거린다면서 다시는 도요타 자동차를 사지 않겠다고 주장하는 친구가 당신에게 한 명이라도 있다면, 모르는 사람 수천 명의 의견을 종합한 보고서보다 영향력이 더 클 수 있다. 우리는 차량 소유자 단 한 명의 경험, 특히 나쁜 경험에 쉽게 공감한다. 그러나 수천 명을 대상으로 한 통계사실에는 별로 공감하지 못한다. 이야기가 영향력과 설득력이 있고 기억에 남으려면 공감할 수 있어야 한다. 무척 폭력적인 영화를 만드는 쿠엔틴 타란티노 감독은 공감의 중요성을 이렇게 설명한다. "나는 영화 속에서 목을 베는 장면이 나와도 놀라지 않지만, 누군가가 종이에 베이는 장면을 보면 '윽!' 하면서 얼굴을 찡그립니다."[27]

설득력 있는 일화를 통해 생긴 믿음에서 벗어나기는 어렵다. 원인이 분명하게 언급되었을 때보다 원인을 추론해야 했을 때 짝지어진 문장을 더 잘 기억했던 실험을 상기해보라. 일화는 이와 매우 비슷한 방식으로 작용한다. 우리는 자연스럽게 하나의 사례를 전체로 일반화시키고, 그런 추론을 더 잘 기억한다. 각각의 사례는 우리의 마음에 온전히 머무르지만 통계자료나 평균치는 그렇지 않다. 따라서 개인적 일화가 우리에게 설득력이 있다는 견해는 타당하다. 우리의 뇌는 스스로 경험하거나 혹은 신뢰하는 사람으로부터 들은 증거만 접할 수 있는 환경 속에서 진화했다. 우리 선조들에게는 데이터, 통계자료, 실험방법이 많지 않았다. 우리는 필요에 의해 많은 사람의 다양한 상황을 종합한 정보가 아닌 특정 사례들을 통해 학습했다.

유명한 신경과학자 라마찬드란V. S. Ramachandran은 사례가 갖는 힘을 설명하기 위해 이런 비유를 사용했다. "제가 당신 앞에 돼지 한 마리를 몰고 오면서 이렇게 말한다고 상상해보십시오. '이 돼지는 말을 할 수 있답니다.' 당신은 '어머, 정말요? 보여주세요'라고 말할 겁니다. 그러면 제가 지팡이를 흔들고 돼지는 말을 합니다. 당신은 '세상에! 놀라워요!'라고 할 것입니다. '에이, 그래봤자 겨우 한 마리잖아요. 몇 마리더 보여주면 믿을게요'라고 하지는 않을 겁니다."[28] 말하는 돼지를 보았다고 확신해버리면 돼지는 말할 수 없다는 아무리 많은 과학적 증거도 당신을 설득시키지 못할 것이다. 대신 과학자들은 **당신이** 본 그 돼지가 실제로는 말하지 않았고 말하는 돼지로 착각시키기 위해 라마찬드란이 교묘한 속임수를 썼다는 것을 당신에게 증명해야 한다. 마술에 속아서 그것을 진짜라고 믿는 사람들이 그 개인적 일화를 더 많이 퍼뜨릴수록 과학은 더욱 난관에 부딪히게 될 것이다.

만약 친구가 당신에게 "이 새로 나온 다이어트 보조제를 먹었더니 기운이 나고 두통이 거의 사라졌어"라고 말하면 당신은 다이어트 보조제가 그런 효과의 원인이라고 생각할 것이다. 그리고 스스로 추론했기 때문에, 또는 그렇게 추론한 친구를 믿었기 때문에, 당신은 이 사실을 더 잘 기억할 것이다. 아들이 MMR 백신접종 후 악화되었다는 한 부모의 이야기와 그 백신이 아들의 자폐증을 야기했다는 믿음은 매우 설득력이 있고, 기억에 남고, 뇌리에서 지우기 어렵다. 수십만 명을 대상으로 연구해서 종합한 과학적 증거와 통계자료가 아무리 많아도 단 하나의 개인적 경험이 훨씬 강력한 영향력을 발휘한다. 부모는 스스로 경험한 것은 기억하지만 과학 결과는 그다지 잘 기억하지 못한다. 지퍼 사용법을 직관적으로 알지만 그 직관을 실험해보진 않듯, 개인적 일화가 만들어낸 믿음도 굳이 확인하지 않는다. 지식 착각과 마찬가지로 원인 착각은 우리가 이해한 바를 체계적으로 테스트하고, 믿음의 논리적 근거들을 탐구하고, 인과관계의 추론이 실제로는 이를 지지하지 않는 증거에서 나온 것일 수도 있다는 사실을 인정할 때만 밝혀질 수 있다. 하지만 그 정도의 자가진단의 수준에 도달하는 사람은 거의 없다.

〈플레이보이〉 출신 모델이자 배우로 일약 스타가 된 제니 맥카시에게는 자폐증 아들이 있었다. 맥카시는 자기 아들 같은 자폐아를 도우려는 선의와 소망에도 불구하고 착각을 전파하는 대변인이 되고 말았다. 아들 에반이 자폐증 진단을 받자 맥카시는 다른 부모들처럼 그 원인을 찾기 시작했다. 그리고 백신접종과 자폐증이 관련이 없다는 과학적 증거가 수없이 많았는데도 잘못된 착각에 사로잡혔다. 그녀는 아이에게 백신을 접종해야 하냐는 질문에 단호히 자기 의견을 피력했다. "백신뿐 아니라 감염, 독소, 곰팡이류도 아이에게 자폐증이라는 신경기능저하를 일으켜요. 내게 아이가 한 명 더 있다면, 절대로 백신을 맞게 하지 않겠어요."[29] 그녀는 '오프라 윈프리 쇼'에도 출연해 백신이 자폐증을 일으킬지 모른다고 걱정하는 부모 시청자들의 근거 없는 두려움을 지지하며 비슷한 주장을 펼쳤다. 그녀가 이 착각에 의한 연관성을 지지하고 대중매체에서도 자주 언급하자 효과가 나타났다. 애석하게도 홍역 같은 질환에 대한 사회 전체의 면역력이 떨어지는 바람에 앞서 소개한 사례 같은 전염병이 확산된 것이다.

아들 질병의 진짜 원인을 안다고 확신하는 엄마의 설득력 있는 이야기는 그 원인이 틀렸음을 보여주는 수백, 수천 명의 아동을 대상으로 한 실제 연구자료 수십 개보다 훨씬 더 영향력이 크다. 또한 텔레비전 프로그램의 소재로도 훨씬 매력적이다. 강간당했다는 제니퍼 톰슨의 강력한 증언이 로널드 코튼을 범죄자로 만들었듯, 한 엄마의 경험담은 우리가 그 증거를 적절히 저울질할 수 있는 능력을 압도한다. 그 이야기는 감정, 즉 인간의 고통에 공감하고 일화에 지나치게 영향력을 부여하려는 우리의 본성에 호소하기 때문이다. 우리는 다른 사람의 경험에 공감할수록 그 경험이 전달하는 메시지를 덜 비판하고 더 잘 기억하게 된다. 수많은 광고 캠페인은 바로 이 약점을 파고든다. 광고 모델에게 공감하는 시청자는 비판의 말을 아낀다. 자폐증의 경우 그 결과는 재앙이었다.

사람들이 자녀를 매우 심각한 질병의 위험에 빠뜨리면서도 백신접종을 거부한다면 현재의 법은 기본적으로 그 권리를 보장한다. 그러나 이 선택은 외부에도 영향을 미친다. 당신 아이가 백신접종을 받지 않아서 전염병에 걸리면 다른 아이들도 질병의 위험에 노출된다. 바이러스 전문가 폴 오피트는 이렇게 언급했다. "미국에는 백신을 맞을 수 없는 사람이 50만 명이다. 암에 대한 화학요법을 받고 있거나 골수 및 장기 이식 수술을 받았거나 천식이 심해서 스테로이드를 복용하는 사람들이다. 그들의 운명은 백신접종을 받는 주변인들에게 달려있다."[30] 이런 사람들은 홍역에 걸리면 죽을 수도 있다.

  백신접종을 받지 않은 소수의 사람들을 효과적으로 따로 관리할 수 있어야만 백신접종이 질병의 빠른 확산을 막는 바리케이드 역할을 해낼 수 있다. 백신접종을 받지 않은 사람이 많을수록 한 사람에게서 발생한 전염병이 삽시간에 넓게 확산될 가능성이 높다. 미국의 백신접종 수준은 상대적으로 높기 때문에 인디애나에서 홍역이 발생해도 쉽게 확산을 막을 수 있었다. 웨이크필드의 홍보 활동을 대중매체에서 더 많이 다룬 영국에서는 더 자주 전염병이 광범위하게 퍼졌고 홍역은 다시 영국의 풍토병으로 자리 잡았다. 이것이 바로 대중매체가 인과관계에 관한 제대로 된 역학연구 자료보다 개인적 일화에 바탕을 둔 주장을 더 비중 있게 다룰 때 발생하는 결과다.

  누구든 2차 자료에 의존하기 마련이다. 우리는 전문가와 그들의 조언을 신뢰한다. 과학자도 개인적 일화와 공감의 영향을 받는다. 인간은 자신과 가까운 사람의 의견을 더 믿고 잘 모르는 사람의 의견은 본능적으로 거부한다. 그러나 과학은 어떤 연구를 반복했을 때 계속 같은 결론을 얻을 수 있는지 검토하는 방식으로 근거 없는 결론을 걸러낸다. 대규모의 과학 연구는 이렇게 근거 없는 결론을 버려가며 누적될 수 있지만, 개인적 일화는 그렇지 않다. 그리고 과학 교육은 어떤 자료를 믿어야 할지 결정하는 데 많은 도움을 준다. 좋은 의도였지만 맥카시는 거짓으로 판명된 자폐증의 원인을 대중매체를 통해 알림으로써, 자폐증에 대한 올바른 연구결과에 쏟아져야 할 관심과 자원을 다른 곳으로 돌려버리고 말았다.

게다가 그녀는 과학적인 방법과 정확한 통계 분석보다 개인적 일화를 더 신뢰한 나머지, 잘못된 자폐증 치료법도 믿게 되었다. 그녀는 아들의 자폐증을 '글루텐과 카세인이 없는 식단, 비타민제, 금속 해독, 장 질환을 일으키는 곰팡이의 성장을 억제하는 항진균제'를 통해 치료했다고 확신했다.[31] 그녀는 왜 의·과학계가 기적과도 같은 아들의 회복을 연구하지 않는지 의아해했다. "질병관리센터, 미국소아과학회를 비롯한 여러 보건당국 가운데 어느 한 곳도 에반이 어떻게 자폐증에서 회복했는지 묻지도 않았어요. 정말 놀랍지 않아요?"

특별 식이요법을 한 아들이 치료되었다는 맥카시가 옳았을 수 있을까? 어쩌면 그럴 수도 있다. 그러면 그 방법으로 아들이 치료되었을까? 전혀 그랬을 것 같지 않다. 그 식이요법은 자폐증 치료법이라고 주장하는 수많은 방법 중 가장 최근 것일 뿐이다. 자폐증은 유전적 요인의 영향을 강하게 받는 질환이고 자폐아의 뇌 발달이 일반 아동의 뇌 발달과 현저히 다르다는 수많은 과학적 증거를 고려해볼 때, 에반의 상태가 호전된 이유는 자폐아에게 많은 도움이 되는 행동수정치료를 폭넓게 받아서일 가능성이 더 높다. 자라면서 증상이 완화된 것일 수도 있다. 에반은 애초에 자폐증이 아니라 다른 비슷한 장애가 있었으며 복용하던 발작 치료약으로 인해 그 장애가 개선되었을 가능성도 있다.[32]

과학적 추론 방식은 백신과 자폐증의 관련 여부 같은 문제를 해결할 수 있지만, 사람들이 항상 과학 연구 결과를 받아들이는 것은 아니다. 심지어 방대하고 정교한 많은 데이터가 있을 때도 마찬가지다. 자폐증 치료법을 찾는 과거의 잘못된 연구는 소화기 계통에서 주요 역할을 하는 세크레틴 호르몬에 초점이 맞춰져 있었다. 얼마 되지 않은 사례에서 얻은 개인적 일화에 바탕을 둔 증거에 의하면 돼지에서 추출한 세크레틴을 투여하면 자폐증이 사라진다고 한다. 그러나 열두 차례 이상의 소규모 임상 실험 결과 소금물 플라시보 투여와 마찬가지로 돼지에서 추출한 세크레틴 투여도 효과가 없다는 사실이 증명되었다. 합성 호르몬 자폐증 치료제 출시를 위해 FDA 승인 대기 중인 제약회사의 지원으로 실시된 대규모 임상 실험에서는 합성 세크레틴도 효과가 없다는 사실이 밝혀졌다.[33] 이것이 과학이 검증하는 방식이다. 연구원은 무작위로 A그룹 사람들에게는 치료약을, B그룹에게는 플라시보를 투여해 약물이 효과적이라는 가설을 실험하고 결과를 측정한다. 그러나 문제는 결과를 추론해야 할 때 발생한다. 사람들은 과학을 신뢰할까 아니면 불완전한 직관을 신뢰할까? 자신이 더 잘 알고 있다고 믿을까?

에이드리언 샌들러는 동료들과 이런 임상 실험을 진행했다. 그들은 무작위로 선정된 28명의 아동에게 세크레틴을 투여하고 다른 28명에게는 플라시보를 투여했다. 당연히 그들은 세크레틴이 전혀 효과가 없다는 사실을 알아냈다. 이 연구의 더 흥미로운 결과는 이후 아동의 부모를 대상으로 한 인터뷰에서 나타났다. 세크레틴이 효과가 전혀 없다는 사실을 알고 난 후에도 69퍼센트의 부모가 아이에게 세크레틴을 투여했다. 또 다른 이중맹검법(진짜 약과 가짜 약을 피검자에게 주고 약의 효과를 객관적으로 평가하는 방법)에서는 부모에게 아이가 세크레틴을 맞았을지 플라시보를 맞았을지 추측해보라고 요구했다. 대부분의 부모는 객관적인 연구 방법이 놓쳤을지도 모르는 효과를 자신은 발견할 수 있다고 믿으며, 이 믿음으로 치료법의 효과를 계속 신뢰하는 쪽을 택한다. 하지만 이 경우에 부모들은 자녀가 세크레틴을 맞았는지 아닌지조차 정확하게 알아맞히지 못했다.

명백한 데이터로 의학적 일화에 맞설 때 가장 중요한 문제는, 어느 임상 실험에서나 치료 이후 상태가 호전되는 사람도 있고 그렇지 않은 사람도 있다는 사실이다. 상태가 호전된 경우, 치료 때문에 호전되었다고 추정하는 경향이 있다. 대개 치료받고 호전된 경우와 치료받지 않고도 호전된 경우의 비율을 비교하지는 않는다. 치료법과 인과관계가 있다면 치료받지 않은 사람보다 치료받은 사람이 호전되는 비율이 더 높아야 한다. 치료법과 인과관계가 없다면 통제되지 않는 다른 요소로 인해 호전되었을 것이다.

경제경영서 저자들이 주장하는 대로 했는데도 실패한 기업은 얼마나 있는지, 다른 접근법으로 성공한 기업은 얼마나 있는지는 고려하지 않듯, 백신접종과 자폐증에 관한 루머를 믿는 사람들 역시 백신을 맞고도 자폐증에 걸리지 않은 아동, 백신접종 전에 증상이 나타난 아동, 백신을 맞지 않고도 자폐증상이 나타난 아동의 숫자를 집계하지 않는다. 이 숫자를 제대로 계산해보면, 아이들이 백신접종 여부와 관계없는 나이와 비율로 자폐증 진단을 받는다는 사실이 분명해진다.[34] 인지와 행동의 전형적인 발달 궤도로 인해 문제는 더 악화된다. 발달은 지속적으로 천천히 진행되지 않는다. 아이들의 신체 발달은 예상하기 어려울 만큼 갑자기 이루어진다. 인지능력도 불규칙적으로 갑자기 발달한다. 자폐증 아동도 마찬가지다. 오랫동안 전혀 호전 기미가 없다가 매우 짧은 순간에 큰 변화를 보일 것이다. 만약 부모가 새로운 치료법을 시험해보다가 아이가 호전되었다고 느껴지면 즉시 이 치료법과 호전을 연관 지을 것이다.[35]

감지한 원인을 착각이라고 인정하는 것은 어렵다. 과학과 통계자료로 개인적 일화를 극복하는 것은 더 어렵다. 이런 개인적 일화에 바탕을 둔 가설의 강력한 영향력은 그 가설이 불어넣은 감정의 결과일 것이다. 자폐증과 백신접종이 과학적으로 연관 없다고 밝힌 오피트의 권위 있는 저서는 아마존닷컴의 5점 만점의 독자평점에서 3.9점을 받았다. 그러나 이 책에 달린 평점은 보통 다른 책에 매겨진 일반적인 평균과는 다르다. 이 책을 집필 중인 현재를 기준으로 102명의 독자 중 70명은 최고점, 25명은 최저점을 준 반면 중간점(3점)을 준 사람은 단 한 명도 없었다![36]

오늘날 백신접종이 자폐증과 전혀 관련 없다는 증거가 압도적으로 많은데도, 설문조사에 따르면 29퍼센트의 사람들이 "자녀에게 접종시키는 백신에는 자폐증을 일으키는 책임이 일부 있다"는 의견에 동의했다.[37] 대중매체들이 착각에 불과한 원인에 그토록 관심을 보인 걸 감안하면, 영향을 받은 사람이 그 정도라는 사실이 다행스럽긴 하지만 과학은 기껏해야 불완전한 승리만을 얻었을 뿐이다. 만약 29퍼센트에 해당하는 부모가 그러한 믿음을 실천에 옮겨서 자녀에게 백신접종을 시키지 않는다면, 사회 전체의 면역력은 대규모 홍역 발생을 일으킬 만큼 급격히 떨어질 수 있다. 또한 철저한 실험보다 개인적 일화를 바탕으로 한 증거에 의존하는 새로운 자폐증 '치료법'이 계속 나타나 부모들을 위험한 길로 인도할 것이다. 우리는 당신이 이 장을 읽음으로써 원인 착각을 이용한 이러한 시도들에 면역력을 갖길 바란다.

지금까지 원인 착각이 우리에게 영향을 미칠 수 있는 세 가지 요소를 살펴보았다. 첫째, 우리는 무작위로 패턴을 감지하고 이 반복되는 패턴이 미래에 일어날 일을 예고한다고 해석한다. 둘째, 우리는 동시에 일어난 일에 인과관계가 있다고 여긴다. 마지막으로 우리는 이전에 일어난 사건이 이후에 일어났거나 일어난 것처럼 보이는 사건의 원인이라고 해석한다. 원인 착각은 뿌리가 깊다. 인간과 다른 영장류의 차이는 '원인을 추론'하는 능력이 있다는 점이다. 어린아이조차도 어떤 물체가 다른 물체에 부딪히면 그 물체가 움직인다는 사실을 안다. 그들은 어떤 물체가 움직였다면 무언가가 그것을 움직이게 만들었음이 분명하다는 가상 원인도 추론해낼 수 있다. 다른 영장류는 이런 추론을 할 수 없고 보이지 않는 원인을 알아내는 데 어려움을 겪는다.[38] 따라서 숨어 있는 원인의 존재를 추론하는 능력은 진화 연대표에서 꽤 최근에 위치하며 새로운 능력은 흔히 개선과 조정이 필요하다. 문제는 우리의 원인 추론 능력이 아니다. 진짜 문제는 우리가 때로 이익을 위해 필요 이상으로 원인 추론을 펼친다는 점이다.

06
잠재력 착각

2007 미식축구리그를 앞두고 '돌풍의 팀' 뉴욕 제츠는 팀을 재정비했다. 몇몇 고참들이 떠나고 신인들이 훈련 캠프에 합류했고, 선발 출전 명단에 오르기 위한 경쟁이 벌어졌으며, 다음 시즌을 위한 작전계획이 보완되었다. 그런데 희한한 변화가 하나 더 있었다. 감독 에릭 만지니Eric Mangini는 경기장 확성기를 통해 훈련 중 클래식 음악, 특히 모차르트의 음악들을 방송해달라고 요청했다. "모차르트의 음악과 뇌파는 아주 유사해서 학습 효과를 높여줍니다." 세심하기로 유명한 만지니 감독의 말이다.[1]

에릭 만지니 주변에는 모차르트 음악을 들으면 더 총명해질 수 있다고 믿는 동료들이 많았다. 기업가 돈 캠벨은 '모차르트 효과'라는 상표를 내걸고 도서와 CD 시리즈를 판매했다. 캠벨은 음악치료 효과를 높이기 위해 음향 시스템을 최적으로 설계하려는 병원들을 상대로 자문해주는 일도 한다.[2] 1998년 연방 상원의원인 젤 밀러는 국가 기금으로 클래식 음악 테이프를 사서 조지아주 신생아들의 부모에게 보내자고 주 의회를 설득했다. 의회 연설 중간에 그는 베토벤의 '환희의 송가'를 틀어 상원의원들에게 들려주고는 이렇게 물었다. "벌써 똑똑해진 기분이 들지 않습니까?"[3] 슬로바키아의 한 병원은 지능이 형성되기 시작하는 신생아들의 두뇌발달을 돕기 위해 이제 갓 태어난 신생아실 영아들에게 헤드폰을 씌운다. "모차르트의 음악은 IQ를 높이는 데 아주 효과적입니다." 시스템을 도입한 의사가 주장했다.[4]

지금까지 우리는 인간의 정신작용을 우리가 얼마나 오해하고 있는지 알 수 있는 일상의 착각들에 살펴보았다. 그 실수들이 우리 생활에 얼마나 큰 결과를 가져올 수 있는지도 알아보았다. 이 착각들이 우리 삶에 미치는 영향을 최소화할 수 있는 방법들도 제안했다. 연구에 따르면, (쉽지는 않지만) 최소한 어떤 시기만이라도 착각들을 인식하고 피하도록 사고방식을 바꿀 수 있다는 사실도 알게 되었다. 그렇지만 일상의 착각들을 극복할 수 있는 간단한 방법, 즉 착각이 일어나지 않을 만큼 우리의 지능을 높일 수 있는 방법만 있다면 실수는 더욱 줄어들 것이다.

잠재력 착각illusion of potential은, 방법을 알기만 한다면 유용하게 사용할 수 있지만 아직 활용하지 못하는 지적 능력이 우리 뇌에 엄청나게 남아 있다고 생각하는 착각이다. 이 착각은 다음의 두 가지 믿음의 결합이다. 첫째, 인간의 정신과 뇌는 여러 다양한 상황이나 환경에서 지금보다 훨씬 더 높은 수준으로 능력을 발휘할 수 있는 잠재력을 보이지 않는 곳에 숨기고 있다. 둘째, 이 잠재력은 매우 쉽고 간단한 기술로도 발휘할 수 있다. '모차르트 효과'는 이런 착각이 전혀 과학적 근거가 없는 주장을 어떻게 수백만 달러짜리 사업이 될 수 있는 인기 있는 전설로 탈바꿈시키는지 잘 설명하고 있다.

모차르트 마법으로
영재 만들기

모차르트 효과는 1993년 10월, 과학잡지의 양대 산맥 중 하나인 〈네이처〉에 프랜시스 로셔, 고든 쇼, 캐서린 키가 쓴 "음악과 공간 추리력 Music and Spatial Task Performance"[5]이라는 짧은 논문이 게재되면서 대중의 인식에 급속히 파고들었다. 신경 과학으로 관심을 돌린 물리학 교수 고든은 제자와 함께 뇌의 뉴런들이 어떻게 서로 유기적으로 기능하는지에 관한 수학 이론을 개발했다. 클래식 음악 마니아인 고든은 뉴런이 전기적으로 활성화되는 모습 속에서 클래식 작품의 수학적 구조와 자신의 이론에 따라 예측한 패턴 사이의 유사성을 발견했다. 그는 이 유사성을 통해서 음악을 듣는 것만으로도 사람의 두뇌 기능을 높일 수 있다고 예측했다.[6] 고든은 모차르트가 "내재된 신경 언어에 맞춰 최적으로 증폭되는" 음악을 작곡했기에 그의 음악이 효과가 가장 크다고 확신했다. 훗날 그는 다음과 같이 썼다. "신비한 천재인 모차르트는 인간의 뇌에 내재된 대뇌 피질 언어를 자신의 음악에 잘 이용한 것 같다."[7]

자신의 이론을 실험하기 위해 고든은 심리학으로 전공을 바꾼 전직 첼리스트 프랜시스 로셔를 고용해 함께 간단한 실험을 했다. 36명의 대학생들에게 표준 IQ 검사항목 중 '패턴 분석', '행렬 추론', '종이 접기와 자르기' 세 가지 검사를 각각 수행했다. 패턴 분석 검사에서 피실험자들은 제공된 패턴에 맞춰 블록으로 물체를 조립했다. 행렬 추론 검사에서는 추상적인 모양으로 구성된 패턴을 완성하기 위해 여러 모양 중 어떤 것을 골라야 하는지 판단했다. 종이 접기 및 자르기 검사에서는 접을 부분과 자를 부분이 점선과 실선으로 표시된 종이접기 도안의 패턴을 본 다음, 몇 가지 그림 중에서 어떤 것이 펼친 후의 종이 모양을 정확하게 나타내고 있는지 선택했다.

검사 전 피실험자들은 모차르트의 "두 대의 피아노를 위한 소나타 D 장조(K.448)"와 "혈압을 낮춰주는 이완 요법 설명"이 녹음된 테이프, 그리고 아무 소리도 녹음되지 않은 테이프 가운데 하나를 10분간 청취했다. 이 소나타는 "가장 깊이 있고 완성도 높은 모차르트의 곡 가운데 하나로, 처음부터 끝까지 힘찬 느낌을 주는 곡"으로 전해지고 있다.[8] 논문에 따르면 한 검사를 잘 풀었던 피실험자들은 다른 검사도 잘 풀었다. 이 세 가지 검사는 IQ 테스트의 다른 검사항목이나 SAT 같은 인지능력 검사들과의 상관관계를 기대할 수 있는 만큼, 이들 검사 상호간에도 중요한 상관관계가 있었다. 그래서 고든과 동료들은 세 가지 검사를 통합해 소위 '추상적 추론능력'을 측정하는 하나의 검사로 만들고, 일반인들의 평균 점수가 100점 가량 나오도록 IQ 점수와 같은 방식으로 바꾸었다. 그리고는 세 가지 청취 조건을 만들어 비교했다. 그 결과 아무 소리도 듣지 않았을 때의 점수는 110점, 마음을 이완시켜주는 설명을 들었을 때는 111점, 모차르트의 소나타를 들었을 때는 119점이었다.

결과에 따르면 모차르트의 음악을 들은 경우 IQ 점수가 8~9점정도 차이가 날 만큼 학생들이 좀더 똑똑해지는 것으로 나타났다. 9점이란 점수 차를 적다고 여길 수 있지만 그렇지 않다. IQ가 중간쯤에 해당하는 평균의 사람들은 모차르트의 소나타를 듣고 난 뒤에는 상위 30퍼센트대에 해당될 만큼 지능이 높아졌다. 클래식 음악 효과가 활용될 수만 있다면 10분 동안의 두뇌 자극만으로도 마음을 이완시켜주는 가르침을 듣거나 아무 소리도 듣지 않은 그룹의 학생들 20퍼센트 가량을 능가하게 되고, 잠재적으로 평범한 학생이 B학점에서 A학점으로, 낙제점에서 합격점으로 달라질 수 있을 것이다.

언론은 새로운 과학적 발견을 앞 다투어 보도했다. "모차르트가 당신을 더 총명하게 만들어줍니다"라는 헤드라인이 〈보스턴 글로브〉에 실렸다. 기사는 이렇게 시작한다. "모차르트를 듣는 것은 음악을 사랑하는 사람만이 느낄 수 있는 즐거움에 그치지 않는다. 모차르트 음악은 두뇌 강장제이다."[9] 이들의 논문이 발표된 지 일 년도 지나지 않아 음반회사들은 언론의 관심에 발맞추어 "당신의 지성을 위한 모차르트"라든가 "모차르트가 당신을 더욱 총명하게 해줍니다" 또는 "모차르트와 함께 당신의 두뇌를 깨우세요" 식의 제목으로 새로운 CD를 만들기 시작했다. 흥미롭게도, 이 CD들에는 실험에 사용된 K.448 피아노 소타나가 없지만 이는 중요하지 않다. 매출이 수백만 달러에 달했기 때문이다.[10] 의회 연설에서 젤 밀러는 로셔의 논문 내용을 예로 들었다. "대학생들이 모차르트 피아노 소나타를 10분 들은 후 IQ 점수가 9점 가량 올라갔다는 사실을 입증한 연구도 있습니다. 음악을 들으면, 특히 아주 어렸을 때 들으면 수학, 공학 및 체스의 바탕이 되는 공간–시간 추론에 영향을 준다는 것은 의심의 여지가 없는 사실입니다."[11]

모차르트 효과 연구팀의 차후 연구 보고서는 언론에서 광범위하게 다루어졌다. 초기 실험과 마찬가지로 새로운 실험들에서도 모차르트 소나타를 들은 직후 지적과제 수행능력이 크게 향상되었다고 나타난 반면, 아무 소리도 듣지 않거나 마음을 이완시켜주는 가르침을 들은 직후에는 그렇지 않았다.[12] 한편 단순히 음악을 듣는 것만으로도 지적능력에 그처럼 큰 효과가 있을지 알아보는 실험은 없었다는 점에서 궁금증을 느낀 음악 및 인식 분야의 심리학자들은 새로운 조사를 시작했다.

연구 결과를 발표한 첫 번째 독립 연구 그룹은 뉴질랜드 오클랜드대학의 콘 스토Con Stough가 이끌었다.[13] 그들은 초기 연구에서 사용한 것과 동일한 모차르트 소나타와 무음 조건을 사용했고, 여기에 가수 알렉산더 오닐의 댄스 음악 두 곡을 추가했다. 서른 명의 피실험자들이 각각의 청취 조건에 따라 참여했으며 각기 음악을 들은 후에 '레이븐 지능 발달 검사Raven's Advanced Progressive Matrices'를 받았다. 이 검사는 우수한 일반 지능 검사법으로 알려져 있다. 스토의 연구팀은 모차르트 그룹과 대조군의 IQ 점수가 로셔의 발표처럼 8~9점이 아니라 1점정도 차이가 났다는 사실을 밝혀냈다. 이는 인지능력 측정 시에 있을 수 있는 임의의 변화라든가 모차르트 그룹과 대조군 그룹으로 지정된 피실험자들간의 의도하지 않은 차이로도 나타날 수 있는 매우 작은 차이다. 다른 연구자들도 비슷한 사례들을 발표했다.[14]

1997년 심리학 교수 케네스 스틸은 두 명의 제자와 함께 모차르트 실험을 수행했다. 그들은 수많은 숫자의 나열을 순서대로나 거꾸로 정확히 댈 수 있는지를 통해 단기기억을 측정하는 '암기 자릿수' 테스트를 사용했다. 이 검사는 일반지능과 밀접한 연관이 있으며, 똑똑할수록 거꾸로 외울 수 있는 자리수가 길다. 그러나 이 검사에서는 모차르트 음악이 아무 효과가 없었다. 스틸은 이듬해에 재실험을 했고, 이번에는 모차르트 효과가 컸던 것으로 알려진 로셔의 1995년 후속 연구 실험 설계를 그대로 행했다. 암기 자릿수가 아닌 종이 접기 검사를 활용했지만 여전히 모차르트 효과는 확인할 수 없었다.[15] 이듬해 미국심리학회의 대표 저널인 〈심리 과학〉에 "모차르트 효과에 대한 의혹: 재현 실험의 실패"라는 제목으로 새로운 결과를 발표했고, 학회에서는 "모차르트 효과의 비밀을 벗기다"라는 표제로 간행물을 출판했다. 그러나 출판 직후 고든 쇼가 학회를 상대로 소송하겠다고 위협하는 바람에 표제는 "도전받고 있는 모차르트 효과"로 바뀌었다.[16]

후에 스틸은 실험 시작 당시에는 모차르트 효과를 재현할 수 있으리라 기대했다고 말했다.[17] 그도 그럴 것이 실패가 예상되는 실험을 수행할 연구자가 누가 있겠는가! 실험 동기가 된 이론이 옳다고 해도 실험은 여러 가지 이유로 실패할 수 있다. 위의 사례에서도 모차르트의 음악을 들으면 인지능력이 향상된다는 이론이 사실인데도 검사 과정에서 사실 여부와 관계없는 실험 설계상의 오류, 혹은 실험 과정에서 발생하는 기타 오류로 인해 이를 입증하는 데 실패했을지 모른다. 그러나 스틸은 모차르트의 음악을 들으면 인지능력이 향상된다는 사실을 밝히는 데 연달아 실패한 뒤, 모차르트 효과를 믿지 않게 되었다.

언론이 만들어낸
파급효과

스토와 스틸 그리고 그 외 연구자들의 연구는 큰 주목을 받지 못했지만, 최초 발견자들의 출판물은 대중의 인식뿐 아니라 국가 정책에도 끊임없이 영향을 미쳤다(심지어 로셔는 미 의회에서 자신의 발견을 발표하기도 했다). 언론은 연구 주제가 발표된 첫 번째 연구에 무게를 실어 집중적으로 보도했으며 이후에 발표된 연구들에는 관심을 두지 않았다. 이러한 편향은 놀라운 일이 아니다. 명성은 몇 달 후에 도달한 사람이나 최초의 업적을 이어나가는 사람이 아닌, 최초 발견자에게만 수여된다. 하지만 과학 분야에서 위대함의 여부는 역사만이 판단할 수 있는 회고적인 면이 있으며, 언론은 역사의 초안이 된다. 새로운 발견이 발표되면 언론인들과 이를 지켜본 사람들은 "두 곳 이상의 연구실에서 결과를 재현하기 전까지 이 결과를 보도할 생각이 없습니다"라고 말하기 어렵다. 더욱이 10분 만에 IQ 점수가 9점이 오르는 놀라운 방법이 있다면 더욱 그럴 것이다. 새로운 과학적 발견이 처음 보도되는 방식은 모든 사람이 주시하는 희대의 범죄 사건이 신문 1면에 대서특필되는 것과 비슷하다. 나중에 용의자가 무혐의로 풀려난다 해도 별로 중요하지 않게 보도되는 것처럼, 눈길을 끌지 못하는 후속 실험 결과는 아예 소개되지도 않거나 어느 구석에 작게 실리는 것으로 그친다.

모차르트 효과 이야기는 전개될수록 점점 더 부풀려졌다. 관련 연구들이 모두 대학생이나 성인을 대상으로 수행됐는데도 모차르트가 아이, 유아, 심지어 태아에게까지 유익하다는 전설이 퍼져나갔다. 중국의 한 신문 칼럼니스트는 "서양에서 수행된 연구에 따르면 임신 기간에 모차르트의 오페라나 음악을 들은 아이가 그렇지 않은 아이보다 더욱 총명한 상태로 태어난다"고 썼다.[18]

사회 심리학자 에이드리언 뱅거터Adrian Bangerter와 칩 히스가 로셔와 쇼의 첫 번째 연구를 보도한 뉴스들을 조사해 본 결과, 연구 발표 해인 1993년에는 언론의 큰 관심을 받긴 했지만 같은 시기에 같은 잡지에 발표된 다른 연구들이 받은 관심과 별반 다르지 않았다는 사실을 발견했다. 언론은 정신분열증, 명왕성 궤도, 피부암, 심지어 남성과 여성의 섹스 파트너 수와 같은 다양한 주제들을 다뤘다. 하지만 그 뒤 8년여에 걸쳐 모차르트 효과에 관한 논문은 다른 연구들보다 10배 이상 언론에 보도되었다. 다른 연구들에 대한 언론의 관심은 첫 번째 보도 이후 급격히 사라졌지만, 모차르트 효과는 그렇지 않았다.[19]

나는 지능개념에 대한 논문을 쓰던 1998년 초 모차르트 효과에 관심을 갖게 되었다. 모차르트 효과에 대한 대중의 열광적인 반응은 지능개념을 소개하는 언론방식에도 책임이 있다. 많은 사람들이 지능검사를 매우 단순하고, 자의적이며, 부정확하고, 인종차별적인 방식으로 이해하고 있다.[20] 음악을 몇 분 동안 듣는 것만으로도 점수를 크게 높일 수 있다면 IQ 검사의 실체를 능히 짐작할 수 있지 않을까? 인지 분야 전문가들이 모차르트 효과에 대해 내리는 평가는 제각각이었다. 나는 로셔, 고든 그리고 캐서린의 연구 결과를 재현하는 데 실패한 사례가 수없이 많으며 성공적으로 재현한 사례는 거의 모두 다른 연구자들에게서가 아니라 최초 연구자들에게서 제시되었다는 사실을 알게 되었다. 과학 분야에서 한 연구소나 극소수의 연구소에서는 효과를 입증할 수 있으나 다른 연구소에서는 입증할 수 없을 때(저온 핵융합의 유명사례에서처럼), 과학자들과 회의론자들은 효과 자체를 의심하기 시작한다. 모차르트 효과는 진실이었을까 아니면 허구였을까?

나는 최고의 답을 얻기 위해서 연구 주제와 관련된 모든 연구에 쓰인 데이터를 전부 통합해 이용하는 통계 분석법인 메타분석을 수행하기로 했다. 메타분석의 의미는 우리가 3장에서 논의했던 '통 안에 든 젤리의 개수를 맞히는 카니발 게임'과 유사하다고 이해하면 된다. 다수의 사람들이 미지의 수량에 대한 총 개수를 예측하려 할 경우에 정확하게 예측하는 방법은 모든 사람이 각각 자신의 예상 수치를 제안한 다음, 모든 예상 수치의 평균을 계산하는 것이다. 각 개인의 예상은 정확하지 않을 수 있으나 똑같이 높거나 낮을 순 있다. 결과적으로 개인의 예상 수치의 평균을 계산하면 너무 높은 예상 수치들과 너무 낮은 예상 수치들은 서로 상쇄되기 때문에 실제 총 개수에 가까운 예상 수치를 얻을 수 있다.[21]

과학 분야의 연구에도 동일한 원리가 적용된다. 각각의 연구는 실제의 효과를 부정확하게 예측하도록 함으로써 결과를 왜곡시키는 무의식적인 편견이나 오류들의 영향을 받을 수 있을 것이다(모차르트의 음악을 들은 후에 IQ가 얼마나 높아지는지에 관한 연구가 바로 그렇다). 다수의 연구로부터 평균치를 구하면 효과를 과대평가하거나 과소평가하게 하는 임의의 오류들은 평균으로 수렴하여 진실에 가장 가까운 예상 수치만 남게 된다. 관련 연구 전체를 대상으로 하기 때문에 메타분석의 결과는 하나의 뚜렷한 연구 결과나 로셔와 쇼의 첫 번째 논문과 같이 잘 알려진 연구 결과에 크게 영향 받지 않는다.

과학 저널들에 게재된 최초 실험과 유사한 실험들을 조사한 끝에, 나는 〈심리 과학〉에 게재된 스틸의 논문을 제외한 후속 연구들은, 대개 그 분야의 연구자들이 별로 읽지 않는 잡지에 게재되었으며 한 번도 들어본 적이 없는 잡지에 나온 경우도 많다는 사실을 알았다. 나는 결과 평가를 위해서 많은 논문의 저자들에게 필요한 추가 데이터나 정보를 요청했다. 그는 모차르트 효과를 실험하고 해당 분야의 연구자들이 자주 보는 과학 저널에 게재한 18개의 실험을 찾아냈다. 모두 동일한 소나타를 사용했으며 무음 조건이나 마음을 이완시켜주는 설명을 들은 경우와 비교하거나 둘 모두와 비교했다. 나는 모차르트를 들은 피실험자들과 그렇지 않은 피실험자들 사이의 효과 차이를 산출했다. 아무 소리도 듣지 않은 경우와 비교했을 때 모차르트 음악을 들은 경우 IQ 점수는 로셔-쇼 팀이 확인한 점수의 6분의 1에 불과한 1.4점정도 향상되었다. 소나타를 들은 경우와 마음을 이완시켜주는 설명을 들은 경우를 비교한 실험에서는 모차르트의 음악을 들은 경우가 최초 논문에서 보고한 점수의 약 3분의 1인 3점정도 더 높았으나, 그래도 모차르트와 아무 소리도 듣지 않은 경우를 비교한 점수의 두 배에 해당했다. 마음을 이완시켜주는 설명을 들은 경우에 점수가 조금 더 향상된 이유는 그 설명이 불안감과 흥분을 가라앉혀 주었기 때문이겠지만, "긴장이 풀어진" 상태는 IQ 검사와 같이 어려운 문제를 풀어야 하는 상황에 그다지 이상적이진 않다. 지나치게 불안한 상태도 마찬가지이며 적당히 안정된 상태가 가장 좋다. 마음을 이완시켜주는 설명과 비교하면 아무 소리도 듣지 않는 경우는 효과가 비슷하긴 했지만 더 약했다. 외부 자극이 없으면 정신이 멍해져서 어려운 일에 대한 준비가 더 부족하게 되기 때문이다.

  나는 '모차르트 효과'는 없으며, 일반적으로 음악을 들었을 때 생기는 긍정적인 효과 이외에 어떤 이득도 없다고 결론지었다. 모차르트 음악이 당신을 더 총명하게 해주기보다는 아무 소리도 듣지 않거나 긴장을 푸는 일이 당신을 조금 더 바보로 만드는 것이다! 이러한 시각으로 본다면 모차르트의 음악은 우리가 일상생활에서 부딪히는 일반적인 수준의 정신 자극과 비슷한 대조 조건이며 무음조건과 이완조건은 인지

능력을 축소시키는 '처치'이다. 어느 쪽이건 모차르트 효과를 거의 또는 전혀 설명할 수 없다.

일부 추가 연구는 이완조건이나 무음조건과 같은 대조 조건이 포함되지 않았기 때문에 내 메타분석에서 제외되었다. 하지만 그 연구들은 모차르트 음악의 뚜렷한 효과에 대해 또 다른 설명을 가능하게 해주었다. 한 예로, 연구자 수잔 할람Susan Hallan은 BBC 방송과 함께 영국 전역의 200개 학교, 8천명의 어린이들을 대상으로 대규모 실험을 진행했다. 어린이들은 모차르트의 현악 5중주, 과학 실험에 관한 토론, 또는 3곡의 팝송을 들은 다음, 로셔가 최초 실험에서 사용했던 것과 유사한 인지능력 검사를 받았다. 인기곡을 들은 어린이들의 인지능력이 가장 높았고 모차르트 음악과 과학 토론을 들은 어린이들은 차이가 없었다. 논문에서는 이러한 결과를 모차르트 효과에 빗대어 '블러 효과'라 불렀다.[22]

토론토 대학의 크리스틴 낭테Kristin Nantais와 글렌 쉘렌버그Glenn Schellenberg는 두 번째 연구에서 모차르트 소나타와 스티븐 킹의 단편 〈사다리의 마지막 단The Last Rung on the Ladder〉을 들은 이후에 인지과제 수행 능력이 큰 차이가 없다는 사실을 밝혔다. 반면 피실험자들의 수행 능력은 자신이 가장 좋아하는 것을 듣자 더 높아졌다.[23] '블러 효과'와 더불어 이러한 결과에 대한 가장 합리적인 설명은 당신이 좋아하는 것을 들을 때 심리 상태가 좋아지고, 심리 상태가 좋아지면 IQ 검사를 침착하게 수행하게 된다는 것이다. 지능 자체를 향상시키는 효과와는 아무 관계가 없다.

나는 1993년 최초 논문을 실었던 〈네이처〉에 메타분석을 투고했지만 실릴 거라고는 기대하지 않았다. 내 원고가 첫 번째 논문을 실었던 〈네이처〉의 판단에 이의를 제기하는 것으로 해석될 수 있었기 때문이다. 나는 모차르트 음악에서 확인된 작은 효과는 모차르트 음악의 어떤 특성 때문이 아니라 자극과 긍정적인 심리 상태 때문이라고 주장했다. 놀랍고 기쁘게도 그들은 내 논문을 승인했고 1999년 8월, 케네스 스틸과 그의 동료들이 수행한 재현 실패에 관한 또 다른 보고서와 나란히 게재했다. 로셔에게는 답변할 자리를 마련한 〈네이처〉는 주간 뉴스 면에 모차르트 효과를 둘러싼 논쟁을 대대적으로 고지했다. 고루한 학계에서 벌어지는 일이라도 뭔가 흥미 있는 싸움거리라고 생각되면 득달같이 달려드는 언론들은 발 빠르게 움직였다. 나는 CNN, CBS, NBC 뉴스 프로그램과 인터뷰했다. 로셔와 스틸은 '투데이 쇼'에서 토론을 벌였다. 심지어 시트콤 에피소드로 내 논문 내용이 사용되기도 했다.

  뱅거터와 히스가 수행했던 언론 분석을 회상해보자. 그들은 〈네이처〉에 논문이 실렸던 때와 일치하는 1999년에 모차르트 효과가 집중 보도되었다가 서서히 조용해졌다는 사실을 알게 되었다. 나의 메타분석과 스틸 및 쉘렌버그의 연구는 결과적으로 모차르트 효과의 베일을 벗겼을까? 그렇기도 하고 아니기도 하다. 뱅거터와 히스는 성인을 대상으로 한 모차르트 음악의 긍정적인 효과를 추적하는 기사들은 조금씩 사라졌지만 반대로 아동의 지능을 높여준다는 잘못된 기사들은 점점 더 많아졌다는 사실을 발견했다! 이런 경향은 로셔-고든의 최초 보고 이후 첫 해에만 벌어졌다. 다시 한 번 분명하게 말하지만 어린 아기들에게 나타난 효과를 조사한 연구가 발표된 적은 없었다![24] 나의 메타분석이 발표된 지 10년만인 2009년, 다시금 성인 1,500명을 대상으로 전국적인 조사를 펼쳤다. 조사에서 40퍼센트의 성인들만이 "모차르트의 음악을 들으면 지능이 높아진다"는 사실에 동의했다. 대다수는 동의하지 않았지만 과학적 증거가 이러한 주장을 전혀 입증하지 못하고 있다는 사실을 기억해야 한다. "남성보다 여성의 평균키가 더 크다"는 명제에 사람들이 보이는 반응처럼 거의 모든 사람이 동의하지 않았다면 더 좋았을 것이다.

많은 사람들이 여전히 모차르트 효과를 믿고 있다. 에릭 만지니는 2007년에 이 효과를 믿게 되었고 자신의 팀을 위해 운동할 때 클래식 음악을 틀었다. 내가 자녀를 갖기 전까지는, 어린이를 대상으로 하는 모차르트 신화가 육아 산업에 얼마나 만연하게 퍼져 있는지 몰랐다. 고학력이고 현명한 친구들이 아기를 위한 선물로 클래식 음악이 나오는 '모차르트' 장난감을 보내주었다. 베이비아인슈타인Baby Einstein사는 1997년 5,000달러의 자본금으로 지하실에서 출발했지만(1997년은 모차르트 효과가 처음 발표된 당시의 폭발적인 반응이 계속 이어지던 시기다) 디즈니사에 인수되기 전인 2001년에는 매출액 2,500만 달러 회사로 성장했다.[25] 그들이 발매한 '베이비 모차르트', '베이비 아인슈타인', '베이비 반 고흐' 같은 DVD들을 보라. DVD를 보기만 해도 아이가 평범함과는 멀어지고 영재에 가까워질 것이라는 사실을 암시한다. 미국소아과학회에서는 최근 2살 미만의 아기에게 텔레비전이나 비디오를 보여주지 말라고 권장하지만, 어린 아기들을 위한 비디오와 DVD는 현재 연간 1억 달러의 매출[26]을 올리는 산업으로 성장했다.

워싱턴대학 소아과 교수인 프레더릭 짐머만이 이끄는 연구 그룹은 아이들의 인지능력에 모차르트 효과를 적용한 제품의 효과를 조사했다. 워싱턴과 몬태나주의 2살 미만의 아기가 있는 부모를 대상으로 전화 설문조사를 의뢰한 것이다. 부모들은 자녀가 '유아용 DVD/비디오'로 별도 분류되는 교육용 텔레비전, 영화 및 기타 매체를 보는 시간이 얼마나 되는지 답변했다. 조사 말미에 어린아이들이 사용하는 어휘 중 자주 쓰는 90개 단어 하나하나를 자녀들이 이해하고 있거나 사용하고 있는지도 물었다. 영아(8~16개월)용 단어목록과 유아(17~24개월)용 단어목록이 달랐기 때문에 연구자들은 두 그룹을 각각 조사했다. 영아의 경우 유아용 DVD를 보는 시간이 하루 한 시간씩 늘어날 때마다 어휘가 8퍼센트씩 감소했다. 유아의 경우 DVD를 보는 것과 어휘 분량 사이에 주목할 만한 관계는 없었다.[27]

  5장에서 논의한 원인 착각을 다시 떠올려본다면 이것이 단순한 상관관계 연구임을 알아챘을 것이다. 연구자들이 임의로 어떤 아기들한테는 비디오를 보게 하고 또 어떤 아기들한테는 보지 못하게 지정할 수 없었기 때문에, "유아용 DVD를 보면 당신 아이는 바보가 됩니다"라는 표제를 입증하지 못한다. 비디오를 더 많이 봤던 영아의 가족 환경은 다른 방식으로 어휘능력에 도움을 덜 주었을 것이다. 통계 분석을 통해 짐머만과 동료들은 부모가 자녀를 얼마나 교육하는가, 아이들에게 몇 시간이나 책을 읽어주는가, 아이들이 다른 매체를 어느 정도나 보는가, 아이들이 혼자 보는가 아니면 부모와 함께 보는가 등으로 DVD를 보는 아이들이 다를 수 있었던 몇 가지 요인을 제시했다. 그런데도 DVD 시청은 여전히 어휘 감소와 연관이 있었다. 우리는 이 연구에서 완벽한 원인을 추론할 순 없었지만 비디오를 본다거나 모차르트 음악을 듣는 것이 인지능력을 향상시킨다는 믿음을 입증할 만한 근거도 찾지 못했다.

베이비아인슈타인 브랜드로 연간 2억 달러의 수입을 올리는 디즈니는 짐머만 연구팀의 발표에 예민하게 반응했다. CEO인 로버트 아이거는 다양한 유아용 DVD 제품이 있는데도 이를 구분하지 않았다며 해당 연구에 허점이 있다고 공개적으로 비판했다.[28] 어휘감소를 가져오는 DVD가 디즈니 제품이 아닌 다른 회사 제품이라는 의미로 해석되기를 바라는 발언이었다. 연구팀원 중 한 명이, 연구 결과 유아용 DVD가 아이의 어휘능력 향상에 '유해하다'는 사실이 드러났다고 신문사에 한 말을 두고 디즈니 대변인은 맹렬히 비난했다. 언급한 바와 같이, 해당 연구는 상관관계 연구이지 원인 조사 연구가 아니기 때문에 정확하게 얘기하자면 유해성은 밝혀진 바가 없다고 회사는 주장했다.

하지만 안타깝게도 디즈니 대변인은 "'베이비아인슈타인'은 이미 오랫동안 대중에게 인정 받아왔다. 따라서 적절히 활용한다면 영아의 건강과 행복에 영향을 줄 것"이라고 더 비합리적인 주장을 내세움으로써, 과학적 엄격함을 들이댔던 자신의 발언을 무색하게 만들었다.[29] 바꿔 말하면 제품이 "대중에게 인정받았기" 때문에 아이들에게 유익하다는 말이다. 부모 입장에서 생각하면, 단 몇 분 동안이라도 우는 아기의 주의를 빼앗아준다면 그게 무엇이든 간에 매우 고마울 테고 좋은 의도로 돈을 들여 구매한 만큼 제품이 아이에게 유익하다고 믿고 싶었을 것이다. 대변인은 DVD를 '적절히' 활용한다면 유익하다는 그의 주장을 입증할 만한 상관관계나 원인을 밝히는 증거를 제시하지 못했다.

한편 에릭 만지니가 추구한 모차르트 실험은 실패로 끝났다. 2006년 제츠에게 10승 6패의 기록을 안겨주며 플레이오프 진출을 이끈 그는, 2007년 훈련 시에 클래식 음악을 방송했지만 팀은 4승 12패를 기록했다. 일 년 후 만지니는 결국 해고되었다.[30]

은밀한 거짓말

모차르트 효과가 귀 얇은 청중의 마음을 사로잡은 이유는 무엇일까? 왜 아직도 많은 사람들이 아기들을 위해 클래식 CD를 구입하고 DVD를 사는 걸까? 사람들은 왜 음악과 비디오가 쉽게 아이들의 IQ를 높여주리라 믿을까? 모차르트 효과는 잠재력 착각을 노련하게 이용한다. 모든 사람은 더 똑똑해지기를 원하고, 모차르트 효과는 클래식 음악만 들어도 더 똑똑해질 거라고 속삭여준다. 돈 캠벨의 책 《모차르트 이펙트》의 부제 '음악의 힘을 깨워 몸을 치료하고 마음을 튼튼하게 하며 창의력을 발휘하기'는 그 착각을 직접적으로 파고든다.

모차르트 효과에 반하는 과학적 증거에도 불구하고 여전히 40퍼센트의 사람들이 효과를 믿고 있다. 이것을 바보 같은 믿음으로 간주하며 대수롭지 않게 여기기 전에 몇 가지 사실을 생각해보자. 효과를 믿는 부모는 아이와 소통하기보다는 유아용 DVD 앞에 아기들을 앉혀 놓거나 클래식 음악을 들려주면서 남들 이상은 아니더라도 남들만큼 양육하고 있다고 생각할 것이다. 보육 시설, 학교, 기타 교육 기관들은 주변 분위기를 그대로 좇아간다. 아이에게 모차르트 음악을 들려주는 유행은 아동의 사회성과 지능 발달에 현실적으로 도움을 줄 수 있는 더 나은 교육 방법들을 대신한다. 즉 유아용 DVD에 관한 짐머만의 연구 결과를 빌리자면, 모차르트 효과에 대한 믿음은 그렇지 않은 경우와 달리 아이들에게 더 유해한 영향을 끼칠 것이다.

모차르트 효과만큼 심각하게 공개적으로 지적받지는 않았던 숨겨진 지적능력에 관한 또 다른 믿음들은 어떨까? 전화조사를 통해 잠재력 착각을 다른 방식으로 드러나게 하는 몇 가지 질문을 던졌다.

응답자 중 61퍼센트가 "최면술은 목격자가 범죄 현장을 자세하게 떠올리는 데 도움이 된다"는 주장에 동의했다. 최면술이 두뇌를 특별한 상태로 바꿔줄 수 있다는 생각은 쉽게 해방되는 일종의 잠재력에 대한 믿음을 드러낸다. 하지만 이는 사실이 아니다. 최면 상태의 사람들은 정상 상태의 사람들보다 더 많은 '기억'을 떠올리지만, 이는 사실처럼 느껴지는 허구일 수 있다.[31] 최면술은 사람들이 더 많은 정보를 떠올리게 할 뿐 더 정확한 정보는 아니다. 그 정보조차 사실 최면 효과에 대한 사람들의 믿음에서 비롯된 것일 수 있다. 최면 상태에서 더 많은 기억을 떠올린다고 믿는다면 최면 상태일 때 더 많은 기억을 회복하려고 애쓸 테니 말이다. 안타깝게도 최면 상태의 사람들이 떠올린 기억이 진실인지 아닌지를 확인할 방법은 없다. 물론 사람이 기억할 수 있는 것을 우리가 정확하게 알고 있다는 전제 하에 그렇다. 그러나 그것을 알고 있다면 무엇보다도 최면술을 이용할 필요가 없을 것이다![32]

72퍼센트의 사람들은 "대부분의 사람들이 두뇌 용량의 10퍼센트만 사용한다"는 설명에 동의했다. 광고, 자기계발서, 코미디 연기의 단골 주제인 이 이상하고 오래된 믿음의 기원을 파헤치고자 몇몇 심리학자들이 역사 자료를 조사했다.[33] 여러 면에서 이 믿음은 아주 순수한 형태의 잠재력 착각이다. 우리가 뇌의 10퍼센트만 사용하고 있다면 방법을 찾을 경우 사용되기를 기다리고 있는 또 다른 90퍼센트의 뇌를 틀림없이 확인할 수 있을 것이다. 어디에서부터 시작된 건지 알 수 없는 이 믿음에는 많은 문제점이 있다. 일부 법령들이 부정확하게 쓰여 있어서 집행이 어렵듯, 이 설명도 "불분명해서 무효하다"고 선언되어야 한다. 첫째, 사람의 뇌 용량을 측정하거나 어느 정도의 용량을 사용하고 있는지 확인할 방법이 없다. 둘째, 어떤 경우에서든 뇌 조직이 장시간 어떤 활동을 하지 않는다면 그것은 조직이 죽은 거란 사실을 의미한다. 따라서 우리의 뇌가 10퍼센트만 사용되고 있다면 기적적인 부활이 일어나거나 뇌 이식을 수행하지 않고선 사용 비율을 끌어올릴 수 없다. 마지막으로 진화가 (또는 아주 총명한 창조주가) 우리에게 90퍼센트가 쓸모없는 기관을 주었으리라 의심할 이유가 없다. 큰 뇌를 갖게 되면 인간은 생존하기 매우 어려운 종이다. 큰 뇌를 덮고 있는 머리도 커져서 힘들게 산도를 빠져나올 수밖에 없으므로 분만 중에 죽음에 이를 수 있는 위험이 커진다. 우리가 뇌의 일부만 사용하고 있었다면 자연 선택은 오래 전에 인간을 줄어들게 만들었을 것이다.

'10퍼센트 신화'는 MRI나 PET 스캔 같은 뇌 영상 기술보다 훨씬 오래 전에 등장했지만, 신경과학 연구에 대한 오해가 그것을 증폭시켰을 것이다. 신경과학 연구에 관한 언론 보도에서 볼 수 있는 뇌 활동을 보여주는 사진을 떠올려보라. 뇌의 대부분이 어둡게 표시되거나 색을 띠는 동그란 모양들로 '빛나지' 않는다. 그러나 이 동그란 모양들이 뇌의 '깨어 있는' 영역을 나타내진 않는다. 어떤 환경이나 집단에 속한 사람들에게서 그 영역이 다른 부위보다 더 활성화되어 있음을 나타낸다. 신경학적으로 정상인 사람의 경우, 기본 수준으로 뇌가 활동하는 상태에서 어두운 영역을 비롯한 뇌 전체가 항상 사용 가능한 상태며, 당신이 수행할 수 있는 일이 무엇이냐에 따라 뇌 영역의 활동이 많이 올라갈 것이다. 당연히 "뇌를 더 많이 사용"함으로써 일상의 착각들을 피할 수 있는 것은 아니다.

65퍼센트의 사람들은 "뒤에 있는 사람이 당신의 뒤통수를 응시할 경우, 당신은 그 사실을 감지할 수 있다"고 굳게 믿었다. 우리가 눈으로 어떤 사람을 찾아내고 접촉할 수 있다면 좋겠지만 우리의 눈에선 아무 광선도 나오지 않으며 우리 뒤통수에는 어떤 사람이 응시하고 있다는 사실을 느낄 수 있는 감각기관이 없다. 이런 잘못된 믿음은 기본 다섯 가지 감각과는 상관없이 기능하는, 이제까지 측정한 적 없는 지각능력이 우리에게 숨겨져 있으며 이 여섯 번째 감각이 매우 유용하다는 생각에서 비롯되고 있다. 이런 생각 역시 철저하게 베일이 벗겨졌다. 저명한 심리학자 에드워드 티치너Edward Titchener는 〈사이언스〉에 이렇게 밝혔다. "검사 결과, 자신이 남들과 다르게 응시에 민감하다고 생각하거나 '사람들을 뒤돌아보게 할 수 있다'고 믿는 사람들을 대상으로 수행한 여러 가지 연구 실험 결과는 예외 없이 부정적이었다."[34] 다른 사람을 쳐다보는 것으로 그들을 뒤돌아보게 할 수 없으며 먼저 뒤돌아보지 않고 다른 누군가가 우리를 바라보는 순간을 알아챌 수 없다.[35]

사람들은 왜 이런 초감각적 지각을 믿게 되었을까? 뒤돌아보았을 때 아무도 없었던 적(누군가 거기 있었지만 알아채지 못했던 경우나 거기 아무도 없었기 때문에 누군가를 알아채지 못했던 경우들도 마찬가지다)은 지우고 뒤돌아보았을 때 누군가가 있었던 사례만 떠올리는 경향이 있다. 사건 순서가 이야기 전개와 일치하는 경우 인과관계 패턴을 쉽게 추론한다는 내용을 담은 5장을 떠올려보라. 우리가 어떤 사람들을 응시하기 시작한 후에 그들이 뒤돌아보게 되면 원인 착각으로 인해 우리가 그들을 뒤돌아보게 했다고 잘못 추론하게 된다. 그리고 원인을 추론할 때 그 사실을 떠올릴 것이다.

티치너는 실험을 통해 "대중의 인식 속에 깊고 넓게 뿌리를 내리고 있는 미신을 타파하겠다"고 밝혔다. '여섯 번째 감각'에 대한 미신이 널리 퍼져 있다는 그의 생각은 옳았지만, 실험을 통해 미신을 뿌리 뽑겠다는 그의 시도는 안타깝게도 실패했다.[36] 티치너의 논문은 1898년 〈사이언스〉에 게재되지만, 다른 사람들의 응시를 느낄 수 있다는 미신은 현재까지도 널리 퍼져 있다.

잠재의식에 얽힌
사이비 과학

'광고 속 잠재의식 메시지Subliminal messages가 구매로 이어질 수 있다'는 생각은 내가 조사과정에서 가장 흔히 접한 잘못된 믿음으로 응답자 75퍼센트의 지지를 받았다. 타인의 응시를 느낄 수 있다고 믿는 것처럼, 평범한 지각방식으로는 알 수 없는 약한 신호에도 사람은 매우 예민하

게 반응한다는 믿음이다. '잠재의식 설득Subliminal persuasion'이라는 개념은 이 생각에 바탕을 둔다. 교묘하고 알기 어렵게 영향력을 끼쳐 신념과 태도, 행동을 바꿀 수 있다면, 원칙적으로는 우리가 깨닫지 못한 기량과 기술을 끄집어내 큰일에 사용할 수 있을 것이다. 잠재의식 설득이 효과가 있다는 믿음으로부터, 자는 동안 잠재의식을 자극하는 녹음을 들으면 잠재력이 깨어나 의식적으로 노력하지 않아도 금연할 수 있거나 외국어를 익히는 데 큰 도움이 된다는 주장도 등장했다.

1950년대에 행한 유명한 실험에서 탄산음료와 팝콘 판매량을 늘리려 영화상영 중에 잠재의식 메시지를 내보냈다는 이야기를 들어봤을 것이다. 제품 구매욕을 상승시키려고 광고 사진에 섹스를 뜻하는 단어와 그림을 삽입했다는 글을 읽어본 기억도 날 것이다. 윌슨 브라이언 키Wilson Bryan Key는 1973년 베스트셀러 《잠재의식의 유혹Subliminal Seduction》에서 잠재의식에 '삽입하기'를 시도한 여러 사례와 그 바탕이 될 자신의 심리학 이론을 서술했다.[37] 책 첫머리에서 윌슨은 이렇게 선언한다. "잠재의식 인지Subliminal perception(심리학에서 통용되는 표현은 '역하지각'—옮긴이)의 존재를 믿고 싶어 하는 사람은 없으며, (정말 존재한다면) 이것이 실제로 이용되고 있다고 생각하는 사람은 더더욱 없다." 윌슨이 당시 시대적 정서를 제대로 표현했다면, 이후 수년 간 잠재의식 인지에 관한 대중들의 인식이 급격히 변했음을 알 수 있다. 우리가 수행한 조사 혹은 그와 비슷한 조사를 보면 이제 사람들은 잠재의식에 호소하는 정보가 사고와 행동에 영향을 준다고 굳게 믿고 있다.

영화관 실험은 잠재의식 광고에 마음을 크게 움직이는 힘이 있다는 주장을 뒷받침하고자 윌슨이 처음으로 제시한 사례다. 1957년 뉴저지에 위치한 영화관에서 있었다고 한다. 6주간 진행되었으며 그동안 관람객에게는 두 메시지를 하루 단위로 번갈아 전달했다. "배고프나요? 팝콘을 먹어요." "코카콜라를 마셔요." 이 메시지는 5초마다 한 번씩 3,000분의 1초 동안 등장했다. 비교 시기는 아마 실험 이전일 테고 팝콘은 58퍼센트, 코카콜라는 18퍼센트 매출이 늘었다는 결과가 나왔다. 이 내용이 언론에 발표되자 미국방송사업자기구는 재빨리 회원들에게 이 기술의 사용을 금했고 영국과 호주도 금지법을 제정했다.

윌슨의 책에 실린 첫 칼라 삽화는 이제 유명하다. 열린 술병 옆에 놓인 잔에는 맑은 진과 얼음이 가득하다. 평범한 이미지로 보이지만 자세히 보면 네모난 얼음 속에서 어렴풋한 윤곽을 그리며 'sex'라는 단어를 이루는 삐뚤어진 세 알파벳을 볼 수 있다. 윌슨은 이 광고를 대학생 1,000명에게 보여주었다. 그들 중 62퍼센트가 들뜨고 흥분했으며 로맨틱한 기분이라고 대답했다. 다른 술 광고를 보지 않고서 기분을 표현하라고 한 대조군이 없었으니 이 연구로는 'sex'라는 단어가 이런 반응을 이끌어냈다고 증명할 수 없다. 주류광고라면 대부분 이와 비슷한 반응을 불러일으킬 수도 있고, 단지 그 대학생들이 성욕 충만해 있을 수도 있다.

윌슨은 각 100명의 학생으로 이루어진 두 개의 클래스에 남성모델이 등장하는 〈플레이보이〉 잡지를 보여주는 실험을 발표했다. '매우 남성적이다'를 뜻하는 1부터 '매우 여성스럽다'를 뜻하는 5까지 주며, 모델이 얼마나 남성적인지 평가하라고 요구했다. 한 반에서는 광고만 보여주었고 3.3이라는 평균값을 얻었다. 다른 반에서는 영화관 실험처럼 잠재의식에 '남자'라는 단어를 보여주었다. 평균값은 2.4였다. 광고만 보여준 반에서는 1이나 2로 평가한 학생이 3퍼센트뿐이었지만 단어와 광고를 함께 보여준 반에서는 61퍼센트나 나타났다. 단지 화상과 단어를 짝지은 실험이었다면 우리가 가진 지식과 모순되지 않겠지만 단어를 눈에 띄지 않게 처리했는데도 평가는 급격히 변했다. 유감이지만 이 같은 실험에 대해 우리가 아는 바를 통틀어보면 이 변화는 신뢰하기에는 너무 극적이다. 잠재의식 자극은 (효과가 조금이라도 있다면) 매우 사소하게 영향을 끼치기 때문에, 이처럼 큰 영향을 끼쳤다면 사실상 잠재의식이 아닌 다른 자극이 빚어낸 결과라고 할 수 있다.[38]

그렇다면 팝콘과 콜라 연구는 뭐였을까? 바로 이 실험이 대중에게 잠재의식 설득 기술이 효과 있다고 믿게 만든 원인이다. 연구 발표 후 고작 일 년 만에, 미국 성인 41퍼센트가 잠재의식 광고를 들어봤다고 응답했다. 이 수치는 1983년에는 81퍼센트까지 치솟았고 우리 조사결과와 마찬가지로 대부분은 잠재의식 광고가 효과적이라고 믿었다. 윌슨은 저서에서 팝콘-콜라 실험 배후에 있던 제임스 비커리James Vicary라는 광고 전문가를 상세히 언급하지 않았다. 당시로부터 10년도 전에 비커리가 그 연구는 사기였다고 공공연히 인정했기 때문일 것이다. 〈광고시대Advertising Age〉와 가진 인터뷰에서 비커리는 사업이 잘 풀리지 않아 고객을 끌어들이려고 '연구'를 꾸며냈다고 고백했다. 다른 연구자들이 비커리가 거짓으로 주장한 실험결과를 재현해보려 했지만 성공 사례는 없다. 한 캐나다 방송국은 자사 프로그램에서 "지금 전화 주세요"라는 메시지를 순간적으로 짧게 반복해서 내보냈지만 전화량은 늘지 않았다. 이후 그들은 시청자들에게 무엇을 보았냐고 물었지만 아무도 정답을 말하지 않았고, 많은 사람이 배고프거나 목말랐다고만 응답했다.[39]

당신은 아마 우리처럼 비커리가 낸 '연구결과'를 고등학교나 대학 때 처음으로 들어봤을 것이다. 그러나 그게 조작이었다는 사실은 전혀 듣지 못했을 것이다. 이제야 잠재력에 얽힌 질긴 믿음의 원인을 깨달았는가? 어떤 새로운 방법이 인간정신을 둘러싼 신비를 파고들었다고 처음으로 주장하면 몹시 힘을 받으며 탄력이 붙지만, 그 주장을 반박하는 후속연구는 거의 눈에 띄지 않는다. 과학자들은 의식을 기울이지 않고 단어나 이미지를 이해할 수 있는지 한 세기에 걸쳐 논쟁했다.[40] 그러나 이해할 수 있다 해도 몹시 짧게 가해지는 정보 자극으로는 팝콘이나 탄산음료를 더 사게 하는 일처럼 다른 상황에서는 하지 않을 행동을 유발할 수 없다. 잠재의식 설득을 뒷받침하는 증거는 부족하지만 사람들은 그런 정신조종이 가능하다는 믿음을 꿋꿋이 고수한다.[41] 자기계발에 쓰는 음원을 만드는 이들은 잠재의식 메시지로 마인드컨트롤을 하거나 흡연, 과식 같은 나쁜 습관을 없앨 수 있다고 주장한다. 이중맹검법을 써서 세심히 진행한 연구로 그런 음원은 효과가 없다고 알려줘도 그들은 그만두지 않는다.[42]

윌슨의 주장은, 잠재의식에 정보를 전달하면 노골적인 형식으로 설득할 때보다 훨씬 효과적이라는 생각을 전제한다. 우리가 광고 메시지를 눈치 채지 못하면 이를 무가치하게 여겨 무시하거나 광고가 우리 행

동에 어떻게 영향을 미치려드는지 꼼꼼히 따져볼 수 없기 때문이다. 주로 이렇게 교묘하게 작용하면 강력한 영향을 미칠 수 있다는 믿음에서 잠재의식 설득으로 잠재력을 끌어낼 수 있다는 착각이 발생했다. 1984년 미국 대선운동기간에 ABC 뉴스 진행자 피터 제닝스는 민주당 월터 먼데일을 언급할 때보다 공화당 로널드 레이건을 언급할 때 더 자주 미소 지었다. 반면 NBC, CBS 뉴스 진행자는 두 후보를 언급하면서 비슷한 빈도로 미소 지었다. 대선을 앞두고 소규모로 진행한 설문에 따르면, 클리블랜드에서는 레이건 지지자 중 ABC 시청자가 NBC와 CBS 시청자보다 13퍼센트 가량 많았다. 매사추세츠 윌리엄스타운Williamstown에서의 차이는 21퍼센트, 펜실베이니아 이리Erie에서는 놀랍게도 24퍼센트나 차이 났다.[43] 제닝스가 미소 지은 횟수가 시청자들이 레이건을 선택한 이유였을까? 이 연구를 한 사람은 그렇게 생각했다. 말콤 글래드웰도 동의하여 《티핑포인트》에서 조사결과를 이렇게 해석했다. "그런 식으로 미소 짓거나 고개를 끄덕이는 행동은 잠재의식 메시지가 아니다. 곧장 와 닿는 방식이다. 단지 놀랍도록 교묘할 뿐이다… 레이건에게 투표한 ABC 시청자는 피터 제닝스가 레이건을 언급할 때마다 미소 지었기 때문에 레이건에게 투표했다고는 절대로 말하지 않을 것이다." 피터 제닝스가 영향을 줬다 해도 ABC 뉴스는 미국 유권자들이 접한 대선 보도 가운데 아주 사소한 일부일 뿐이며, 언론이 대선을 보도하는 태도도 투표에 영향을 주는 수많은 요소 중 하나에 불과하다.

피터 제닝스의 안면근육이 로널드 레이건의 득표율을 13퍼센트에서 24퍼센트까지 끌어올린 원인이라는 생각, ABC 뉴스 시청자는 원래 성향 때문에 그 방송을 선호하며 로널드 레이건에게 표를 던질 가능성이 높았다는 생각 중 무엇이 더 그럴듯한가? 방송 3사는 편성이 달라 서로 다른 시청자를 끌어들였고 단지 제닝스가 진행하는 뉴스 시간대 ABC 시청자가 CBS나 NBC 시청자보다 보수적이었다고 생각하는 편이 훨씬 논리적이다. 다르게는 이 득표율 차이는 단순설문에서 나온 통계기록일 뿐이며 그 설문은 규모가 현대 정치여론조사의 십분의 일에 지나지 않았다고 말할 수도 있다. 윌슨이 주장한 잠재의식 광고 사례에서도 그랬듯, 많은 이들이 잠재의식 메시지와 어떤 결과를 인과관계로 짝짓는 설명을 좋아한다. 이런 설명을 들으면 우리 인지를 초월하여 영향을 미치는 신비한 힘을 이용할 수 있지 않을까 하는 기대 때문이다.[44]

두뇌도 트레이닝이 되나요?

잠재의식 메시지나 최면으로 잠재된 지적능력을 발휘할 수는 없더라도, 비교적 고생은 덜 하고도 능력은 높이는 다른 방법이 있지 않을까? 몇 년 전 선풍적인 인기를 끌었던 닌텐도의 프로그램 '매일매일 더욱 더! DS 두뇌 트레이닝'을 모르는 사람은 거의 없을 것이다. 이 소프트웨어의 미국 광고는 이런 내용이었다.[45]

남자배우 이게 얼마만이야? (친구와 포옹한 후 자기 아내를 돌아보며) 여보, 이쪽은 내 옛 친구 데이비드. 고등학교 동창이야.

데이비드 (역시 자기 아내를 돌아보며) 여보, 여긴…, 음, 그러니까…그게······.

해설자 이런 일을 겪은 적 있습니까? 매일매일 더욱더! DS 두뇌 트레이닝으로 두뇌를 단련하세요. 날마다 몇 분씩 당신의 뇌를 훈련하십시오. 몇 가지 도전과제와 퍼즐을 완료하며 두뇌를 갈고 닦을 수 있습니다.

인지훈련은 나이에 따른 인지력 감퇴를 두려워하는 대중심리를 농락하며 성장하는 산업이다. '매일매일 더욱더! DS 두뇌 트레이닝'과 후속작 '매일매일 더욱더! DS 두뇌 트레이닝2'는 2005년 발매 이후 총 3,100만 개 이상 판매되었다.[46] 그밖에도 수많은 인지훈련 프로그램이 발매되었으며 흔히 매일 몇 분만 훈련하면 기억력 감퇴 극복에 도움이 된다는 주장과 함께 선전되어왔다. '브레인 트레이너' 게임 웹사이트에는 "매일 10~15분만 간단한 연습문제와 퍼즐로 하는 뇌 훈련 체조에 투자하면 모든 방면의 성공에 꼭 필요한 능력을 키울 수 있습니다"라는 광고가 등장한다.[47]

앞서 모차르트 효과와 뇌 활용도 10퍼센트라는 그릇된 통념, 잠재의식 설득에 대해 읽었으니 저 광고가 왜 효과적인지 잘 알 것이다 또한 저런 광고의 영향력에 저항할 예방접종 조치를 스스로 취할 수 있을 것이다. 인지 문제를 싹 없애줄 만병통치약이나 빠른 해결책을 바라는 우리 마음을 농락해 이득을 취하는 광고다. 특정 게임을 하루에 단 몇 분만 하면 혀끝에서 뱅뱅 돌던 단어나 이름을 한결 쉽게 생각해낼 수도 있고, 기억력 한계를 극복해낼 수도 있으며, 두뇌가 싹 회춘할 수도 있다고 선전한다. 모차르트 음악을 지력 상승제 삼아 들려주면 유용하다고 광고하여, 아이를 잘 키우고 싶은 부모의 욕망에 호소하던 판촉 방식처럼, 이런 인지훈련 게임은 자신의 지력을 높이고 싶은 인간의 마음을 이용한다. 이런 꼬드김은 생각보다 매우 강력하다. 두뇌를 기억력과 사고력이 좋았던 젊은 날로 되돌려줄 마법의 샘을 주겠다고 약속하기 때문이다.[48] 우리는 이 게임이 해방시켜 준다고 선전하는 '잠재력'에 이미 익숙하다. 일생 중 어느 시기에는 그것이 '잠재된 능력'이 아니라 실재하는 능력이었던 때가 있었기 때문이다.

   기업들이 광고의 초점을 노화에 맞춘 것은 매우 영리한 행동이다. 기억력, 집중력, 과제 응용력과 수행력, 연산속도를 비롯한 인지력에 속하는 여러 능력이 나이 들수록 떨어지기 시작한다.[49] 이러한 변화는 우리에게 좌절을 안겨준다. 부부간에 나눈 대화를 잊거나 친구 이름을 기억해내려 끙끙대는 일이 잦아질수록 이전에 누렸던 능력과 재주를 되찾고 싶은 욕망은 더욱 간절해진다. 실력을 겨루며 사는 운동선수가 마흔에 가까워지면서 기량 하락을 경험하듯, 중년에 이르면 여러 두뇌능력이 내리막에 접어드는 모습을 발견한다. 체스처럼 오랜 세월 훈련으로 지적 경험을 쌓아 고수의 반열에 오르는 게임에서도 최고의 자리는 젊은 기사의 차지다. 현재 세계 최정상 체스기사 50인 중 40대 이상은 세 명뿐이며 50인 중 약 3분의 2가 20대다.[50]

   나이가 든다고 해서 모든 능력이 똑같이 떨어지진 않으며 전혀 떨어지지 않는 능력도 있다. 쌓아온 지식과 경험에 바탕을 두는 부분은 나이가 들어도 비교적 그대로 유지되며 오히려 높아지기도 한다. 특히 과제

처리 속도는 그닥 떨어지지 않는다. 3장에서 소개한 희귀병 진단 전문의 키팅 박사나 드라마 속 하우스 박사는 나이가 들며 연륜이 쌓이고 특이 환자를 더 많이 접하면서, 점점 불어나는 지적 데이터베이스에서 유사 사례를 더 잘 찾아내는 베테랑들이다. 즉 70대에 접어든 의사는 병을 더 능숙히 진단할 수 있는 반면, 병명을 생각해낼 때 더 곤란을 겪을 수 있으며, 최신 치료기술을 배우는 데는 30대였을 때보다 더딜 것이다. 예전보다 힘들고 시간이 들 뿐, 늙은 개도 새 재주를 배울 수 있다.

인지훈련 프로그램은 잠재력 착각을 파고들어 유혹하는 것이니, 이제 당신은 유혹을 즉각 물리치겠다고 마음 먹었을 것이다. 하지만 그것도 현명한 방법이 아닐지 모른다. 누군가 망상장애를 겪고 있다고 해서 실제로 그를 스토킹하는 사람이 없다고 단정할 수 없듯 말이다. 복잡한 문제인데 간단한 해답이 나오면 의심해야 하며, 힘들이지 않고도 능력을 얻을 수 있다는 말을 들으면 철저히 따져봐야 한다. 그러나 "사용하지 않으면 퇴화한다"는 격언에도 어떤 진실이 존재할 것이다. 그렇다면 이런 뇌 훈련 프로그램은 정확히 어떤 이득을 줄까?

뇌 훈련 프로그램 대부분이 산수, 낱말 찾기, 스도쿠 등 기초 인지훈련과제를 게임처럼 세트로 제공한다. 훈련과제는 추리력과 기억력에 부담을 주기 위해 선택되었으며 재미있고 도전의식도 북돋는다. 프로그램은 횟수를 거듭하면서 수행결과가 얼마나 향상됐는지 보여주고 종합 '뇌 건강' 점수를 제공하기도 한다. 프로그램 회사들은 얼마나 많은 이들이 간단한 과제에서 수행점수를 높일 수 있었는지를 근거로 자사 두뇌 훈련 프로그램이 효과적이라는 주장을 정당화한다.

게임을 계속하면 나이와는 무관하게 결과는 좋아진다. 뭐든 충분히 부지런히 연습하면 나아지기 마련이다. 하지만 두뇌훈련 시스템으로 달성하려는 원래 목표는 단순히 그 게임을 잘하는 것이 아니라, 다른 일을 하는 능력을 높이는 것이다. 그저 더 무거운 역기를 들어 올리려고 웨이트 트레이닝을 하는 게 아니듯, 단순히 두뇌훈련 게임 점수를 높이려고 그 게임을 하는 게 아니란 뜻이다. 이런 프로그램 판매자의 주장대로라면 당신은 일상생활에서 사용하는 사고력과 기억력을 키우는 데 이 게임을 이용할 수 있다. '매일매일 더욱더! DS 두뇌 트레이닝'은 그저 스도쿠를 잘 풀게 해주는 것이 아니라 옛 친구 이름을 곧바로 기억해내고, 차 열쇠를 잘 찾고, 두 가지 일을 동시에 할 수 있도록 도와주겠다고 암시한다.

단순한 인지·기억 훈련과제가 매일 하는 일상적인 정신노동에 어떤 영향을 끼치는지 조사한 연구는 거의 없다. 젊을 때 인지활동을 많이 한 사람이 나이 들어도 더 좋은 인지력을 유지함을 보여주는 연구는 많지만, 이는 상호연관성을 의미한다.[51] 앞서 인과관계 착각에서 알아보았듯이, 두 요소 간에 연관성이 있더라도 반드시 인과관계가 있다고는 할 수 없다. 즉 두뇌훈련이 일상에서 활용하는 인지력에 어떤 영향을 주는지 연구하려면 일부는 인지훈련군, 나머지는 대조군으로 정한 뒤 훈련결과를 측정하는 실험을 하는 방법밖에 없다. 지난 10년 간 몇몇 임상실험이 이런 식으로 수행되었다.

1998년 고령자 2,832명을 구두암기군, 문제해결군, 연산속도군, 인지훈련을 하지 않는 대조군으로 구성된 네 그룹 중 하나에 임의로 배정

해 시행한 실험이 가장 대규모였다.[52] 미국국립보건원에서 지원하고 여러 대학과 병원, 연구소가 수행한 이 거대 임상실험은 액티브ACTIVE, 즉 '자신 있고 활기찬 노후를 위한 고령 인지훈련Advanced Cognitive Training for Independent and Vital Elderly'으로 명명되었다. 각 실험군은 한 시간짜리 특정과제 한 종류를 약 6주에 걸쳐 10번 연습했고, 훈련이 끝나고 일련의 인위적 실험과제 및 몇몇 현실적 실험과제를 둘 다 처러 수행능력을 평가 받았다. 사람들은 인지과제 훈련이 다른 인지과제 수행력과 현실에서 쓰는 인지기능을 높여 뇌 훈련에 도움을 되었기를 기대했다.

시각정보탐색 과제를 10시간 연습했다면 시각정보탐색 점수가 좋아지는 건 당연하다. 구두암기 과제를 10시간 연습했다면 구두암기 점수가 높아질 것이다. 많은 사람들, 특히 연산속도 훈련에 참가한 사람들 대다수가 훈련 후 즉각적인 능력향상을 보였고 효과는 몇 년간 지속되었다. 하지만 능력향상은 학습한 특정 과제에 제한되었고 훈련하지 않은 인위적 실험과제로 이어지진 않았다. 구두기억 연습은 연산속도에는 거의 아무 효과도 주지 못했으며 그 반대도 마찬가지였다.

액티브 연구 참가자를 대상으로 한 후속 연구에서 인지훈련으로 높아진 능력이 현실과제 수행력으로 옮겨갔다는 증거가 간혹 나타났다. 대조군이 아닌 훈련군에 속했던 참가자가 일상 활동에서 곤란을 덜게 되었다고 보고했다. 물론 이 경우 참가자는 자신이 훈련군이었다는 사실을 알았기에 능력 향상을 기대한다. 그렇기 때문에 스스로 보고하는 방식과 기대가 맞물려 좋아졌다는 쪽으로 말하게 되며 이러한 태도가 플라시보 효과를 발휘했을 수 있다.

안타깝게도 액티브 연구로 얻은 결과는 다른 연구로 얻은 결과와 일치한다. 분명히 말해서 과제훈련은 훈련한 그 과제에는 도움이 된다. '매일매일 더욱더! DS 두뇌 트레이닝'을 즐겼다면 그 게임 소프트웨어에 들어있는 특정 과제는 잘 수행할 수 있지만, 다른 종류의 능력이 필요한 과제로 그 실력이 함께 옮겨가진 않는다. 오늘날 쏟아지는 인지훈련분야 문헌 속에서도 훈련으로 얻은 어떤 능력이 실험실 밖에서 맞닥트리는 다른 과제로 옮겨갔다고 문서로 입증하는 연구는 거의 없으며, 대부분은 능력이 실험실 과제 사이에서 (한 실험실 과제를 연습해 얻은 능력이 아주 비슷한 실험실 과제로) 불충분하게 옮겨갔다는 정도만 보여줄 뿐이다.[53] 스도쿠 실력을 높이고 싶고 더욱 즐기고 싶다면 스도쿠를 더 많이 하면 된다. 그러나 자꾸 깜빡하거나 열쇠를 못 찾거나 물건을 잘 잃어버리는 일을 줄이는 데 스도쿠가 도움이 된다고 생각한다면 잠재력 착각이 발휘하는 힘에 진 셈이다. 낱말풀이는 두뇌훈련을 하면 노화로 인한 인지능력 감퇴와 치매를 늦출 수 있다고 믿는 사람들이 가장 즐기는 게임이지만 이 역시 마찬가지다. 낱말풀이를 많이 하는 사람도 적게 하는 사람과 같은 비율로 지적능력이 떨어진다.[54] 훈련은 특정 능력은 높이지만 보편적인 지적능력을 높이진 않는다.

잠자는 잠재력을
깨우는 비법

그러나 우리의 지적 능력은 결코 붙박이처럼 정체되어 있지 않다. 누구나 새로운 재주를 배우고 능력을 향상시킬 수 있는 엄청난 잠재력을

갖고 있다. 신경과학 연구 덕분에 성인이 지닌 두뇌 가소성(훈련과 부상, 다른 사건에 반응하여 짜임새를 바꾸는 능력)이 기존에 믿던 수준보다 훨씬 크다는 사실이 밝혀졌다. 하지만 잠자는 잠재력을 깨우는 일이 쉽다거나, 모든 잠재력을 당장 찾아낼 수 있다거나, 아주 적은 노력으로도 잠재력을 해방시킬 수 있다는 생각은 그저 착각에 불과하다. 누구에게나 놀라운 지적능력을 얻을 수 있는 잠재력이 있기에, 특별히 훈련하지 않고 단 한 번만 들어도 숫자 7개 정도는 기억할 수 있다. 어느 대학생은 훈련을 통해 79자리까지 기억할 수 있었다.[55] 그의 능력은 놀라우며 인간에게 숫자를 기억하는 특출한 잠재력이 숨어 있다는 사실을 알려줬지만, 수백시간의 연습과 훈련이 있었기에 가능했다. 원칙적으로 사람은 대부분 이런 능력을 가졌고 충분히 연습하면 똑같이 해낼 수 있다.

천재는 태어나는 것이 아니라 만들어진다. 여러 해에 걸쳐 성장하고 그 과정은 예상 가능한 궤도를 밟아간다. 모차르트의 초기 음악은 명곡이 아니며 바비 피셔도 체스를 배우면서 무수한 실수를 거듭했다. 둘 다 특별한 재능이 있었겠지만 훈련하고 연습하지 않았다면 그렇게 되지 못했을 것이다. 더구나 모차르트와 피셔가 가진 위대한 재능도 훈련영역을 벗어나진 않았다. 숫자를 기억하는 훈련은 이름을 기억할 때 별 도움이 되지 않는다. 그러나 한 분야에서 쌓은 전문지식이나 기술은 그 분야에 해당하는 다른 여러 능력을 특별히 훈련하지 않아도 상승시킨다.

인지심리학계의 선구자 아드리안 더 흐로트, 윌리엄 체이서, 허버트 사이먼이 실행한 고전 인지심리학 실험들에 따르면, 체스마스터는 자기 전문기술에 속하는 체스판에서는 흔히 단기기억의 한계라고 여겨지는 7개 항목보다 훨씬 많은 걸 기억할 수 있다.[56] 우리는 세 선구자들의 연구를 크리스의 친구이자 전미 체스 대회 두 차례 우승자였던 패트릭 울프를 시험하여 재현했다. 우리는 패트릭을 실험실로 데려와 유명하지 않은 마스터게임 대전의 한 부분을 5초 동안만 보여주었다. 그리고 패트릭에게 빈 체스판과 체스말 한 벌을 주고 기억하는 대로 판을 재배열하라고 부탁했다. 놀랍게도 패트릭은 단기기억이 가능한 일반 한계선인 일곱 항목을 훌쩍 넘어서 판에 말이 스물다섯, 서른 개 이상 남아 있을 때조차 거의 100퍼센트 정확히 재현해냈다.

이 놀라운 모습을 몇 번 본 후 우리는 패트릭에게 어떻게 했는지 물어보았다. 패트릭은 우선 체스 그랜드마스터가 하는 훈련 가운데 판을 몇 초 보고서 다시 말을 재배열하는 연습은 없다고 지적했다. 그러나 자신은 체스판의 전개양상을 신속히 이해했기에 말을 서로 관련지어 몇 덩이로 묶을 수 있었다고 했다. 실제로 패트릭은 눈에 익은 배치양식들을 인지한 후 판을 하나가 아닌 몇몇 덩이로 기억투입구에 쑤셔 넣었다. 패트릭은 체스 전문가이기에 체스에 도움이 되는 다른 재주(형상화, 공간 추론, 시각 기억)도 개발했고 이 모든 재주가 패트릭에게 다른 사람보다 암기과제를 잘 해낼 능력을 제공했다. 하지만 체스 전문가가 되는 일 자체가 패트릭을 형상화와 추론, 암기 전반에서 전문가로 만든 건 아니다. 사실 개수가 같은 체스말을 마구잡이로 배열한 판을 패트릭에게 보여줬을 때 패트릭의 기억력은 그런 시험을 처음 해보는 사람보다 좋지 않았다. 그의 체스지식 및 배치양식과 관련된 데이터베이스가 거의 도움 되지 않았기 때문이다. 같은 원리가 기억범위를 79자리까지

늘인 학생에게도 적용된다. 그의 새로운 기억능력은 숫자조합에만 한정되므로 숫자를 가지고 몇 달을 훈련한 뒤에도 문자로 기억력 시험을 쳤을 때는 기억범위가 여전히 6자까지였다.[57] 숫자를 기억하는 잠재능력은 훈련했지만 그 훈련이 다른 재주로 옮겨가진 않은 것이다.

체스 그랜드마스터는 한 적 없던 과제라도 폭넓고 다양한 체스과제를 수행하는 데 전문지식을 아주 잘 적용할 수 있다. 가장 극적인 한 가지 예는 눈가림 체스다. 정상급 기사는 '눈을 가린 채' 판을 줄곧 보지 않고서 게임 전체를 해낸다. 체스기사는 (체스좌표에서) 상대방 행마를 듣고서 하고 싶은 응수를 밝힌다. 놀랍게도 그랜드마스터급 기사는 과거에 해본 경험이 없더라도 눈가림 체스를 동시에 두 판 이상 둘 수 있다. 이런 묘기를 부리는 데 필요한 특출한 체스 기억력과 형상화 능력은 대개 전문가급 선수가 되면 저절로 생긴다고 한다.

역시 체스마스터이자 심리학 교수인 엘리어트 허스트와 함께 일하면서, 나는 체스마스터들이 체스판과 말을 볼 수 없으면 경기력이 얼마나 나빠지는지 측정해보았다.[58] 체스마스터가 말이 전부 어디에 놓였는지 외우려고 기억부담을 추가로 져야 하기 때문에 실수가 더 잦을 거라고 예상하기 쉽다. 이 가정이 옳은지 알아내려고 나는 1992년부터 매해 모나코에서 열려온 독특한 체스 토너먼트를 이용했다. 이 토너먼트에서는 세계 선수권 도전자를 비롯한 세계 정상급 기사 열 두 명이 상대방과 한번은 평범하게, 다른 한번은 눈을 가린 채 총 2번 대전한다. 같은 기사가 평범한 상태와 눈을 가린 상태로 시합하므로 실수를 저지른 횟수 차이는 게임하는 환경 탓이지 대전자 탓은 아니다.

1993년부터 1998년까지 그 토너먼트에서는 시합당 한 기사가 평균 45수씩 두는 평범한 상태의 시합과 눈가림 시합이 각각 400회씩 있었다. 크리스는 체스기사가 심각한 실수를 얼마나 저지르는지 찾아내려고 세계에서 제일 뛰어난 체스 소프트웨어 중 하나로 인정받는 '프리츠Fritz'라는 프로그램을 사용했다. 프리츠는 사소한 실수 몇 개는 잡아내지 못했지만 더 큰 실책과 명백한 착오는 쉽게 잡아냈다.

평범한 상태에서 그랜드마스터들은 세 시합마다 평균 두 번 실수했다. 최고 수준의 상대와 맞붙을 경우 시합에서 질 수도 있는 결정적인 실수들이었다. 단, 놀라운 점은 눈가림 체스에서도 실수율이 같았다. 그랜드마스터는 잠재력을 매우 잘 훈련했기에 체스도구를 보지 않고도 (세상에, 체스판도 말도 없이!) 책략을 펼칠 수 있었다. 잠자는 잠재력을 깨우고자 하는 사람들에게는 매우 좋은 소식이다. 나쁜 소식은 이 체스기사들이 그저 적당히 음악을 듣고 적절한 자기계발서를 읽어서 그랜드마스터가 되진 않았다는 점이다. 그들은 최소한 10년에 달하는 오랜 세월 동안 밀도 높은 연구와 훈련을 반복하여 이 일을 해냈다. 우리의 잠재력은 어마어마하며 그 잠재력에 접근할 수 있지만 그 일엔 시간과 노력이 필요하다.

비디오게임으로
인지능력 향상하기

체스 같은 게임을 하게 되면 체스와 연관 있는 과제능력이 향상될 것이다. 체스를 학교 교과 과정에 넣어야 한다고 주장하는 사람들은 "체스가 사람을 영리하게 만들어준다"고 주장하지만, 많은 사람을 대상으로 적절히 수행된 실험으로부터 이를 증명할 확실한 증거가 나온 적은 없다.[59] 한 가지 분야 및 과업에서 훈련된 기술이 광범위하게 다른 분야로 이전될 수 있을까?

인지 심리학자들은 2003년 로체스터 대학 숀 그린과 대프니 베이블리어가 발표한 놀라운 실험결과를 보면서 이러한 기술이전의 한계를 다시금 생각하게 되었다.[60] 이 연구의 주된 결론은 비디오게임을 하면 여러 가지 기본 인지과제를 수행하는 능력이 향상된다는 것이었다. 그들이 처음 실시한 네 번의 실험은 과거 6개월간 일주일에 최소 4시간 이상 비디오게임을 할 정도로 게임에 숙달된 사람들의 경우, 주의 및 인지능력 테스트에서 비디오게임 초심자들을 능가했다. 이러한 비교는 흥미롭고 도발적이지만, 연관성만으로는 인과관계를 추론할 수 없다. 주의 및 인지능력이 뛰어난 사람들만 게임 중독이 되거나, 숙련자와 초보자 사이의 다른 차이점이 인지과제 수행에 차이를 만들어낼 가능성도 충분하기 때문이다. 나의 동료인 플로리다 주립대 교수 월터 부트는 이러한 가능성을 지적했다. "많은 시간 동안 비디오게임을 하면서도 대학 수업을 쫓아갈 수 있는 사람이 있는 반면 더 많은 시간을 공부에 쏟아야 하는 사람도 있다."[61] 이처럼 혼동을 초래한 요소들을 배제하고 비디오게임이 주의 및 인지능력을 향상시키는지를 확실히 알아보는 유일한 방법은 초심자들에게 비디오게임을 훈련시킨 뒤, 그들의 인지능력이 향상되었는지 보는 것이다.

그린과 베이블리어는 마지막 실험에서 정확히 그렇게 했다. 지난 6

개월 간 비디오게임을 전혀 하지 않았거나 거의 해보지 않은 비디오게임 초심자들을 선발한 뒤, 이들을 무작위로 두 그룹으로 나눴다. 한 그룹은 하루 한 시간씩 열흘간 '메달오브아너Medal of Honor' 게임을 했다. 게임 속 주인공의 눈을 통해 보이는 주변 환경을 관찰하면서 갑자기 나타나는 적을 재빨리 쏘는 게임이다. 두 번째 그룹은 같은 시간 동안 2차원 테트리스 게임을 했다. 그 전에 각 그룹은 기본적인 인지, 지각, 주의 능력을 테스트했고 훈련 후에도 같은 테스트를 했다. 일례로 '가용시각장Useful Field of View'으로 알려진 테스트에서는 피실험자가 응시하고 있는 화면에 순간적으로 단순한 물체가 보였다 사라지고 난 뒤 그것이 무엇이었는지 판단(승용차인지 트럭인지)하게 했다. 이와 동시에, 피실험자의 응시점에서 떨어진 주변부에서 또 다른 물체가 나타나게 하면서 무엇이 나타났는지 물어보았다. 중심 물체에 주의를 기울이는 동시에 주변부에도 얼마나 주의를 잘 기울이는지를 측정하는 과제다.

그린과 베이블리어는 비디오게임을 잘하기 위해서는 넓은 시야에 초점을 잘 맞추어야 하므로 액션 비디오게임이 과제수행 능력을 향상시킨다는 가설을 세웠다. 반대로 테트리스 게임은 게임하는 사람이 주의를 넓게 분산시켜야 할 필요가 없으므로 그럴 수 없다고 생각했다. 결과는 예상대로였다. 메달오브아너를 연습한 피실험자들은 주의 및 인지과제 수행능력이 크게 향상되었다. 훈련 전에는 주변부 대상을 옳게 답변한 비율이 25퍼센트에 그쳤으나, 훈련 후에는 50퍼센트가 넘었다.

이 놀라운 발견은 〈네이처〉에도 실렸다. 우리의 정신능력을 향상시킬 수 있는 두 가지 방법 사이에 존재하는 장벽을 허물 수 있는 것처럼 보였기 때문이다. 당신이 스도쿠를 잘하기 위해 여가시간의 대부분을 스도쿠 게임으로 보낸다고 가정하자. 물론 그럴 경우 스도쿠를 더 빠르고 정확하게 풀 수 있게 된다. 게다가 비록 해본 적은 없더라도 캔캔 퍼즐(스도쿠의 최신변형)을 풀 수 있는 능력 역시 향상될 것이다. 캔캔퍼즐의 수행능력 향상은 어느 정신적 기술이 이와 매우 유사한 다른 기술도 향상시키는 '제한적인 이전'의 사례다. 스도쿠 연습이 암산능력을 향상시켜 머릿속으로 소득세를 산출하거나 전화번호 숫자를 기억하는 능력을 향상시켰다면 더욱 놀라울 것이다. 이러한 기술의 향상은 '폭넓은 이전'을 의미한다. 메달오브아너 게임을 훈련한 결과, 상대보다 빨리 총을 쏴야하는 비슷한 비디오게임에서 타깃을 발견하는 능력이 향상된다면 제한적인 이전이다. 운전 중에 주변상황에 대한 주의력을 향상시키기 위해 메달오브아너 게임을 하는 것은 전화번호를 더 잘 기억하기 위해 스도쿠를 하는 것과 같다. 이는 폭넓은 이전의 예이며, 특별히 훈련되지 않은 인지능력을 향상시키기 때문에 유용하다. 게다가 이 경우에는 흥미롭고 재미있는 뭔가를 하면서 다른 기술을 향상시켰다. "연습하면 완벽해진다"는 격언이 있는데, 만약 그 '연습'이 비디오게임을 즐기는 것뿐이라면 누가 연습을 마다하겠는가.

그린과 베이블리어의 실험 결과에 따르면, 비디오게임을 연습할 경우 특정 기술을 연습하느라 노력할 필요 없이 다양한 기술을 습득할 수 있는 잠재력을 깨울 수 있다. 수동적으로 모차르트 음악을 10분간 들으면 음악이나 듣기 능력과는 관계 없는 인지능력(공간추론)이 좋아지는가는 불분명하다. 하지만 비디오게임은 다양한 인지 기술을 활발하게 사용하도록 만들기 때문에, 10시간 동안 넓은 시야와 주의력을 요구하는 게임을 하면 비록 그 게임과는 여러 가지 면에서 다르다 해도 넓은 시야와 주의력을 요구하는 일을 할 수 있는 능력을 향상시킬 수 있다는 사실이 이상하진 않다.

이 실험에서 가장 놀라운 것은 훈련시간이 단 10시간에 불과했다는 사실이다. 이것이 무얼 암시하고 있는지 생각해보자. 우리는 삶의 대부분을 1인칭 시야로 보고, 빠른 판단을 내리며, 그 판단에 따라 행동하는 환경에서 보낸다. 운전처럼 매일 하는 일상 활동을 위해서는 눈앞의 도로와 길가 모두 폭넓게 초점을 맞추어야 한다. 당신은 지난 6개월간 적어도 10시간 이상은 운전했을 것이다. 설령 그렇지 않더라도 비슷한 기술을 요구하는 일(운동하거나 복잡한 도심을 걷는 등 주변 환경을 인식하는 동시에 빠르게 판단해 반응하는)을 했을 것이다. 그렇다면 왜 유독 특정 비디오게임에 10시간 몰두한 것이 기본 인지 기술에 그토록 큰 영향을 주었을까?

가능성 있는 대답 가운데 하나는 실제로 비디오게임이 크게 연관 없는 작업을 하는 능력을 현저히 향상시키지 않았으리라는 것이다. 모차르트 효과와 마찬가지로 그린과 베이블리어의 초기 연구는 예외로 판명될 수 있다. 후속연구에 따르면 비디오게임 훈련이 처음 생각했던 만큼 강력하지는 않다고 할 수 있다. 그런데 다른 한편으로는 1인칭 액션 비디오게임이 개발되지 않은 잠재력을 일깨우는 데 미미한 영향을 미쳤을 가능성도 있다. 같은 인지능력을 이끌어내는 데 있어 여러 다른 활동보다 흥미롭고 강력할 수 있기 때문에 게임 그 자체를 넘어서 더욱 생산적이고 효과적인 훈련을 제공했을 수 있다.

최근 베이블리어와 동료들은 비디오게임이 인지능력을 향상시키는지 알아보기 위해 30~50시간에 걸친 더욱 집중적인 훈련을 실시했다. 그 결과, 몇몇 다른 기본 인지능력이 이전됨을 알 수 있었다. 또 다른 연구는 비디오게임 훈련이 '대비 민감도' 향상시킨다는 사실을 발견했다. 불빛이 어스름한 보도 위로 어두운 옷을 입은 사람이 걸어가는 장면처럼 명도 차이가 별로 없는 배경 속에서 모습을 구분해내는 능력이다.[62] 또 다른 연구는 액션 비디오게임 훈련이 시야의 주변부에 서로 근접해 있는 글자들을 구별해 내는 능력 향상을 보여준다.[63] 이것이 인지의 모든 측면에서 얼마나 기본적이고 근본적인 기술인지 감안하면 이 발견들은 애초에 시계가 확장된다는 결과보다 더욱 놀랍다.[64] 비유하자면, 이러한 발견은 안경을 쓰는 것처럼 시각적 인지능력을 모든 면에서 향상시킨다. 대비 민감도 향상은 야간 운전을 쉽게 해준다. 비록 이 후속 연구에서는 이전 연구보다 훨씬 더 많은 시간동안 게임 훈련을 하도록 했지만, 실생활 기술에 영향을 줄 수 있는 광범위한 이전을 보여주었다. 그러나 이런 논문에서 저자들이 현실세계의 일을 하는 기술로 이전됐다고 보고한 것은 아니며, 직접적인 증거가 부족하기 때문에 실험실 밖의 효과에 대해서는 조심스런 태도를 보였다.

모차르트 효과와 마찬가지로 이 비디오게임 발견에서 걱정스러운 점은, 대부분의 증거가 똑같은 연구자 그룹에서 나왔다는 사실이다. 모차르트 효과와는 다르게, 이들 그룹의 연구들은 잘 알려지지 않은 과학 잡지가 아니라 전문가 사이에 최고로 평가받는 저널에 계속 발표되고 있다는 점이다. 그러나 더욱 큰 문제는 비디오게임 훈련 연구는 재현 실험이 쉽지 않다는 사실이다. 모차르트 효과에 대한 연구 실험은 용이하다. 사람들을 한 시간 동안 실험실에 데려다놓고 모차르트 음악을 들려준 뒤 인지 테스트를 해보면 된다. 필요한 건 CD 플레이어와 연필뿐이다. 반면 비디오게임 훈련 연구는 이보다 규모가 크다. 피실험자는 실험실 요원이 직접 지켜보는 가운데 수 시간 동안 훈련해야 한다. 이를 위해서 풀타임 조사요원, 여러 대의 컴퓨터, 피실험자에게 시간 보상을 해줄 자금이 필요하다. 이런 종류의 조사를 수행할 수 있는 연구소는 거의 없으며, 재현실험을 손쉽게 할 만큼 자금이나 자원을 갖고 있지 않다.

원래 연구자들과 관계없는 실험실에서 그린과 베이블리어 논문의 핵심 결과를 성공적으로 재현한 연구는 단 한번 나왔을 뿐이다. 그 연구에서 토론토 대학의 징 팽Jing Feng, 이안 스펜스, 제이 프래트는 액션 비디오게임을 10시간 동안 훈련하면 피실험자들이 직접적으로 응시하고 있지 않은 물체에 대한 주의력뿐 아니라 순환하는 단순 모형들을 상상하는 능력도 향상됨을 보여주었다. 또한 남성보다 평균적으로 공간지각 과제에 약한 여성들이 이 훈련으로 능력이 더 많이 향상된다는 사실도 발견했다.[65]

다른 게임과 다른 피실험자들을 이용하였기에 비록 그린과 베이블리어 실험의 정확한 재현은 아니었지만, 두 번째 연구는 비디오게임 연구의 긍정적인 영향을 보여주었다.[66] 이 연구는 두뇌훈련의 주요 모티브 가운데 하나를 담고 있다. 노화를 막아 인지기능을 유지하고 향상시키는 데 유용하다는 것이다. 이 실험에서 인지신경학자 찬드라말리카 바사크Chandramallika Basak와 동료들은 노인들을 무작위로 선정해 한 그룹은 '라이즈오브네이션즈Rise of Nations' 게임을 하게 하고, 다른 한 그룹은 어떤 훈련도 하지 않았다. 라이즈오브네이션즈는 많은 정보들을 취합하며 여러 가지 전략적 요소들을 빼고 더해 가는 느린 속도의 전략게임이다. 연구자들은 이런 전략게임을 훈련하면 다양한 과제와 목표 속에서 인지 자원을 배분하는 능력, 즉 소위 '실행기능'이 향상된다는 가설을 세웠다. 연구 결과 비디오게임으로부터 실험실에서 측정 가능한 다양한 실행기능으로의 이전이 발견되었다. 비록 다른 게임과의 비교조사는 없었지만, 해당 게임에 요구되는 능력을 감안한다면 (개선효과가 있을 경우) 특정 종류의 비디오게임 훈련과는 관계없거나 아예 비디오게임 훈련과는 전혀 관계없을 수도 있다. 훈련 그룹에 속한 노인들은 자신들이 연구의 한 부분으로 특수 처치를 받고 있다는 걸 알고 있기 때문에 개선되고자 하는 동기가 더욱 강했다. 그러한 동기부여는 그들 대부분이 이미 능력이 떨어진 분야의 과업 수행을 크게 개선하는 결과를 낳았을 수도 있다.[67]

그린-베이블리어의 오리지널 연구가 적절히 해석되었는가에 대한 의문은 일관되고 독립적인 재현 실험이 나오기까지 논란으로 남을 것이다. 비디오게임 연구가 월터 부트는 그러한 대규모 실험을 진행했는데, 앞선 실험들과는 결과가 달랐다.[68] 나는 부트가 쓴 논문의 공저자로 참여했으며 그 연구를 함께 설계했다. 오리지널 연구와 팽 그룹의 재현 실험은 모두 비교적 적은 규모의 피실험자를 대상으로 했다. 각

조건에 해당되는 피실험자들은 10명 이하였으며 훈련기간도 겨우 10시간 정도에 그쳤다. 반면 부트의 연구는 각 조건에 해당되는 피실험자를 2배 이상 늘렸고 훈련시간도 각 게임당 20시간 이상으로 하는 등 2배로 늘렸다. 인지능력 테스트 과제도 그린-베이블리어가 사용했던 것에 20개를 추가해 양을 늘렸다. 실험 참가자들은 훈련 전후에 각각 이전보다 2배 많은 2시간 동안 테스트를 완료했다. 부트는 오리지널 연구에서 사용했던 '테트리스'와 '메달오브아너' 게임은 물론, 바사크의 실험에서 사용했던 '라이즈오브네이션스'도 똑같이 사용했다. 바사크처럼 부트도 그런 전략 게임 훈련이 주의 및 인지능력을 제고시킨다고 생각했지만, 실제로는 문제해결, 추론, 기억력 부문에서 수행능력을 향상시켰다. 부트는 훈련 전후 실시한 인지 테스트를 통해 사람들이 얼마나 향상되었는지 확실히 측정하기 위해서 훈련을 전혀 받지 않은 그룹도 실험에 포함시켰다. 그리하여 이 연구는 (훈련을 통해 개발되지 않았던 잠재력이 개발되었을 가능성은 물론) 오리지널 연구가 하지 못했던 긍정적인 발견에 대한 또 다른 설명을 모두 점검할 수 있도록 설계되었다.

 기이하게도 이전 실험들은 하나같이 비디오게임 훈련을 통해 통제집단(실험요인을 적용한 집단과 비교하기 위해 실험요인을 처치하지 않은 집단-옮긴이)들이 두 번째 인지 테스트에서 처음보다 나아졌다는 긍정적인 결과를 전혀 보여주지 못했다. 그린-베이블리어의 오리지널 연구에서 테트리스(1인칭 '액션' 게임만큼 빠른 속도의 게임은 아님)를 연습한 피실험자들은 훈련을 마친 뒤 인지과제를 수행했지만 전혀 발전이 없었다. 팽과 그 동료들이 했던 재현실험에서도 마찬가지로, 통제 환경에 있던 피실험자들은 인지과제를 다시 수행할 때 어떤 개선도 보이지 않았다. 바스크의 연구와 베이블리어 및 그녀의 동료들에 의한 후속 연구에서 나타난 긍정적인 효과에서도 마찬가지였다. 훈련과 학습에 대한 이런 현상은 설명하기 어렵다. 사람들은 거의 항상 과업을 재수행할 때는 예전보다 잘한다. 이러한 개선은 닌텐도의 두뇌개발 게임이나 다른 두뇌훈련 상품들에서 사용되는 과제들을 풀 때 전형적으로 나타나는 현상이다. 반복학습으로 인한 영향은 이 프로그램들이 사용자의 두뇌를 "향상시킨다"는 주장의 근거로 선전되지 않는가.

통제 환경에서 개선이 관찰되지 않았다는 사실이 왜 문제일까? 비디오게임 훈련의 긍정적인 영향의 증거는 통제집단과의 비교에 기반을 두기 때문이다. 비디오게임이 인지능력을 향상시킨다는 주장이 성립되려면 비디오게임으로 훈련된 사람들이 다른 훈련, 혹은 훈련 받지 않은 사람보다 더 많이 향상되었음을 실험을 통해 보여줘야 한다. 통제집단이 전혀 향상되지 않았다면 통제집단과의 상대적인 개선을 보여주기란 매우 쉽다. 통제집단 내 피실험자들이 기대만큼 향상되었다면, 비디오게임의 덕으로 생각될 수 있는 이점이 줄어들었을 것이다.

여타 실험과는 달리 부트의 실험에서는, 통제집단이 처음 테스트와 마지막 테스트에서 전형적인 상승을 보였다. 액션 비디오게임을 연습한 집단 역시 인지과제 수행이 개선되었다. 그러나 통제집단도 똑같은 정도로 향상했다는 사실은, 비디오게임 훈련이 인지능력에 특별히 영향을 미쳤다고 볼 수 없다는 의미다.[69] 이 같은 재현의 실패는 부트가 훈련의 양을 두 배로 늘렸고 피실험자와 통제집단도 더 많이 사용했기 때문에 특히 중요한 의미를 가진다. 이 모든 조치는 연구 설계를 강화하고 그린-베이블리어에 의해 제기된 광범위한 전이 가설을 검증할 수 있는 더욱 결정적인 테스트라 할 수 있다. "적은 양의 비디오게임 훈련으로 큰 영향을 끼칠 수 있다"는 솔깃한 그들의 주장은 옳다고 할 수 없다. 물론 여러 가지 연구들이 다른 결과를 낸 이유는 서로 다른 방법을 썼기 때문일 것이다. 그러나 그 영향이 미미하다면 비디오게임이 인지능력 감소를 막아주는 만병통치약이라고 생각하기는 어렵다.[70]

그렇다면 네이처에 실린 그린-베이블리어의 실험에서 비디오게임 전문가들이 초보자들보다 인지 테스트에서 일관되게 높은 점수를 받은 이유는 무엇이었을까? 만약 훈련의 영향이 미미하다면 어째서 숙달된 전문가들이 초심자들의 성적을 능가했던 것일까? 이에 대한 설명 중 하나는 초심자와 전문가들의 훈련시간 차이가 10시간이나 50시간 정도가 아니라 그보다 훨씬 더 많았기 때문이라고 할 수 있다. 그 연구에 참여한 전문가들은 흔히 일주일에 무려 20시간 이상 비디오게임을 하는 사람들이었다! 비디오게임에서 일반 인지능력으로 기술이 이전되기 위해서 그토록 많은 노력이 필요하다면, 비디오게임을 좋아하지 않는 사람에게 비디오게임을 훈련시킬 가치가 있기는 할까? 선택적 주의 selective attention(여러 대상 혹은 한 대상의 여러 속성 중 어느 하나에만 주의를 주는 것-옮긴이) 과제를 조금 빨리 하기 위해 수백 시간을 비디오게임에 투자해야 한다면? 그런 훈련은 무가치하다. 차라리 향상시키길 원하는 특정 기술을 직접 연습하는 편이 낫다. 비디오게임 훈련이 우리의 일상에 필요한 능력을 향상시킨다는 직접적인 증거가 없다는 걸 감안하면, 잠재적인 이익은 더욱 불확실하다.

또한 게임에 숙달된 전문가들이 실험실에서는 인지 테스트 성과가 좋더라도 실생활에서 인지과제를 수행할 때는 나아진 게 없다는 사실은 심각한 문제다. 어떻게 그럴 수 있을까? 인지능력과 관계없는 뭔가 다른 요인이 테스트 성과에 영향을 미쳤을 것이다. 월터 부트는 댄과의 인터뷰에서 과학 문헌에서는 좀처럼 논의되지 않았던 새로운 가능성을 언급했다.

"비디오게임에 숙달된 사람은 자신의 전문기술에 근거한 연구에 선정되었다는 사실을 알고 있기 때문에 과제를 더 잘 수행했을 것이다. 광고를 통해 모집된 참가자들이나 선발된 게이머들은 자신들이 전문가라서 선택되었다는 걸 알고, 스스로 특별하다고 생각하기 때문에 더욱 동기부여가 잘되어 있고, 더 주의를 집중하며, 더 잘할 것이라고 기대한다. 대중매체에서 다루고, 특히 게이머들이 자주 가는 블로그에서 그들은 남들보다 잘할 것이라는 기대를 받는다. 반면 비전문가들은 자기가 참여한 실험이 비디오게임 연구라는 것조차 모르는 경우도 있다."[71]

달리 말하자면, 전문가들이 초심자들을 능가했던 것은 원래 그런 과제를 더 잘해서라거나 수천시간 동안 비디오게임을 했던 경험이 있어서가 아니라, 그 연구가 비디오게임 기술에 관한 것이고 그들이 더 잘할 수 있으리라는 기대를 받고 있기 때문이다. 이러한 '기대효과'는 이런 부류의 실험에서는 잘 알려진 주제다. 이런 문제를 해결하려면 비디오게임에 대해 말하지 않은 채 피실험자들을 뽑고 나서, 피실험자들이 인지과제를 모두 끝내고 난 후에 그들의 숙련도를 측정하는 편이 좋다. 그러면 피실험자들은 그 연구가 비디오게임 숙련도에 관한 연구라는 것을 모른다. 하지만 이는 연구를 진행하기에 비효율적인 방법이다. 왜냐하면 초심자나 전문가의 수준에 충분히 맞는 사람들을 확보하기 위해서 추가로 매우 많은 피실험자들이 필요하기 때문이다.

얼마나 많은 피실험자들이 선발되었든, 게임 숙달자와 초심자간의 차이를 보여주는 연구로부터 인지능력에 대한 비디오게임의 역할에 대해 부주의하게 결론을 내리는 것은 위험하다. 원인에 대한 적절한 추론을 이끌어내기 위해서는 훈련 실험이 필요하다.[72] 그러나 미디어는 이런 전문기술 효과에 대한 오보를 자주 발표한다. 숙련자와 초심자들 사이의 차이를 보여주는 연구만 보고, 비디오게임을 하면 개선 효과가 있다고 보도하는 것이다. 일부 언론은 주장을 입증할 만한 증거가 별로 없는데도 비디오게임이 주의력 혹은 인지능력을 향상시키는 데 그치지 않고 일반지능, 사회성, 자신감, 논리적 사고를 고양시키는 이점이 있다고 부풀리기도 한다.[73]

두뇌운동보다는 걷기운동이 뇌를 살린다

닌텐도는 '브레인 에이지'를 선전하면서 웹사이트에 자사 제품들이 두뇌기능을 어떻게 향상시키는지 광범위하게 기술해 놓았다.

"누구나 알고 있듯이 운동을 하지 않으면 근육이 줄어들며, 운동을 할수록 우리 몸은 나아집니다. 그런데 두뇌도 마찬가지입니다. 브레인 에이지는 인지훈련을 통해 뇌로 가는 혈류를 개선할 수 있다는 전제 하에 기획되었습니다. 하루에 단 몇 분씩 이 게임을 하기만 하면 됩니다. 체육관에서 운동하며 주요 근육들을 사용하는 분들, 당신의 두뇌 역시 운동이 필요하다는 사실을 잊지 마십시오." [74]

마지막 문장은 맞는 말이긴 하지만, 닌텐도 마케터들이 주장하는 방법대로는 아니다. 그들은 두뇌 기능을 잘 유지하려면 인지훈련을 하라고 말했다. 하지만 실제로는 유산소 운동이 두뇌에 훨씬 좋을 것이다.[75] 인지신경과학자 아서 크래머는 신체 건강 향상이 인지능력에 미치는 영향에 관해 가장 잘 알려진 연구를 수행했다.[76] 〈네이처〉에 실린 실험에서 늘 앉아서 생활하지만 건강한 124명의 노인을 선정한 뒤 그룹을 둘로 나눠 6개월간 체력 훈련을 했다. 유산소 운동 그룹은 매주 3시간씩 걷기운동을 했고, 무산소 운동 그룹은 같은 시간동안 스트레칭과 토닝운동(짐볼이나 탄력밴드 등을 이용해 유연성과 근력의 조화를 꾀하는 운동)을 했다. 두 종류의 운동 모두 몸에 좋고 건강을 향상시키지만, 유산소 운동이 더욱 효과적으로 심장 건강을 향상시키며 뇌혈류를 증가시킨다.

당연히 두 그룹 모두 기대했던 신체적 건강이 개선되었다. 하지만 놀랍게도 일주일에 단 몇 시간 정도의 걷기운동만으로도 인지과제를 푸는 능력(특히 계획수립 및 멀티태스킹 같은 수행능력)이 크게 향상되었다. 반면 스트레칭과 토닝운동은 인지능력 개선에 효과가 없었다. 크래머 연구팀은 유산소 운동이 인지능력에 미치는 영향에 대한 2001년까지의 모든 임상실험에 대한 메타분석(동일하거나 유사한 주제로 실시된 많은 통계적 연구를 다시 통계적으로 통합하고 종합하는 연구방법)도 수행했다. 그 결과 육체 운동이 인지능력에 상당한 효과가 있다는 사실이 확인되었다.[77]

운동이 행동 및 인지능력 개선에 주는 긍정적인 효과가 훨씬 더 크다. 나이가 들어가면서 뇌의 회백질은 줄어들기 시작한다. 이는 인지능력 감퇴 요인일 수 있다. 다른 임상실험에서 크래머 연구팀은 무작위로 선정된 노인들에게 앞서와 똑같이 6개월간 유산소 운동을 시켰고, 이번에는 운동 전후 피실험자들의 뇌 사진을 비교해보기 위해 MRI 촬영을 했다.[78] 결과는 놀라웠다. 매주 3일간 하루 단 45분씩 걷기운동을 한 노인들은 스트레칭과 토닝운동을 한 노인들보다 전뇌부분에 훨씬 더 많은 회백질이 보존되었다. 실제로 유산소 운동이 그들의 뇌를 더 건강하고 젊게 유지시켜 주었다.

정신능력을 유지하고 보존하는 최선의 방법은 인지훈련과는 관계없는 듯하다. 직접적인 뇌 훈련은 육체훈련보다 좋지 않았다. 지속적으로 유산소 운동을 하는 경우와 비교하면 더욱 그렇다. 육체 운동은 격렬하게 하지 않아도 좋다. 철인3종 경기를 할 필요 없이 그저 일주일에 몇 번씩 30분, 혹은 그보다 조금 오래 약간 빠른 속도로 걷기만 해도 뇌가 건강해지고 과제 수행능력이 향상된다. 닌텐도의 주장처럼 의자에 앉아 인지 퍼즐을 풀며 뇌를 훈련시키는 것보다 가끔 걷는 것이 훨씬 효과적이다. 운동은 뇌를 건강하게 해서 인지능력을 광범위하게 향상시킨다. 반면 퍼즐은 장수나 건강, 외모를 젊게 유지하는 것과 관계가 없다.

결론

직관력에 대한 환상

성공한 CEO의 이야기를 읽을 때 무슨 생각이 드는가? 어떻게 그 자리에 올랐는지, 그들은 무엇에 근거하여 결정을 내리는지, 그들의 경영 방식은 왜 성공했는지 등 CEO다운 행동 방식을 배우고 싶을 것이다. 그리고 무엇보다 본받을 만한 사업철학이나 인생철학을 기대할 것이다.

4장에서 논의한 바와 같이, 자신이 무엇을 이해했는지 확실하게 확인하는 방법은 자신의 지식을 스스로 테스트하는 것이다. 여기 한 가지 자가 테스트를 소개한다. 지금까지 이 책을 통해 매일 일상적으로 일어나는 착각들에 대해 배운 바를, 아래에 소개하는 '사업가 래리 테일러의 이야기'를 읽어보며 적용해보라. 쉽게 눈에 띄는 착각이 있는 반면, 포착하기 어려운 착각도 있을 것이다. 모두 찾아내는지 확인해보라.

◆ ◆ ◆

래리 테일러가 회사로 출근하고 있다. 군인처럼 짧은 머리에 강렬한 푸른 눈의 소유자인 그는 작지만 다부진 체격이다. 테일러는 허리를 꼿꼿이 세우고 운전대를 잡고 있다. 연 9억 달러의 매출을 올리는 민간기업 '키메라 정보회사'의 CEO지만, 그는 운전기사를 두지 않았다. 하긴 통 가죽시트, 내부 목재 장식이 화려한 벤츠나 렉서스가 아닌 평범한 도요타 캠리에 운전기사란 어울리지 않을 것이다. 테일러가 운전하여 회사에 도착하기까지 40분이 걸린다. 사무실 도착 전까지, 출근길마다 그는 전화상으로 그간 진척된 소프트웨어 개발 프로젝트와 마케팅 기획안, 영업 실적에 관한 몇몇 임원들의 보고를 받는다.

테일러의 하루 일과 중 다음에 기술된 몇 시간을 통해, 왜 그의 회사가 연간 45퍼센트씩 수익이 성장하는 기업이 되었는지, 왜 그가 작년 미국 중서부 지역에서 가장 혁신적이고 유능한 기업인으로 선정되었는지 확인해보라. 업계 애널리스트에 따르면 키메라사는 지난 2003년 테일러가 회사 중직에 임용되면서부터 보잘것없는 재고관리 소프트웨어 판매회사에서 웹 2.0 '미들웨어'(기업의 공개 웹사이트와 개별 데이터웨어하우스 사이에서 이들 사이의 커뮤니케이션을 관리하는 어플리케이션) 개발을 선도하는 기업으로 탈바꿈했다고 말한다. 테일러의 차기 계획은 에드아가 일삭스닷컴 EdsArgyleSocks.com이나 이베이를 꿈꾸는 수십만의 소액 인터넷몰 업주를 대상으로, 그들의 상품 공급망을 아마존이나 월마트 수준으로 관리해줄 소프트웨어를 개발하는 것이다. 그는 소액 인터넷몰 업계가 20억 달러에 육박하는 소비시장이 되리라 확신했다.

오늘 출근길에서 테일러는 다음 주에 있을 분기 수익 보고와 관련하여 CFO인 제인 플라인트와 통화 중이다. 테일러는 텍사스 샌안토니오에서 자라는 동안 몸에 베인 남부 특유의 느린 말투로 이야기한다. 테일러가 요구한 새로운 분석을 플라인트가 다른 직원에게 지시하는 동안 둘의 대화는 잠시 멈췄다. 통화가 멈춘 틈을 타 테일러는 플라인트 채용 당시 화려한 경력의 아이비리그 출신들을 마다하고 이렇다 할 CFO경력도 없는 플라인트를 고용했던 이유를 설명한다.

"2년 전 일이지만 마치 어제처럼 생생히 기억나요. 매우 정신없는 상황이었습니다. 당장 코앞에 닥친 이사회로 급히 CFO를 새로 뽑아야 했어요. 반면 저는 당시 고객들과의 선약으로 출장을 다니느라 분주했지요. 그래서 CFO 후보자들과의 면담을 일요일 오전으로 잡았어요" 테일러가 말했다. 최종 네 명의 후보자들은 일요일 오전 9시 늦지 않게 도착했다. '마지막 면접' 시험으로 테일러는 후보자들에게 파워포인트가 깔려 있는 노트북을 각각 나눠주고, 왜 자신이 CFO로 채용되어야 하는지 5분간 프레젠테이션을 하라고 요구했다. 그 프레젠테이션은 테일러 앞에서만 하는 게 아니라 회의실에 있는 다른 후보자들 앞에서 해야 한다고 말했다.

"내 말이 끝나자 그들은 너무 놀라 입을 떡 벌렸죠." 그는 회상했다. "마치 흔들의자로 가득한 방에 갇힌 고양이들처럼 잔뜩 긴장했어요." 테일러가 허용한 발표 준비시간은 겨우 10분이었다. "나는 첫 발표자로 플라인트를 지목했고, 분명 그녀가 엄청 긴장할 거라고 생각했어요. 그러나 정반대였지 뭡니까. 그녀는 내가 한번도 들어보지 못한 최고의 발표를 해냈어요. 예상치 못한 지시를 받아 압박감이 심했을 텐데도 어떻게 그처럼 자신감 넘치는 발표를 할 수 있는 건지 매우 놀랐지요. 다른 후보들의 발표를 들으며 바로 제인이 적임자임을 깨달았고, 면담이 끝난 후 즉석에서 그녀를 채용했습니다."

테일러는 복잡한 아이디어나 정보도 재빨리 알아듣고 이해하는 재능으로 유명하다. "나는 어떤 서류건 한 번 검토하면 충분히 이해하고 세부사항도 대부분 기억해내죠." 그가 말한다. 〈인벤토리월드 Inventory World〉는 최근 그에 관한 기사에서 이렇게 기술했다. "테일러에 따르면 평소 그는 키메라사가 출시하는 모든 제품의 운용방법을 완벽히 숙지하고 때로는 상품 개발자보다 상품에 대한 이해가 뛰어나, 소프트웨어 아키텍처 및 표준에 대해 날카로운 질문을 던져 개발자들을 당황시키기도 한다."

그는 책이면 가리지 않고 읽는다. 업계 보고서나 상거래 관련 논문, 경제경영서뿐 아니라 최근 출간된 과학서나 역사서까지 섭렵하고, 때로는 사춘기인 딸과 대화하기 위해 뱀파이어 소설을 읽기도 한다. 과학서나 경영서들을 통해 키메라사에서 활용했던 대부분의 아이디어를 얻기도 했다. 소프트웨어 개발자들의 창의성과 생산성을 높이기 위해, 그는 관리자들에게 사내방송으로 매일 30분씩 클래식 음악을 틀도록 지시했다. 이는 직원들이 최선을 다할 것을 촉구하는 무언의 메시지였다.

테일러는 고등학교 시절 포커게임을 시작했고, 대학 시절 포커에 재능을 보이며 빠른 실력 향상으로 동호회가 주최하는 정규게임에서 우승을 거머쥐었다. 졸업 후 포커 선수권 대회와 포커리그에서 전문 포커 플레이어로 활약하기도 했다. 요즘은 카지노가 아닌 회의실에서 도박 승부사 기질을 유지하고 있지만, 때로는 온라인에서 '로열플러시 CEO$_{royalflush CEO}$'라는 닉네임으로 포커를 즐기기도 한다. 과거 포커선수 경력이 그의 현재 사업경영 방식에 영향을 미쳤을까? 한껏 허세를 부려 최고의 패를 쥔 경쟁자를 제압해냈던 기술로 투자자들을 현혹시켜, 유망하지만 안전성은 판명되지 않은 기술이나 시장에 대한 투자를 이끌어내고 있을까? "그런 방법은 통하지 않아요"라고 테일러가 말한다. "키메라사를 위해 중대한 결정을 내릴 때 포커 전술을 접목하진 않습니다. 하지만 게임하면서 습득해온 광범위한 교훈은 염두에 두죠. 포커에서 '오래 고민할수록 일을 그르친다'라는 말이 있습니다. 때로 어떤 결정을 내릴 때 너무 오래 생각하다보면 잘못된 선택을 할 가능성이 높아진다는 뜻이에요. 말콤 글래드웰의 책《블링크》를 읽었는데 '복잡하고 중요한 결정일수록 자신을 믿고 본능적 직감에 따르라'고 하더군요."

테일러는 소규모 인터넷 기업을 위한 새로운 물류 소프트웨어에 사업에 회사의 운명을 거는 결정을 할 때도 자신의 직관에 의존했다. 그는 또한 자신의 뇌를 최대한 활용하고 있지 않음을 책을 통해 깨달았다. 매사에 수익여부만 고려하며 모든 안건을 분석하느라 좌뇌만 너무 활용한 나머지, 감정을 담당하는 우뇌를 미처 사용하지 못해 더 큰 그림을 보지 못했다고 믿었다. "새 안건을 채택하느냐의 문제를 두고 회사 임원들의 의견이 정반대로 갈렸어요." 그날 오후 프로젝트 담당 팀과 회의를 끝내고 나오며 테일러가 말했다. 한쪽은 새 안건에 전폭적 지지를 보내는 반면 다른 쪽은 조목조목 반박하며 반대했다고 한다. 중립을 지키며 최종 결정을 내리는 것은 그의 몫이었다. "이번만큼은 처음부터 시장, 비용, 프로젝트 일정 등의 세부사항들에 좌지우지되지 말자고 스스로 다짐했죠. 마케팅 부서에서 주요 고객 대상을 집에서 쇼핑몰을 운영하는 35세 싱글맘으로 정했습니다. 작은 사업이지만 그녀의 미래나 가족을 위해 얼마나 중요할까, 고객의 입장에서 생각하며 우리가 출시할 소프트웨어 덕에 사업을 번창시킬 싱글맘들을 그려봤죠. 그러자 시장에 뛰어 들어야겠다는 결심이 서더군요."

그 제품은 올해 말 출시 예정이다. 운전하며 퇴근하는 길, 사무실에서 본 모습보다는 조금 긴장이 풀린 듯하지만 완전히 편안한 상태는 아닌 듯하다. 테일러는 여전히 휴대전화를 들고 있다. 이번에는 아이들과 통화중이다.

◆ ◆ ◆

눈치 채지 못한 분들을 위해 확실히 하자면, 지금 막 읽은 이야기는 100퍼센트 허구다. 테일러와 플라인트는 실존인물이 아니며, 키메라 정보회사도 없다. 신문, 잡지의 경제란에서 자주 접하는 기사와 최대한 비슷하게 이야기를 꾸며보았다.[1] 이 이야기는 테일러를 다소 독특하면서도 분명 성공한 기업가로 묘사하는 상식적인 생각, 가정, 믿음으로 가득 차 있다. 그러나 테일러 이야기가 허구였는지 알아내는 것이 진짜 테스트는 아니다.

테일러 이야기 중간 중간에 지금까지 이 책에서 논의해온 여섯 가지 일상의 착각들을 의도적으로 강조해보았다. 모두 찾아냈는가? 다시 이야기로 돌아가, 과연 어디에서 테일러나 가상의 '글쓴이'가 일상의 착각으로 인해 어떻게 잘못된 판단과 생각을 했는지 짚어보자.

- 테일러는 출근길 운전 내내 통화하는 것으로 하루 일과를 시작한다. 1장에서 살펴보았듯이, 주의력 착각은 사람들로 하여금 동시에 두 가지 일을, 따로 집중하여 해낼 때만큼 잘할 수 있다고 생각하게 만든다.

- '인터뷰'하는 중간에 테일러는 최종면접에서 깜짝 과제를 고안한 자신의 영민함을 은근히 드러내며, 신임 CFO 고용과정을 굉장히 세세하게 기억해냈다. 그는 면접과정을 '마치 어제 일처럼' 기억한다고 생각할지 모르지만, 2장에서 설명한 바와 같이, 기억이란

스스로 정확하다고 확신할 때조차 또렷이 남아 있는 부분마저 왜곡되었을 가능성이 있다.

- CFO 채용결정 당시 테일러는 제인 플라인트의 당당한 태도에 주목했다. 더 훌륭한 경력이나 학력의 후보자들보다 플라인트가 특출하다 확신했던 이유는 그녀가 보여준 자신감 때문이었다. 그러나 3장에서 논의했듯이, 증인석에서 제니퍼 톰슨이 보여준 바로 그 자신감 넘치는 태도 때문에 죄 없는 로널드 코튼은 억울하게 무기징역형을 선고받았다.

- 사람들은 무엇 때문에 테일러가 훌륭한 경영인이라 생각하는가? 테일러 본인의 말에 따르면, 자사에 대한 광범위하고도 깊은 그의 지식 때문이며, 사원들은 난해한 내용도 이내 받아들이는 그의 빠른 이해력을 존경한다. 그러나 4장에서 보았듯이, 우리는 습관적으로 자신의 능력을 과대평가하고(특히 사물 작동법의 경우), 실제로 모르고 지나치는 부분은 없는지 심사숙고할 필요가 있을 때조차 성급하게 결정내리고 만다.

- 최근 급성장한 키메라사의 성공 이유는 무엇인가? 전문가들은 테일러의 등장 때문이라 설명한다. 테일러가 CEO를 맡기 전에는 보잘것없는 기업이었지만, 테일러 이후 회사는 업계를 주도하고 있다. 5장에서 살펴보았듯이, 원인 착각은 대부분 잇달아 일어난

두 가지 일을 원인, 결과로 오해하는 데서 비롯된다. 테일러가 CEO에 임용된 후 키메라사가 성공했다는 사실만으로 기업의 성공요인이 테일러임을 증명하지는 않는다. 기업이 승승장구할 당시 사내의 다른 변화 혹은 기업과 무관하게 일어난, 이를테면 동종업계가 호황을 누리는 등의 사회적 변화가 원인이었을 수 있다.

- 이야기 속에서 테일러는 클래식 음악을 통해 직원들의 잠재 능력이 발휘되도록 의도했고, 사용되지 못한 자신의 뇌를 적극 활용하려고 시도했다. 6장에서 설명했듯이, 그 역시 잠재력 착각의 영향으로 인한 잘못된 생각일 수 있다.

앞서 언급했듯이 반복해 일어나는 일상의 착각들에는 공통점이 있다. 즉 이 모든 착각은 사람들이 실제보다 자신의 정신 능력이나 뇌의 용량이 대단하다고 오해하게 만든다. 한편 각각의 경우에 모두 해당할 만한 또 다른 특성이 있다. 종종 사람들은 '내가 얼마나 쉽게 일을 처리하는가'의 문제와 '내가 얼마나 훌륭히 일을 해내는가'를 혼동한다. 심리학에서는 **유창성**fluency이라는 용어를 통해 이를 설명한다. 사람들이 머릿속에서 어떤 정보를 유창하게 처리했다면, 이를 실제보다 많은 양의 정보를 처리했다거나 더 깊게 이해했다거나 훨씬 정확하고 능숙하게 처리했다는 증표로 받아들인다. 그러나 힘들이지 않고 어떤 일을 처리했다고 해서 이러한 착각들을 겪지 않았다는 뜻은 아니다. 일례로 기억 속의 일을 이야기하는 것은 그다지 힘들지 않다. 기억 복구가 쉬운 일이라 생각하지만, 해당 기억이 처음 저장된 후 일어났을 왜곡현상들은 자각하지 못한다. 이러한 왜곡현상은 우리가 감지할 수 있는 정신활동의 범위를 벗어나 발생한다. 그 결과로 인해 기억이 유창하게 술술 되살아난다는 이유로 그 기억이 정확하고 완벽하며 영원하다고 착각하는 것이다. 이처럼 유창성 역시 스스로 인지하는 지각, 주의, 자신감, 지식을 비롯한 다른 정신활동영역에서 앞서 기술했던 착각들과 비슷하게 영향을 미치고, 지금껏 살펴보았듯이 심각한 결과를 초래할 수도 있다.[2]

나는 지금까지 살펴본 일련의 착각들이 근본적으로 나쁘다거나, 뇌에서 작동하는 인지프로그램을 방해하므로 극구 피해야 할 바이러스라고 주장하지 않는다. 그러한 착각들로 인해 정신활동의 한계가 드러나지만, 한계를 보상해줄 법한 유익한 면도 있다. 1장에서 강조했듯이, 고릴라 실험에서 사람들이 경험했던 무주의 맹시는 농구공 패스 횟수 세기라는 더 중요한 일차적 작업을 성공하기 위해 정신을 집중했기 때문에 일어난, 피할 수 없지만 기분 좋은 결과였다. 다른 많은 경우에서도 한 가지 일에 몰두하는 능력은 평소 수행하기 어려운 복잡한 일을 해내기 위해 가능한 능력을 최대한 활용하게 한다는 점에서 유용하다.

최근 심리학자들이 인간의 사고 과정을 대부분 두 가지로 나눌 수 있다고 발표했다. 하나는 '신속하고 자동으로 일어나는' 사고 과정이고, 다른 하나는 '느리지만 심사숙고 과정을 동반하는' 사고 과정이다. 둘 다 일상의 착각이 일어난다. 통찰력, 기억력, 인과관계를 추론하는 능력과 관련된 빠르고 자동적인 사고 과정은 심각한 한계를 지닌다. 이 한계들은 우리가 가진 수준 높고 추상적인 능력이 길을 잃고 헤매거나 적절하게 수정되지 못할 때 훨씬 더 중요해진다. 이해를 돕자면 운전과 통화라는 두 가지 일을 동시에 수행할 때, 활용 가능한 주의력에는 한계가 있다는 사실을 깨닫지 못하기 때문에 더 큰 사고를 야기할 수 있는 것이다.³

  일상의 착각들이 미치는 영향 속에서 생활하는 사람은 비단 래리 테일러나 가상의 '글쓴이' 뿐만이 아니다. 우리 모두 그렇다. 테일러 이야기와 같은 짧은 글을 무심코 읽을 때나 테일러의 직업처럼 복잡한 작업을 수행할 때도 우리는 언제나 착각들의 표적이 된다. 일련의 착각들이 인간의 정신 활동과 너무 깊숙이 얽힌 채로 인지할 수 없는 상태에서 일어나기 때문에, 우리 모두는 래리 테일러의 일과를 CEO라면 당연하다는 식의 '상식'으로 쉽게 받아들일 뿐 착각들로 인한 오류라고는 결코 깨닫지 못한다.

  이런 종류의 상식을 나타내는 또 다른 이름은 바로 **직관**intuition이다. 우리가 직관에 따라 무엇을 어떻게 받아들이고 믿는가는 주로 과거에 추측하고 이해하며 축적해온 경험들에 기인한다. 직관은 아무런 생각 없이 자동적으로 결정을 내리도록 유도한다. 또한 직관으로 인해 우리는, 실제 능력 이상으로 주의를 집중할 수 있고, 기억은 실제보다 세세하고 확실하며, 자신감에 넘치는 사람은 유능하기 때문이고, 자신은 실제보다 더 많이 알고 있으며, 우연히 시간상 같이 일어나고 관련 있으면 인과관계라 여기고, 사람의 뇌는 방대한 능력을 발휘할 잠재력이 충분하고 언제든지 활용가능하다고 섣불리 판단하고 착각한다. 그러나 이 모든 경우에서 직관은 틀렸고, 맹목적으로 직관에 의지한다면 재물이나 건강, 심지어 생명까지 빼앗기는 무서운 결과를 초래할 수도 있다.

이는 분명 최근 학계에서 일반적으로 받아들이는 내용에 배치된다. 대중들과 몇몇 심리학자들은 직관적 사고에 따른 의사 결정은 분석적인 사고를 통한 의사결정보다 훨씬 우월한 결과를 낳는다는 주장에 주목했다. 직관적 사고는 빠르고 쉽다. 게다가 훨씬 정확하기까지 하다면, 지금껏 학계에서 오랫동안 가장 고귀하고 객관적 사고 형태로써 대접받아온 이성과 논리에 정면으로 도전장을 낸다는 점에서 심히 매혹적일 것이다. 테일러의 일과 중 뒷부분에서, 테일러는 이러한 기존의 상식을 뒤엎는 주장을 받아들였다. 프로 포커플레이어 시절 들었던 "오래 고민할수록 일을 그르친다"는 조언과 말콤 글래드웰의 책 《블링크》 내용을 떠올리면서, 그는 직원들이 제시한 자료 분석 결과를 무시한 채 미래 고객들이 새로운 프로그램 덕을 톡톡히 보리라는 자신의 직관만 믿었다. 오직 자신의 본능에 회사의 사활을 걸고서도 태연하고 편안하게 가족과 통화하며 운전대를 잡고 집으로 향한 것이다.

테일러의 이러한 결정은 마치 직원 모두의 직장생활과 투자자들의 자산을 가지고 벌인 한 판의 끔찍한 도박일 수 있다. 그러나 불행히도 CEO가 오로지 본능에 충실하여 수십억 달러가 걸린 중책을 결정한다는 이야기는 결코 근거 없는 과장이 아니다. 경제 잡지들은 종종 이러한 '결단력 있는' 리더를 추켜세운다. 한 경제 잡지는 스웨덴과 스위스에 기반을 둔 국제기업 ABB의 유명한 CEO 퍼시 바네빅Percy Barnevik을 취재한 기사에서 신중하지 못한 내용을 실었다. "그를 만나면 기업경영에 필요한 신속하고 자신 있는 판단 능력을 예리하고 독창적으로 깨닫고 있음을 알게 된다."[4]

경영인들이 종종 위험을 감수하고도 본능적 직감에 의지한다는 구체적 예를 한 가지만 더 들자면, 모토로라에서 이리듐 위성전화를 출시했던 최고 경영인의 결정과정을 들 수 있다. 당시 최고 경영자는 경제적으로 이익이 되지 못할 거라는 회사의 방대한 분석 자료에도 불구하고, 세계 곳곳에서 사람들이 이동전화로 전화를 걸 수 있으리란 직관적 '환상'만으로 이리듐 위성전화를 전격 출시했다. 당시 위성 이동전화는 3,000달러, 분당 통화료는 3달러였는데, 실내나 고층건물로 가득한 도심에서는 통화조차 불가능했다. 위성전화는 수천달러도 마다않고 펑펑 쓰려는 사막 한가운데의 유목민이라면 모를까, 일반인에게는 전혀 실효성이 없었다. 당시 한 애널리스트에 따르면, 이리듐이 개발도상국가에서 걸려오는 전 세계 국제 비즈니스 통화시장을 모두 차지하더라도 통신사업 유지비는커녕 위성 통신망 구축을 위한 시설비조차 감당할 수 없었을 거라고 한다. 결국 이리듐 사업은 출시 일 년 만에 실패로 돌아갔고 50억 달러라는 손실을 기록했다.[5]

첫인상이
잘못되었다

19세기 말에서 20세기 초, 영국인 토머스 와이즈는 희귀 도서 및 원고 수집가로 유명했다. 스스로 '애슐리 라이브러리 Ashley Library'라고 이름 붙인 그의 수집품 목록만 11권에 달했다. 1885년 무렵 베넷 W. C. Bennet이란 작가가 개인소장용으로 인쇄된 《포르투갈인의 소네트Sonnets from the Portuguese》몇 권을 와이즈에게 보여주었다. 거기엔 엘리자베스 브라우닝이 로버트 브라우닝과의 연애시절 집필했던 유명한 시들이 수록되어 있었다. 《포르투갈인의 소네트》는 두 권의 브라우닝 시집으로 1850년 무렵 최초로 출판되었다. 와이즈는 베넷이 가져온 47페이지 분량의 작품집의 '비출판용'이라는 문구와 인쇄연도가 1847년인 점으로 미루어, 미공개 소네트 작품집의 초기 인쇄본이라 생각했다. 와이즈는 희귀품의 가치를 알아차리고 작품집을 10파운드에 구입했다. 또한 다른 수집가 친구들에게도 알려 베넷이 보유한 수집품을 전부 사들이게 했다.

와이즈는 동료 해리 벅스턴 포맨Harry Buxton Forman과 작가 에드먼드 고스Edmund Gosse에게 브라우닝 작품집을 구매했던 경위를 이야기하던 중, 그들의 상세한 설명을 듣고 그것이 진품임을 더욱 확신했다. 그후 몇 년 동안 와이즈는 알프레드 테니슨, 찰스 디킨스, 로버트 루이스 스티븐슨 같은 작가들의 미발표 작품집을 발견하고 판매했다. 수많은 수집가와 도서관들이 앞 다투어 와이즈의 수집품을 구입했고, 그의 명성과 부도 날로 높아갔다. 결국 와이즈는 영국을 대표하는 도서 수집가이자 서지학자로 입지를 굳혔다.

그러나 19세기 끝 무렵 미국의 서적 판매상들은 새로운 저자 소장용 작품집들이 속속 발견되면서 매우 낙담하고 있었다. 조지 스미스는 1898년 출간한 《서적 시세Price Current of Books》에서 이렇게 말했다. "이들 작품집 일부가 조작되었다는 의혹이 그럴듯한 근거와 함께 심각하게 제기되고 있다. 테니슨 작품 《마지막 마상 시합The Last Tournament》이 300달러의 가치가 있을지 모르나, 테니슨의 작품 수집가 여럿이 최근 진위가 불분명한 작품집을 잇달아 구입했다는 점은 의심스럽다!" 이처럼 작품집 출처를 둘러싼 다양한 의혹제기에도 불구하고, 저자 소장용 작품집 대부분은 이후 수십 년간 진품으로 인정받았다.

1930년대 두 명의 젊은 영국인 판매상, 존 카터와 그레이엄 폴라드는 와이즈의 수집품 진위 여부에 다시금 의혹을 품었다. 꼼꼼한 조사 프로그램에 착수한 그들은 브라우닝 소네트 작품집의 진위 여부와 관련된 모든 증거를 수집하고 분석했다. 그들은 여덟 가지 면에서, 와이즈가 판매했던 브라우닝 작품집이 그녀의 다른 작품집이나 보통의 희귀 작품집들과 다른 점을 발견했다. 브라우닝의 서명이 담긴 인쇄본은 없었다거나, 당시 전형적 편집 방식이 아니라거나, 브라우닝이 직접 남긴 모든 편지나 회고록 등의 문서에 개인 소장용 특별 인쇄본에 대한 언급이 없었다는 점을 들었다.

더 나아가 카터와 폴라드는 과학적 분석을 이용했다. 1930년대의 수사 과학은 오늘날 수준에는 미치지 못했지만, 소네트 작품집을 인쇄했던 종이를 현미경으로 조사하는 정도는 가능했다. 영국에서 1861년 이전에 생산된 모든 종이는 헝겊, 지푸라기, 또는 지푸라기와 비슷한 아프리카 수염새라는 풀로 만들어졌다. 목재 펄프가 사용된 것은 1874년 이후였다. 카터와 폴라드가 브라우닝 작품집을 현미경으로 조사한 결과, 화학 처리된 상당량의 목재 펄프가 사용되었음을 발견했다. 그들은 이를 비롯해 면밀하게 수집한 많은 증거를 토대로, 1847년 인쇄본으로 추정되었던 브라우닝의 소네트 작품집이 1874년 이후 조작된 위조품이라고 결론지었다. 그들은 50권의 다른 작품집도 비슷한 방법으로 분석했고, 그 중 21권이 마찬가지로 위조품이라는 결정적 증거를 포착했다.

1934년 두 명의 판매상은 그간의 연구결과를 412페이지에 담아 〈일부 19세기 작품집 본질에 대한 조사An Enquiry into the Nature of Certain XIXth Century Pamphlets〉라는 제목으로 발표했다. 그들은 더는 와이즈의 위조혐의를 공식적으로 추궁하지 않았지만, 연구 발표로 인해 와이즈의 혐의는 명백해졌다.[6] 와이즈는 3년 후 사망할 때까지도 자신의 위조 혐의를 부인했다. 연이은 조사결과, 와이즈는 대영박물관에 소장된 많은 희귀 도서에서도 다수의 페이지를 훔쳤던 것으로 드러났다. 와이즈는 오늘날에도 여전히 유명인사로 꼽히지만, 위대한 서적 수집가나 서지학자가 아닌 역사상 가장 뛰어난 문학 위조범으로 기억될 뿐이다.

어떻게 와이즈는 그처럼 거대 규모의 사기 행각을 벌였을까? 개인 수집가들이나 도서관 사서들은 와이즈의 소장품을 구매하기 전에, 그 작품집을 충분히 분석하지도 않았고, 작품집의 화학 성분까지 분석을 시도할 만한 기술도 없었다. 수집품들은 진품인 듯 보였고 여러 면에서 작가의 다른 작품들과도 그럴듯하게 들어맞았다. 직관이 사기 여부를 발견하는 데 전혀 도움이 되지 않은 것이다. 그 속임수는 새롭게 발견된 작품집을 다른 역사적 자료들과 면밀히 비교하고 과학적 분석을 실행한 후, 이를 종합하여 논리적으로 추론한 결과 비로소 드러났다. 마치 탐정수사를 방불케 했던 존 카터와 그레이엄 폴라드의 토마스 와이즈 작품집 연구 사례는, 직관에 대한 숙고와 분석의 승리를 보여준다. 직관은 전문 수집가들조차 와이즈의 작품집을 구입하는 데 재산을 소

비하게 했으나, 철저한 분석은 그로 인한 실수를 밝혀냈다.[7]

역설적이게도 직관의 위력을 보여주는 가장 유명한 사례 또한 위조품의 적발과 관련 있다. 말콤 글래드웰은 '무의식적인 생각의 힘'이라는 부제가 붙은 베스트셀러 《블링크》에서 직관을 뜻하는 또 다른 용어인 '신속한 인지rapid cognition'를 설명하는 사례로, 쿠로스kouros로 알려진 고대 그리스 조각상을 두고 과학 전문가들이 분석을 통해 진품이라고 오판한 반면, 미술품 감정가들은 한눈에 위조품임을 알아챘던 경우를 들었다.[8] 글래드웰은 설득력 있는 글 솜씨로 직관이 분석을 능가하는 사례를 생생하게 보여준다. 그리고 여러 차례 살펴보았듯이, 인과관계로 보이는 논거가 유일하고 생생할 경우, 미처 얻지 못했을 정보에 주의를 기울이지 않는 한, 증거로써 쉽게 받아들여진다. 누락된 정보를 고려하는 일은 의식적인 노력이 필요하다. 쿠로스 작품의 경우가 이례적일지도 모른다. 과연 같은 작품을 두고 과학 분석이 진품이라 결론내리는 반면, 미술품 감정가들은 직관에 의지해 위조품이라 판단하는 일이 얼마나 자주 발생할까? 와이즈의 사례처럼 분석이 직관에 우세한 경우가 더 일반적일 것이다. 게다가 두 가지 사례 모두 미술품의 진위 여부에 관한한 직관과 분석 중 어느 것이 더 정확한 판단인지 알려주지 못한다.

토머스 와이즈 이야기는 면밀한 과학 분석과 심사숙고 과정이 잘못된 직관에 따른 결정보다 더 나은 판단임을 보여주는 하나의 사례일 뿐이다. 그러나 글래드웰이 소개한 쿠로스 이야기가 직관이 분석보다 우세함을 증명하지 못하는 것과 마찬가지로, 와이즈의 사례 역시 분석이 언제나 직관보다 우세하다는 것을 증명하지 못한다. 직관은 분명 유용하지만, 실제로 직관에 의한 판단이 더 옳다는 증거가 충분하지 않는 한, 직관이 분석보다 훌륭하다고 여겨서는 안 된다. 성공적인 의사 결정을 위한 열쇠는 직관을 신뢰해야 할 때와 직관을 경계하면서 고되지만 모든 상황을 면밀히 검토해야 할 때를 아는 데 있다.[9]

잼 선택하기와 강도 식별하기

심사숙고 후 내린 결정이 직관에 의한 성급한 결정보다 일관되게 더 나쁜 결과를 초래하는 경우가 있을까? 그렇다. 다음과 같은 고전적 실험이 그 경우에 해당한다. 눈을 가린 채 다섯 가지 다른 상표의 딸기잼 시식 실험에 참여한다고 가정해보라. 일단 모든 잼을 맛보고 나서 품질을 평가하기 전에, 몇 분에 걸쳐 각각의 잼을 좋아하거나 싫어하는 이유를 종이에 적으라. 그후 각각의 잼에 1점에서 9점까지 점수를 매기라. 그 점수 결과를 〈컨슈머 리포트〉 전문가들의 점수와 비교해 평가 정확도를 판단해 본다면, 당신의 평가는 과연 얼마나 정확할까?

심리학자 티모시 윌슨과 조나단 슐러가 대학생들을 대상으로 실험한 결과, 학생들이 각각의 잼을 평가한 점수는 전문가들의 점수와 판이하게 달랐다. 실험에 사용된 잼들은 〈컨슈머 리포트〉가 조사한 45개 잼 순위에서 1등, 11등, 24등, 32등, 44등을 차지할 정도로 격차가 컸기 때문에 어느 것이 좋고 어느 것이 그렇지 않은지 구분할 수 있어야 했다. 학생들의 미각이 둔해서일까? 일반인의 미각은 전문가들과 다른

걸까? 전혀 그렇지 않았다. 조건을 달리한 또 다른 실험에서는 참가자들이 각각의 잼을 좋아하거나 싫어하는 이유를 적는 대신, 대학 전공 선택의 동기 등 잼과 전혀 무관한 사항을 적게 하였다. 그 후 각각의 잼을 점수로 평가했다. 그 결과 시식 후 잼에 관해 생각할 겨를이 전혀 없었는데도, 학생들의 평가점수는 전문가들 평가와 훨씬 가까워졌다.[10]

잼을 맛본 후 생각하는 일이 왜 잼 평가의 정확도를 떨어뜨릴까? 두 가지 이유가 있다. 우선 잼 맛에 대해 고민해봤자 잼에 관한 정보가 더 많아지지 않는다는 점이다. 일단 잼을 맛보면 필요한 정보는 다 얻은 셈이다. 더 중요한 두 번째 이유는 잼 선호가 주로 논리적 분석이 아닌 감정적 반응으로 결정된다는 사실이다. 감정적 반응은 침착하고 논리적으로 추론하는 심사숙고 과정과 달리 짧은 시간에 걸쳐 자동적으로 발생한다. 어떤 잼이 얼마나 맛있는가를 결정하는 일은 심사숙고를 통해 더 나아질 수 없는 본능적 판단이다. 잼 맛에 대한 고민은 직관적이고 감정적 반응에 혼란을 야기할 법한 무관한 정보만 창출할 뿐이다.

취향에 따른 선호가 논리적이기보다 감정적 결정인 반면, 중요한 신상품 출시를 결정하는 일은 감정을 배제하고 오랜 시간 고민하고 분석해야 하는 경우다. 그러나 이 둘을 구분하는 일이 항상 명확하지는 않다. 어떤 결정의 옳고 그름을 판단할 만한 객관적 근거가 거의 없다면, 직관에 따른 결정이 가장 최선이 된다. 그러나 때로는 객관적 근거가 있는데도, 직관적 판단이 분석적 판단보다 더 나은 결과를 낳기도 한다. 3장에서 살펴본 제니퍼 톰슨의 사례를 상기해보라. 제니퍼 톰슨은 일관되게 무고한 로널드 코튼을 강간범으로 자신 있게 지목했다. 그녀가 그토록 확신했던 이유는 자신이 살아남을 경우 경찰의 범인 체포를 돕기 위해, 강간당하는 동안 범인의 외모를 기억하려고 의식적으로 집중했기 때문이다. 범인의 얼굴과 외모를 얼핏 본 그녀는, '정보를 기억해 놓으려고' 범인의 키, 코의 모양, 피부색 같은 세세한 특징을 머릿속에 적었다. 그녀는 일생에서 가장 위급한 순간에 범인의 외모를 기억하려고 애썼기 때문에 그토록 확신했던 것이다.

그러나 불행하게도 누군가의 외모를 언어로 표현하는 것은 사실상 나중에 그 사람을 식별하는 능력을 손상시키기도 한다. 이런 가능성은 1950년대 처음 알려졌는데, 1990년 수행된 일련의 실험에 의해 '언어장막verbal overshadowing'[11]이라는 새로운 용어로 명명되면서 재조명받았다. 실험에서 참가자들은, 중간에 범인의 얼굴이 노출된 35초 분량의 은행강도 비디오를 시청했다. 비디오를 본 후 실험 그룹은 5분 동안 강도의 얼굴에 대해 '최선을 다해서 자세하게' 기록하게 한 반면, 대조 그룹은 5분 동안 비디오 시청과 전혀 무관한 일을 하게 했다. 그런 다음 모든 참가자가 8명의 비슷비슷한 사람들을 찍은 사진 중에서 강도를 찾아내게 한 후, 자신의 선택을 얼마나 확신하는지 물었다.

이 실험은 제니퍼 사건과 같은 형사 사건의 수사 과정을 모방한 것이다. 경찰은 보통 목격자에게 용의자를 상세하게 설명하게 한 후, 나중에 여러 용의자의 사진 중 범인을 식별하도록 요구한다. 실험결과, 실험 후 전혀 무관한 일을 했던 참가자들이 용의자 식별에 성공한 확률은 64퍼센트였다. 그렇다면 용의자에 대해 상세하게 기록했던 그룹은 어땠을까? 그들이 지목한 용의자가 옳았던 확률은 38퍼센트였다! 글을 통한 언어 정보가 애초에 시각을 통해 용의자의 얼굴을 포착했던 비언어 정보를 장막으로 가렸고, 기록된 언어 정보의 정확성도 낮았다. 역설적이게도 직관은 용의자의 얼굴 분석이 나중에 얼굴을 기억하는 데 도움이 될 거라고 말하지만, 최소한 이 실험만큼은 분석을 자제하고 자동적 얼굴 인식을 따르는 쪽이 훨씬 나았다. 감정과 관련된 판단과는 거리가 먼, 단지 기억에 관한 객관적 실험이었지만, 결정하기 전 심사숙고는 전혀 도움이 되지 않음을 알 수 있었다.[12]

필요한 모든 자료에 의식적으로 접근할 수 있는 경우라면 심사숙고 후 내린 결정이 직관에 의한 결정보다 우세할 것이다. 그럴 때 분석을 통해 얻을 수 있는 새로운 정보들은 더 옳은 결정을 내리는 데 도움이 된다. 마지막으로 다시 한 번 체스 게임을 생각해 보자. 6장에서 체스 그랜드마스터들은 눈을 가린 상태에서도 평소처럼 훌륭하게 게임을 수행한다는 놀라운 실험 결과를 보였다. 또한 마스터와 그랜드마스터는 전체 게임 중 체스 말을 움직이는 시간이 5분(또는 그 이하)으로 제한했을 때조차 매우 높은 수준의 게임운용을 보였다. 크리스와 그랜드마스터가 게임할 때, 크리스는 체스 말을 움직이는 시간으로 5분을 허용한 반면, 그랜드마스터에게는 1분도 주지 않았는데도 크리스는 번번이 패했다. 어떻게 이럴 수가 있었을까?

유력한 가설에 따르면 체스 프로선수는 평소 체스 말들이 위치하는 익숙한 패턴들을 인지하고, 경기에서 이러한 패턴이 보이는 즉시 패턴마다 효과적인 전략, 전술, 심지어 특정 말의 바로 다음 행보까지 자동적으로 알아챈다고 한다. 그랜드마스터의 패턴 인식능력이 매우 훌륭한 반면 상대 선수는 형편없는 극단의 경우라면, 그랜드마스터는 게임을 거의 분석하지 않고도 승리할 수 있다. 그들은 전적으로 직관에 의존하면서도 게임을 잘해낼 수 있다.

크리스와 그의 동료 엘리엇 허스트가 컴퓨터 프로그램을 이용하여 체스 게임 중 눈을 가린 그랜드마스터가 저지르는 실수를 찾아낸 연구를 떠올려보라. 이 연구에서 한번은 평소처럼 총 게임시간을 5시간으로 지정해 진행했고, 다른 한번은 1시간 내로 제한해 '신속하게' 게임을 진행한 후 둘을 비교했다. 두 경우 모두 선수의 눈을 가리진 않았다. 전문적 체스 기술이 오로지 신속하고 직관적 패턴 인식에 의한 것이라면, 그랜드마스터가 한 시간제 게임에서 저지르는 실수 횟수는 다섯 시간제 게임과 동일해야 한다. 그러나 한 시간으로 제한했던 신속한 게임에서, 실수 횟수는 36퍼센트나 급증했다.[13] 체스 게임의 경우, 세계 챔피언이든 그랜드마스터나 아마추어 선수이든 상관없이 더 많은 시간 동안 고민하며 게임한 경우의 결과가 더 좋았기 때문에, 유리한 결정을 위해서는 단순히 직관적 패턴 인식보다는 신중하게 고민하는 게임전략이 더욱 절실하다. 일상에서 중요한 결정을 내리는 대부분의 경우에도 마찬가지다.

기술이 해결책이 될 수 있을까?

일상의 착각으로 인한 문제의 해결책을 찾기란 착각의 특성이나 착각이 초래하는 끔찍한 결과에 대한 논의보다 어려운 일이다. 그러나 이러한 착각이 일상에 미치는 충격을 완화시킬 수 있는 일반적 해결책을 크게 세 가지로 살펴보자.

첫째, 일상의 착각이 어떻게 작동하는가에 대한 지식은(일례로 이 책을 통해 얻은), 앞으로 다가올 착각의 가능성을 인지하고 그것의 희생양이 되지 않게끔 우리를 지켜줄 것이다. 그러나 자신의 모든 사고 과정을 의식적으로 통제하는 능력에는 한계가 있다. 우리는 이 책에서 일상의 착각을 예견하고 피하기 위한 최선의 방안을 제시했지만, 이것만으로는 문제를 완전히 해결할 수 없다.

둘째, 훈련으로 인지능력을 향상시킬 수 있다. 그러나 앞서 살펴보았듯이, 인지훈련을 통해 일상의 착각을 충분히 떨쳐낼 만큼 평소 행동이 향상되기란 쉬운 일이 아니다. 두 가지 이유가 있다. 전반적인 두뇌활동 향상 훈련은 비디오게임이나 클래식 음악 청취 등의 정신 훈련처럼 간단하지 않으며, 훈련을 통해 개선 가능한 인지능력은 아마 일상의 착각을 극복하는 데는 도움이 되지 않을 것이다. 정신 훈련은 여러모로 유용하고 그 자체로 보람될 수 있지만, 착각에서 자유로운 생활을 보장해주진 않는다.

기술은 일상의 착각을 피하는 데 유용한 도구가 될 수 있다. 실제로 기술이 정신적 한계를 극복하는 데 도움을 주었던 사례도 많다. 문자로 인해 인류는 기억과 구전에 의존할 때보다 더 풍부한 역사적 자료를 더 정확하게 보존할 수 있게 되었다. 계산기의 발명은 두뇌의 숫자 처리 능력의 한계로 인해 경제적 손실을 초래하는 실수를 줄여주었다.

이처럼 혁신적 기술은 인간의 생산성과 삶의 질을 향상시키는 주요 역할을 담당했다. 그러나 기술로 인해 인간의 인지체계의 한계가 줄어들었을 뿐 인간을 괴롭히는 착각이 해결된 것은 아니다. 착각은 인지능력의 한계에 대한 잘못된 판단에 기인한 것이기에 이러한 섣부른 판단을 주의해야 한다. 기술은 우리를 도와주지만, 그에 앞서 때로는 스스로 내린 판단보다 기술에 의해 자동화된 판단이 더 낫다는 사실을 기꺼이 인정해야 한다. 그러나 인정하기 어렵기도 하고 논란의 소지도 많다.

그렇다 하더라도 기술 혁신으로 문제가 완전히 해결되는 것은 아니다. 인간의 미숙한 판단력을 보완해줄 해결책은 인간의 한계가 문제되지 않도록 생활환경을 변화시키는 것일지 모른다. 다시 말해서 인지능력의 한계를 알고 있다면, 잘못된 직관의 폐해를 예방하기 위해 환경을 다시 설계할 수 있다. 예를 들어 이 책에서 주의력 착각에 관한 부분을 읽은 후, 당신이 운전 중에 휴대전화로 통화하는 일이 없길 바란다. 그러나 운전하는 동안 주의를 산만하게 하려는 유혹은 휴대전화에서 무선 인터넷과 내비게이션, 비디오게임기로 모습만 바꾸며 오히려 늘어났다. 주의력 착각을 극복할 수 있는 최선의 방안은 차에서 노트북 어댑터를 아예 없애든지 휴대전화가 손에 닿지 않게 지갑이나 서류가방 속에 넣어 뒷좌석에 놓는 등 가능한 유혹을 줄이는 것이다.

아무리 많은 훈련을 해도 주변의 모든 것을 의식할 수 없고, 아무리 좋은 의도라 해도 주의를 끄는 대상이 주는 직관적 혹은 잘못된 믿음을 쉽게 버릴 수 없다. 그러나 주의력 착각에 관해 배운 지식을 바탕으로, 착각의 영향을 최대한 줄이기 위해 사전에 생활방식을 조정할 수 있다. 다른 착각의 경우도 마찬가지다. 그리고 더욱 창의적인 연구자들이 도

전적인 과제를 맡아서, 인지능력의 한계뿐 아니라 일상의 착각 또한 슬기롭게 극복할 수 있도록 해결책을 고안해내기를 바란다.

**보이지 않는
고릴라를 찾아라**

우디 앨런은 코미디 쇼에서 막이 내릴 즈음에 이렇게 말했다. "마지막으로 전할 만한 좋은 소식이 있으면 좋겠는데, 없군요. 그 대신 나쁜 소식 두 개는 어떻습니까?"[14]

이 책을 통해 전달하려는 메시지 중 하나는 매우 나쁜 소식이다. 당신의 직관, 특히 인간의 정신이 어떻게 작동하는가에 관한 직관을 조심하라! 신속한 인지능력과 관련된 사고 체계는 문제 해결을 위해 탁월한 기능을 수행하지만, 오늘날의 문화, 사회, 기술은 과거에 비해 훨씬 복잡하다. 그래서 직관이 현대 시대의 문제를 해결하기에는 역부족일 때가 많다. 특히 중요한 사안의 경우라면, 이성적 분석이 아닌 직관을 신뢰하기로 결정하기 전에 한 번 더 생각하고, 직관이 의사 결정의 폐해에 대한 만병통치약이 될 수 있다고 말하는 사람들을 경계하고 조심하라. 만일 누군가 당신에게 비디오를 보면서 농구공의 패스 횟수를 세어 보라고 요청한다면 더욱!

그러나 좋은 소식도 있다. 주변에서 보이지 않는 고릴라를 찾기 위해 최선을 다한다면, 더 좋은 결정을 내릴 수 있고 더 나은 삶을 영위할 수 있을 것이다. 나는 애초에 고릴라 실험에 관한 논문의 제목을 기발하게 지어보자는 시도로 '우리 사이에 존재하는 고릴라'로 정했다. 비유적인 의미지만 우리 사이에는 정말 고릴라가 존재한다. 주의력 착각으로 인해 당신 코앞에 있는 중요한 뭔가를 놓치고 있는지도 모른다.

이제 주의력 착각을 알았으니, 바라보고 있다고 해서 모든 것을 실제로 보고 있다는 착각은 줄어들 것이다. 기억력 착각으로 인해 어떤 일을 실제보다 훨씬 더 잘 기억한다고 생각할지 모른다. 이제는 기억력 착각을 이해했으니, 자신의 기억뿐 아니라 타인의 기억도 신뢰하고(좀 덜하겠지만) 중요한 상황일수록 더욱 확실히 기억하려고 신중을 기할 것이다. 사람들이 표현하는 자신감이 그들의 지식, 기억, 능력보다는 성격을 반영하기 쉽다는 사실을 깨달았을 것이다. 자신이 어떤 주제에 관해 실제보다 더 잘 안다는 생각을 경계하고, 익숙함을 지식으로 혼동하기 전에 이해 정도를 점검하게 될 것이다. 실제로는 이전에 일어난 사건이나 흔히 동반되는 사건을 알고 있을 때 그것이 어떤 사건의 원인이라고 섣불리 추측하지 않을 것이다. 우리의 정신에서 개발되지 않은 잠재력을 손쉬운 방법으로 일깨울 수 있다는 주장은 의심스럽지만, 다른 한편으로는 올바른 방법으로 학습하고 연습한다면 전문 지식까지도 경이로운 수준으로 개발할 수 있다는 사실 또한 알았을 것이다.

언젠가 나는 세미나에 참가한 학생들에게 과거 혹은 현재의 사건에서 일상의 착각에 관한 흥미로운 사례를 찾아오라는 과제를 냈다. 학생들이 찾아낸 사례들은 놀랄 만큼 다양했다. 논란이 되고 있는 뉴욕 브룩클린 경찰 총기 발사 사건에서부터 버나드 매도프Bernard Madoff가 저지른 전설적인 다단계 금융사기, 살아 있는 사람이 사망 판정을 받은 뒤 영안실에서 깨어난 사건, 심지어 베트남 전쟁의 원인이나 우주선 챌린저호 폭발까지…… 사례는 매우 다채로웠다.

당신 또한 이런 사례들을 수집할 수 있다. 기회가 된다면 일상을 잠시 멈추고 내가 새롭게 제시한 렌즈를 통해 주변 사람의 행동을 관찰해보라. 또한 자신의 생각과 행동을 다시금 점검하고, 직관과 본능적 결정들이 과연 정당한가 한 번 더 고민하라. 성급히 결론 내리기 전에 긴장을 풀고 느긋하게 자신의 추론을 검토하는 데 최선을 다하라.

일상의 착각들을 염두에 두고 세상을 바라본다면, 예전처럼 자기 자신을 확고히 믿진 못하겠지만, 자신의 정신이 작동하는 방식에 대한 새로운 통찰력을 얻고 사람들이 때로 어이없이 행동하는 이유도 이해하게 될 것이다. 멍청해서, 오만해서, 무지해서, 부주의해서 그런 것이 아니다. 어느 누구도 피할 수 없는 일상의 착각 때문이다.

마지막으로, 다듬어지지 않은 결론으로 성급하게 뛰어들기 전에 항상 이러한 가능성을 고려하기를 바란다.

● **감사의 글** ●

  2004년 9월 30일, 매사추세츠 캠브리지에서 우리는 심리학 부문 이그노벨상을 수상했다. 수상 이유는 "사람들이 뭔가에 깊은 주의를 기울일 때는 그 이외의 것(고릴라가 등장하더라도)을 간과하기 쉽다는 사실을 보여주었기 때문"이었다. 이틀 후 우리는 고릴라 실험에 관해 간단한 강연을 하기 위해 MIT 대형 강의실로 함께 걸어가며 이야기를 나누었다. 고릴라 비디오를 우리의 주요연구 분야인 인지심리학 영역 이상으로 확대하는 가능성에 대한 이야기였다. 점점 더 많은 사람들이 고릴라 비디오를 통해 인간의 기이한 시각 능력을 알게 되었을 뿐 아니라, 인간의 정신이 어떻게 작동하는지(혹은 작동하지 못하는지)에 대해서도 새롭고 광범위하게 인식하게 되었노라고 말해주었다. 그 전까지는 고릴라 비디오를 시각인지 및 주의력에 미치는 영향에 국한해서 생각했지만, 어쩌면 사람들이 고릴라 실험을 통해 인지능력의 한계를 깨달을 수 있을 것이란 생각이 들었다. 그날 동행하며 나누었던 이야기를 계기로, 우리는 인지능력의 한계를 깨닫는 것이 아주 중요하며 이를 깨닫지 못하는 현실을 일깨워주는 책을 집필하기로 했다. 따라서 우리가 이 책을 쓰게 된 계기를 제공한 이그노벨상 창설자 마크 에이브러햄에게 가장 먼저 감사를 표하고자 한다. 그리고 말콤 글래드웰이 2001년 〈뉴요커〉에 우리의 고릴라 연구를 기술해준 덕분에 더 많은 사람들이 관심을 갖게 되었고, 우리가 상을 수상하는 데 도움을 되었다고 생각한다.

선택적 주시에 관한 획기적인 연구로 우리의 고릴라 연구에 영감을 불어넣어 준 울릭 나이서 교수에게 큰 도움을 받았다. 댄이 대학원을 다니던 마지막 해에 나이서가 코넬대 연구소에 돌아온 덕분에, 댄은 그와 얘기하고, 논의하고, 조언을 얻을 수 있는 소중한 기회를 얻었다. 그와의 대화에서 댄은 하버드 대학에서 했던 나이서의 연구를 모사해보고자 생각했다. 나이서로부터 영감을 받지 못했더라면, 고릴라 실험은 없었을 것이다.

여러 사람들이 우리의 아이디어가 책으로 발전해나가도록 도와주었다. 마이클 볼리언Michael Boylan, 빌 브루어Bill Brewer, 닐 코헨Neal Cohen, 바크 하우저Barc Hauser, 스테판 코슬린Stephen Kosslyn, 수잔 라비너Susan Rabiner가 도서 기획을 도와주었다.

아드리안 뱅거리터Adrian Bangereter, 조지 비저George Bizer, 데이비드 베커David Baker, 월터 부트Walter Boot, 데이비드 더닝David Dunning, 래리 펜션Larry Fenson, 캐서린 갤로티Kathleen Galotti, 아트 크래머Art Kramer, 저스틴 크루거Justin Kruger, 딕 레어Dick Lehr, 조스 메스터Jose Mestre, 마이클 메이어Michelle Meyer, 스티븐 미트로프Stephen Mitroff, 제이 프랫Jay Pratt, 프레드 로첸버그Fred Rothenberg, 앨런 슈와츠Alan Schwartz, 존 세틀래그John Settlage, 케니스 스틸Kenneth Steele, 리차드 탈러Richard Thaler, 프레드릭 짐머맨Frederick Zimmerman이 각

주제에 관한 귀중한 정보를 제공해주었다. 이들에게 감사한다.

여러 사람들이 인터뷰를 통해 집필 조사 자료를 보태주었다. 그 중 일부는 일상의 착각에 대해 생각을 정리하는 데 큰 도움이 되었다. 귀중한 시간을 내어 인터뷰에 기꺼이 응해준 월터 부트, 빌 브리어Bill Brewer, 대니얼 차브리스Daniel Chabris, 스티븐 프랜코너리Steven Franconeri, 짐 키팅Jim Keating, 에드 키저Ed Kieser, 레슬리 멜쳐Leslie Meltzer, 스티븐 미트로프, 스티븐 모스트Steven Most, 티스 팔머피Tyce Palmaffy, 트루디 라미레즈Trudy Ramirez, 리온 로젠빌트Leon Rozenblit, 멜리사 산체스Melissa Sanchez, 마이클 실버맨Michael Silverman에게 감사드린다.

많은 사람들이 우리의 원고를 읽고 의견을 제시해주었다. 크라운Crown 편집자 릭 호간Rick Horgan과 어시스트 네이든 로버슨Nathan Roberson은 글이 처음부터 끝까지 매끄럽게 읽히면서도 저변의 과학을 제대로 설명하도록 균형을 잡는 편집의 노력을 기울여주었다. 또 많은 사람들이 각 장과 주제마다 우리의 잘못을 바로잡아주고 통찰력 있는 평가를 아끼지 않았다. 월터 부트, 낸시 보이스Nancy Boyce, 대니얼 차브리스, 잭 첸Jack Chen, 니컬러스 크리스태키스Nicholas Christakis, 다이애나 굿맨Diana Goodman, 제이미 해밀턴Jamie Hamilton, 아트 크래머, 제임스 레빈James Levine, 앨리 리츠Allie Litt, 스티브 맥걸피Steve McGaughey, 리사 맥매너스Lisa McManus, 마이클 메이어, 스티브 모스트, 캐시 리처드Kathy Richards, 리온 로젠블리츠Leon Rozenblit, 로빈 쉬나이더만Robyn Schneiderman, 레이첼 스카트Rachel Scott, 마이클 실버맨, 데이비드 사이먼스David Simons, 폴 사이먼스Paul Simons, 케니스 스틸Kenneth Steele, 코트니 스웨어겐Courtnie Swearingen, 리처드 칼러Richard Thaler에게 고마움을 전한다.

마음이 작동하는 방식에 대한 사람들의 생각을 전국적으로 조사해보기 위해 다이안 벡Diane Beck, 애런 벤자민Aaron Benjamin, 대니얼 벤자민Daniel Benjamin, 조지 비자르George Bizer, 닐 코헨Neal Cohen, 게리 델Gary Dell, 제레미 그레이Jeremy Gray, 제미 헤밀턴Jamie Hamilton, 대니얼 레빈Daniel Levin, 알잔도 릴라스Alejandro Lleras, 마이클 메이어, 닐 로스Neal Roese, 제니퍼 쉬퍼드Jennifer Shephard, 리사 쉰Lisa Shin, 아네트 타일러Annette Taylor 등 여러 사람들이 도움을 주었다. 크리스틴 페톨Kristen Pechtol은 유니온 컬리지 학생들을 상대로 한 기초연구를 크리스와 공동작업해 주었다. 서베이USA의 제이 리브Jay Leve는 설문조사 및 데이터 분석에 필요한 추가 통계정보 작성에 세심한 피드백을 주었다.

우리의 에이전트인 짐 레빈Jim Levine은 일상의 착각에 해당하는 이야기들을 모으는 데 중요한 역할을 해주었다. 또한 그는 '일상의 착각'이라는 표현을 만들어내는 데 기여했다. 그를 우리에게 소개해 준 댄 애리얼리Dan Ariely에게도 깊은 고마움을 전한다. 스티븐 핑커Steven Pinker와 대니얼 길버트Daniel Gilbert는 고맙게도 우리의 제안에 응해주었다. 레빈-그린버그Levene-Greenberg의 엘리자베스 피셔Elizabeth Fisher는 해외 출판권 판매에 큰 도움을 주었고 해외 에이전트와 출판사들과의 복잡한 협상 과정을 잘 안내해주었다.

우리는 과학조사를 통해 일상의 착각을 설명하려 했기 때문에 우리의 성공은 다른 많은 과학자들의 노력을 바탕으로 하고 있다. 이 책에서는 우리가 수행했던 조사를 많이 다루었지만 다른 이들의 연구 성과와 단절되어 단독으로 이루어진 것은 아니다. 모든 조사요원과 공저자들께 감사드린다. 그들 없이는 불가능한 작업이었을 것이다. 이 책에서 밝히고 언급했던 모든 동료에게 감사한다. 어쩌면 그들은 우리의 생각과 연구 결과에 대한 해석에 동의하지는 않을지도 모르지만, 부디 그들의 중요한 과학적 기여에 대해 우리가 공정하게 다루었기를 바란다.

크리스는 대학원 입학 전, 재학 중, 그리고 졸업 후에도 늘 평생의 멘토였던 스티븐 코즐린 Stephen Kosslyn에게 감사를 전하고 싶다. 그는 과학적 사고를 가르쳐주셨고, 독립적인 연구방향을 설정하고 추진해나가는 데 지원을 아끼지 않으셨다. 댄은 특히 오랜 동료였던 대니얼 레빈에게 감사를 표하고자 한다. '초인지metacognition'에 대한 그의 생각과 글은 이 책 전반에 걸친 우리 주장의 모티브가 되었다.

마지막으로 우리 두 사람의 가족들에게 감사한다. 크리스는 아내 미셸 메이어와 아들 칼리브, 부모님 대니엘 차브리스와 로이스 차브리스의 사랑과 지원, 그리고 이 책을 쓰는 내내 보여준 믿음에 감사한다. 댄은 이 책을 쓰느라 늦은 밤과 주말까지 시간을 내지 못했는데도 아내 캐시 리처드와 아이들 조단, 엘라가 너그러이 이해해준 데 고마움을 전한다. 부모님 팻 사이먼스와 폴 사이먼스, 그리고 생각을 정돈할 수 있게 도와주고 때로는 생각 차이에 대해 논의해주었던 형 데이비드 사이먼스에게 감사한다.

그밖에도 우리가 언급하지 못한 여러분께도 감사의 말씀을 드린다. 이는 우리가 고의로 빼뜨린 것이 아니라 일상의 착각 때문이었음을 감안해 부디 양해해주기를 바란다.

1) Details of this case are drawn from a variety of sources, including several excellent, in-depth investigative articles written by award-winning journalist Dick Lehr for the *Boston Globe*. Lehr has written a book, *The Fence* (New York: HarperCollins, 2009), that discusses the case and the larger issues surrounding it. Our sources also include the following articles by Dick Lehr in the *Globe*: "Boston Police Turn on One of Their Own," December 8, 1997, p. A1; "Truth or Consequences," September 23, 2001; "Free and Clear," January 22, 2006; "Witness in '95 Brutality Case Offers New Account," September 17, 2006. Other sources included the opinions of the U.S. district and circuit courts in the case, especially *United States v. Kenneth M. Conley*, 186 F.3d 7 (1st Cir. 1999); and *Kenneth M. Conley v. United States*, 415 F.3d 183 (1st Cir. 2005); as well as a brief filed by Conley in U.S. District Court for the District of Massachusetts (*Kenneth M. Conley v. United States*, No. 01-10853-WGY, No. 01-97-cr-10213-WGY, June 26, 2003). When any sources provided discrepant details, we have regarded *The Fence* as definitive because it was written most recently and incorporated the most research.

2) Biographical information about Michael Cox is from a profile prepared for his participation in a conference on "Race, Police, and the Community" at Harvard Law School, December 7–9, 2000, law.harvard.edu/academics/clinical/cji/rpcconf/coxm.htm (accessed May 18, 2009).

3) S. Murphy, "A Settlement Is Reached in Beating of Police Officer," *The Boston Globe*, March 4, 2006, p. B3.

4) Lehr, "Boston Police Turn on One of Their Own."

5) The juror quotes are from Lehr, "Truth or Consequences." The widespread belief that police officers are superior to civilians at observing and remembering relevant information appears to be inconsistent with the scientific evidence; e.g., P. B. Ainsworth, "Incident Perception by British Police Officers," *Law and Human Behavior* 5 (1981): 231–236.

6) Perjury is the crime of making a false statement while under oath in a legal proceeding. Each individual false statement can lead to a separate charge of perjury. Conley was accused of perjuring himself by claiming (1) that he did not see Cox (or any other police officer) chase Brown to the fence, and (2) that he did not see the attack on Cox. He was acquitted of the second charge but convicted of the first. His conviction for obstruction of justice, which is the more general crime of interfering with law enforcement, in essence flowed automatically from the jury's finding that he had committed perjury, and it did not

reflect any additional malfeasance.

7) All four suspects from the gold Lexus were arrested that night. The victim at the hamburger restaurant had been shot multiple times in the chest, allegedly because he'd witnessed another shooting at a nearby bar earlier that same night. He died several days later. The next year, two of the suspects were convicted of first-degree murder; Smut Brown, who wasn't accused of pulling the trigger himself, was acquitted. Michael Cox eventually recovered from his physical injuries and returned to work after a six-month absence. He went on to become a deputy superintendent of police in Boston. Two of those accused by Cox of being involved in the beating were later found civilly liable and lost their jobs when Cox sued the Boston Police Department.

8) Our study was reported in the following article: D. J. Simons and C. F. Chabris, "Gorillas in Our Midst: Sustained Inattentional Blindness for Dynamic Events," *Perception* 28 (1999): 1059–1074. Dan first learned about Neisser's 1970s experiments when he was a college student. Neisser's experiments used a complicated mirror apparatus to create ghostlike images of people who appeared to walk through one another. He designed those videos to test whether subjects could pay attention to one set of people while ignoring others who occupied exactly the same areas. That is, he asked whether people focus their visual attention on individual objects rather than on individual regions of space, and when they focus on objects, how selectively they focus. The most detailed description of Neisser's earlier studies that inspired our experiment is in U. Neisser, "The Control of Information Pickup in Selective Looking," in Perception and Its Development: A Tribute to Eleanor J. Gibson, ed. A. D. Pick, 201–219 (Hillsdale, NJ: Erlbaum, 1979).

9) The term *inattentional blindness* comes from the title of a 1998 MIT Press book by Arien Mack of the New School for Social Research in New York and the late Irvin Rock of the University of California at Berkeley, two psychologists who did pioneering work in this area. In their original experiments, subjects stared at a point on a computer screen until a large cross appeared. One arm of the cross—either the horizontal or the vertical—was always longer than the other, and subjects tried to judge which was longer. The cross was visible for only a fraction of a second before it disappeared, so this was not an easy judgment to make accurately. After a few trials of this task, an additional, unexpected object appeared along with the cross. The object could be a geometric figure like a small square, or a simple picture, or even a word. In most cases about one-quarter of subjects claimed not to have seen the unexpected object. Neisser's original selective-looking studies and our gorilla experiment provide a somewhat more dramatic demonstration of

inattentional blindness because they presented a large, central, moving object for several seconds, rather than a briefly flashed static image, but the conclusion is consistent: It is surprisingly easy to not notice what is in plain view.

10) We hired SurveyUSA to ask a nationally representative sample of fifteen hundred adults a series of questions designed to probe how people think about the workings of their own minds. The respondents matched the entire U.S. population in gender, age, and regional distribution. SurveyUSA used a prerecorded voice to read a set of sixteen statements, and after each one, respondents used their telephone keypad to indicate whether they strongly agreed, mostly agreed, mostly disagreed, strongly disagreed, or weren't sure. We also collected demographic information about each person's age, sex, income level, and race. Finally, we asked people how many psychology classes they had taken and how many books about psychology they had read over the past three years. This sort of prerecorded survey provides a level of control that is ideal for scientific research because each person hears exactly the same questions, in the same order, and in the same voice. SurveyUSA has been one of the most accurate political polling firms over the past few election cycles. The entire poll was completed over the course of one week in early June 2009. The percentages of agreement we give represent the sum of respondents who answered "strongly agree" or "mostly agree" to the question. If 75 percent either strongly or mostly agree with a statement, this means that the other 25 percent either strongly or mostly disagree, or are not sure. However, it is important to keep in mind that all of the statements we presented are almost certainly false, so the rate of agreement in a world without everyday illusions should be close to 0 percent!

11) Our colleague Daniel Levin, a psychology professor at Vanderbilt University, along with Bonnie Angelone of Rowan University, described the gorilla experiment to over one hundred undergraduate students, but without actually showing them the video or asking them to perform the task. After hearing about the experiment, including the appearance of the gorilla—but not hearing about the results—they were asked whether they would have noticed the gorilla if they had participated in the experiment themselves. Fully 90 percent of them predicted that they would have seen it. When we originally conducted the study, though, only 50 percent actually did. See D. T. Levin and B. L. Angelone, "The Visual Metacognition Questionnaire: A Measure of Intuitions About Vision," *American Journal of Psychology* 121 (2008): 451–472.

12) Simons and Chabris, "Gorillas in Our Midst."

13) *CSI: Crime Scene Investigation*, Season 2, Episode 9, "And Then There Were None"

(originally broadcast on CBS, November 22, 2001).

14) Lehr, *The Fence*, 270.

15) O. Johnson, "Fed Court: Convicted Hub Cop's Trial Unfair," *The Boston Herald*, July 21, 2005, p. 28. Ironically, the witness, Officer Robert Walker, had initially claimed that he saw Conley at the fence. Later he recanted, saying that he had not actually seen Conley but said that he had because he was at the scene and should have seen him. Another victim of the illusion of attention! The appeals court found that the problem was not Walker's faulty intuition about how the mind works, but the fact that the defense was never told about an FBI memo that documented his later requests for hypnosis and a polygraph (lie detector) test, information that would tend to cast further doubt on the credibility of his memories. One more interesting twist in the case of Kenny Conley deserves mention. In 2006, months after Conley rejoined the police force, Smut Brown was interviewed by Dick Lehr while Brown was in jail in Maine for a drug conviction ("Witness in '95 Brutality Case Offers New Account"). Brown told Lehr about a crucial misrepresentation in the original trial eight years earlier. Brown had testified that he had seen a white cop on the other side of the fence, and he identified Conley as the white cop who had eventually caught him. The way this information was presented in court gave the impression that Conley was the white cop Brown had seen standing next to the beating. But Brown did not specifically identify Conley as the cop he had seen next to the beating. The prosecution never asked him to, and the defense did not cross-examine him on this specific point. Brown later said that he had gotten a good look at the officer on the other side of the fence, but not at the one who caught him, and he had just assumed they were the same person. Speaking of Conley, Brown told Lehr, "When I seen him sitting at the defense table I didn't have no clue, like, why they were using me for that—because I didn't recognize him." In fact, Brown claimed that just before he testified, he spotted the cop he had seen at the site of the beating standing in the court house hallway and that he told this to the FBI agent in charge of the case. If true, Brown's jail house claim would further undermine the legal case against Conley, by subtracting one witness who placed him at the scene of the attack on Cox. But as we will discuss in Chapter 2 of this book, this sort of sudden recollection is easily distorted, and trusting a memory like this can be dangerous, even when the person doing the remembering does not have self-serving motives for changing his previous story.

16) C. Ross, "2 Embattled Cops Welcomed Back to Force," *The Boston Herald*, May 20, 2006, p. 6; Lehr, "Free and Clear."

17) D. Wedge, "Two Officers Cleared in '95 Beating Get Back $$$," *The Boston Herald*, November 20, 2007, p. 4.
18) Lehr, *The Fence*, 328.
19) This quote is from p. 100 of R. Pirsig, *Zen and the Art of Motorcycle Maintenance*,(New York: William Morrow, 1974).
20) Except as noted, all of the quotes and facts about this incident are drawn from the wonderfully detailed and illustrated National Transportation Safety Board (NTSB) Marine Accident Brief for Accident # DCA-01-MM-022(www.ntsb.gov/publictn/2005/MAB0501.htm). Other sources include M. Thompson, "Driving Blind," *Time*, February 18, 2001(www.time.com/time/magazine/article/0,9171,99833,00.html); T. McCarthy and J. McCabe, "Bitter Passage," *Time*, April 15, 2001(www.time.com/time/magazine/article/0,9171,106402-1,00.html); and S. Waddle, *The Right Thing* (Nashville, TN: Integrity Publishers, 2003).
21) This quote is used by permission from the transcript of a portion of an interview of Scott Waddle by Stone Phillips for *Dateline NBC*.
22) For a recent analysis of "looked but failed to see" accidents, see A. Koustanaï E. Boloix, P. Van Elslande, and C. Bastien, "Statistical Analysis of 'Looked-But-Failed-to-See' Accidents: Highlighting the Involvement of Two Distinct Mechanisms," *Accident Analysis and Prevention* 40 (2008): 461−469.
23) D. Memmert, "The Effects of Eye Movements, Age, and Expertise on Inattentional Blindness," *Consciousness and Cognition* 15 (2006): 620−627. Memmert's subjects were children with an average age of about eight years, but the rate of noticing the gorilla was virtually the same as in our studies of college students: 8 out of 20, or 40 percent. Psychologists use many different devices for tracking a subject's eye movements. A typical design involves a small, lightweight helmet with one or two cameras directed at the subject's eyes. Harmless infrared light is bounced off the subject's eyes and detected by the cameras. Because the cameras are in a fixed position relative to the subject's head (they're attached firmly to the helmet, which is attached firmly to their head), experimenters can use these reflections to determine which way subjects are looking. Many systems use a second camera to determine where the subject's head is relative to the scene being viewed, providing the necessary additional information to calculate exactly where in an image the subject is fixating their eyes. Current eye-tracking systems can measure the focus of gaze with exceptionally high spatial and temporal precision.
24) Details about this accident and its consequences were reported in an article on ESPN.com

entitled "Big Ben in Serious Condition After Motorcycle Accident" on June 12 and June 13, 2006(sports.espn.go.com/nfl /news/story?id=2480830). Other details and some quotes come from the following stories: M. A. Fuoco, "Multiple Injuries, Few Answers for Roethlisberger," *The Pittsburgh Post Gazette*, June 13, 2006 (www.post-gazette.com/pg/06164/697828-66.stm); J. Silver, "Roethlisberger, Car Driver Are Both Charged," *The Pittsburgh Post Gazette*, June 20, 2006(www.post-gazette.com/pg/06171/699570-66.stm); D. Hench, "Steelers' QB Hurt in Crash," *Portland Press Herald*, June 13, 2006.

25) Statistics and quotes are drawn from the Hurt report: H. H. Hurt Jr., J. V. Ouellet, and D. R. Thom, *Motorcycle Accident Cause Factors and Identification of Countermeasures*, Volume 1: Technical report. Traffic Safety Center, University of Southern California, 1981.

26) Hurt et al., *Motorcycle Accident Cause Factors*, 46. The larger study discussed in this report conducted on-site accident evaluations for 900 motorcycle accidents in the Los Angeles area, and it also examined 3,600 accident reports. The criteria used to select these 62 cases for additional analysis were not described in the report.

27) S. B. Most, D. J. Simons, B. J. Scholl, R. Jimenez, E. Clifford, and C. F. Chabris, "How Not to Be Seen: The Contribution of Similarity and Selective Ignoring to Sustained Inattentional Blindness," *Psychological Science* 12 (2000): 9—17.

28) P. L. Jacobsen, "Safety in Numbers: More Walkers and Bicyclists, Safer Walking and Bicycling," *Injury Prevention* 9 (2003): 205—209. These results have been corroborated in other countries and other time periods; for similar analyses in Australia, see D. L. Robinson, "Safety in Numbers in Australia: More Walkers and Bicyclists, Safer Walking and Bicycling," *Health Promotion Journal of Australia* 16, no. 1 (2005): 47—51. See also Tom Vanderbilt's excellent book Traffic (New York: Knopf, 2008), which discusses this issue and a number of related issues involving expectations and accidents. This book was an informative resource for the material in this chapter on driving.

29) S. B. Most and R. S. Astur, "Feature- Based Attentional Set as a Cause of Traffic Accidents," *Visual Cognition* 15 (2007): 125—132.

30) Fuoco, "Multiple Injuries, Few Answers for Roethlisberger."

31) E. Fischer, R. F. Haines, and T. A. Price, "Cognitive Issues in Head- Up Displays," NASA Technical Paper 1711, 1980. See also R. F. Haines, "A Breakdown in Simultaneous Information Processing," in *Presbyopia Research*, ed. G. Obrecht and L. W. Stark (New York: Plenum Press, 1991).

32) Statistics and some of the analyses in this section are drawn from "Runway Safety Report: Trends and Initiatives at Towered Airports in the United States, FY 2004 through FY 2007,"

Federal Aviation Administration, June 2008. You could encounter a runway incursion much sooner or much later than our estimate of three thousand years of daily round-trip flying, but in any case it is highly unlikely that you will in your lifetime. Details of the Tenerife crash are taken from " ⋯ What's He Doing? He's Going to Kill Us All!" *Time*, April 11, 1977(www.time.com/time/magazine/article/0,9171,918815,00.html) and from the Wikipedia entry on the Tenerife disaster, en.wikipedia.org/wiki/Tenerife_disaster (accessed January 19, 2009).

33) Fischer et al., "Cognitive Issues in Head-Up Displays," 15.

34) I. Larish and C. D. Wickens, *Divided Attention with Superimposed and Separated Imagery: Implications for Head-up Displays*, Aviation Research Laboratory Technical Report ARL-91-04/NASA-HUD-91-1, 1991.

35) Evidence for driving impairment while talking on a cell phone comes from D. A. Redelmeier and R. J. Tibshirani, "Association Between Cellular-Telephone Calls and Motor Vehicle Collisions," *New England Journal of Medicine* 336 (1997): 453−458; and D. L. Strayer, F. A. Drews, and D. J. Crouch, "Comparing the Cell-Phone Driver and the Drunk Driver," *Human Factors* 48 (2006): 381−391. Evidence linking alcohol consumption to increased inattentional blindness comes from S. L. Clifasefi, M. K. T. Takarangi, and J. S. Bergman, "Blind Drunk: The Effects of Alcohol on Inattentional Blindness," *Applied Cognitive Psychology* 20 (2005): 697−704. In this study, subjects were less likely to notice the unexpected gorilla after having had an alcoholic beverage. Alcohol could have its effect by directly altering the ability to detect unexpected objects or by making the primary counting task more difficult.

36) E. Goodman, "We Love, Hate Our Cell Phones," *The Boston Globe*, July 6, 2001. Consistent with Goodman's claim, a survey found that cell phone users agreed more strongly with the statement "I can use a cellular phone safely when driving" than with "People, in general, can use a cellular phone safely when driving." M. S. Wogalter and C. B. Mayhorn, "Perceptions of Driver Distraction by Cellular Phone Users and Nonusers," *Human Factors* 47 (2005): 455−467.

The New York legislation that took effect on December 1, 2001, involved adding Section 1225-c to the New York vehicle and traffic law. Part of the law stated, "The court shall waive any fine for which a person who violates the provisions of section 1225-c of the vehicle and traffic law ⋯ supplies the court with proof that, between the date on which he or she is charged with having violated such section and the appearance date for such violation, he or she possesses a hands-free mobile telephone." This "get out of jail" provision was in effect until March 2002. The effect of this law essentially meant that rather than paying a fine, people caught using a handheld phone could pay a cell-phone vendor for a hands-free headset. Consequently, it's not surprising that the major telecommunication companies supported the legislation.

Nokia's recommendation to use hands-free phones was titled "Safety Is the Most Important Call You Will Ever Make: A Guide to Safe and Responsible Wireless Phone Use" and its top safety tip was to "Get to know your wireless phone and its features such as speed dial and redial." AT&T's flier was headed "A special offer just for you" and provided a coupon for a free hands- free earpiece. The statistic that 77 percent of people believe that talking on a hands- free phone is safer comes from the SurveyUSA representative national poll we commissioned, conducted June 1—8, 2009.

37) W. J. Horrey and C. D. Wickens, "Examining the Impact of Cell Phone Conversations on Driving Using Meta-Analytic Techniques," *Human Factors* 48 (2006): 196?205.

38) In most variants of the "gorilla" experiment, the gorilla did not stop to thump its chest. Instead, it just walked through the scene, remaining visible for five seconds. We created the "chest thump" version that we described earlier for a separate test to explore how dramatic we could make the event and still provoke inattentional blindness.

39) B. J. Scholl, N. S. Noles, V. Pasheva, and R. Sussman, "Talking on a Cellular Telephone Dramatically Increases 'sustained inattentional blindness'"[Abstract], *Journal of Vision* 3 (2003): 156(journalofvision.org/3/9/156/). More recent observational studies show that people are often oblivious to their surroundings when talking on a phone. For example, people walking across a college campus while talking on a phone were less likely than undistracted pedestrians to notice a unicycling clown nearby: I. E. Hyman Jr., S. M. Boss, B. M. Wise, K. E. McKenzie, and J. M. Caggiano, "Did You See the Unicycling Clown? Inattentional Blindness While Walking and Talking on a Cell Phone," *Applied Cognitive Psychology*.

40) This finding and the explanations in the next paragraph are based on F. A. Drews, M. Pasupathi, and D. L. Strayer, "Passenger and Cell Phone Conversations in Simulated Driving," *Journal of Experimental Psychology: Applied* 14 (2008): 392—400.

41) The phenomenon of inattentional deafness can be traced to studies from the 1950s and 1960s on the ability to attend selectively to information presented to one ear while ignoring sounds in the other ear. Under those conditions, people often fail to notice unexpected messages in the ignored ear. The term "inattentional deafness" was first used by Mack and Rock in their 1998 book *Inattentional Blindness*. For examples of early work

on selective listening, see E. C. Cherry, "Some Experiments upon the Recognition of Speech, with One and with Two Ears," Journal of the Acoustical Society of America 25 (1953): 975−979; and A. Treisman, "Monitoring and Storage of Irrelevant Messages in Selective Attention," *Journal of Verbal Learning and Verbal Behavior* 3(1964): 449−459.

42) G. Weingarten, "Pearls Before Breakfast," The *Washington Post*, April 8, 2007, p. W10(www.washingtonpost.com/wp-dyn/content/article/2007/04/04/AR2007040401721.html). Biographical information about Bell comes from Weingarten's article and the Wikipedia entry on Joshua Bell(en.wikipedia.org/wiki/Joshua_Bell). The biographical quote about Bell is from his official biography, www.joshuabell.com/biography(accessed January 16, 2009).

43) Later, Joshua Bell had a different memory of his feelings. In the revised edition of *Predictably Irrational* (New York: HarperCollins, 2009), Dan Ariely writes of meeting Bell and asking about his day as a busker: "I wanted to know how he felt about being overlooked and ignored by so many people. He responded that he was really not all that surprised, and admitted that expectation is an important part of the way we experience music" (p. 272).

44) Nokia Corporation, "Survey Results Confirm It: Women Are Better Multi-taskers Than Men," press release, November 22, 2007, www.nokia.com/press/press-releases/showpressrelease?newsid=1170280(accessed January 28, 2009). Despite the title of this press release, it reports no actual test of multitasking abilities, just a nonrepresentative survey of popular beliefs about multitasking abilities. A typical study of the inefficiency of multitasking is J. S. Rubinstein, D. E. Meyer, and J. E. Evans, "Executive Control of Cognitive Processes in Task Switching," *Journal of Experimental Psychology: Human Perception and Performance* 27 (2001): 763−797. There is frequent discussion of differences in brain anatomy between men and women that could explain a difference in multitasking ability, ut we have been unable to find experiments that offer unequivocal evidence for a general superiority of women in dividing attention between multiple tasks or goals.

45) These findings are reported in D. Memmert, "The Effects of Eye Movements, Age, and Expertise on Inattentional Blindness," *Consciousness and Cognition* 15 (2006): 620−627; and D. Memmert, D. J. Simons, and T. Grimme, "The Relationship Between Visual Attention and Expertise in Sports," *Psychology of Sport and Exercise* 10 (2009): 146−151.

46) T. E. Lum, R. J. Fairbanks, E. C. Pennington, and F. L. Zwemer, "Profiles in Patient Safety: Misplaced Femoral Line Guidewire and Multiple Failures to Detect the Foreign

Body on Chest Radiography," *Academic Emergency Medicine* 12 (2005): 658–662.

47) Omitting a final step in a process (e.g., removing a guidewire) once the main objective of the process has been achieved (e.g., placing the central line correctly) is a common sort of mistake known as a *post-completion error*. This is the type of error you are making when you walk away with your stack of copies while the original document is still sitting on the glass, or when you type out an e-mail saying "as shown in the document I have attached" but hit "send" before you attach the document.

48) D. B. Spring and D. J. Tennen house, "Radiology Malpractice Lawsuits: California Jury Verdicts," *Radiology* 159 (1986): 811–814.

49) W. James, *The Principles of Psychology* (New York: Henry Holt, 1890). For a discussion of how people search for rare items, see J. M. Wolfe, T. S. Horowitz, and N. M. Kenner, "Rare Items Often Missed in Visual Searches," *Nature* 435 (2005): 439–440.

50) The examples of uses of the gorilla video are from several sources. The first is from an e-mail sent to Dan's company, Viscog Productions, Inc., on August 5, 2004, about the usefulness of its DVD that includes the gorilla video. Mahzarin Banaji, a Harvard psychology professor, used inattentional blindness in an analysis of discrimination; see the story entitled "Tenure and Gender" in *Harvard Magazine*, January 2005(harvard magazine.com/2005/01/tenure-and-gender.html). The parallels between inattentional blindness and the failure to detect terrorists was discussed in "Background Briefing," ABC Radio National (Australia) with Gerald Tooth, December 8, 2002. Links to diet were discussed in "Awareness, Fat Loss, & Moonwalking Bears," December 31, 2008, www.bellyfatreport.com/?s=bear (accessed June 9, 2009). Dean Radin's views are presented in D. Radin, *Entangled Minds: Extrasensory Experiences in a Quantum Reality* (New York: Paraview Pocket Books, 2006). (Later in this book we discuss one of the main reasons why people come to believe in psychic phenomena despite the absence of scientific evidence to support their existence.) Discussion of bullying was from an e-mail received by Viscog Productions on September 1, 2008. The link to religion is from a March 2008 sermon by Reverend Daniel Conklin of the Epiphany Parish in Seattle, www.epiphanyseattle.org/sermons/Lent4-2008.html(accessed June 28, 2009).

51) Wolfe et al., "Rare Items Often Missed."

52) For a brief discussion, see T. Griffiths and C. Moore, "A Matter of Perception," *Aquatics International*, November/December 2004(www.aquaticsintl.com/2004/nov/0411_rm.html).

53) Examples of GPS- induced accidents come from the following sources: "Driver Follows

GPS into Sand," Reuters, October 10, 2006 (www.news.com.au/story/0,23599,20555319-13762,00.html); "Train Hits Car, and a G.P.S. Is Blamed," Associated Press, October 1, 2008 (www.nytimes.com/2008/10/01/nyregion/01gps.html); T. Carey, "SatNav Danger Revealed: Navigation Device Blamed for Causing 300,000 Crashes," July 21, 2008 (www.mirror.co.uk/news/top-stories/2008/07/21/satnav-danger-revealed-navigation-device-blamed-for-causing-300-000-crashes-89520-20656554/); "Lorry Driver Had to Sleep in Cab for Three Nights After Sat- Nav Blunder Left Him Wedged in Country Lane," *Daily Mail*, November 1, 2007 (www.dailymail.co.uk/news/article-491073/Lorry-driver-sleep-cab-nights-sat-nav-blunder-left -wedged-country-lane.html); "Sat-Nav Dunks Dozy Drivers in Deep Water," *The Times* (London) Online, April 20, 2006 (www.timesonline.co.uk/tol/news/article707216.ece). The ford in this last example is normally about two feet deep.

02

1) Many of the details and quotes for the Bobby Knight/Neil Reed story are taken from an article entitled "A Dark Side of Knight," first published on the CNN/Sports Illustrated website on March 18, 2000, updated September 10, 2000. The article was intended to expose some of the vulgar and abusive antics Knight exhibited during practices, with the implication that his behavior had caused the players to leave. However, the story acknowledged that Knight's program had no more departures than other top college basketball programs. Some students who left the program, like Richard Mandeville, regretted not doing so sooner. Other players, like Alan Henderson. who stayed in the program, graduated, and became a top shooting guard in the NBA. spoke more fondly of Knight's motivational techniques. Henderson admitted that Knight had been a tough coach who "got on me sometimes like he got on everybody," but praised him for his desire to improve his players and his generosity and willingness to help. Other quotes were taken from the following CNN/Sports Illustrated articles: "Defending 'The General,'" April 12, 2000; and "The Knight Tape," September 9, 2000. Biographical details on Bobby Knight are drawn from the National Basketball Association Hoopedia blog, hoopedia.nba.com/index.php?title=Bob_Knight, and from Wikipedia, en.wikipedia.org/wiki/Bob_Knight (both accessed June 29, 2009). Many of the incidents from Knight's career are documented in "Bob Knight's Outburst Timeline," *USA Today*, November 14, 2006.
2) As we mentioned in a note to Chapter 1, our items were designed to present beliefs that the scientific consensus regards as false, so an ideal rate of agreement would be 0 percent.

We also found that 83 percent of people believe that amnesia, or sudden memory loss, results in the inability to recall one's name and identity. This belief may reflect the way amnesia is usually portrayed in movies, television, and literature. For example, when we meet Matt Damon's character in the movie *The Bourne Identity*, we learn that he has no memory for who he is, why he has the skills he does, or where he is from. He spends much of the movie trying to answer these questions. But the inability to remember your name and identity is exceedingly rare in reality. Amnesia most often results from a brain injury that leaves the victim unable to form new memories, but with most memories of the past intact. (Some movies do accurately portray this more common syndrome, known as "anterograde" amnesia; our favorite is *Memento*.)

3) This pattern of recall is known as the serial position curve. This "U-shaped" curve (better recall of items from the beginning and end of a list than from the middle of the list, hence the U-shaped function) is one of the best-established findings in the literature on memory function; see H. Ebbinghaus, Memory: *A Contribution to Experimental Psychology*, trans. H. A. Ruger and C. E. Bussenius (New York: Columbia University, 1885/1913). For evidence of a serial position curve with this particular type and length of list, see H. L. Roediger III and K. B. McDermott, "Creating False Memories: Remembering Words Not Presented in Lists," *Journal of Experimental Psychology: Learning, Memory, and Cognition* 21 (1995): 803−814.

4) Evidence for a seven-item limit on short-term memory comes from G. A. Miller, "The Magical Number Seven, Plus or Minus Two: Some Limits on Our Capacity for Processing Information," *Psychological Review* 63 (1956): 81−97. Evidence that children lack adult memorization skills comes from J. H. Flavell, A. G. Friedrichs, and J. D. Hoyt, "Developmental Changes in Memorization Processes," *Cognitive Psychology* 1 (1970): 324−340. This study shows that preschool children also think they will remember more than they actually do. Primary school students also overestimate their memory abilities, but not nearly as much as preschoolers.

5) J. Deese, "On the Prediction of Occurrence of Particular Verbal Intrusions in Immediate Recall," *Journal of Experimental Psychology* 58 (1959): 17−22; Roediger and Mc-Dermott, "Creating False Memories."

6) The study was described in the following article: W. F. Brewer and J. C. Treyens, "Role of Schemata in Memory for Places," *Cognitive Psychology* 13 (1981): 207−230. Some of the earliest demonstrations that memory encodes meaning in the form of associations with what we already know come from this classic: F. C. Bartlett, *Remembering: A Study in*

Experimental and Social Psychology (Cambridge: Cambridge University Press, 1932).

7) "The Knight Tape," CNN/Sports Illustrated, September 9, 2000.

8) This quote is also from CNN/Sports Illustrated's report "The Knight Tape."

9) Increased wait times have become more common with increased use of cell phones and decreased numbers of operators. For example, in Las Vegas in 2002, only 65 percent of calls were answered within the national standard of ten seconds (A. Packer, "Metro 911 Calls Often Put on Hold," *Las Vegas Sun*, October 23, 2004). At the two largest call centers in Los Angeles and San Francisco, average wait times are more than fifty seconds, and in some extreme cases, callers had to wait more than ten minutes for an operator (R. Lopez and R. Connell, "Cell Phones Swamping 911 System," *The Los Angeles Times*, August 26, 2007).

10) Chris learned of the incident in a conversation with the witnesses on May 30, 2008. He asked them not to talk about it further before he could interview each of them separately. The interview with Leslie Meltzer took place by telephone on August 5, 2008; the interview with Tyce Palmaffy took place by telephone on December 30, 2008.

11) Different people have different roles on a movie set, and each may notice elements related to his or her area of focus. Costumers might notice changes to clothing, cinematographers focus on lighting changes, etc. The script supervisor is the one person responsible for trying to make sure all the important details match across shots. See A. Rowlands, *The Continuity Supervisor*, 4th ed. (Boston: Focal Press, 2000); P. P. Miller, *Script Supervising and Film Continuity*, 3rd ed. (Boston: Focal Press, 1999).

12) At the time of this writing, a Google search for "film flubs" turns up more than thirty-five hundred hits.

13) "Film Flubs: Mistakes Made and Left in Pop u lar Movies," *Dateline NBC*, March 22, 1999. *Saving Private Ryan* won the Academy Award for editing in 1998 and *Shakespeare in Love* was nominated that same year (see awardsdatabase.oscars.org). Mankiewicz also assumed that the filmmakers were unaware of the errors. Script supervisor Trudy Ramirez told Dan in an interview on June 6, 2009, "The amount of handling and viewing and the numbers of people that are involved in the post- production process and in the editing is so extensive, that for something to literally get through with every one of those people being unaware is highly unlikely. I don't know how many times it's happened, if ever. A number of people would have discussed the merits of utilizing the shot with an error prior to it ending up in the film." In other words, they might have needed a shot of soldiers walking across a field, but they didn't have one with seven soldiers, so they decided to

use the one with eight soldiers despite the error. The facts about *The Godfather* and *Spartacus* come from the Internet Movie Database, www.imdb.com/title/tt0068646/goofs; www.imdb.com/title/tt0054331/goofs (both accessed November 14, 2009).

14) D. T. Levin and D. J. Simons, "Failure to Detect Changes to Attended Objects in Motion Pictures," *Psychonomic Bulletin and Review* 4 (1997): 501−506. You can view the film at www.theinvisiblegorilla.com.

15) Subjects answering yes were then asked to describe the changes they noticed. Only one subject reported noticing anything, and that person's description was sufficiently vague that it was not clear whether the individual had actually noticed a change.

16) The term "change blindness" was coined in this article: R. A. Rensink, J. K. O' Regan, and J. J. Clark, "To See or Not to See: The Need for Attention to Perceive Changes in Scenes," *Psychological Science* 8 (1997): 368−373.

17) The term "change blindness blindness" and the data described in this paragraph come from: D. T. Levin, N. Momen, S. B. Drivdahl, and D. J. Simons, "Change Blindness Blindness: The Metacognitive Error of Overestimating Change-Detection Ability," *Visual Cognition* 7 (2000): 397−412. Of 300 subjects, 76 percent predicted they would notice the change to the plates, and 90 percent of 297 subjects predicted they would notice the change to the scarf.

18) These quoted responses are taken from an unpublished replication of the earlier studies (which were done at Cornell by the two Dans) that Dan conducted while he was at Harvard. They are typical of responses written by subjects in all of these change blindness experiments. Levin and Simons ("Failure to Detect Changes to Attended Objects") found that across four different pairs of actors performing two different simple actions, approximately two-thirds of the subjects failed to report any change. For the particular video described in the text, none of the subjects in the original experiment reported the change.

19) See Levin and Simons, "Failure to Detect Changes to Attended Objects." A video of a subject participating in this study can be viewed at www.theinvisiblegorilla.com.

20) Script supervisors have many responsibilities on set, including keeping track of all the details of each take (e.g., the cameras used, what actors said, how the action progressed, how long the shot was, etc.). Their extensive notes guide the entire postproduction process.

21) Quotes from Trudy Ramirez are from an e-mail correspondence on June 2−6, 2009, and a telephone interview with Dan on June 6, 2009. Dan also corresponded with a second

script supervisor, Melissa Sanchez (on November 14, 2004, and June 2—3, 2009), who was tremendously helpful in guiding our writing of this section.

22) Two of the best-known training manuals for script supervisors, *Script Supervising and Film Continuity* by Pat Miller and *The Continuity Supervisor* by Avril Rowlands, give advice that is entirely consistent with what Trudy Ramirez said: Don't count on your ability to remember visual details. Miller, who advises readers to take photographs and copious notes, recognizes the limits of memory: "It is humanly impossible and patently unnecessary for you to simultaneously watch and note every detail in a scene. The mark of a competent continuity supervisor is not so much the possession of extraordinary powers of observation … but your confidence in knowing what is important to observe" (p. 177). Rowlands agrees: "… it is what you notice that is important. You will never notice everything that is happening within a shot and it is not necessary that you should, providing the things you do notice and write down are those which are important in order to preserve continuity" (p. 68).

23) Of 108 undergraduates, 98 percent predicted they would notice the person change (Levin et al., "Change Blindness Blindness").

24) D. J. Simons and D. T. Levin, "Failure to Detect Changes to People During a Real-World Interaction," *Psychonomic Bulletin and Review* 5 (1998): 644—649.

25) This experiment is described in D. T. Levin, D. J. Simons, B. L. Angelone, and C. F. Chabris, "Memory for Centrally Attended Changing Objects in an Incidental Real-World Change Detection Paradigm," *British Journal of Psychology* 93 (2002): 289—302. A demonstration of the experiment was broadcast on the BBC program *Brain Story* and was also re-created on *Dateline NBC* in 2003.

26) For an overview of the evidence for change blindness, see D. J. Simons and M. Ambinder, "Change Blindness: Theory and Consequences," *Current Directions in Psychological Science* 14 (2005): 44—48.

27) Simons and Levin, "Failure to Detect Changes to People." The studies in which we changed the race or sex of the actor have not yet been published. We conducted one study in which we replaced a male actor with a female actor in the counter paradigm mentioned earlier, and nobody missed the change. Dan and his former graduate student Stephen Mitroff also conducted a series of video-based change detection experiments in which the race or sex of an actor was changed. Again, nobody missed these changes.

28) Of people who noticed the change, 81 percent correctly selected the first actor from the lineup, and 73 percent correctly picked the second. Those missing the change selected

the correct first actor 37 percent of the time and the correct second actor 32 percent of the time. See Levin et al., "Memory for Centrally Attended Changing Objects."

29) Details of this case and quotes are taken from a story by M. Rich: "Christmas Essay Was Not His, Author Admits," *The New York Times*, January 9, 2009.

30) K. A. Wade, M. Garry, J. D. Read, and S. Lindsay, "A Picture Is Worth a Thousand Lies: Using False Photographs to Create False Childhood Memories," *Psychonomic Bulletin and Review* 9 (2002): 597—603.

31) D. L. M. Sacchi, F. Agnoli, and E. F. Loftus, "Changing History: Doctored Photographs Affect Memory for Past Public Events," *Applied Cognitive Psychology* 21 (2007): 1005—1022. The story of this famous photograph, which was really four different photographs shot by four separate photographers, is discussed in the *New York Times* "Lens" blog (lens.blogs.nytimes.com/2009/06/03/behind-the-scenes-tank-man-of-tiananmen/).

32) S. J. Sharman, M. Garry, J. A. Jacobson, E. F. Loftus, and P. H. Ditto, "False Memories for End-of-Life Decisions," *Health Psychology* 27 (2008): 291—296. The *Seinfeld* quote is from "The Comeback," Episode 147, broadcast January 30, 1997. A transcript of the dialog can be found online at www.seinfeldscripts.com/TheComeback.html (accessed July 24, 2009).

33) K. Frankovic, "To Tell the Truth to Pollsters," cbsnews.com, August 15, 2007 (www.cbsnews.com/stories/2007/08/15/opinion/pollpositions/main3169223.shtml).

34) F. W. Colgrove, "Individual Memories," *American Journal of Psychology* 10 (1899): 228—255. The quote is from pages 247—248.

35) R. Brown and J. Kulik, "Flashbulb Memories," *Cognition* 5 (1977): 73—99.

36) Bush's false memory was documented in D. L. Greenberg, "President Bush's False 'Flashbulb' Memory of 9/11/01," *Applied Cognitive Psychology* 18 (2004): 363—370. The video footage of the first plane hitting the World Trade Center came from a French film crew that had been following a New York City firefighter and his comrades for a documentary. They happened to be filming firefighters investigating a gas leak near the World Trade Center when they heard a loud noise overhead. They turned their camera up just in time to catch the first plane hitting the first building. CBS broadcast its documentary in March 2002, six months after the attack. Clips of the relevant portion can be found on YouTube. See also J. Kiesewetter, "Brothers Filming Documentary Caught '9/11' on Tape," Gannett News Service, March 10, 2002.

37) At the time of this writing, there are many websites that promote the idea that President Bush knew about the attacks in advance, citing his comments about seeing the first plane

as evidence. A Google search with the terms "Bush," "first," "plane," and "9/11" turns up many of them. Incidentally, if Bush had been so diabolically clever as to plan the 9/11 attacks, feign surprise, and cover everything up from Congress, the courts, and the media, why would he then reveal his involvement to a child? Conspiracy theories tend to fail spectacularly another test of cognitive plausibility by depending on the notion that a select few individuals have near-superhuman abilities to control and coordinate events and information.

38) U. Neisser and N. Harsch, "Phantom Flashbulbs: False Recollections of Hearing the News About Challenger," in *Affect and Accuracy in Recall: Studies of "Flashbulb" Memories*, ed. E. Winograd and U. Neisser (Cambridge: Cambridge University Press, 1992).

39) "The Knight Tape," CNN/Sports Illustrated, September 9, 2000.

40) From a conversation on November 27, 2008, and a letter from Daniel D. Chabris to Christopher F. Chabris (dated December 2, 2008).

41) Interviews and conversation with Leslie Meltzer and Tyce Palmaffy.

42) J. M. Talarico and D. C. Rubin, "Confidence, Not Consistency, Characterizes Flashbulb Memories," *Psychological Science* 14 (2003): 455−461.

43) Details about the case of Hillary Clinton's Bosnia memory are drawn from a factchecking story published as "Hillary's Balkan Adventure, Part II," washingtonpost.com, March 21, 2008. The Peggy Noonan quote is from her column "Getting Mrs. Clinton," *The Wall Street Journal*, March 28, 2008. The satirical cover image was published by *The New Republic, May* 7, 2008; the image can be seen at meaningfuldistractions.files.wordpress.com/2008/05/newrepubhill.jpg (accessed August 30, 2009). Bill Clinton's comments came in a speech in a high school gymnasium in Indiana. He was quoted as saying, in reference to the people attacking his wife's statements, "and some of them when they're 60 they'll forget something when they're tired at 11 at night, too." These comments were reported by Mike Memoli and posted to the MSNBC website by Domenico Montanaro in "Bill's Back on the Trail," MSNBC First Read, April 10, 2008. Hillary Clinton did later joke about the claims when appearing on the NBC To night Show with Jay Leno (April 3, 2008): "I was worried I wasn't going to make it … I was pinned down by sniper fire at the Burbank airport."

44) In this experiment, 41 percent of the 59 subjects thought they could recall ten or more digits. The maximum number of random digits a person can hear and recall successfully is known as their "digit span." Given reasonable assumptions of a population mean digit

span of 6.6 digits and standard deviation of 1.1 digits, only about 0.5 percent of people (1 in 200) should have a digit span of ten or greater. These results and analyses are presented in Experiment 2 of Levin et al., "Change Blindness Blindness."

45) For a discussion of how intuitions about the accuracy of memory interact with the nature of the recollective experience, see W. F. Brewer and C. Sampaio, "Processes Leading to Confidence and Accuracy in Sentence Recognition: A Metamemory Approach," *Memory* 14 (2006): 540−552.

46) T. Sharot, M. R. Delgado, and E. A. Phelps (2004), "How Emotion Enhances the Feeling of Remembering," *Nature Neuroscience* 7 (2004): 1376−1380.

03

1) For information about Lyme disease, see G. P. Wormser et al., "The Clinical Assessment, Treatment, and Prevention of Lyme Disease, Human Granulocytic Anaplasmosis, and Babesiosis: Clinical Practice Guidelines by the Infectious Diseases Society of America," *IDSA Guidelines* 43 (2006): 1089−1134.
2) We surveyed 103 players in all; 31 in Parsippany and 72 in Philadelphia.
3) Our follow-up examination of ratings from years after the original survey necessarily included only those players who kept playing tournament chess through that period. Others became inactive, perhaps because their ratings were not improving as they had hoped. When those players are added to the analysis, using the last ratings they had before they dropped out, the level of overconfidence is 71 points at five years (as opposed to 54 points without those players).
4) C. Darwin, *The Descent of Man* (London: John Murray, 1871), 3.
5) A transcript of the dialogue from *Take the Money and Run* (which was released in 1969) can be found online, www.script-o-rama.com/ movie_scripts/t/take-the-money-and-run-script.html (accessed April 24, 2009).
6) D. Lehr, *The Fence* (New York: HarperCollins, 2009), 39−40.
7) Evidence that criminals tend to be less intelligent comes from pp. 247-249 of R. J. Herrnstein and C. Murray, *The Bell Curve: Intelligence and Class Structure in American Life* (New York: Free Press, 1994). Examples of inept criminals are drawn from "Daft Burglar Writes Name on Wall," BBC News, September 6, 2007 (news.bbc.co.uk/ 2/hi/uk_news/en gland/manchester/6981558.stm); and "Man Jailed After Trying to Pass $1 Million Bill at Pittsburgh Giant Eagle," WTAE- TV4, October 9, 2007 (www.

thepittsburghchannel.com/news/14300133/detail.html?rss=pit&psp=news). The largest bill in circulation is the $100 bill. Apparently a set of fake $1 million notes was distributed by a church in Texas; Porter was not the only person who tried to pass one. It is not clear whether the people who tried to spend them actually thought they were legal tender.

8) The experiments described in this section are reported in J. Kruger and D. Dunning, "Unskilled and Unaware of It: How Difficulties in Recognizing One's Own Incompetence Lead to Inflated Self-Assessments," *Journal of Personality and Social Psychology* 77 (1999): 1121?1134. The finding that the less competent are more prone to overestimate their ability than the highly competent has been called the "Dunning-Kruger Effect," presumably because Dunning was a professor and Kruger was a graduate student at the time. It earned its discoverers the Ig Nobel Prize for psychology in 2000 (improbable.com/ig/ig-pastwinners.html). Kruger is now a professor at New York University's business school.

9) Kruger and Dunning, "Unskilled and Unaware of It," 1121. In Little Rock, Arkansas, in 2007 a man named Langston Robbins entered a bank, walked right past an off-duty cop working as a security guard, and placed a holdup note in front of the teller. The cop arrested him after a struggle and a short chase. Lieutenant Terry Hastings of the Little Rock police told the Associated Press, "I just don't know why he didn't see a uniformed police officer standing basically right in front of him … My guess is he's just not the brightest of people." As we have seen, not noticing something right in front of you (or along your path, as in this case or the Kenny Conley incident) is a common occurrence that has nothing to do with an individual's intelligence, or lack thereof. Hastings's reaction, though, has everything to do with the illusion of attention. What was perhaps unintelligent about Robbins's plan—like McArthur Wheeler's—was attempting the robbery with no disguise in front of a surveillance camera. See "Foiled Robbery Attempt Leads to Police Chase," KATV-7, September 6, 2007 (www.katv.com/news/stories/0907/453127.html); the security video is available at "Police Say Tape Shows Attempted Bank Robbery in Front of Uniformed Cop," USA Today On Deadline blog, September 7, 2007 (blogs.usatoday.com/ondeadline/2007/09/police-say-tape.html). Several of the examples of stupid crimes that we have mentioned in this section come from "The Top Ten Stupid Criminals of 2007," Neatorama blog (www.neatorama.com/2007/12/18/the-top-ten-stupid-criminals-of-2007/), which has links to original news sources.

10) Research about judgments of beauty is reviewed in N. Etcoff, Survival of the Prettiest: *The Science of Beauty* (New York: Doubleday, 1999).

11) These percentages were constructed from additional information provided by Justin Kruger (personal communication, January 24, 2009). For the top quartile of subjects on the sense of humor test, the correlation between subject ratings of funniness and comedian ratings was $r = .57$; for the bottom quartile it was $r=?.13$ (in each case the correlation is across jokes).
12) Here and in similar contexts in this book, when we refer to the "average" person or someone performing better than "average," we are using the term *average* in an informal rather than a statistical sense. Although average in a statistical sense refers to the mean value, we are referring to the median. The median student has a better sense of humor than 50 percent of the other students and a worse sense of humor than the other 50 percent. If sense of humor is symmetrically distributed about a mean value—and we have no reason to suspect otherwise—then the mean student is the median student as well. When the distribution is biased in one direction or the other, the mean and median may differ, but in the examples we discuss, they typically will be close to each other.
13) We also used regression analysis to show that a player's chess rating is the single best predictor of chess overconfidence, beating out age, education level, years playing the game, years playing competitively, and the number of months since the player's last tournament (i.e., how "in practice" the player was at the time of our survey). For example, rating explains 23 percent of the variance in overconfidence, while sex, age, and years of education together only explain an additional 10 percent.
14) They chose reasoning as a skill to improve because it's harder to improve a person's sense of humor (especially if that person didn't laugh at the joke about the child making God cry). Educational psychologist Diane Horgan raises the intriguing alternative that a better understanding of one's skill level is not necessarily the result of greater skill. Instead, the causation can also run in the other direction: Realistically understanding your skill level might help you improve by enabling you to adjust your expectations, properly gauge feedback, identify your strengths and weaknesses, and so on. If you are overconfident in your ability, you may also be less motivated to improve it. After all, you "know" that you are already good, so you don't need to practice more. These considerations should give pause to advocates of increasing children's self-esteem as a salve for educational underachievement. See D. Horgan, "Children and Chess Expertise: The Role of Calibration," *Psychological Research* 54 (1992): 44–50.
15) Seventy-one percent of men and 66 percent of women believe they have aboveaverage intelligence (M. Campbell, "100% Canadian," *The Globe and Mail*, December 30, 2000).

Evidence that drivers think they are better than average is from O. Svenson, "Are We All Less Risky and More Skillful Than Our Fellow Drivers?" *Acta Psychologica* 47 (1981): 143– 148. This study also included a group of American students, who were slightly more confident in their abilities than their Swedish counterparts: 93 percent thought they were more skillful than 50 percent of their peers, and 88 percent thought they were safer. Evidence about self- judged attractiveness comes from a study of college students in which men judged themselves to be about 15 percent more attractive than they actually were. Women viewed themselves as slightly less attractive than they actually were, although both men and women viewed themselves as above average in attractiveness (the women in the study were judged to be a little more above average in attractiveness). See M. T. Gabriel, J. W. Critelli, and J. S. Ee, "Narcissistic Illusions in Self-Evaluations of Intelligence and Attractiveness," *Journal of Personality* 62 (1994): 143–155. Interestingly, a meta-analysis of a number of studies that measured the relationship between self-rated attractiveness and actual attractiveness (as rated by others) showed only a small relationship. In other words, how attractive you judge yourself to be is only slightly related to how attractive others think you are. See A. Feingold, "Good-Looking People Are Not What We Think," *Psychological Bulletin* 111 (1992): 304–311.

16) This belief in one's own incompetence, despite all external evidence to the contrary, is sometimes known as the "Impostor Syndrome." See M. E. Silverman, *Unleash Your Dreams: Tame Your Hidden Fears and Live the Life You Were Meant to Live* (New York: Wiley, 2007), 73–75; M. F. K. R. de Vries, "The Danger of Feeling Like a Fake," *Harvard Business Review* (2005).

17) In the Kruger and Dunning study, the top 25 percent of subjects in sense of humor were, on average, funnier than 87.5 percent of the study participants (because the subjects occupied the 75–100th percentiles of the sense of humor distribution, and the midpoint of that range is 87.5). However, these subjects estimated, on average, that they were funnier than just 70 percent of their peers, indicating an average underconfidence of 17.5 percent.

18) D. Baird, *A Thousand Paths to Confidence* (London: Octopus, 2007), 10.

19) R. M. Kanter, *Confidence: How Winning Streaks and Losing Streaks Begin and End* (New York: Crown Business, 2004), 6.

20) A. Tugend, "Secrets of Confident Kids," *Parents*, May 2008, pp. 118–122.

21) A transcript and video recording of the so- called malaise speech can be found at the Miller Center of Public Affairs website (millercenter.org/scripps/archive/speeches/

detail/3402).

22) The story of Carter's speech, its political context, and the response to it is told in K. Mattson, "What the Heck Are You Thinking, Mr. President?" Jimmy Carter, America's "Malaise," and the Speech That Should Have Changed the Country (New York: Bloomsbury, 2009).

23) J. B. Stewart, Den of Thieves (New York: Simon & Schuster 1991), 117, 206; J. Kornbluth, Highly Confident: The Crime and Punishment of Michael Milken (New York:Morrow, 1992).

24) The conversation between Tenet and Bush was reported in B. Woodward, Plan of Attack (New York: Simon & Schuster, 2004), 249. Fleischer's quote is from a White House press conference, April 10, 2003, www.whitehouse.gov/news/releases/2003/04/20030410-6.html (accessed July 2006). Evidence about the absence of WMDs comes from Comprehensive Report of the Special Advisor to the DCI on Iraq's WMD (also known as the "Duelfer Report") (https://www.cia.gov/library/reports/general-reports-1/iraq_wmd_2004/index.html).

25) This is not as unusual a decision process as you might think. The U.S. Supreme Court uses it during the conferences that follow oral arguments in its cases: The Chief Justice states his views on the case, followed by the other justices, from the most to least senior. An advantage of this process is that it ensures that everyone gets to speak, and in the case of tough-minded federal judges who are appointed for life, it probably does more good than harm. When some group members are clearly subordinate to others, though, it is a recipe for bad outcomes. The Supreme Court's decision-making process is described in W. H. Rehnquist, The Supreme Court: How It Was, How It Is (New York: William Morrow, 1987).

26) In his book The Wisdom of Crowds (New York: Doubleday, 2004), James Surowiecki reviews over a century of work, dating back to Sir Francis Galton, showing that the average of in de pen dent guesses comes closer to the actual total than the vast majority of the individual estimates that make up the average.

27) From a discussion Chris had with Richard Hackman on April 27, 2009.

28) C. Anderson and G. J. Kilduff, "Why Do Dominant Personalities Attain Influence in Face-to-Face Groups? The Competence-Signaling Effects of Trait Dominance," Journal of Personality and Social Psychology 96 (2009): 491−503. In a second experiment, similar results were obtained with a more realistic, open-ended group task that involved simulated business decision-making.

29) Information on William Thompson comes from Wikipedia, en.wikipedia.org/wiki/William_Thompson_(confidence_man) (accessed May 2, 2009); and from the article "Arrest of the Confidence Man," *New-York Herald*, July 8, 1849, chnm.gmu.edu/lostmuseum/lm/328/ (accessed May 2, 2009).

30) The story of Frank Abagnale is based on Wikipedia, en.wikipedia.org/wiki/Frank_Abagnale (accessed May 2, 2009); and on his memoir: F. W. Abagnale and S. Redding, *Catch Me If You Can* (New York: Grosset & Dunlap, 1980).

31) The experiments described here are reported in C. F. Chabris, J. Schuldt, and A. W. Woolley, "Individual Differences in Confidence Affect Judgments Made Collectively by Groups" (poster presented at the annual convention of the Association for Psychological Science, New York, May 25−28, 2006).

32) In an experiment with 61 subjects, confidence levels between the two test versions were correlated ($r = .80$) but accuracy was not ($r = −.05$). In another experiment with 72 subjects, confidence correlated only $r = .12$ with scores on a twelve-item version of Raven's Advanced Progressive Matrices, a nonverbal "gold standard" measure of general cognitive ability. Earlier research by others indicated that confidence is a domain-general trait: G. Schraw, "The Effect of Generalized Metacognitive Knowledge on Test Performance and Confidence Judgments," *Journal of Experimental Education* 65 (1997): 135−146; A-R. Blais, M. M. Thompson, and J. V. Baranski, "Individual Differences in Decision Processing and Confidence Judgments in Comparative Judgment Tasks: The Role of Cognitive Styles," *Personality and Individual Differences* 38 (2005): 1707−1713.

33) Cesarini and colleagues found that genetic differences explain 16?34 percent of the differences among individuals in overconfidence. They studied 460 pairs of twins from the Swedish Twin Registry and asked them to estimate their cognitive abilities relative to the other subjects in the study. The difference between their estimated ranks and their actual ranks on a cognitive test was taken as a measure of overconfidence. D. Cesarini, M. Johannesson, P. Lichtenstein, and B. Wallace, "Heritability of Overconfidence," *Journal of the Eu ro pe an Economic Association* 7 (2009), 617−627.

34) Quotes and information in this section are from H. Cooper, C. J. Chivers, and C. J. Levy, "U.S. Watched as a Squabble Turned into a Showdown," *The New York Times*, August 17, 2008, p. A1 (www.nytimes.com/2008/08/18/washington/18diplo.html). A detailed summary of the Russia−Georgia War is available on Wikipedia (en.wikipedia.org/wiki/2008_South_Ossetia_war).

35) D. D. P. Johnson, *Overconfidence and War: The Havoc and Glory of Positive Illusions*

(Cambridge, MA: Harvard University Press, 2004).

36) A similar collective overconfidence might have contributed to the decision to invade Iraq in 2003. Richard Pearle, then chairman of the Defense Policy Board, when interviewed later on PBS *WideAngle*, noted the strong consensus within the Bush administration on the need to overthrow Saddam Hussein: "It's not quite the case that the president has the only vote that counts, but his thumb on the scale is not insignificant. And I don't think he's meeting a lot of resistance, frankly. I think the other senior officials of the administration have come to the same conclusion he has."

37) The average confidence of the individual subjects was 70 percent, and the average confidence of the groups was 74 percent, a small but statistically significant increase; 36 groups of two people each participated in this experiment, 12 each in the three conditions (Chabris et al., "Individual Differences in Confidence").

38) See "The Case of the Missing Evidence" (www.blog.sethroberts.net/2008/09/13/the-case-of-the-missing-evidence/).

39) C. G. Johnson, J. C. Levenkron, A. L. Sackman, and R. Manchester, "Does Physician Uncertainty Affect Patient Satisfaction?" *Journal of General Internal Medicine* 3 (1988): 144−149.

40) B. McKinstry and J. Wang, "Putting on the Style: What Patients Think of the Way Their Doctor Dresses," *British Journal of General Practice* 41 (1991): 275−278; S. U. Rehman, P. J. Nietert, D. W. Cope, and A. O. Kilpatrick, "What to Wear Today? Effect of Doctor's Attire on the Trust and Confidence of Patients," The American Journal of Medicine 118 (2005): 1279−1286; and A. Cha, B. R. Hecht, K. Nelson, and M. P. Hopkins, "Resident Physician Attire: Does It Make a Difference to Our Patients?" *American Journal of Obstetrics and Gynecology* 190 (2004): 1484−1488. White lab coats also appear to be a source of infection: A. Treakle, K. Thom, J. Furuno, S. Strauss, A. Harris, and E. Perencevich, "Bacterial Contamination of Health Care Workers' White Coats," *American Journal of Infection Control* 37 (2009): 101−105.

41) Information on the Jennifer Thompson rape case is based primarily on judicial opinions in the case and on the following sources: J. M. Doyle, *True Witness: Cops, Courts, Science, and the Battle Against Misidentification* (New York: Palgrave Macmillan, 2005); an episode of the PBS series *Frontline*, "What Jennifer Saw," broadcast February 25, 1997; a joint memoir, J. Thompson-Cannino, R. Cotton, and E. Torneo, *Picking Cotton: Our Memoir of Injustice and Redemption* (New York: St. Martin's Press, 2009); and an article by Jennifer Thompson, "I Was Certain, But I Was Dead Wrong," Houston Chronicle, June 20, 2000,

www.commondreams.org/views/062500-103.htm (accessed May 3, 2009). Direct quotes are also drawn from these sources.

42) *Neil v. Biggers*, 409 U.S. 188 (1972).

43) Kassin and colleagues surveyed 63 expert-witness psychologists and found that 46 said the evidence for this statement was either "very" or "generally" reliable: S. M. Kassin, P. C. Ellsworth, and V. L. Smith, "The 'General Acceptance' of Psychological Research on Eyewitness Testimony: A Survey of the Experts," *American Psychologist* 44 (1989): 1089–1098.

44) Innocence Project website, www.innocenceproject.org/understand/Eyewitness-Misidentification.php (accessed February 21, 2009).

45) R. C. L. Lindsay, G. L. Wells, and C. M. Rumpel, "Can People Detect Eyewitness-Identification Accuracy Within and Across Situations?" *Journal of Applied Psychology* 66 (1981): 79–89.

46) S. Sporer, S. Penrod, D. Read, and B. L. Cutler, "Choosing, Confidence, and Accuracy: A Meta-analysis of the Confidence-Accuracy Relation in Eyewitness Identification Studies," *Psychological Bulletin* 118 (1995): 315–327. They report an average correlation across studies of $r = .41$ between witness confidence and accuracy in simulated lineup tasks (when the "witness" chooses someone from the lineup, which Jennifer Thompson did in the Ronald Cotton investigation, as opposed to choosing no one; i.e., claiming the perpetrator is not in the lineup).

47) G. L. Wells, E. A. Olson, and S. D. Charman, "The Confidence of Eyewitnesses in Their Identifications from Lineups," *Current Directions in Psychological Science* 11 (2002): 151–154.

48) We are not claiming that physical evidence is always infallible. It can be relied on only to the extent that it is produced by honest, careful technicians applying valid science. That said, the forensic science behind such common techniques as hair and fiber analysis and fingerprint matching is surprisingly primitive (e.g., see National Research Council, *Strengthening Forensic Science in the United States: A Path Forward* [Washington, DC: National Academies Press, 2009]). Circumstantial evidence, which is often derided as being lower in value than direct evidence from eyewitnesses, can in fact be more reliable than any other kind of evidence—even a sworn confession—because it does not stand or fall based on a single disputable fact (e.g., whether a witness has good memory, or whether a confession was coerced). A good circumstantial case can be compelling because it involves a large number of circumstances that would be unlikely to all occur together by chance.

04

1) Basic facts about the Human Genome Project, which involved researchers in several countries, can be found at the U.S. Department of Energy (DOE) website devoted to the project (www.ornl.gov/sci/techresources/Human_Genome/home.shtml). The DOE was involved in biomedical research because of the recognition that radiation from nuclear weapons and other sources could affect human genes. The majority of the project's funding, however, came from the bud get of the National Institutes of Health (NIH).

2) The story of the gene count betting pool is based on a series of articles in Science magazine: E. Pennisi, "And the Gene Number Is …?" *Science* 288 (2000): 1146−1147; E. Pennisi, "A Low Number Wins the GeneSweep Pool," *Science* 300 (2003): 1484; and E. Pennisi, "Working the (Gene Count) Numbers: Finally, a Firm Answer?" *Science* 316 (2007): 1113. Other sources include an Associated Press article from October 20, 2004 (reprinted at www.thescienceforum.com/Scientists-slash-estimated-number-of-human-genes-5t.php), and an article by Cold Spring Harbor Laboratory's David Stewart, who maintained the official handwritten ledger in which all bets were recorded, www.cshl.edu/public/HT/ss03-sweep.pdf (accessed August 27, 2009). The pool's defunct website has been archived at web.archive.org/web/20030424100755/www.ensembl.org/Genesweep/ (accessed August 27, 2009).

3) The prediction was made in a talk given by Herbert Simon on behalf of himself and Allen Newell at the National Meeting of the Operations Research Society of America on November 14, 1957: H. A. Simon and A. Newell, "Heuristic Problem Solving: The Next Advance in Operations Research," *Operations Research* 6 (1958): 1−10. They also predicted that within ten years, computers would be proving important mathematical theorems and composing high-quality original music, and that most theories in psychology would be expressed in the form of computer programs designed to simulate the human mind. None of these things fully came to pass, though some progress was made on each of them.

4) Nowadays even laptop computers are the equal of the world's top players. The history of the bets is described by D. Levy and M. Newborn, *How Computers Play Chess* (New York: Computer Science Press, 1991). The match between Kasparov and Deep Blue is recounted in the following works: M. Newborn, *Deep Blue: An Artificial Intelligence Milestone* (New York: Springer, 2003); F-H. Hsu, *Behind Deep Blue: Building the Computer That Defeated the World Chess Champion* (Princeton, NJ: Princeton University Press, 2002); and D.

Goodman and R. Keene, *Man Versus Machine: Kasparov Versus Deep Blue* (Cambridge, MA: H3 Publications, 1997).

5) P. Ehrlich, *The Population Bomb* (New York: Ballantine, 1968).

6) Quoted by J. Tierney, "Science Adviser's Unsustainable Bet (and Mine)," Tierney-Lab blog, December 23, 2008 (tierneylab.blogs.nytimes.com/2008/12/23/science-advisorsunsustainable-bet-and-mine/). Other information on the Ehrlich-Simon wager is drawn from the following sources: J. Tierney, "Betting on the Planet," *The New York Times*, December 2, 1990; J. Tierney, "Flawed Science Advisor for Obama?" TierneyLab blog, December 19, 2008 (tierneylab.blogs.nytimes.com/2008/12/19/flawed-science-advicefor-obama/); and E. Regis, "The Doomslayer," *Wired*, February 1997.

7) J. L. Simon, "Resources, Population, Environment: An Oversupply of False Bad News," *Science* 208 (1980): 1431−1437.

8) We could have gone on and on with examples of scientific overconfidence; for example, even physicists have been found to be overconfident when historical data was examined to see how accurately they had measured well-known physical constants, like the speed of light: M. Henrion and B. Fischhoff, "Assessing Uncertainty in Physical Constants," *American Journal of Physics* 54 (1986): 791−797.

9) R. Lawson, "The Science of Cycology: Failures to Understand How Everyday Objects Work," *Memory and Cognition* 34 (2006): 1667−1775.

10) L. G. Rozenblit, "Systematic Bias in Knowledge Assessment: An Illusion of Explanatory Depth," PhD dissertation, Yale University, 2003.

11) From an interview Dan conducted with Leon Rozenblit on August 14, 2008.

12) B. Worthen, "Keeping It Simple Pays Off for Winning Programmer," *The Wall Street Journal*, May 20, 2008, p. B6 (online.wsj.com/article/SB121124841362205967.html).

13) Information on the Big Dig drawn primarily from the project's official website (masspike.com/bigdig/index.html).

14) Information on the Brooklyn Bridge and Sydney Opera House is from B. Flyvbjerg, "Design by Deception: The Politics of Megaproject Approval," *Harvard Design Magazine*, Spring/Summer 2005, pp. 50−59. Information on the Sagrada Familia is from R. Zerbst, *Gaudi: The Complete Buildings* (Hong Kong: Taschen, 2005) and from Wikipedia (en.wikipedia.org/wiki/Sagrada_Familia). The entire history of public architecture can be seen as one of cost overruns and delays. Bent Flyvbjerg, an expert on urban planning at the University of Aalborg in Denmark, has coauthored a study of three hundred such projects in twenty countries. He argues persuasively that all parties involved have learned

to deliberately lowball the estimates, because if legislators and their constituents appreciated the true costs and uncertainties involved in these projects, they would never support them. In other words, those who do understand the complex systems—or at least understand the limits of their own knowledge—are exploiting the very lack of that understanding among the general public. See B. Flyvbjerg, N. Bruzelius, and W. Rothengatter, *Megaprojects and Risk: An Anatomy of Ambition* (Cambridge: Cambridge University Press, 2003).

15) The first quote is from Robert Burns, the second is from Helmuth Graf von Moltke, and the third is from Douglas Hofstadter.

16) This quip is usually attributed to Yogi Berra, whose sayings often had this sort of twisted logic, but a version of it was apparently said earlier by the physicist Neils Bohr.

17) This study is described on p. 142 of P. B. Carroll and C. Mui, *Billion Dollar Lessons: What You Can Learn from the Most Inexcusable Business Failures of the Last 25 Years* (New York: Portfolio, 2008).

18) The classic volume on the positive nature of most self-deception is S. E. Taylor, *Positive Illusions: Creative Self-Deception and the Healthy Mind* (New York: Basic Books, 1989). The idea that depressed people are less subject to everyday illusions is speculative; there is a controversial line of research suggesting that depressed people have a more realistic understanding of how much they can control events (e.g., L. B. Alloy and L. Y. Abramson, "Judgment of Contingency in Depressed and Nondepressed Students: Sadder but Wiser?" *Journal of Experimental Psychology: General* 108 [1979]: 441−485).

19) The idea of the "outside view" is described in detail in D. Lovallo and D. Kahneman, "Delusions of Success: How Optimism Undermines Executive Decisions," *Harvard Business Review* (July 2003): 56−63. The tendency to underestimate the time to complete a task is often called the "planning fallacy," and the formal name for the technique of comparing a project to similar ones to estimate completion time is called "reference class forecasting." This method has been endorsed by the American Planning Association. See B. Flyvbjerg, "From Nobel Prize to Project Management: Getting Risks Right," *Project Management Journal* (August 2006): 5−15. Another way to use the disinterested knowledge of other people to help in forecasting project durations (and other future events) is to set up a prediction market, a sort of artificial financial futures market in which individuals invest or gamble money on making the most accurate prediction. The aggregation of multiple, independent predictions, each from someone motivated by financial gain and not personally involved in carrying out the plan, can yield much more

accurate forecasts than those made by even expert individuals. For discussion, see C. R. Sunstein, *Infotopia: How Many Minds Produce Knowledge* (Oxford: Oxford University Press, 2006); and R. W. Hahn and P. C. Tetlock, *Information Markets: A New Way of Making Decisions* (Washington, DC: AEI Press, 2006).

20) Techniques like these were studied experimentally in R. Buehler, D. Griffin, and M. Ross, "Exploring the 'Planning Fallacy': Why People Underestimate Their Task Completion Times," *Journal of Personality and Social Psychology* 67 (1994): 366–381.

21) Information on Brian Hunter and Amaranth Advisors comes from: A. Davis, "Blue Flameout: How Giant Bets on Natural Gas Sank Brash Hedge-Fund Trader," The Wall Street Journal, September 19, 2006, p. A1 (online.wsj.com/article/SB115861715980366723.html); and H. Till, "The Amaranth Collapse: What Happened and What Have We Learned Thus Far?" EDHEC Business School, Lille, France, 2007. The comparison between Amaranth and other debacles is based on "List of Trading Losses" in Wikipedia, en.wikipedia.org/wiki/List_of_trading_losses (accessed March 27, 2009).

22) Information on various investment strategies comes from the following sources: "Dow Theory" in Wikipedia, en.wikipedia.org/wiki/Dow_theory (accessed March 25, 2009); discussion of the Nifty Fifty in Chapter 8, "The Amazing Two-Tier Market," in D. N. Dreman, *Psychology and the Stock Market: Investment Strategy Beyond Random Walk* (New York: Amacom, 1977). "Dogs of the Dow" is a nickname for a strategy proposed by Michael O'Higgins in his book *Beating the Dow: A High-Return, Low-Risk Method for Investing in the Dow Jones Industrial Stocks with as Little as $5000* (New York: HarperCollins, 1991). The "Foolish Four" strategy, a derivative of one of O'Higgins's ideas, is described by Robert Sheard in *The Unemotional Investor: Simple Systems for Beating the Market* (New York: Simon & Schuster, 1998). Both of the latter two books were bestsellers.

23) It is arguably wrong to view a house as an investment. A typical asset bought for investment purposes is not usable while you own it; there's nothing you can physically do with your Google stock or your municipal bonds or your money-market funds. (You can't even frame your pretty stock certificates anymore, unless you make a special request for them from your broker.) The right way to think of a house is as a hybrid of a consumable product that must be repaired and upgraded over time, like a car or a computer, and an underlying investment (which is based partly on the value of the land where it stands).

People make mistakes when thinking about housing prices for a variety of reasons, one of which is failing to make this distinction. For example, many homeowners mistakenly believe that improving their homes will increase the home's value by a greater amount than the cost of the improvement; in fact, every one of twenty-nine common home improvements yields an average increase in resale value less than 100 percent of its cost (see "Remodeling 2007 Cost Versus Value Report" [www.remodeling.hw.net/costvsvalue/index.html]; and D. Crook, *The Wall Street Journal Complete Homeowner's Guidebook* [New York: Three Rivers Press, 2008]). Remodeling a home office costs $27,193 on average, but increases the home's value by only $15,498, or 57 percent of the original expenditure, not counting any interest paid if the remodeling was financed. Even remodeling a kitchen, one of the classic value centers of a house, returns only 74 percent of the money spent. Look at it this way: If your house would sell for $500,000 today, but you decide to "invest" $40,000 in a new kitchen before you put the house on the market, you should expect to get about $530,000 for it. Putting the same money in the bank would be a much better investment: You wouldn't earn much in interest, but at least you wouldn't lose the $10,000!

When told these facts, people often become incredulous and even angry—precisely because they contradict a foundational piece of "knowledge" homeowners have about their "investments." We will return to this subject later in this chapter when we discuss the necessary conditions for financial bubbles and panics. There are, of course, other reasons to remodel a house besides any expected "investment" gain: A recent study showed that additional full or half bathrooms in a house were more strongly associated with owner satisfaction than any other feature measured, including additional bedrooms, air conditioning, and a garage. See R. N. James III, "Investing in Housing Characteristics That Count: A Cross-Sectional and Longitudinal Analysis of Bathrooms, Bathroom Additions, and Residential Satisfaction," *Housing and Society* 35 (2008): 67—82.

24) M. Piazzesi and M. Schneider, "Momentum Traders in the Housing Market: Survey Evidence and a Search Model," Stanford University manuscript, 2009, www.stanford.edu/~piazzesi/momentum%20in%20housing%20search.pdf (accessed August 17, 2009).

25) Alberto Ramirez's mortgage story is from C. Lloyd, "Minorities Are the Emerging Face of the Subprime Crisis," SF Gate, April 13, 2007 (www.sfgate.com/cgi-bin/article.cgi?f=/g/a/2007/04/13/carollloyd.DTL). Ninja loans, and other bad home-finance ideas, are mentioned in S. Pearlstein, " 'No Money Down' Falls Flat," *The Washington Post*, March 14, 2007, p. D1 (www.washingtonpost.com/wp-

dyn/content/article/2007/03/13/AR2007031301733_pf.html). Ed Glaeser's quote comes from E. Glaeser, "In Housing, Even Hindsight Isn't 20-20," *The New York Times* Economix blog, July 7, 2009 (economix.blogs.nytimes.com/2009/07/07/in-housing-even-hindsight-isnt-20-20/?hp).

26) R. Lowenstein, "Triple-A Failure," *The New York Times Magazine*, April 27, 2008 (www.nytimes.com/2008/04/27/magazine/27Credit-t.html). Similar problems beset so called "quant" funds, which were hedge funds that made trading decisions entirely or mostly based on the predictions of computer models that were calibrated with historical data that didn't include market conditions like the increasingly risky environment of 2007. See H. Sender and K. Kelly, "Blind to Trend, 'Quant' Funds Pay Heavy Price," *The Wall Street Journal*, August 9, 2007.

27) R. H. Thaler, A. Tversky, D. Kahneman, and A. Schwartz, "The Effect of Myopia and Loss Aversion on Risk Taking: An Experimental Test," *Quarterly Journal of Economics* 112 (1997): 647–661.

28) Interestingly, the most active traders also tended to have smaller portfolios at the beginning of the study than did the least active ones; obviously this difference would tend to magnify over time since their net returns would be lower as well. See B. Barber and T. Odean, "Trading Is Hazardous to Your Wealth: The Common Stock Investment Performance of Individual Investors," *Journal of Finance* 55 (2000): 773–806. Men, especially single men, also trade much more frequently than women, and earn correspondingly lower returns on their investments. See also B. Barber and T. Odean, "Boys Will Be Boys: Gender, Overconfidence, and Common Stock Investment," *Quarterly Journal of Economics* 116 (2001): 261–292.

29) Unless you are a coin collector, you don't know enough to distinguish a counterfeit penny from a real one. Even coin collectors might fail to recognize subtle changes unless they're actively looking for them. As a child, Dan collected coins, and he did spot one obvious fake. He was at a coin show, and a vendor was selling a really old coin that he claimed was from ancient Greece. The coin was well worn, with few details still visible. It certainly looked like it could be more than two thousand years old, and the figure on the front looked like a Greek hero. Dan didn't buy it, though—it had a date of "300BC" partially visible below the figure! (Some counterfeiters apparently are not terribly bright.)

30) The idea that the mind works like a Web browser comes from R. A. Rensink, "The Dynamic Representation of Scenes," *Visual Cognition* 7 (2000): 17–42. In philosophy and psychology, metaphors for the workings of the mind often draw on the latest and greatest

in technology. Early models of the mind appealed to the notions of hydraulics, with the flows of fluids causing different thoughts and actions. Such models were gradually replaced by the notion of the mind as a mechanical device, with metaphorical gears. In the 1960s, the dominant model of the mind was as an information-processing device. Essentially, the mind was treated as a powerful computer. The computer metaphor continues to hold sway in psychology, with some adjustments corresponding to further changes in technology: an emphasis on the parallel nature of processing, off-loading of some types of processing to specialized modules (just as computer graphics are often handled by a special chip set), and so on. For an interesting discussion of the effects of technological developments on the nature of scientific theories, see G. Gigerenzer, "From Tools to Theories: A Heuristic of Discovery in Cognitive Psychology," *Psychological Review* 98 (1991): 254−267.

31) B. Popken, "Do Coat Hangers Sound as Good as Monster Cables?" *The Consumerist* blog, March 3, 2008, consumerist.com/362926/do-coat-hangers-sound-as-goodmonster-cables (accessed June 29, 2009).

32) If you want some snarky entertainment, read the user reviews of the Denon cable at Amazon.com. Just search the site for "Denon Ethernet cable." As of August 2009, one Amazon user was even offering one of these cables "used" for sale at $2,500!

33) D. S. Weisberg, F. C. Keil, J. Goodstein, E. Rawson, and J. R. Gray, "The Seductive Allure of Neuroscience Explanations," *Journal of Cognitive Neuroscience* 20 (2008): 470−477. The "curse of knowledge" described in the example we gave from this experiment has implications for the illusion of knowledge. If we assume that other people know what we know, and we think we know more than we do, then we must think other people know more than they do as well!

34) These results are from Experiment 1 of D. P. McCabe and A. D. Castel, "Seeing Is Believing: The Effect of Brain Images on Judgments of Scientific Reasoning," *Cognition* 107 (2008): 343−352.

35) The Allstate ad is on the company's website, www.allstate.com/content/refresh-attachments/Brain-Ad.pdf (accessed November 15, 2009).

36) Agricultural facts taken from Wikipedia, en.wikipedia.org/wiki/Illinois (accessed February 27, 2009).

37) Details about Illinois weather forecasting and WILL are from an interview with Ed Kieser conducted by Dan on February 27, 2009.

38) P. Hughes, "The Great Leap Forward: On the 125th Anniversary of the Weather Service, A

Look at the Invention That Got It Started," *Weatherwise* 47, no. 5 (1994): 22–27.

39) J. P. Charba and W. H. Klein, "Skill in Precipitation Forecasting in the National Weather Service," *Bulletin of the American Meteorological Society* 61 (1980): 1546–1555. There has been much discussion of "chaos" in physical systems like the earth's climate, and the now-clichéd idea that a butterfly can flap its wings on one side of the world and influence the weather weeks later on the opposite side of the world. None of this makes it impossible to predict whether it will rain tomorrow.

40) This demonstration was suggested by one of Dan's teaching assistants, Richard Yao, who experienced it in a class as an undergraduate at Northwestern University.

41) R. A. Price and S. G. Vandenberg, "Matching for Physical Attractiveness in Married Couples," *Personality and Social Psychology Bulletin* 5 (1979): 398–400.

42) The meteorologist preference question was asked of the 72 chess players in Philadelphia who participated in the study of overconfidence in chess ability that we discussed in Chapter 3. The question was first used in G. Keren, "On the Calibration of Probability Judgments: Some Critical Comments and Alternative Perspectives," *Journal of Behavioral Decision Making* 10 (1997): 269–278. See also G. Keren and K. H. Teigen, "Why Is $p=.90$ Better Than $p=.70$? Preference for Definitive Predictions by Lay Consumers of Probability Judgments," *Psychonomic Bulletin and Review* 8 (2001): 191–202. The popular preference for certainty in weather reports was noted anecdotally over a century ago. When William Ernest Cooke introduced estimates of uncertainty to weather forecasting in 1906, he predicted that the public would prefer his new method, but immediately below his first article, a note by one Professor E. B. Garriott appeared, giving no fewer than five specific arguments why Cooke's "scheme" was impractical, concluding with "because our public insist upon having our forecasts expressed concisely and in unequivocal terms." W. E. Cooke, "Forecasts and Verifications in Western Australia," Monthly Weather Review 34 (1906): 23–24.

43) P. E. Tetlock, *Expert Political Judgment: How Good Is It? How Can We Know?* (Princeton, NJ: Princeton University Press, 2005). In weather forecasting, meteorologists understand the need to show that over time their methods outperform a simple model that assumes that tomorrow's weather will be the same as today's weather. And they are easily able to make enough verifiable predictions to show that they can beat such models. People in many other disciplines lack that ready source of feedback and they often do not check whether their models can outperform such simple heuristics. Even when they do have access to such data (e.g., public financial data can be used to determine whether a

money manager's method of actively picking stocks outperforms the returns of a passive index fund), they often do not bother to check. If they did, perhaps they would not express quite as much confidence as they do.

44) We thank our editor, Rick Horgan, for suggesting these two examples.

45) Citation for Herbert Simon from Nobel Prize website (nobelprize.org/nobel_prizes/economics/laureates/1978/index.html).

46) In August 2009, Amaranth agreed to a settlement with the U.S. government over the charges, but Brian Hunter did not. As of earlier that year, he was an adviser to Peak Ridge Capital Group, where his "Commodity Volatility Fund" was up 138 percent in its first six months. "To have lost that amount of money and get back into the market with a similar-type trade takes a lot of confidence, if not arrogance," said one industry analyst. See S. Kishan, "Ex-Amaranth Trader Hunter Helps Deliver 17% Gain for Peak Ridge," Bloomberg.com, May 19, 2009 (www.bloomberg.com/apps/news?pid =20601087& sid=aUlBVaEHAk04&refer=home); "Ex- Amaranth Trader Makes Good, Possibly," the New York Times DealBook blog, April 11, 2008 (dealbook.blogs.nytimes.com/2008/04/11/ex-amaranth-trader-makes-good-possibly/); A. Davis, "Amaranth Case Shows Trading's Dark Side," *The Wall Street Journal*, July 26, 2007, p. C3; C. Kahn, "Federal Judge Orders Amaranth Advisors to Pay $7.5M for Price Manipulation," Associated Press, August 12, 2009 (ca.news.fi nance.yahoo.com/s/12082009/2/biz-finance- federal-judge-orders-amaranth-advisors-pay-7-5m.html); J. Strasburg, "A Decade Later, Meriwether Must Scramble Again," *Wall Street Journal*, March 27, 2008, p. C1 (online. wsj .com/article/SB120658664128767911.html); and G. Zuckerman and C. Karmin, "Rebounds by Hedge- Fund Stars Prove 'It's a Mulligan Industry,' " The Wall Street Journal, May 12, 2008, p. C1 (online.wsj.com/article/SB121055428158584071.html).

05

1) Details from this case and the subsequent outbreak of measles in Indiana were taken from the CDC report "Import-Associated Measles Outbreak—Indiana, May—June 2005," *Morbidity and Mortality Weekly Report* (MMWR) 54 (October 27, 2005): 1073?1075. Other details came from A. A. Parker, W. Staggs, G. H. Dayan, I. R. Ortega-S?nchez, P. A. Rota, L. Lowe, P. Boardman, R. Teclaw, C. Graves, and C. W. LeBaron, Implications of a 2005 Measles Outbreak in Indiana for Sustained Elimination of Measles in the United States," *New England Journal of Medicine* 355 (2006): 447—455. Other information about measles

discussed in this section comes from the preceding sources as well as the following additional sources: World Health Organization Measles Fact Sheet, www.who.int/mediacentre/factsheets/fs286/en/ (accessed March 24, 2009); CDC report "Outbreak of Measles—San Diego, California, January—February 2008," *Morbidity and Mortality Weekly Report* (MMWR) 57 (February 22, 2008): 203—206; "Confirmed Measles Cases in En gland and Wales: An Update to End-May 2008," 2008, Health Protection Report 2, no. 25 (2008); S. B. Omar, W. K. Y. Pan, N. A. Halsey, L. H. Moulton, A. M. Navar, M. Pierce, and D. A. Salmon, "Nonmedical Exemptions to School Immunization Requirements: Secular Trends and Association of State Policies with Pertussis Incidence," *Journal of the American Medical Association* 296 (2006): 1757—1763; CDC report "Measles—United States, January 1-April 25, 2008," *Morbidity and Mortality Weekly Report* (MMWR) 57 (May 1, 2008): 494—498; CDC report "Update: Measles—United States, January—July 2008," *Morbidity and Mortality Weekly Report* (MMWR) 57 (May 1, 2008): 893-896. Information about the measles outbreak in Romania from: Associated Press, "Measles Outbreak Sickens 4000 in Romania," December 5, 2005. After we wrote this chapter, an excellent article reporting on this case and its implications was published in *Wired*: A. Wallace, "An Epidemic of Fear: How Panicked Parents Skipping Shots Endangers Us All," *Wired*, November 2009, www.wired.com/magazine/2009/10/ff_waron science/.

2) In Romania, more than four thousand people contracted measles and ten people died during the outbreak that was the source of the missionary girl's infection.

3) Evidence that people can recognize their friends by their gait alone comes from J. E. Cutting and L. T. Kozlowski, "Recognizing Friends by Their Walk: Gait Perception Without Familiarity Cues," *Bulletin of the Psychonomic Society* 9 (1977): 353—356. Evidence that people can judge teachers from a brief glimpse comes from N. Ambady and R. Rosenthal, "Half a Minute: Predicting Teacher Evaluations from Thin Slices of Nonverbal Behavior and Physical Attractiveness," *Journal of Personality and Social Psychology* 64 (1993): 431—441.

4) Examples of pareidolia discussed in this section come from the following sources: Associated Press, "'Virgin Mary Grilled Cheese' Sells for $28,000," November 23, 2004 (www.msnbc.msn.com/id/6511148/); "Jesus Seen in Cheese Snack," CNN.com, May 18, 2009 (www.cnn.com/video/#/video/living/2009/05/18/pkg.tx.cheese.snack.jesus.KTXA); "Message from Allah 'in Tomato,'" BBC News, September 9, 1999 (news.bbc.co.uk/2/hi/uk_news/443173.stm). Other religious pareidolia examples are summarized by Wikipedia,en.wikipedia.org/wiki/Perceptions_of_religious_imagery_in_natural_phenomena (accessed May 28, 2009).

5) This experiment is reported in N. Hadjikhani, K. Kveraga, P. Naik, and S. Ahlfors, "Early (M170) Activation of Face-Specific Cortex by Face-like Objects," *Neuroreport* 20 (2009): 403—407. The researchers showed their subjects pictures from an entertaining book that contains nothing but "found" images of faces in other common objects: F. Robert and J. Robert, *Faces* (San Francisco: Chronicle Books, 2000).
6) K. Stollznow, "Merchandising God: The Pope Tart," *The Skeptic* (Autumn 2000): 28—34. The winning bid turned out to be a hoax, so Stollznow donated the Pope Tart to the second-highest bidder, a radio station DJ in Texas.
7) The experiments are reported in D. A. Redelmeier and A. Tversky, "On the Belief That Arthritis Pain Is Related to the Weather," *Proceedings of the National Academy of Sciences* 93 (1996): 2895—2896. According to these authors, modern medical textbooks downplay any relationship between the weather and arthritis pain. More recent studies have agreed in finding little to no connection, e.g., F. V. Wilder, B. J. Hall, and J. P. Barrett, "Osteoarthritis Pain and Weather," *Rheumatology* 42 (2003): 955—958. The 1972 survey of arthritis patients is from D. F. Hill, "Climate and Arthritis in Arthritis and Allied Conditions," in *A Textbook of Rheumatology* (8th ed.), ed. J. L. Hollander and D. C. McCarty, 256—263 (Philadelphia: Lea and Feringer, 1972) (as described by M.S. Shutty Jr., G. Cundiff, and D.E. DeGood, "Pain Complaint and the Weather: Weather Sensitivity and Symptom Complaints in Chronic Pain Patients," *Pain* 49 [1992]: 199—204). This tendency to see patterns we expect even when they aren't present has been known for more than forty years. It can even interfere with our ability to see patterns that actually are present but are unexpected. The seminal research on the effects of expectations on pattern perception involved the use of the Rohrshach "ink blot" test to categorize psychiatric patients as homosexual; see L. J. Chapman and J. P. Chapman, "Illusory Correlation as an Obstacle to the Use of Valid Psychodiagnostic Signs," *Journal of Abnormal Psychology* 74 (1969): 21—28.
8) Examples of correlations like this one, with a clear noncausal interpretation that makes much more sense than any causal one, can be found in almost every introductory psychology textbook (we use (#)Psychology(#) by Scott Lilienfeld and three coauthors). However, we have not been able to fi nd a study in which this par tic u lar correlation was actually measured!
9) BBC News, "Sex Keeps You Young," March 10, 1999 (news.bbc.co.uk/2/hi/health/294119.stm). For details of the original study, see D. Weeks and J. James, *Secrets of the Superyoung* (New York: Villard Books, 1998).
10) The headlines cited in this section and the research underlying them included the

following sources: Headline from CNN.com, "Drop That BlackBerry! Multitasking May Be Harmful," August 25, 2009 (www.cnn.com/2009/HEALTH/08/25/multitasking.harmful/index.html). For the original study, see E. Ophir, C. Hass, and A. D. Wagner, "Cognitive Control in Media Multitaskers," *Proceedings of the National Academy of Sciences*, 2009. Headline from Reuters Health, "Bullying Harms Kids' Mental Health: Study," February 6, 2008 (www.reuters.com/article/healthNews/idUSCOL67503120080206). For the original study, see L. Arseneault, B. J. Milne, A. Taylor, F. Adams, K. Delgado, A. Caspi, and T. E. Moffitt, "Being Bullied as an Environmentally Mediated Contributing Factor to Children's Internalizing Problems: A Study of Twins Discordant for Victimization," *Archives of Pediatrics and Adolescent Medicine* 162 (2008): 145–150. The article compared twins at age ten, of whom one had been bullied between ages seven and nine and one had not been bullied. Headline from MindHacks blog, "Does Your Neighborhood Cause Schizophrenia?" by Vaughn Bell, July 5, 2007, www.mindhacks.com/blog/2007/07/does_your_neighbourh.html (accessed June 1, 2009). The blog post and subsequent comments discuss various models in which environmental factors might contribute in a causal way to rates of schizophrenia, although the study itself was not a random-assignment experiment and does not permit that conclusion. For the original study, see J. B. Kirkbride, P. Fearon, C. Morgan, P. Dazzan, K. Morgan, R. M. Murray, and P. B. Jones, "Neighborhood Variation in the Incidence of Psychotic Disorders in Southeast London," *Social Psychiatry and Psychiatric Epidemiology* 42 (2007): 438–445. Headline from BBC News Online, "House work Cuts Breast Cancer Risk," December 29, 2006 (news.bbc.co.uk/2/hi/health/6214655.stm). For the original study, see P. H. Lahmann et al., "Physical Activity and Breast Cancer Risk: The Eu ro pe an Prospective Investigation into Cancer and Nutrition," *Cancer Epidemiology Biomarkers and Prevention* 16 (2007): 36–42. Headline from Associated Press, "Sexual Lyrics Prompt Teens to Have Sex," by L. Tanner, August 6, 2006 (www.sfgate.com/cgi-bin/article.cgi?f=/n/a/2006/08/06/national/a215010D94.DTL). For details of the original study, see S. C. Martino, R. L. Collins, M. N. Elliott, A. Strachman, D. E. Kanouse, and S. H. Berry, "Exposure to Degrading Versus Nondegrading Music Lyrics and Sexual Behavior Among Youth," *Pediatrics* 118 (2006): 430–441.

11) D. T. Max, "The Unfinished: David Foster Wallace's Struggle to Surpass 'Infinite Jest,'" *The New Yorker*, March 9, 2009, pp. 48–61 (www.newyorker.com/reporting/2009/03/09/090309fa_fact_max). For a discussion of some methods of inferring causation without conducting experiments, see: S. G. West, "Alternatives to Randomized

Experiments," *Current Directions in Psychological Science* 18 (2009): 299−304.
12) J. M. Keenan, S. D. Baillet, and P. Brown, "The Effects of Causal Cohesion on Comprehension and Memory," *Journal of Verbal Learning and Verbal Behavior* 23 (1984): 115-126. Reading sentences that require a causal inference also produces increased brain activity in a range of regions that differs from those activated by reading pairs of sentences that do not require an inference. See G. R. Kuperberg, B. M. Lakshmanan, D. N. Caplan, and P. J. Holcomb, "Making Sense of Discourse: An fMRI Study of Causal Inferencing Across Sentences," *Neuroimage* 33 (2006): 343−361.
13) R. B. Cialdini, "What's the Best Secret Device for Engaging Student Interest? The Answer Is in the Title," *Journal of Social and Clinical Psychology* 24 (2005): 22−29; C. Heath and D. Heath, *Made to Stick: Why Some Ideas Survive and Others Die* (New York: Random House, 2007). Heath and Heath discuss this idea extensively in the course of giving advice on how to create and communicate memorable messages.
14) From *The Simpsons*, Episode 723, "Much Apu about Nothing," first aired May 5, 1996 (www.thesimpsons.com/episode_guide/0723.htm).
15) From U.S. Supreme Court oral arguments on April 29, 2009, in *Northwest Austin Municipal Utility District No. 1 v. Holder* (No. 08−322). Official transcript available from www.supremecourtus.gov/oral_arguments/argument_transcripts.html (accessed June 22, 2009).
16) Although randomized experiments are occasionally conducted in the area of public policy, often to test the presumed effects of financial incentives, they are the exception to the rule that most laws and regulations are passed based on assumptions that they will change behavior, rather than on evidence that they will. For discussion, see Chapter 3 of I. Ayres, *Super Crunchers: Why Thinking-by-Numbers Is the New Way to Be Smart* (New York: Bantam Books, 2007).
17) For a keen analysis of this problem in the business literature, see P. Rozenweig, *The Halo Effect ⋯ and the Eight Other Business Delusions That Deceive Managers* (New York: Free Press, 2007). The problems of the Hush Puppies story are discussed in C. Thompson, "Is the Tipping Point Toast?" *Fast Company*, January 28, 2008 (www.fastcompany.com/magazine/122/is-the-tipping-point-toast.html).
18) All Chris Matthews quotes come from transcripts of *Hardball*, retrieved from Lexis/Nexis.
19) The story of Sherry Lansing is discussed in L. Mlodinow, "Meet Hollywood's Latest Genius," *The Los Angeles Times*, July 2, 2006. See also C. Eller, "Paramount CEO Brad Grey Signs on for Five More Years," *The Los Angeles Times*, January 8, 2009

(articles.latimes.com/2009/jan/08/business/fi-grey8).

20) Statistics from the Centers for Disease Control: www.cdc.gov/ncbddd/Autism/faq_prevalence.htm (accessed June 20, 2009) and www.cdc.gov/mmwr/preview/mmwrhtml/ss5810a1.htm (accessed December 23, 2009).

21) Details about Andrew Wakefield and the subsequent media attention to the alleged link between the MMR vaccine and autism are drawn from a comprehensive book by Paul Offit published in 2008 by Columbia University Press: *Autism's False Prophets: Bad Science, Risky Medicine, and the Search for a Cure*. The book documents the history of alleged cures and causes of autism, pointing out how false causes have been promulgated by the media. It is essential reading for anyone whose child has been diagnosed with autism and anyone who has questions about the risks of vaccines.

22) A. J. Wakefield et al., "Ileal-Lymphoid-Nodular Hyperplasia, Non-specific Colitis, and Pervasive Developmental Disorder In Children," *Lancet* 351 (1998): 637- 641.

23) Wakefield's quote is from Offit (*Autism's False Prophets*, p. 20).

24) Offit (*Autism's False Prophets*, p. 55; emphasis in original).

25) Use of the MMR vaccine ceased in Japan in 1993 (for reasons unrelated to autism), but there was no decrease in autism diagnoses afterward. See H. Honda, Y. Shimizu, and M. Rutter, "No Effect of MMR Withdrawal on the Incidence of Autism: A Total Population Study," *Journal of Child Psychology and Psychiatry* 46 (2005): 572—579. One epidemiological study examined all children born in Denmark between 1991 and 1998 (over 500,000 children) and found no difference in the rates of autism for those who had received the MMR vaccine and those who had not: K. M. Madsen, A. Hviid, M. Vestergard, D. Schendel, J. Wohlfahrt, P. Thorsen, J. Olsen, and M. Melbye, "A Population-Based Study of Measles, Mumps, and Rubella Vaccination and Autism," *New England Journal of Medicine* 347 (2002): 1477—1482. Other epidemiological studies find the same result, with no association between vaccination and autism or between the timing of vaccinations and autism. For details, see L. Dales, S. J. Hammer, and N. J. Smith, "Time Trends in Autism and in MMR Immunization Coverage in California," *Journal of the American Medical Association* 285 (2001): 1183—1185; B. Taylor, E. Miller, C. P. Farrington, M.-C. Petropoulos, I. Favot-Mayaud, J. Li, and P. A. Waight, "Autism and Measles, Mumps, and Rubella Vaccine: No Epidemiological Evidence for a Causal Association," *Lancet* 353 (1999): 2026—2029; C. P. Farrington, E. Miller, and B. Taylor, "MMR and Autism: Further Evidence Against a Causal Association," *Vaccine* 19 (2001): 3632—3635; and E. Fombonne, R. Zakarian, A. Bennett, L. Meng, and D. McLean-

Heywood, "Pervasive Developmental Disorders in Montreal, Quebec, Canada: Prevalence and Links with Immunizations," *Pediatrics* 118 (2006): e139−e150. Andrew Wakefield's claims of an association between MMR and autism later became embroiled in controversy over such issues as how the initial study was funded and how the patients were selected; see Brian Deer, "Focus: MMR−The Truth Behind the Crisis," *The Sunday Times (London)*, February 22, 2004. That year, most of the original paper's twelve coauthors, but not Wakefield, published a retraction of the suggestion that their findings could support a causal connection between MMR vaccination and autism. See S. H. Murch et. al., "Retraction of an Interpretation," *Lancet* 363 (2004), 750.

26) Heath and Heath, *Made to Stick*.
27) D. Ansen, "Pulp Friction," *Newsweek*, October 13, 2003.
28) V. S. Ramachandran and S. Blakeslee, *Phantoms in the Brain: Probing the Mysteries of the Human Mind* (New York: Harper Perennial, 1999), xiii.
29) Jenny McCarthy quotes are from an interview on CNN *Larry King Live*, September 26, 2007. Describing her initial research process, McCarthy said she "went online, researched, I typed in Google and then autism."
30) Paul Offit quotes are from National Public Radio *Morning Edition*, December 11, 2008.
31) Quotes in this paragraph are from an essay by Jenny McCarthy and Jim Carey: "Jenny McCarthy: My Son's Recovery from Autism," CNN.com, April 4, 2008 (www.cnn.com/2008/US/04/02/mccarthy.autismtreatment).
32) For a detailed history of purported cures for autism that have proven to be nothing but snake oil, see Offitt (*Autism's False Prophets*). For evidence on the genetic bases of autism, see R. Muhle, S. V. Trentacoste, and I. Rapin, "The Genetics of Autism," *Pediatrics* 113 (2004): e472−e486. For evidence on the differential brain development of children with autism, see E. DiCicco-Bloom, C. Lord, L. Zwaigenbaum, E. Courchesne, S. R. Dager, C. Schmitz, R. T. Schultz, J. Crawley, and L. J. Young, "The Developmental Neurobiology of Autism Spectrum Disorder," *Journal of Neuroscience* 26 (2006): 6897−6906. For a compilation of many studies examining the effectiveness of behavioral interventions, see J. M. Campbell, "Efficacy of Behavioral Interventions for Reducing Problem Behaviors in Autism: A Quantitative Synthesis of Single-Subject Research," *Research in Developmental Disabilities* 24 (2003): 120−138. See also the following report from the American Academy of Pediatrics: S. M. Myers, C. P. Johnson, and Council on Children with Disabilities, "Management of Children with Autism Spectrum Disorders," *Pediatrics* 120 (2007): 1162−1182. The possibility that McCarthy's son Evan was

misdiagnosed and never actually had autism was suggested by Dr. Daniel Rubin in a letter to the editor of *Neurology Today*, a publication of the American Academy of Neurology: D. B. Rubin, "Fanning the Vaccine-Autism Link," *Neurology Today* 8 (2008): 3, www.neurotodayonline.com/pt/re/neurotoday/pdfhandler.00132985-200808070-00005.pdf (accessed June 20, 2009). Rubin argues that Evan might have had a seizure disorder known as Landau-Kleffner syndrome, which is often misdiagnosed as autism. The disorder is described on the website of the National Institute of Neurological Disorders and Stroke, www.ninds.nih.gov/disorders/landaukleffnersyndrome/landaukleffnersyndrome.htm (accessed June 20, 2009).

More generally, autism is a descriptive term for a set of symptoms that can have many different causes. The spectrum of children diagnosed with autism is broad, ranging from kids who are completely nonverbal and unable to interact with others to people who successfully integrate themselves into society and have highly productive careers and relationships. Moreover, the range of behaviors exhibited in autism varies widely, with some people with the diagnosis showing aggressive anti social behavior and others exhibiting extreme shyness and passivity. Behavioral therapies can be effective in treating the symptoms of autism for many children, helping them learn to interpret and understand the social behaviors of others or eliminating undesirable behaviors. Yet, like cancer, autism is not a single thing. There can be no single cure for cancer because cancer is not a single disease, and there can be no single cure for autism because autism represents a constellation of neurological and behavioral atypicalities that can manifest themselves in a wide assortment of ways.

33) Evidence about secretin comes from the following sources: D. Armstrong, "Autism Drug Secretin Fails in Trial," *The Wall Street Journal*, January 6, 2004 (online.wsj.com/article/SB107331800361143000.html?); A. D. Sandler, K. A. Sutton, J. DeWeese, M. A. Girardi, V. Sheppard, and J. W. Bodfish, "Lack of Benefit of a Single Dose of Synthetic Human Secretin in the Treatment of Autism and Pervasive Developmental Disorder," *New England Journal of Medicine* 341 (1999): 1801—1806; and J. Coplan, M. C. Souders, A. E. Mulberg, J. K. Belchic, J. Wray, A. F. Jawad, P. R. Gallagher, R. Mitchell, M. Gerdes, and S. E. Levy, "Children with Autistic Spectrum Disorders. II: Parents Are Unable to Distinguish Secretin from Placebo Under Double-Blind Conditions," *Archives of Disease in Childhood* 88 (2003): 737—739. The subject is also discussed extensively by Paul Offit in *Autism's False Prophets*.

34) Recall our example of the perceived link between arthritis pain and the weather. In that

case, even when people had all of the necessary numbers to properly calculate the correlation, they did not do so. Instead, they judged the strength of a relationship primarily from the number of cases where the putative cause and the putative effect were both present. In the weather/arthritis case, those were the times when the weather was cold and rainy and pain was higher. In the autism example, those were the cases in which kids were vaccinated and later developed autism. In both cases, people ignored all of the other critical numbers. This reasoning error was discovered nearly fi fty years ago: J. Smedslund, "The Concept of Correlation in Adults," *Scandinavian Journal of Psychology* 4 (1963): 165−173.

35) A recent "cure" for autism, promoted by believers in the vaccine theory, involves large doses of the drug Lupron, which suppresses testosterone. Lupron is occasionally used to chemically castrate violent sex offenders. It might well lead to more docile behavior, but so would a frontal lobotomy. Unlike changing a child's diet, administering Lupron could have substantial negative side effects, such as delayed puberty and heart and bone problems, not to mention regular, painful injections. The prime promoters of the drug as an autism therapy have conducted no clinical trials and have no special training in the medical subfields related to autism, and no scientific studies have ever been conducted on the use of the drug in autism. For some details on this "therapy" and its promoters, see T. Tsouderos, "Miracle Drug Called Junk Science," *Chicago Tribune*, May 21, 2009 (www.chicagotribune.com/health/chi-autism-lupron-may21,0,242705.story).

36) Retrieved from Amazon.com on July 27, 2009.

37) From the representative national poll conducted by SurveyUSA on our behalf in June 2009 (see notes to Chapter 1 for details).

38) For a discussion of such differences, see D. C. Penn, K. J. Holyoak, and D. J. Povinelli, "Darwin's Mistake: Explaining the Discontinuity Between Human and Nonhuman Minds," *Behavioral and Brain Sciences* 31 (2008): 109−178.

06

1) R. Cimini, "Mangini Gets Players Tuned In," *New York Daily News*, July 31, 2007 (www.nydailynews.com/sports/football/jets/2007/07/31/2007-07-31_mangini_gets_players_tuned_in.html).

2) S. Yun, "Music a Sound Contribution to Healing: Good Samaritan Taking Cacophony Out of Hospital Care," *Rocky Mountain News*, May 31, 2005, www.mozarteffect.com/RandR/

Doc_adds/RMNews.htm (accessed June 24, 2009).

3) Zell Miller gave his speech on June 22, 1998, and requested $105,000 of public funds, according to "Random Samples," *Science*, January 30, 1998 (www.scienceonline.org/cgi/content/summary/279/5351/663d).

4) "Slovak Hospital Plays Mozart to Babies to Ease Birth Trauma," Agence France-Presse, September 10, 2005, www.andante.com/article/article.cfm?id=25923 (accessed May 29, 2009).

5) F. H. Rauscher, G. L. Shaw, and K. N. Ky, "Music and Spatial Task Performance," *Nature* 365 (1993): 611.

6) Shaw described this idea as a "bold prediction" in the report on the Mozart effect done by the Fox Family Channel on their program "Exploring the Unknown" (broadcast in 1999).

7) G. L. Shaw, *Keeping Mozart in Mind*, 2nd ed. (San Diego, CA: Academic Press, 2004), 160. You may be reminded of our comments in Chapter 4 on "neurobabble" as you read these claims about a special relationship between Mozart's music and the workings of the brain.

8) Mozart biographer Alfred Einstein, quoted by Shaw (*Keeping Mozart in Mind*, 162).

9) R. A. Knox, "Mozart Makes You Smarter, Calif. Researchers Suggest," *The Boston Globe*, October 14, 1993.

10) According to a report on *NBC Nightly News*, August 1999.

11) No studies have ever tested infants, a fact noted by Rauscher herself in a quote here: "Random Samples," *Science*, January 30, 1998 (www.scienceonline.org/cgi/content/summary/279/5351/663d).

12) Follow up studies by Rauscher and her colleagues included the following (among others): F. H. Rauscher, G. L. Shaw, and K. N. Ky, "Listening to Mozart Enhances Spatial-Temporal Reasoning: Towards a Neurophysiological Basis," *Neuroscience Letters* 185 (1995): 44–47; and F. H. Rauscher, K. D. Robinson, and J. J. Jens, "Improved Maze Learning Through Early Music Exposure in Rats," *Neurological Research* 20 (1998): 427–432.

13) C. Stough, B. Kerkin, T. Bates, and G. Mangan, "Music and Spatial IQ," *Personality and Individual Differences* 17 (1994): 695.

14) All studies of the Mozart effect conducted up to the summer of 1999 are summarized in C. F. Chabris, "Prelude or Requiem for the 'Mozart Effect'?" *Nature* 400 (1999): 826–827.

15) K. M. Steele, K. E. Bass, and M. D. Crook, "The Mystery of the Mozart Effect: Failure to Replicate," *Psychological Science* 10 (1999): 366–369.

16) According to a personal communication between Chris and Kenneth Steele, June 13,

2009.

17) K. M. Steele, "The 'Mozart Effect': An Example of the Scientific Method in Operation," *Psychology Teacher Network*, November-December 2001, pp. 2-3, 5.

18) Mentioned in Kevin Kwong's review of upcoming music and theater events in the *South China Morning Post* entitled "Just the Ticket," August 25, 2000.

19) A. Bangerter and C. Heath, "The Mozart Effect: Tracking the Evolution of a Scientific Legend," *British Journal of Social Psychology* 43 (2004): 605−623. This paper argues that coverage of the Mozart effect supports the theory that rumors and legends spread because they "address the needs or concerns of social groups." We agree, and we argue further that the particular need involved here is the need to believe that all of us have untapped mental potential that can easily be released. Adrian Bangerter published an expanded version in French as *La diffusion des croyances populaires: Le cas de l' effet Mozart* (Grenoble: Presses Universitaires de Grenoble, 2008).

20) The most famous exposition of this argument appears in S. J. Gould, *The Mismeasure of Man* (New York: Norton, 1981).

21) Sir Francis Galton performed this experiment at a country fair in En gland and reported it in this article: F. Galton, "Vox Populi," Nature 75 (1907): 450-451. For more on this topic, see J. Surowiecki, *The Wisdom of Crowds* (New York: Doubleday, 2004); and C. Sunstein, *Infotopia: How Many Minds Produce Knowledge* (New York: Oxford University Press, 2006).

22) E. G. Schellenberg and S. Hallam, "Music Listening and Cognitive Abilities in 10 and 11 Year Olds: The Blur Effect," *Annals of the New York Academy of Sciences* 1060 (2005): 202−209.

23) K. M. Nantais and E. G. Schellenberg, "The Mozart Effect: An Artifact of Preference," *Psychological Science* 10 (1999): 370−373.

24) In addition to the "Blur Effect" study mentioned earlier, two other published studies have failed to find a Mozart effect in school-age children: P. McKelvie and J. Low, "Listening to Mozart Does Not Improve Children's Spatial Ability: Final Curtains for the Mozart Effect," *British Journal of Developmental Psychology* 20 (2002): 241−258; and R. Crncec, S. J. Wilson, and M. Prior, "No Evidence for the Mozart Effect in Children," *Music Perception* 23 (2006): 305−317. The mistaken impression that the Mozart effect works best with fetuses, which led some parents to play classical music to their unborn children by wrapping headphones around the mothers' bellies, might have arisen from publicity given to another finding by Rauscher, published in another obscure journal. She reported

exposing rats to the magical Mozart sonata for 60 days in utero, plus several days after they were born, and comparing these animals with a control group for maze-running ability. The Mozart-exposed rats did better (Rauscher, Robinson, and Jens, "Improved Maze Learning"). Rauscher's bête noire, Kenneth Steele, later pointed out that limitations on the auditory perception abilities of rats *prevent them from hearing* many of the notes in the sonata. See K. M. Steele, "Do Rats Show a Mozart Effect?" *Music Perception* 21 (2003): 251–265. However, Rauscher continued to trumpet her rat studies, claiming that gene expression was different in the brains of Mozart-exposed rats compared with control rats. See F. H. Rauscher, "The Mozart Effect in Rats: Response to Steele," *Music Perception* 23 (2006): 447–453. This is not surprising, of course: The brain processes music—it doesn't go in one ear and out the other—so one would expect to find some difference between brains exposed to even just a few notes of music and brains exposed to something else. Finding such a difference, whether in gene expression, blood flow, electrical activity, or what ever, is irrelevant to the debate over the Mozart effect unless the difference is linked to a change in performance that is specific to Mozart's music, and not just a consequence of changes in mood or arousal that could result from many different kinds of stimulation.

25) B. Mook, "In a 'Tot'-anic Size '01 Deal, Disney Buys Baby Einstein," *Denver Business Journal*, March 1, 2002 (www.bizjournals.com/denver/stories/2002/03/04/focus9.html).

26) V. C. Strasburger, "First Do No Harm: Why Have Parents and Pediatricians Missed the Boat on Children and the Media?" *Journal of Pediatrics* 151 (2007): 334–336.

27) F. J. Zimmerman, D. A. Christakis, and A. N. Meltzoff, "Associations Between Media Viewing and Language Development in Children Under Age 2 years," *Journal of Pediatrics* 151 (2007): 364–368. The CDI gives a percentile score for a child based on how many of the ninety words he or she knows and says; the estimate of 8 percent reduction per hour of viewing is based on a drop of seventeen percentile points. That is, consider Jane and Tanya, two children from similar families and with similar experiences, differing only in that Jane never watches baby DVDs but Tanya watches them for an hour per day. If Jane has an average vocabulary for her age (i.e., she is at the 50th percentile), then Tanya would be expected to be at the 33rd percentile, and to use 8 percent fewer words than Jane. Smaller? scale studies have found similar negative effects for some educational TV programming; e.g., see D. L. Linebarger and D. Walker, "Infants' and Toddlers' Television Viewing and Language Outcomes," *American Behavioral Scientist* 48 (2005): 624–645.

28) R. Monastersky, "Disney Throws Tantrum Over University Study Debunking Baby DVDs

and Videos," *Chronicle of Higher Education News* Blog, August 14, 2007 (chronicle.com/news/article/2854/disney-throws-tantrum-over-university-study-debunking-baby-dvds-and-videos).

29) Disney spokesman Gary Foster was quoted in H. Pankratz, "Retraction Demanded on 'Baby Einstein,'" *The Denver Post*, August 14, 2007 (www.denverpost.com/news/ci_6617051). In September 2009, Disney announced that it would offer refunds to purchasers of Baby Einstein DVDs during the previous five years. See T. Lewin, "No Einstein in Your Crib? Get a Refund," *The New York Times*, October 23, 2009, p. A1.

30) Information about Eric Mangini's coaching career from Wikipedia, en.wikipedia.org/wiki/Eric_Mangini (accessed June 16, 2009). Of course, it would be wrong to conclude that adding Mozart caused his team's decline—beware the illusion of cause! Most likely it had no effect whatsoever.

31) For a discussion of the effects of hypnosis on memory accuracy (and confidence), see J. F. Kihlstrom, "Hypnosis, Memory and Amnesia," *Philosophical Transactions of the Royal Society of London B* 352 (1997): 1727—1732.

32) Even though people aren't well-informed about the reality of hypnosis and memory, the legal system does look askance at witnesses whose memory has been hypnotically enhanced, or who request hypnosis to help them remember. Recall Kenny Conley, the Boston cop who was convicted of perjury and obstruction of justice for his testimony that he never saw Michael Cox at the fence. A witness's request to be hypnotized to improve his memory was at the core of the technicality that got his conviction reversed—the request undermined the witness's credibility, and the prosecution failed to disclose it to the defense.

33) After an exhaustive search, Barry Beyerstein of Simon Fraser University wrote, "I confess that I have been frustrated in my attempts to unearth the ultimate source of the 10% myth ⋯ there is little doubt that the primary disseminators (not to mention beneficiaries) of the 10% myth have been the touts and boosters in the ranks of the self-improvement industry, past and present." See B. L. Beyerstein, "Whence Cometh the Myth That We Only Use 10% of Our Brains?" in *Mind Myths: Exploring Popular Assumptions About the Mind and Brain*, ed. S. Della Salla, 3—24 (Chichester, UK: Wiley, 1999).

34) E. B. Titchener, "The 'Feeling of Being Stared At,'" *Science* 8 (1898): 895—897.

35) See J. E. Coover, "The Feeling of Being Stared At," *The American Journal of Psychology* 24 (1913): 570—575. Our survey result replicates laboratory studies conducted by Jane Cottrell and Gerald Winer showing that college students as well as children believe that

they can feel the stares of unseen others. See J. E. Cottrell, G. A. Winer, and M. C. Smith, "Beliefs of Children and Adults About Feeling Stares of Unseen Others," *Developmental Psychology* 32 (1996): 50–61.

36) Some promoters of paranormal phenomena still argue in favor of the idea that people can perceive the stares of others, typically attributing the effect to mysterious effects in quantum mechanics. The methods are often suspect, and none of the studies have been published in mainstream scientific journals. As was the case for the Mozart effect, proponents of the idea that people can feel the stares of others often appeal to other studies replicating the effect, but those other results are not published in mainstream journals. For a discussion by a proponent of these effects, see D. Radin, *Entangled Minds* (New York: Paraview Press, 2006), 125–130. For critiques of their evidence, see M. Shermer, "Rupert's Resonance," Scientific American, November 2005 (www.scientificamerican.com/article.cfm?id=ruperts-resonance); D. F. Marks and J. Colwell, "The Psychic Staring Effect: An Artifact of Pseudo Randomization," *Skeptical Inquirer*, September/October 2000 (www.csicop.org/si/show/psychic_staring_effect_an_artifact_of_pseudo_randomization/). Note that we are not saying that what is published in reputable scientific journals is always correct, or that what gets shut out of those journals must be false. There are fads, fashions, and judgment calls in science, and our own papers are not always published in the most prestigious venues (even if they should be!). But for any given phenomenon, if no mainstream scientific journals will publish it, there's an excellent chance it is not based on solid, replicable scientific evidence.

37) W. B. Key, *Subliminal Seduction* (New York: Prentice Hall, 1973). The Vicary experiment is described on pages 22–23, and the "man" experiment is described on pages 29–30.

38) On page 30 of Key's book, the raw data from this experiment are presented in table form. We used his data to calculate that the size of the difference between the control and the subliminal message conditions was large: approximately one standard deviation. The probability that this difference could have arisen just due to chance was an astonishingly small. 0000000001—in other words, it likely was too good to be true. The scientific evidence for subliminal perception, to the extent that it meets rigorous standards and can be reproduced reliably, typically shows small effects, mostly in the speed with which people can respond. And the effects tend to be short-lived. There is still debate in the scientific literature on whether this sort of perception in the absence of awareness even exists at all. For a discussion of some of the challenges involved in demonstrating

subliminal perception, see D. Hannula, D. J. Simons, and N. Cohen, "Imaging Implicit Perception: Promise and Pitfalls," *Nature Reviews Neuroscience* 6 (2005): 247−255.

39) The best account of the truth behind Vicary's "experiment" is found in this article: A. R. Pratkanis, "Myths of Subliminal Persuasion: The Cargo-Cult Science of Subliminal Persuasion," *Skeptical Inquirer* 16 (1992): 260−72.

40) See Hannula et al., "Imaging Implicit Perception." The debate is over what it means to say that something was not consciously perceived, and the methods used to assess precisely how much people are aware of. Most scientists, even those who are proponents of the idea that subliminal perception is a robust phenomenon, agree that any effects of the meaning of an unseen stimulus on cognition will tend to be fairly small, and most doubt that subliminal stimuli can persuade us to do something we wouldn't otherwise do.

41) A recent article has made an even stronger claim than the original one made by Vicary. This study showed that subliminally flashing the Israeli flag led Israeli subjects to substantially change their strongly held views on Palestinian statehood and settlements in Gaza. Both those who strongly opposed statehood and those who favored it moderated their views, becoming indistinguishable from each other. Even more amazing, the subliminal flags changed whom the subjects voted for, again in the direction of moderation, this time weeks after the study! To us, this study illustrates how readily people will accept what are fantastical claims when they involve the release of untapped potential to change our minds. The mechanism proposed in the paper, that seeing a flag would implicitly lead to more centrist views, fits only one explanation, generated after seeing the results. It seems more plausible to us that seeing a flag, if it has any effect at all, should make people's views more extreme. Most people believe themselves to be patriotic, and seeing a flag should only strengthen their existing views; it should not cause them to become more centrist. Although the result might be legitimate and replicable, given the ease with which we can succumb to the illusion of untapped potential, we think skepticism is warranted in the face of such a startling finding. It is hard to imagine such a minimal experience changing someone's sincere views so radically, especially considering that they are exposed to so many more direct attempts at persuasion. The original study is R. R. Hassin, M. J. Ferguson, D. Shidlovski, and T. Gross, "Subliminal Exposure to National Flags Affects Political Thought and Behavior," *Proceedings of the National Academy of Sciences* 104 (2007): 19757−19761.

42) A. G. Greenwald, E. R. Spangenberg, A. R. Pratkanis, and J. Eskenazi, "Double-Blind Tests of Subliminal Self-Help Audiotapes," *Psychological Science* 2 (1991): 119−122.

According to this rigorous study by four research psychologists, these recordings do appear to induce nonspecific placebo effects, because their listeners use them desiring and expecting to improve their mental function. They also leave some of their users with an illusion of having received the specific benefits sought, even when they haven't.

43) B. Mullen et al., "Newscasters' Facial Expressions and Voting Behavior: Can a Smile Elect a President?" *Journal of Personality and Social Psychology* 51 (1986): 291–295.

44) See M. Gladwell, *The Tipping Point* (New York: Little, Brown, 2000), 74–80. It's also worth mentioning that the evidence in the original study supporting the existence of an association between television news viewing and voting was fairly minimal. The percentages were based on data from fewer than forty people per town, and in some cases, only a handful of people watched ABC. If only five people watched ABC, then a shift of 20 percent represents just one viewer. In a reanalysis of the data from the original study using a standard statistical test known as a chi-square, we found that none of the differences in voting patterns were statistically significant. In other words, there might not even have been a reliable association between viewing preferences and voting patterns, making the causal claim that Peter Jennings influenced voting just by smiling even less likely. In the modern era of polling, sample sizes to make claims like those in the paper would need to be at least an order of magnitude larger.

45) Transcribed from a Flash version of the advertisement on Nintendo's *Brain Age* website, www.brainage.com/launch/ontv.jsp?video=tvspot (accessed June 12, 2009).

46) From Nintendo's consolidated financial statements dated May 7, 2009, www.nintendo.com/corp/report/3QEnglishFinancial.pdf (accessed June 12, 2009).

47) www.focusmm.co.uk/shop/Brain-Trainer-pr-1190.html (accessed June 15, 2009). Immediately after this claim, the website includes a footnote disclaimer that states, "Focus Multimedia and Mindscape are not qualified to offer medical advice. These exercises have been designed for recreational purposes only. No medical claims are made for these exercises, express or implied." Essentially, the site disclaims what it just claimed. This tactic is not at all unusual for materials promoting brain-training software. British consumer organization Which? recently reviewed a number of brain-training programs and evaluated their claims, www.which.co.uk/advice/brain-training/index.jsp (accessed June 15, 2009).

48) As one example, the Real Age website claims that it is possible to quantify someone's brain age and that with the right activities, you can turn back the clock by a measurable number of years, www.realage.com/ralong/entry4.aspx?cbr=GGLE806&gclid=

CNGY5MG1qJsCFQJvswodCF-YDA (accessed June 26, 2009). Neither claim is even testable.

49) For example, see T. A. Salt house, "The Processing-Speed Theory of Adult Age Differences in Cognition," *Psychological Review* 103 (1996): 403−428.

50) Statistics are from the official International Chess Federation (FIDE) records, ratings.fide.com/top.phtml?list=men (accessed June 17, 2009).

51) For a recent review of cognitive-training interventions and other correlational studies, see C. Hertzog, A. F. Kramer, R. S. Wilson, and U. Lindenberger, "Enrichment Effects on Adult Cognitive Development: Can the Functional Capacity of Older Adults Be Preserved and Enhanced?" *Psychological Science in the Public Interest* 9 (2009): 1−65.

52) The results of this study and later follow-up analyses and longitudinal studies are reported in the following articles: K. Ball et al., "Effects of Cognitive Training Interventions with Older Adults: A Randomized Controlled Trial," *JAMA* 288 (2002): 2271?2281; S. L. Willis et al., "Long-Term Effects of Cognitive Training on Everyday Functional Outcomes in Older Adults," *JAMA* 296 (2006): 2805−2814; and F. D. Wolinsky, F. W. Unverzagt, D. M. Smith, R. Jones, A. Stoddard, and S. L. Tennstedt, "The ACTIVE Cognitive Training Trial and Health-Related Quality of Life: Protection That Lasts for 5 Years," *Journal of Gerontology* 61A (2006): 1324−1329.

53) One exception to this limited transfer comes from a specific training technique known as variable priority training. In essence, variable priority training focuses less on enhancing the individual components of a task than on improving your ability to allocate resources to each of them efficiently—it trains your ability to multitask. Although transfer is still limited, in most cases, to other laboratory tasks, the trained abilities are more general than the specific task learned. For a discussion of this and other training methods, see Hertzog et al., "Enrichment Effects on Adult Cognitive Development." See also A. F. Kramer, J. Larish, T. Weber, and L. Bardell, "Training for Executive Control: Task Coordination Strategies and Aging," in *Attention and Performance XVII*, ed. D. Gopher and A. Koriet, 617−652 (Cambridge, MA: MIT Press, 1999).

54) T. A. Salt house, "Mental Exercise and Mental Aging: Evaluating the Validity of the 'Use It or Lose It' Hypothesis," *Perspectives on Psychological Science* 1 (2006): 68−87.

55) The student trained for more than two hundred hours over the course of twenty months. His initial digit span was the more typical seven items. See K. A. Ericsson, W. G. Chase, and S. Faloon, "Acquisition of a Memory Skill," *Science* 208 (1980): 1181−1182.

56) A. D. de Groot, *Thought and Choice in Chess* (The Hague: Mouton, 1965); W. G. Chase

and H. A. Simon, "Perception in Chess," *Cognitive Psychology* 4 (1973): 55—81; W. G. Chase and H. A. Simon, "The Mind's Eye in Chess," in *Visual Information Processing*, ed. W. G. Chase, 215—281 (New York: Academic Press, 1973). Herbert Simon was a political scientist by training, but he became known as one of the most influential computer scientists and cognitive psychologists.

57) Ericsson et al., "Acquisition of a Memory Skill."

58) C. F. Chabris and E. S. Hearst, "Visualization, Pattern Recognition, and Forward Search: Effects of Playing Speed and Sight of the Position on Grandmaster Chess Errors," Cognitive Science 27 (2003): 637—648. Eliot Hearst has written, with John Knott, the definitive book on all aspects of blindfold chess: *Blindfold Chess: History, Psychology, Techniques, Champions, World Records, and Important Games* (Jefferson, NC: McFarland, 2009).

59) There are some correlational studies showing that children who play chess do better academically than children who do not, but they do not demonstrate that learning chess causes you to improve in other areas. (Perhaps smarter kids are more likely to be interested in chess.) For example, see K. van Delft, "Chess as a Subject in Elementary School," unpublished report, University of Amsterdam, 1992. No experimental studies on this question have been published in quality journals; the best of these may be "Chess and Cognitive Development," an unpublished 1976 doctoral dissertation by Johan Christiaen of Rijksuniversiteit Gent, Belgium. Christiaen randomly assigned twenty fifth-graders to chess instruction and twenty to a control group and found that the chess group did better on some tests of cognitive development.

60) C. S. Green and D. Bavelier, "Action Video Game Modifies Visual Selective Attention," *Nature* 423 (2003): 534—537. The name "Useful Field of View" is a trademark of Visual Awareness Research Group, Inc.

61) From an interview Dan conducted with Walter Boot on May 14, 2009.

62) See R. Li, U. Polat, W. Makous, and D. Bavelier, "Enhancing the Contrast Sensitivity Function Through Action Video Game Training," *Nature Neuroscience* 12 (2009): 549—551. As in the original study, the control group in this experiment (this time, practicing a Sims game) showed no improvements the second time it was tested. In this case, that's not terribly surprising, because the task measures a basic aspect of visual processing. It is impressive that the contrast sensitivity advantages persisted even months after training. Where the original studies focused on higher-level cognitive benefits, some of which might be attributable to learned strategies rather than changes in basic abilities, these

newer studies focus on basic properties of the visual system. It's harder to see how strategies could influence these measures.

63) See C. S. Green and D. Bavelier, "Action-Video-Game Experience Alters the Spatial Resolution of Attention," *Psychological Science* 18 (2007): 88–94. Again, the control group showed no improvements at all upon retesting.

64) A potential danger any time a study is conducted using a large battery of cognitive tasks is that some performance differences are likely to prove statistically significant by chance. These additional studies report only one or two outcome measures tested before and after thirty or more hours of training. It's not clear whether other measures were tried but showed no differences, so additional replications are needed.

65) J. Feng, I. Spence, and J. Pratt, "Playing an Action Video Game Reduces Gender Differences in Spatial Cognition," *Psychological Science* 18 (2007): 850–855. The sex differences were based on just seven women and three men in each training group, so it will be important to replicate this finding with a larger sample.

66) C. Basak, W. R. Boot, M. W. Voss, and A. F. Kramer, "Can Training in a Real-Time Strategy Video Game Attenuate Cognitive Decline in Older Adults?" *Psychology and Aging* 23 (2008): 765–777.

67) Interestingly, in Boot's study with college students as subjects, training on Rise of Nations did not lead to differential improvements.

68) W. R. Boot, A. F. Kramer, D. J. Simons, M. Fabiani, and G. Gratton, "The Effects of Video Game Playing on Attention, Memory, and Executive Control," *Acta Psychologica* 129 (2008): 387–398.

69) Boot's study showed a comparable amount of improvement to that shown by Green and Bavelier for two of the transfer tasks (the attentional blink and the functional field of view), but Boot's found no significant improvement for any of the groups in the enumeration task, whereas Green and Bavelier showed improvements just for the video-game training group.

70) At least one other recent study has failed to replicate part of the original result as well, although not the training component. The following paper did not find differences between expert and novice video-game players: K. Murphy and A. Spencer, "Playing Video Games Does Not Make for Better Visual Attention Skills," *Journal of Articles in Support of the Null Hypothesis* 6, no. 1 (2009).

71) Quotes are from an interview Dan conducted with Walter Boot on May 11, 2009.

72) The same caveat applies to studies about a topic related to the Mozart effect: the idea that

musicians have better cognitive skills (such as better verbal memory) than nonmusicians. This difference is often attributed to their music training, but it could be a so-called "Hawthorne effect"—the simple consequence of knowing you are being singled out and expected to have better performance. Or it could result from some difference between the musicians and nonmusicians that was present before the music training started.

73) For an engrossing presentation of this claim, see Steven Johnson's *Everything Bad Is Good for You* (New York: Riverhead, 2005). Johnson's book argues convincingly that current television programs and video games are much more complex, and require greater levels of mental effort to process, than the most popular shows and games of the 1970s and 1980s. But it offers no decisive evidence for its provocative thesis that the greater complexity of TV and games is causing an increase in intelligence or social ability. For support, Johnson does cite the Flynn effect, a large worldwide increase in measured general cognitive ability during the twentieth century, but this upward trend began long before video games were even invented, and in any case—we are sorry for sounding like a broken record on this point—a correlation or chronological connection does not prove causation. Many other things about society and daily life have changed in the last several decades besides the invention of HBO dramas, reality TV, and massively multiplayer online video games. Johnson grapples with these issues but cannot wrestle them down?because no one can.

74) From the Nintendo Brain Age website, www.brainage.com/launch/training.jsp (accessed June 12, 2009).

75) See Hertzog et al., "Enrichment Effects on Adult Cognitive Development."

76) A. F. Kramer et al., "Ageing, Fitness and Neurocognitive Function," *Nature* 400 (1999): 418–419.

77) S. Colcombe and A. F. Kramer, "Fitness Effects on the Cognitive Function of Older Adults: A Meta-Analytic Study," *Psychological Science* 14 (2003): 125–130. See also A. F. Kramer and K. I. Erickson, "Capitalizing on Cortical Plasticity: Influence of Physical Activity on Cognition and Brain Function," *Trends in Cognitive Sciences* 11 (2007): 342–348.

78) S. J. Colcombe, K. I. Erickson, P. E. Scalf, J. S. Kim, R. Prakash, E. McAuley, S. Elavsky, D. X. Marquez, L. Hu, and A. F. Kramer, "Aerobic Exercise Training Increases Brain Volume in Aging Humans," *Journal of Gerontology: Medical Sciences* 61 (2006): 1166–1170.

결론

1) Actual leadership profiles like this one are dissected by Phil Rosenzweig in his excellent book *The Halo Effect … and the Eight Other Business Delusions That Deceive Managers* (New York: Free Press, 2007); see especially pp. 18−49. Although we have picked on business journalists in this example, we are not intentionally singling them out as subject to these illusions. To be crystal clear: Everyone is subject to everyday illusions, including ourselves.
2) For more on the role of fluency and mistaken attributions about our own thoughts, see D. M. Oppenheimer, "The Secret Life of Fluency," *Trends in Cognitive Sciences* 12 (2008): 237−241; N. Schwartz, "Metacognitive Experiences in Consumer Judgment and Decision Making," *Journal of Consumer Psychology* 14 (2004): 332−348; and D. Kahneman and S. Frederick, "Representativeness Revisited: Attribute Substitution in Intuitive Judgment," in *Heuristics and Biases*, ed. T. Gilovich, D. Griffin, and D. Kahneman, 49−81 (Cambridge: Cambridge University Press, 2002).
3) The fast, automatic processes are often known as "System 1" and the slow, reflective processes as "System 2," a useful distinction first introduced by Steven A. Sloman, given these names by Keith E. Stanovich and Richard F. West, and advocated in an influential paper by Daniel Kahneman and Shane Frederick. All of these papers are reprinted in Gilovich, Griffin, and Kahneman, Heuristics and Biases. For discussion of why the mind is designed this way, the following books all offer interesting perspectives: S. Pinker, *How the Mind Works* (New York: Norton, 1997); G. Marcus, *Kluge: The Haphazard Construction of the Human Mind* (New York: Houghton Mifflin, 2008); G. Gigerenzer, Gut Feelings: The Intelligence of the Unconscious (New York: Viking, 2007); and M. Piattelli-Palmarini, *Inevitable Illusions: How Mistakes of Reason Rule Our Minds* (New York: Wiley, 1994).
4) C. Kennedy, "ABB: Model Merger for the New Europe," *Long Range Planning* 23, no. 5 (1992): 10−17 (as cited by Rosenzweig, *The Halo Effect*). We are commenting on how Barnevik's management style was portrayed in the press, not on Barnevik himself.
5) Information on the Iridium project comes from Chapter 6 of P. B. Carroll and C. Mui, *Billion Dollar Lessons: What You Can Learn from the Most Inexcusable Business Failures of the Last 25 Years* (New York: Portfolio, 2008).
6) Harry Buxton-Forman, who had vouched for Wise's discovery, had expertise in the printing process and appeared to have collaborated on the scam with Wise.

7) Information on the Thomas J. Wise fraud comes from these sources: M. Jones, P. Craddock, and N. Barker, *Fake? The Art of Deception* (Berkeley: University of California Press, 1990); J. Carter and G. Pollard, *An Enquiry into the Nature of Certain XIXth Century Pamphlets* (London: Constable, 1934); and W. B. Todd, *Thomas J. Wise: Centenary Studies* (Austin: University of Texas Press, 1959).

8) M. Gladwell, *Blink: The Power of Thinking Without Thinking* (New York: Little, Brown, 2005), 3—8. Gladwell doesn't actually use the words intuition or intuitive much in Blink, but that is more a matter of word choice than of intended meaning. He argues that "there can be as much value in the blink of an eye as in months of rational analysis" (p.17). Gladwell presents numerous examples of high-quality "snap" decisions made in the blink of an eye, without the benefit of deliberation—that is, decisions made intuitively.

9) Many readers of *Blink* take Gladwell's point about the power of rapid cognition to heart without fully appreciating the way he qualifies his claims. Gladwell notes that it is important to understand when intuitions will and will not be useful, and he provides examples in which intuitions fail: Warren Harding looked presidential, but turned out to be a bad president; musicians are selected more fairly when they are heard performing behind a screen than when the judges can see them play; New York City police officers rapidly fired forty-one bullets at Amadou Diallo on a cold Bronx night in 1999. *Blink* does give more weight to the successes of intuition than to its failures, often attributing the failures to other situational factors such as excessive stress or pressure. But it seems just as reasonable to think that rapid cognition should be most effective precisely when careful deliberation is impossible (due to stress or time pressure).

10) T. D. Wilson and J. W. Schooler, "Thinking Too Much: Introspection Can Reduce the Quality of Preferences and Decisions," *Journal of Personality and Social Psychology* 60 (1991): 181—192.

11) J. W. Schooler and T. Y. Engstler-Schooler, "Verbal Overshadowing of Visual Memories: Some Things Are Better Left Unsaid," *Cognitive Psychology* 22 (1990): 36—71. This article points out some earlier literature on the effect, going back to E. Belbin, "The Influence of Interpolated Recall Upon Recognition," *Quarterly Journal of Experimental Psychology* 2 (1950): 163—169.

12) In *Blink*, Malcolm Gladwell described a similar experiment and explained the verbal overshadowing effect this way: "Your brain has a part (the left hemisphere) that thinks in words, and a part (the right hemisphere) that thinks in pictures, and what happened as you described the face in words was that … your thinking was bumped from the right to

the left hemisphere" (pp. 119—120). As we pointed out in Chapter 6, the idea that the two halves of our brain have radically distinct, nonoverlapping capabilities and modes of thought (words versus pictures) is part and parcel of the false belief that the pictorial and holistic right hemisphere is routinely suppressed by the verbal and analytical left, and that we can think much better by releasing its hidden potential.

13) Chabris and Hearst, "Visualization, Pattern Recognition, and Forward Search."
14) From Woody Allen's 1960s stand-up comedy, recorded on the album *Standup Comic*, released by Casablanca Records in 1979. The quote is from the final track, "Summing Up."

보이지 않는 고릴라

**THE
INVISIBLE
GORILLA**